アフリカ経済開発論

高橋基樹／福西隆弘／山﨑 泉／井手上和代／松原加奈［編著］

ミネルヴァ書房

はじめに

　アフリカは，若い。人びとの半分程度は18歳未満である。そして，アフリカでは1960年前後に独立した若い国々が大半を占めている。もちろん，若さは不安定を生み，様々な問題を引き起こす要因でもあり，手放しでほめるべきものではない。しかし，若さゆえにアフリカはめまぐるしく変化し，わたしたちの予想もしない豊かな未来をつくりだすかもしれない。それがアフリカの危うさをともなう魅力でもある。

　本書は研究者がつくった本なので，まずはこれまで起こってきたことをしっかりと説明しようとするものである。したがって，アフリカの未来を予言するたぐいの書物ではない。だが，読者が自分なりにアフリカの将来像を描こうとするときに，過去と現在を理解していることは必ず役に立つだろう。そうしてこそ，アフリカの魅力に接する楽しさもわかってくるものと思う。

　かつてアフリカは長く停滞し，貧困と飢餓に苦しめられるだけの大陸のように語られてきた。それが21世紀になって比較的高い成長を開始し，希望の大陸として語られるようになった。さらに，2020年代のアフリカは多様な相貌を見せるようになり，停滞や貧困・飢餓，成長や安定，また新しい革新の兆しなど様々なものが混在するようになっている。

　わたしたちは，ミネルヴァ書房から，2004年に『アフリカ経済論』を刊行し，その10年後に『現代アフリカ経済論』を刊行，さらにほぼ10年後に『アフリカ経済開発論』，すなわち本書を出版してきている。この間，アフリカの絶え間ない変動を約10年ごとにとらえ，書物としてかたちに残すことができてきたことは，編者のひとりとしてとても幸運なことだと思う。

　この『アフリカ経済開発論』の各章とコラムの執筆は，アフリカと同様に若い方々に思いきってお願いをした。それは，変転きわまりない新しいアフリカをとらえるうえで重要だと考えてのことである。そして，アフリカの経済と開発を扱う大学の講義はこの間に着実に増えてきた。それはアフリカに知的に触れる機会を持つ人びとの裾野がより広がってきたということでもあるだろう。

その裾野をさらに広げるため，この書物をつくることに若い執筆者の皆さんが取り組んでくださったことは何よりもうれしいことである。
　以上のように書いてくると，本書は学生を中心とした若い読者だけを対象にしたものと受け取られるかもしれない。しかし，編者としては過去の停滞と貧困というアフリカのイメージ，あるいは希望にあふれたアフリカのイメージのどちらかを強く持っておられる多くの皆さんにも読んでいただきたいと願っている。さらに変動するアフリカに直接，間接に触れておられる実務者の皆さんにも目を通していただきたい。そのような人びとの参考になれば幸いであるし，さらには現実を踏まえた批判をいただければ，編者としてさらにアフリカを学ぶことができる。ぜひ本書を広い範囲の皆さんに，手に取っていただきたいと思う。
　本書の刊行にあたっては，執筆者をはじめ，多くの方のお世話になった。特に執筆者の皆さんには，快くスケジュールの順守にご協力をいただいた。にもかかわらず，かんじんの編者がもたついてしまったことを申し訳なく思っている。また，松本愛果さんと吉川香菜子さんには第10章でデータの収集，図表作成で手伝いをいただいた。松本さんには第10章の原稿確認も行っていただいた。ミネルヴァ書房には，前の2つの書のように地域経済研究シリーズの一冊ではなく，単行の書物として本書の上梓に踏み切ってくださったことに感謝しなければならない。さらに編集担当の堀川健太郎さんおよび空井怜さんには，本書の企画段階から，刊行に至るまで，大変お世話になっただけでなく，編者らの多くの勝手とわがままを聞いていただいた。堀川さん，空井さんはじめ皆さんの寛大さには，編者の至らなさを省みて，ただただ恐縮するしかない。
　その他，全てのお名前に触れることはできないが，多くの方のおかげで，今日の時代に応じた新しい内容のアフリカ経済開発の概説書をまとめることができたとうれしく思っている。ここに記し，深く感謝申し上げる。
　「ゆく河の流れは絶えずして，しかももとの水にあらず」とはよく知られた方丈記の冒頭の一節である。そのあとに「よどみに浮ぶうたかたは，かつ消えかつ結びて，久しくとどまりたるためしなし」とつづく。しかし，絶え間ない変動のなかでも，アフリカの人びとがつかみつつある開発の成果が1つでも多く，うたかた（泡沫）に終わらず，むしろ豊かな未来を築くいしずえになることを願わざるを得ない。そして，本書が，アフリカの人びとの生を読者が感じ，

　　　　　　　　　　　　　　　　　　　　　　　　　　　はじめに

考え，また何かのかたちで行動してみようと思うきっかけになることを祈っている。

　　2024年9月　鴨の流れを眺めながら

　　　　　　　　　　　　　　　　　　編者を代表して　高 橋 基 樹

アフリカ経済開発論

目　次

はじめに

序　章　アフリカ経済開発のいま──その多面性と流動性 …………………… 1
　　1　変動するアフリカの光と影 ………………………………………… 1
　　2　「経済開発」とは何か ……………………………………………… 4
　　3　多様なアフリカ，ひとつのアフリカ ……………………………… 6
　　4　本書の構成 ………………………………………………………… 10
　　Column
　　①食料支援の新たな展開と課題…… 16

第Ⅰ部　激動するアフリカ経済

第1章　アフリカの自然と地理 ………………………………………… 19
　　1　宇宙からみたアフリカ …………………………………………… 19
　　2　大地からみたアフリカ …………………………………………… 33
　　3　自然地理からみるアフリカ ……………………………………… 38
　　Column
　　②村落部における給水施設導入の実態…… 41

第2章　アフリカ経済の歴史的背景 …………………………………… 43
　　1　ヨーロッパ人の到来と大西洋奴隷貿易 ………………………… 43
　　2　「合法貿易」と探検・宣教の時代 ……………………………… 49
　　3　植民地支配の開始 ………………………………………………… 52
　　4　植民地「開発」とアフリカ社会 ………………………………… 58
　　Column
　　③歴史が織りなすアフリカの食の多様性…… 67

第3章　アフリカ経済の変遷 …………………………………………… 69
　　1　新生アフリカ諸国の社会的条件の特徴 ………………………… 69

目　次

　2　アフリカの独立と経済開発——1970年代まで ……………………… 72
　3　アフリカ経済の失われた20年 …………………………………………… 82
　　　——構造調整政策と1990年代の政治変動と紛争の頻発
　4　2000年代以降のアフリカ経済——成長と停滞 ………………………… 89
　5　アフリカ経済開発の展望 ………………………………………………… 97
　Column
　④アフリカでの起業——その可能性とリスク…… 101

第Ⅱ部　アフリカの産業開発

第4章　アフリカの産業政策 …………………………………………… 105
　1　産業政策の理論的な基礎づけ ………………………………………… 105
　2　アフリカにおける産業政策の変化 …………………………………… 111
　3　産業構造変化の実態と課題 …………………………………………… 117
　Column
　⑤小規模農家のDX（デジタルトランスフォーメーション）とは…… 126

第5章　アフリカの産業と労働 ……………………………………… 127
　1　アフリカにおける人口と労働 ………………………………………… 127
　2　アフリカの農村における労働 ………………………………………… 132
　3　アフリカの都市における労働——インフォーマルとフォーマルの混在 … 136
　4　労働者の生活水準の向上——二重構造の解消 ……………………… 141
　Column
　⑥カイゼンの展開とアフリカでの現在的な課題…… 148

第6章　アフリカの金融と国内投資 ……………………………… 149
　1　アフリカ経済と金融 …………………………………………………… 149
　2　変化するアフリカの金融 ……………………………………………… 155
　3　金融仲介と企業の資金調達 …………………………………………… 162
　4　包摂的な金融の拡大に向けて ………………………………………… 168

Column
⑦アフリカ発のフィンテック M-Pesa の展開……173

第Ⅲ部　アフリカ経済と対外関係

第7章　アフリカの貿易と投資 …………………………………………… 177
1　なぜ貿易が問題なのか──比較優位と要素賦存 ………………………… 177
2　アフリカの貿易構造 ……………………………………………………… 180
3　外国直接投資 ……………………………………………………………… 190
4　アフリカ諸国の貿易・投資と経済開発 ………………………………… 193
Column
⑧アフリカにおける農作物輸出と契約農業……200

第8章　アフリカの地域経済統合 ……………………………………… 201
1　地域の経済協力・経済統合とグローバル経済 ………………………… 201
2　アフリカ諸国にとっての地域統合 ……………………………………… 203
3　アフリカの地域経済協力・統合の経緯 ………………………………… 206
4　アフリカ大陸自由貿易協定（AfCFTA）の展望 ……………………… 213
Column
⑨ザンビアの障害者団体による福祉用具製造……220

第9章　アフリカにおける開発協力の変遷 ………………………… 221
1　開発協力のはじまり──19世紀後半から1970年代まで …………… 221
2　構造調整の展開──1980年代まで …………………………………… 226
3　援助疲れと貧困削減──1990年代～2000年代 ……………………… 228
4　持続可能な開発──2010年代以降の展開 …………………………… 235
5　21世紀のアフリカにおける「援助」の意義 ………………………… 239
Column
⑩援助の「ブランド化」──韓国によるセマウル運動移転の試み……244

第Ⅳ部　アフリカと人間の安全保障

第10章　アフリカの人びとの教育と開発 …… 247
1　人間開発と人的資本 …… 247
2　アフリカの人間開発と人的資本の現状 …… 250
3　アフリカの人間開発，人的資本，教育の課題と展望 …… 274

Column
⑪アフリカにおける保健普及員の活動と今後の課題 …… 280

第11章　アフリカの武力紛争・腐敗と政治 …… 281
1　武力紛争・クーデター・政治腐敗——アフリカを悩ます3つの現象 …… 281
2　1990年代の紛争 …… 283
3　2000年代以降の紛争とクーデター …… 287
4　アフリカを蝕む政治腐敗 …… 293
5　政治制度の機能強化に向けて …… 297

Column
⑫地場の金属加工業と職人の技能形成 …… 301

第12章　アフリカの環境・気候変動 …… 303
1　アフリカの環境問題と持続可能な開発目標 …… 303
2　気候変動と人間活動がからみあう砂漠化 …… 305
3　急速な成長がもたらす大気汚染 …… 307
4　社会的責任の欠如が引き起こす水質汚染 …… 310
5　アフリカにおいて特徴的な病害虫，害鳥と雑草 …… 312
6　気候変動の影響に対するアフリカの脆弱性 …… 314
7　アフリカの環境問題の対策と展望 …… 318

Column
⑬雇用を創るごみ …… 323

終　章　アフリカ経済開発の課題と展望 …………………………………… 325
　　　　──人びとのためのフロンティアに向けて
　　1　アフリカの課題と展望を考えるとは ………………………………… 325
　　2　アフリカの課題 ………………………………………………………… 326
　　3　アフリカ連合の構想──アジェンダ2063 …………………………… 335
　　4　誰が，どのようにして，何をするべきなのか──日本の協力に向けて …… 338

資　料……341
索　引……349

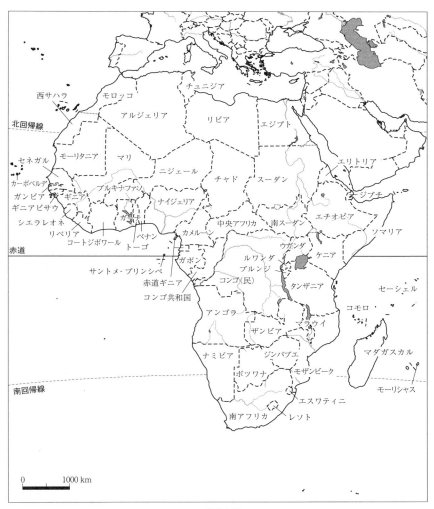

アフリカの国々

出所：帝国書院のデータを基に編者作成。

序　章

アフリカ経済開発のいま
―― その多面性と流動性 ――

1　変動するアフリカの光と影

　アフリカは時代につれて変化しており，またとても多様である。

　多くの国が独立を遂げた1960年代，新生アフリカは経済開発を早期に遂げる大陸だと希望と期待を集めていた。その背景には当時，先進諸国の経済成長が順調で，それによってアフリカの輸出する鉱物資源・農産物など一次産品への需要が拡大していたことがある。しかし，続く1970年代の石油ショックを契機に先進諸国の経済が低成長に転じると，アフリカ経済は暗転し，長い停滞期に入った。1980年代から21世紀の初めまで，アフリカは，貧困・飢餓の深刻さ，債務負担による困難，学校教育や近代医療の不全，そしてそれらと表裏をなす暴力と紛争，そして腐敗と政府の脆弱さなどの，負のイメージに包まれていた，といってよいだろう。これら数々の困難は宿命的なもので，アフリカは発展することができないという「アフロ・ペシミズム（悲観主義）」が世の中をおおった。

　ところが，2000年代になると，アフリカは突然のように比較的高度の成長を始めた。その直接の原因は，中国をはじめとする新興諸国の工業化と富裕化によって引き起こされた，国際市場における一次産品への需要の拡大とその価格の上昇であった。並行して，世界では情報通信，輸送などの分野で著しい技術の発展が見られ，外貨収入を増やしたアフリカ諸国もそれを取り入れて，サービス産業などの多様化や高度化が進んだ。アフリカは，一転して「希望の大陸」「最後の経済フロンティア」などと呼ばれるようになった。1960年代の明るい期待がよみがえったといってもよい。

　しかし，2010年代の後半になると，国際市場における一次産品のブームが沈静化し，アフリカ経済は再び停滞におちいった。その停滞は2020年からの新型

コロナウイルス感染症（COVID-19）のパンデミック（世界的流行）や世界各地での戦争の激化によってさらに引き延ばされた。

　このように，アフリカ経済は過去60年の間に大きく変転してきている。わたしたちがアフリカ経済を見るとき，考えるときに大切なのは，それを一時点の静止した状態ではなく，時の流れのなかで変化する動態としてとらえることだろう。本書ではアフリカ諸国の大半を占めるサハラ以南のアフリカ諸国（以下本章では特に限定しない限りアフリカとはサハラ以南の国々を指すこととする）を中心に論じていくが，必要に応じて同じ大陸に属する北アフリカ諸国にも言及することとする。

　本書が発刊される2024年，アフリカ経済には，大きくいって2つの異なるイメージがまとわりついているといってよい。1つは，しばらく続いた高度成長にもかかわらず，アフリカでは暴力が横行し，不安定で，多くの経済的な困難があり，人びとは依然として貧困や飢餓に苦しんでいるとするものである。いわば悲観論の延長線上にある影のイメージといってよいだろう。

　もう1つは，アフリカには，豊富な資源がそなわっており，さらに情報通信技術の急速な普及にみられるような革新への契機が多くある，したがって，いくつかの困難や短期的な不振にかかわらず，アフリカの経済の展望は明るいとする楽観論，光のイメージである。それは，技術革新だけではなく，世界で最も速い人口増加を1つの根拠とする。

　これらの悲観論，楽観論のどちらが正しいかを議論するのはあまり意味がないだろう。アフリカ大陸は広大であり，その面積はヨーロッパの約3倍に上る。そのうちには，多様な言語，文化，社会，そして国々がある。そのように多様な大陸を，単純化された1つの見方でくくるのは，かなり粗雑で的外れな知見をもたらしてしまう。このことは後段でもう少し詳しくみてみたい。

　アフリカには光も影もさしている。そのどちらともいいきれない要素もある。本書の各章で議論していくように，アフリカ各国には，比較的高い成長を遂げている産業があると同時に，相対的に停滞し，あるいは縮小している産業もある。例えば，サービス産業部門はおしなべて，既に述べた情報通信技術の導入もあって，多様化と革新を進め，拡大している場合が多い。他方で，製造業については，アフリカ諸国の多くではサービス産業などの他部門に比べて成長が遅く，各国経済における製造業の比重は低下している（第3章，第4章，第7章

など参照)。そのことは脱工業化と呼ばれて注目を集めている。また，製造業部門のなかに立ち入ってみると，各国政府の統計に載っているようなフォーマルな部門，とりわけ中規模の企業の不振が目立つが，政府に捕捉されていないインフォーマルな部門では，各種のものづくりの活発化がみられるのである（第3章，終章参照）。

　また，学校教育などの社会サービスについても同じようなことがいえる。2000年から2015年までの間，国際社会が達成をめざしたミレニアム開発目標の下で，普通教育の就学率の向上が見られ，若い人びとの識字率も急速に上昇した。南アフリカの大学を先頭にして国際的にも水準の高い教育研究を実施している高等教育機関も現れ始めた。一部の国では，大学進学者の数が急速に増えている。他方，普通教育の主柱である公立の初等・中等学校では一般に教育の質が低いことが課題となっている。さらに貧困な世帯や遠隔地の居住世帯の子ども，障害を持つ子ども，牧畜民や狩猟採集民の子ども，そして多くの女子児童などのマイノリティや社会的に立場の弱い子どもは普通教育にさえ十分にアクセスできていない（第10章参照）。

　また楽観論の根拠になっている人口増加の影響も単純ではない。たしかに人口増加は，製品やサービス向けの市場を拡大し，労働力を増加させる。そのことは経済成長を促し得る。しかし，同時に増えていく子どもを受け入れるために学校の教室などの施設や教員を増強しなければならない。加えて，保健医療の面でも病院施設や医療従事者の増大が必要になる。そうなると各国政府の財政支出への圧力も増していく。さらに若年層人口が自分たちを養うためには，土地や雇用が必要であるが，アフリカでは，農牧地を親の世代から引き継げない多数の農村居住の若者，また都会で職に就くことのできない若年失業者が増加している。

　すなわち，アフリカには，希望と失望がこもごもある。わたしたちに必要なのは，アフリカ経済における正，負，またそのどちらともいえない社会の構成要素を複眼的に捉えていくことだろう。さらに求められることは，それらの多様な構成要素が互いにどうかかわっているかを理解していくことだろう。わたしたちが本書を編集する際に心がけた第一のことは，そうした多面的で包括的なアフリカ経済の理解である。

2　「経済開発」とは何か

　ところで，本書が論じていこうとしているのは，アフリカの「経済開発」である。編者はこの言葉を選ぶにあたって，いくつかのことを考えた。既に述べたように，本書の問題意識として，ある一時点の，静止したものとしてアフリカ経済をとらえるのではなく，変容しつつある動態的なものとしてとらえることが重要である。わたしたちは「開発 (development)」とういう言葉にまずそのような意味をこめている。

　また，「開発」という言葉は，アフリカ諸国が独立した1960年代には先進援助国および国際機関の一方的で単純な見方によってまず資金を投入し，被援助国の資本設備を拡充すること，すなわちインフラストラクチャーの整備や製造機械などの設置を意味していた。そこで，念頭に置かれていたのは，工業化を通じて企業の生産を拡大し，さらに国全体の経済成長を推し進めることである。しかし，現代では，こうしたことだけを開発とする見方は，少なくとも開発研究者，先進諸国や国際機関の語りのなかでは影を潜めている。

　むしろ，現代の開発研究においては，「人びとの生きかたの選択肢，あるいは可能性が豊かになること，および人びとが生きかたを豊かにしようと努めること」と「開発」をとらえる考え方がコンセンサスになってきている。そこでは，国家や産業・企業ではなく，人びとこそが，社会と経済の主役であるべきであり，人びとの生きかたがどれだけ，またどのようにしたら豊かになっていくかが最も大切な課題であるとされている。そうした意義に鑑みて本書のタイトルを「アフリカ経済開発論」とした。

　ここで，問題になるのは，何故単なる「開発」ではなく，「経済開発」を論じるのか，その意義は何か，ということだろう。

　本書で，経済成長，経済格差，経済政策，産業，貿易，地域統合，金融，援助などを論じているのは，それらのことが，人びとの生きかたの可能性を豊かにするにあたって，大変重要だと考えられるからである。例えば，経済成長は，経済学の常識に従えば，ある国で毎年生みだされる富を増やすことを意味している。しかし，経済成長と同時に考えなければならないのは，拡大する富が社会の中の人びとにどのように分けられているか，ということである。また経済

序　章　アフリカ経済開発のいま

成長のためと称して政策が推し進められても，例えば大規模な建設工事による強制立ち退きや工業生産の拡大による環境汚染によって人びとの可能性が損なわれるのであれば，当然問題である。こうしたことは，経済開発の中身をみて，考察しなければわからないことである。

　そもそも，人びとの生きかたを豊かにすることが開発だとするのなら，その豊かさが経済的なことだけで決まるという考えには，多くの人が疑問や反発を覚えるだろう。これらの疑問や反発を掘り下げてみると，次のような考えがあるといえる。人間はパンだけで生きるのではない存在，いいかえれば，知的なことや感情的なことを含め，多様な関心や欲求，また良心を持つ存在としてとらえられるべきである。したがって，経済至上主義をひたすら追求するのは，人間の豊かさを物質的な豊かさと混同するものである。経済の開発ではなく，人間の開発こそ追求されるべきだ。

　わたしたちもそうした意味での人間開発を最も重視する考えに異論はない。ただ，次のようにもいえる。たしかに人間はパンだけで生きるのではないが，他方でパンなしには生きていけない。飢餓によって栄養不足に陥り，栄養不足そのものによる衰弱，あるいは衰弱のために罹患した感染症により命を落としてしまえば，豊かな生きかたの前提自体が失われてしまう。生命は開発の根本的な基礎であり，また死は開発の最も対極にあるできごとである。そして，「パン」に象徴される食物を人びとが作り出すこと，それを人びとが摂取することは，正に経済活動なのである。本書で重要なことは，サハラ以南のアフリカにおいて，栄養不足に瀕する人口の占める比率が世界の地域のなかで最も高いことだろう。

　さらに，上で述べたように人びとは，生存することを超えて，多様な関心や欲求，そして良心に基づいて選択し，行動する。そうした関心，欲求，良心に関わることもその多くが経済と関わっている。

　そして，人びとが実際に生きていく際には，多くのものやサービスを利用しなければならない。それは衣食住という人間の生の基礎的な活動だけではなく，その他の生の営みにもあてはまることである。例えば，音楽という典型的な文化活動は，アフリカのほとんどの社会で，楽器をともなって行われる。もし手づくりのものを自分で使うことも一種の経済活動だとするなら，楽器づくりも，そして音楽活動も経済的な側面を持つということになるだろう。このように人

びとの活動のかなりの部分は，経済と関わっているといえる。もちろん，ものの生産量が増えることが文化や芸術を比例的に豊かにするというような単純な見方はとるべきではないだろう。しかし，一方のつくられるものが多様化し，多くの人に行きわたることと，他方の文化・芸術を含めた人の生きかたが豊かになることとの間には密接な関係があることも事実である。

　さらに，働くことには人びとが生存し，衣食住のための資源や資金を得るという以上に，それ自体が人びとの生の中身を豊かにする意味があるだろう。働くことによって，人は世の中に関わり，場合によって役立っているとのやりがいを得ることができ，さらに仕事への対価を含めて他の人びとからの認知や評価を得ることができる。それだけでなく，仕事は数々の創意や工夫を人に求めるものであり，人の生きかたに様々な意味を与えていく。それは，農作業であろうと，工場労働であろうと，デスクワークであろうと同じである。わたしたちがアフリカ各国現地で積み重ねた調査の経験では，そうした仕事の持ちえる意味は，日本と同様にアフリカにおいても見出すことができる。

　したがって，アフリカの社会で，若年層を中心に人びとが農地へのアクセスや雇用を得られず，失業することは，所得機会を失うということ以上に，当事者にとって重大な問題である。一方で，働くことには，逆にその過重さ，単調さ，評価や賃金の低さ，使用者の横暴やハラスメントなどをはじめ，生きかたの豊かさに負の影響をおよぼす作用もあるだろう。いずれにせよ，働くこと——労働は開発にとってきわめて重要な意味を持つ。しかし，これまでのアフリカの経済・開発の研究において，以上のような問題意識から労働に焦点を当てて考究したものは乏しい。本書では，とりわけ第5章において，アフリカ開発における労働を論じることによってその乏しさを補う作業を始めたい。

　上記のように，わたしたちは，人びとの生の豊かさの広がりの手段であるだけでなく，人びとの生の豊かさを内側から形づくる要素でもある経済開発に注目しようと思うのである。

3　多様なアフリカ，ひとつのアフリカ

　アフリカという広大な大陸には，2021年時点で約14億の人びとが住む（UNDSEAPD　2022）。

第1章で見るように，アフリカ大陸は，自然条件の違いにより，様々な気候帯に分かれている。コンゴ盆地の熱帯雨林のように湿潤なところもあれば，サハラ砂漠のような乾燥地もある。気候帯や地域ごとの違いは，一国内でも存在し，それぞれの国の気候を多様にする。人びとは，その多様性に対応して様々な生業を成り立たせており，比較的面積が大きい場合は，1つの国の中でも農耕から牧畜に至る多様な経済活動が展開されている。生業の多様性は，すぐ後に述べる言語や文化の多様性と相互に作用して，より人びとの暮らしを多様なものにしている。

　国ごとにみると，アフリカは広大な内陸部を持つ大陸であり，第2章で見る植民地分割を起源として内陸国と沿岸国，島嶼国の違いが存在している。

　何度か鉱物資源の豊富さに触れてきたが，それはすべての国に当てはまるわけではない。原油ひとつをとっても，アフリカには世界でも有数の産油国がある一方で，多数の非産油国がある。そのため，原油はアフリカ諸国全体の主要輸出品であると同時に，主要輸入品ともなっている。

　また，アフリカの社会にも，また非常な多様性がある。アフリカ大陸には55の国（日本政府が承認した国は54カ国）があり，同時に4,000を超す言語があるとされる。[1]単純に平均を計算すると，1つの国当たりで70余りの言語があることになり，それは大陸全体だけではなく，それぞれの国をみても言語が多様であることを意味している。多数の言語があるために，リンガ・フランカ（共通語）が発達し，また多くの人びとが自分の第一言語（最も得意な言語）以外の言語を話す。しかし，第一言語が異なることは，同じ国の人びとが異なるアイデンティティや文化を持つことにつながっている（第3章参照）。

　加えて，19世紀末から20世紀初めにかけてアフリカを植民地に分割し，それぞれを支配した西欧列強の言語は，独立後も公用語とされ，特に行政言語や教育言語などとして使用され続けた（第2章，第3章参照）。特に，英語，フランス語，ポルトガル語はそれぞれの国で，比較的高い教育を受けた人びとの間の共通語ともなっている。こうした公用語であるヨーロッパ言語の違いは，アフリカの国々それぞれの主要な特徴の1つとなっているのである。

　最後に述べておくべきなのは，それぞれの国内における地域的多様性である。既に述べてきたいくつかのほかに，重要なことは，都市，特に大都市とその他の地域の差異である。比較的面積・人口の大きいアフリカの国々ではおしなべ

て，首都や経済の中心である都市からなる大都市圏とその他の地域とでは，同じ国のなかでも著しい違いがある。大都市圏には製造業やサービス産業の集中が見られ，電力，水道，運輸・交通，情報・通信のインフラストラクチャーが発達しており，各種のビルが立ち並んでいる。アフリカのなかでも特に経済規模の大きい都市には，2000年代からの高度成長の下で高層ビルが林立するようになった。ここで重要なことは，大都市がその内部で一様に変容しているわけではない，ということである。都市フォーマル・セクター——公式に登録されている企業などの経済部門——で働く高所得層・中所得層と，都市インフォーマル・セクター——公式には登録されない事業からなる部門——で働く大多数の低所得層との間の格差は非常に大きい。

　他方で，アフリカでは大都市から少し離れると，大きく異なる光景が広がっている。国の人口の半数以上の人びとが住む農村では，人びとは散居していることが多く，静寂が日常を覆っている。密集と喧騒を特徴とする大都会とは対照的である。2000年代以降，中国をはじめとする新興諸国からの支援が拡大し，広汎なアフリカ諸国で地方に伸びる幹線道路網は，かなり整備や改修が進んだ。しかし，幹線道路から一歩支線の道路にはいると，砂利道や砂利さえ敷かれずに大雨が降ると自動車が通れなくなる道が続いている。農村のなかには，一次産品のブームによって生産増や収入増が起こる例もあるが，支線道路に象徴されるインフラストラクチャーの未整備はそうした変化が広く農村にいきわたることを妨げている。結果として生じるのは，大都市と農村の大きな格差である。

　さて，外部の人びとの多くが，アフリカ諸国が発展しているという印象をもつのは，まずすぐ上で述べたような大都市の変貌ぶりによるのだろう。ただ，大都市の変貌に心を惹かれるのは外国人ばかりではない。農村で比較的高い教育を受けた人，あるいは親の世代から引き継ぐはずの農地やそのほかの就業の手段を得られない人などの多様な若者が，大都会を目指す。こうして既に人口が密集している都会にさらなる人口の流入が起こる。教育水準の高い新卒者は，高等教育機関への進学も含めてフォーマル・セクターの一員となれるかもしれない。しかし，農村で機会が得られなかった多くの若者はインフォーマル・セクターに流れ込み，低所得者層にくわわっていく。大都市と農村の複層性はこうして相互に連動することになる。

　このようにアフリカの内部には著しい差異と多様性がある。だとすると，本

書のようにアフリカをひとまとめにして論ずることに正当性はあるのだろうか。例えば，55ある国々ごとに論じるというアプローチをとるべきではないか。そうした批判もあり得るだろう。たしかに，経済に触れたアフリカに関わる書籍については，日本語に限っても，個別の国を対象とするものが近年出版されるようになってきた。それはアフリカの理解を深めるための，あるべき1つの方向性だと思われる。

しかし，そうであっても，わたしたちとしては，1冊の本でアフリカの経済開発を論ずることが必要だと考える。何より，当然ながらアフリカは1つの大陸であり，大陸の気候帯や地形は地域が異なるとしても，相互に関連しあっており（第1章参照），大陸全体をとらえることはやはり重要である。

アフリカ全体を視野に収めることには，それ以外にもいくつかの理由がある。まずアフリカに上記の多様性があること自体，アフリカのなかの各国・各地域を全体としてとらえなければ，いえないことである。

そして，言語の多様性，旧宗主国のヨーロッパ言語の公用語としての採用，都市と農村の間の差異と格差，大都市におけるフォーマル・セクターとインフォーマル・セクターへの分化と格差など，それぞれの国の中の多様性は，アフリカのほとんどの国に共通する問題である。したがって，それらをアフリカ全体の特徴としてまとめて議論することには重要な意味があるだろう。

それだけでなく，歴史的な理由もある。アフリカの国々のほとんどは同じ歴史的な起源をもっている。すなわち，上で触れた植民地分割である。約30年という短い間に，アフリカ大陸は西欧の列強により分割され，それが現在のアフリカの国々の領域のはじまりとなった。それまでのアフリカの歴史とはほぼ関係なく，競争と妥協という列強側の事情のみによってつくりだされた各領域を統治するために，やはり列強によって政府行政機構が持ち込まれた（第2章参照）。それ以来，100年余りの歴史しかたっておらず，また，とりわけサハラ以南の諸国の大半が独立した1960年代以後の歴史は非常に短いといわなければならない。アフリカ各国の社会や政府はその意味で未だ発展途上にあると考えるのが普通であろう（第2章，第3章参照）。これらの点でアフリカ諸国は共通の歴史を持っているといってよい。

政府が発展途上であることは，徴税他の国内資源の動員の力や，開発政策・策定の能力が十分でないことに帰結している。各国の政府は，共通して援助ほ

か外国からの支援に依存しがちであり，また国際機関や援助供与国の考えから影響を受けやすく，アフリカ諸国の政策は，その影響のために同じように変化する傾向を持つ（第4章，第9章参照）。

　また，サハラ以南のアフリカ諸国の大半では，2022年までの年平均人口増加率が年率約2.7％と急速である。この人口増加率は，他の地域に比べて突出している。急速な人口増加は，既存の人口に比べて相対的に多くの子どもが毎年生まれていること，人口に占める子どもや若年層の割合が高いことを意味している。サハラ以南のアフリカの人びとの年齢の中央値は約18歳と著しく低い。高齢化の先進国である日本の人口の中央値（2023年）が49歳であるのに比べると，如何にアフリカの人口が若いかがわかるだろう。そして，この若さもまた，アフリカ諸国の大半の特徴となっている。[2]

　アフリカ諸国には，他にも多くの共通の特徴があるが，本論の観点から，重要な共通点として挙げるべきなのは，製造業の比率の低さと成長の遅さである。アフリカ諸国では，おしなべて鉱物資源や農産物などの一次産品の生産・輸出に占める比率が高い。またサービス産業は拡大しつつあるが，製造業の比率は低く，しかもその成長率は他の産業部門に比べて低い。先進諸国や中国など新興工業国の経験では，製造業はその発展につれて広汎な人びとに雇用を提供し，所得を向上させる役割を果たしてきた。つまり，製造業の発展そのものが，人びとの生を豊かにしてきた面がある。だからこそ，わたしたちはアフリカの経済開発を考える際には，製造業の動向に注意を払う必要がある（第3章，第4章，第5章，第7章など参照）。

　こうした問題を共有しているゆえに，その打開のために広くアフリカ諸国において，同様の開発政策が論じられている面もある（第4章参照）。これらのことが，アフリカの多様性・多面性にもかかわらず，『アフリカ経済開発論』を一冊の本として刊行する理由である。

4　本書の構成

　以下では，本書『アフリカ経済開発論』の各章の内容についてみていこう。
　人びとは皆，何らかの意味で自然に囲まれ，その地理に影響され生きている。第1章ではアフリカの自然と地理について，衛星写真などを利用するリモート

センシングという手法と，実際に現地を訪問して観察するフィールドワークという2つの手法を用いて解説する。リモートセンシングを用いると，大陸全体を俯瞰することが可能であり，地形や気候，植生のパターンを正確に知ることができる。他方で，フィールドワークでは詳細な観察が可能であり，この章では2つの地域における自然と人間のかかわりについて説明する。両者は観察手法として全く異なるものであるが，それぞれは補完しあうものである。

どのような人びとも，先に生まれた人びとがどのように生きてきて現在の社会をつくってきたかということと無縁のまま生きることはできない。第2章では，現在のアフリカ社会が形成される際に大きな影響を与えた2つの歴史的事象——16世紀から19世紀にかけておこなわれた大西洋奴隷貿易と19世紀末から20世紀後半まで続いた植民地支配——を取り上げ，その実態とアフリカ経済への影響を検証する。どちらのできごとも，域外の国々との接触からもたらされた極めて大きな変化であり，現在のアフリカ諸国の国境，民族構成と民族間の関係性，言語，経済構造，行政制度などのあらゆる面に大きな影響を残している。

第3章では，第2章に続いて，アフリカの人びとの現在の生きかたに直接影響する，植民地支配から今日までの経済および政治の軌跡について振り返る。独立時のアフリカ諸国の特徴は，土地が人口に比べて豊富にあること，および植民地支配の遺産として1つの国に多様な言語と民族が存在していることであった。アフリカ諸国では急速に人口が増加し，土地が相対的に豊富な状況が短い間に変化を遂げていき，そのことが経済や政治を大きく動かしていった。植民地時代に作られた資源・一次産品依存の経済は，それを左右する権限の有力政治家への集中を生み，また公共事業の不公平な配分と競争が，民族間の分断と対立を招く場合があった。アフリカ諸国は1980年代から20年間，経済的停滞を経験し，1990年代以降には，複数政党制への移行と紛争の頻発という激動の時代が訪れた。その後21世紀になって中国などの新興国の急拡大がもたらした資源・一次産品ブームによって，高い成長を遂げたが，それは，資源・一次産品依存の強まりと格差の拡大をもたらした。政治状況はアフリカの中で大きく多様化していき，また製造業の停滞が続くなか，ICT技術の普及やインフォーマル部門の活発化などの動きもみられ，また人口の急増が続いている。

開発に対して，それぞれの国の政府はどのような政策をとってきたのだろう

か。第4章では，アフリカ諸国が最も重要な課題の1つとして取り組んできた産業発展のための政策について解説する。アフリカにおける産業政策は，開発援助機関における方針の影響を強く受けており，その時々の潮流によって政策の内容は大きく変化してきた。政府による支援の有効性が強く疑われた時期もあったが，長期にわたるアフリカ経済の停滞と資源・一次産品に偏った成長を経験した後，市場に任せた産業発展の問題点が認識された。アフリカに合った産業発展を実現するため，各国政府は改めて長期的な取り組みを始めつつある。

既に述べたように，労働は人びとの生きかたの重要な一面である。第5章は農村と都市に分けてアフリカにおける労働の状況を示す。アフリカの労働者が最も多く従事している産業は依然農業であり，さらに家族経営の小規模農業が多くを占めている。そして，急激な人口増加によって農村の働き手が余剰となり，都市や国外への労働移動が起きている。都市では，政府に登録していない企業や個人事業主からなるインフォーマル部門が，雇用を求める労働者の主要な受け皿となっており，農村からの出稼ぎ労働者の多くも吸収されている。産業発展を通じてフォーマル部門が拡大し，雇用の多くがフォーマル化することが労働者の生活水準の向上に必要である。

人びとの日々の活動を動かしていくものとして，金融は非常に重要である。第6章では，2000年代以降のアフリカにおける国内金融に着目し，経済発展に向けた金融の役割と課題について考察する。金融をめぐる状況はアフリカで近年大きく変わりつつあるが，中でも携帯電話を用いた金融サービスの進展は目覚ましく，多くの個人の生活を変えつつある。本章では，アフリカ経済において金融に期待される役割を説明し，モバイルマネー普及の背景，在来金融の現状，経済発展の担い手としての企業の資金調達の特徴を示し，包摂的な金融の拡大に向けた課題について考察する。

貿易や外からの資金の導入は，人びとの暮らしにとって重要な意味を持つ。第7章ではアフリカ諸国の貿易構造と外国直接投資の特徴を説明し，アフリカが包摂的な経済成長を実現するために求められる課題について考察している。近年では園芸作物や衣料品など，輸出品が多角化している国も見られる。しかしながら，多くの国では貿易構造は依然として植民地時代と同様に鉱物資源およびその他の一次産品に依存しており，外国直接投資も農業や鉱業・採掘産業が大きな割合を占めている。アフリカが産業を多様化させるためには，アジア

のように域内生産ネットワークが形成され，グローバル・バリュー・チェーンに参加することが望ましいが，そのための課題は多い。

第8章は，2021年に運用が開始されたアフリカ大陸自由貿易協定（AfCFTA）と従来のアフリカ地域統合を比べ，アフリカがAfCFTAから成果を得るための課題を検討している。地域統合はアフリカが抱える様々な課題を克服する方途として認識されてきたが，多くのアフリカ諸国が複数の統合スキームに重複加盟しており，実効性の問題が指摘されている。また，アフリカ諸国の経済構造は互いに似通っており，統合のメリットが少ないという問題もある。AfCFTAがアフリカ経済に寄与するためには，これまでの地域統合が抱えてきた政治的・制度的な問題を克服する必要がある。

第9章は，アフリカ諸国の開発のあり方に大きな影響を与えてきた，外部からの開発協力の推移について説明する。アフリカへの開発協力は，英仏などの旧宗主国の植民地開発政策に起源をもつ。独立以来，アフリカ各国の政府の主導による開発を前提として多くの協力が行われてきたが，1980年代以降は累積債務の解決のため，国際機関が主導する構造調整政策が行われた。構造調整では，市場経済原理の下，小さな政府を基本として，民間の役割を優先させる政策がとられた。しかし，構造調整によって教育や保健医療が軽んじられたことは強い批判を浴び，むしろそれらを重んじ，貧困削減を目指す潮流が強まった。貧困削減は一定の成果をあげたが，開発協力の効果をより向上させることが問題となった。そのため，21世紀には債務の救済とともに援助主体間の協調が重視された。しかし，中国など新興国からの借り入れの膨張は，援助協調を困難にし，他方でインフラストラクチャーの整備などへの重点の移行を生んだ。資源ブームが去り，COVID-19拡大を経て，多くの国が再び債務危機に陥りつつある。

教育および人びとの能力の向上は，生きかたを豊かにするうえでの鍵である。第10章では人間開発の概念と人的資本理論を説明したのち，人間開発指数と人的資本指数に触れ，アフリカの人間開発や人的資本の現状を解説する。さらに国際機関で活用されている統計などを示し，アフリカの教育の変遷と現状を論じる。そして，COVID-19の教育への影響についても簡単に触れる。最後に国際機関などのレポートに言及しながら，アフリカの教育の課題と今後の取り組みの道筋について議論する。

暴力，紛争，そして政府の機能不全は，人びとの豊かさに深刻な影響を与える。第11章では武力紛争，クーデターの定義を示した後，1990年代のポスト冷戦期に多発した紛争とその背景，2000年代以降の小規模化した紛争，増加する非国家主体間の衝突，イスラーム武装勢力の台頭，2020年代の相次ぐクーデターについて説明する。また，世界のなかでも深刻といわれるアフリカの政治腐敗を，行政的腐敗，小規模な政治腐敗，構造的な腐敗の三類型に分けて考察する。そして最後に，ポストコロニアル家産制国家がもたらした政治制度の機能不全に対応すべく，政治制度の強化に向けた展望を示す。

　第12章では人びとと環境との相互関係に着目しつつ，アフリカにおける砂漠化，病害虫と雑草などの環境問題，都市化・工業化による大気，水質の汚染について，それぞれのメカニズムを説明し，具体例を紹介する。さらに気候変動などの地球規模の環境問題によるアフリカの人びとへの影響と事例について論じる。これらを踏まえ，紹介された環境問題に対してどのような軽減・解決の取り組みが行われているのか，またその取り組み自体の影響はどのようなものかを説明する。

　最後に，終章では，わたしたちが考えるアフリカ開発の主要な４つの課題，すなわち①ジェンダー，②製造業の停滞（早すぎる脱工業化），③人口，土地および環境，そして④国内の分断と対立がどのように論じられているかを考察する。そして，アフリカ連合（AU）が独立の達成からほぼ100年となる年に向けて採択した「アジェンダ2063」を取り上げ，それが４つの主要課題をどのように論じているかを検討することを通じ，グローバル化のもと複雑さを増す21世紀において，人口が世界最大となっていくアフリカの経済開発に向けて，誰が，どのように，何をするべきなのかを論じて本書の締めくくりとする。

注
(1)　西サハラ（サハラ・アラブ民主共和国）は住民による独立運動にもかかわらず，隣国のモロッコの軍事的支配を受けている。しかし，アフリカ連合（AU）は西サハラを正式の加盟国として認めている。他方，西サハラは国際連合には未加盟であり，日本も国家として承認していない。この点は，モロッコと他のアフリカ諸国の争点であり，また日本とほとんどのアフリカ諸国が食い違う点でもある。
(2)　ただし，人口の少ない国および小さな島嶼国では，人口増加率が低い場合が多い。また北アフリカ諸国はおしなべてサハラ以南の諸国よりも人口増加率が低い。

参考文献

United Nations Department of Social and Economic Affairs, Population Division（UNDSEAPD）2022. https://population.un.org/wpp/Download/Standard/Most Used/（2024年1月4日確認）

（高橋基樹）

Column ①
食料支援の新たな展開と課題

　干ばつ，紛争，パンデミック，国際的な影響による物価上昇，バッタの大群による食害——これらの複合的な危機が日常化しつつあるアフリカの諸地域では，天水農業への依存や限られた市場へのアクセスもあいまって，食料支援が人びとの生活を守るために重要な役割を担っている。食料支援は，危機に応じた短期的な緊急食料援助に限らない。被害の予防や長期的な取り組みの重要性が認識されるにつれ，食料支援システムは，天候不順への早期警戒システムの整備，食料供与に加えて現金給付への選択肢の拡大，また脆弱層への継続的な支援を目的とする社会保護政策の拡大など，発展を遂げてきた。しかし，食料不安の状況は依然として深刻であり，例えばエチオピアでは，長引く干ばつや紛争の影響により，2022年の緊急食料援助の受給者数は人口の6分の1に当たる2,000万人を超えた。

　複合的な危機が頻発し長期化する中で，食料支援は多くの課題に直面している。まず不十分な支給内容が挙げられる。世帯の生計へのショックが食料支援で補填しきれない場合，人びとは家畜などの資産を売却せざるを得ず，その後の危機により深刻な被害を受けやすくなる。そのため，地域社会のアクターと協働して各地の状況に応じた必要最低限の支援量・額を検討し，確保することが重要である。また，危機に対する脆弱性は多面的な貧困によるものであり，生計への直接的な支援だけでは，被害を緩和できても将来にわたって脆弱性を改善することは難しい。脆弱層の抱える複合的な課題に取り組むには，食料支援と保健や雇用への取り組みとを連携させる必要があるだろう。

　また，食料不安に悩む地域では，長期的な食料支援と緊急食料援助が同時に実施される場合が多い。それぞれの支援を担う組織間での連携は往々にして乏しく，運営が非効率になり，受給者の区別や支援内容の格差による社会的軋轢をもたらしやすい。近年では，支援の効率性や迅速性を高めるため，社会保護プログラムの受益者を干ばつなどの緊急時に一時的に拡大するなど，長期的支援と緊急食料援助を統合するアプローチが注目されている。これは，アフリカ側の政府主導で進められている。その一方で，特に国内紛争による緊急事態が生じるなかで，紛争の当事者である政府が対立勢力を弱体化させるために食料支援を用いることが懸念されている。そのため，外部の援助主体が中立の立場で行う緊急食料援助も引き続き重要だとの議論もなされている。　　（田代　啓）

第Ⅰ部

激動するアフリカ経済

第 1 章

アフリカの自然と地理

この章で学ぶこと

　本章の第1節はリモートセンシングによる画像解析の成果から,「宇宙からみたアフリカ」について論じる。リモートセンシングとは,広い意味としては対象物に触れずにその物を計測したりすることであるが,地理学(特に GIS:地理情報システム)の分野では,人工衛星や航空機,近年ではドローンを利用した調査手法のことを指すことが多い。特に大学教育の場では,地球観測衛星によって観測された画像の解析技術を教えることが多いといえる。第1節は国家や国境には触れず,宇宙からみたマクロな視点で,アフリカの地形や気候を紹介していく。そして第2節は「大地からみたアフリカ」,まさにフィールドワークによって得られる現地の姿を地上からみたミクロな視点で,アフリカにおける自然と住民の関係について,実際の研究例をあげて紹介する。

　フィールドワークとリモートセンシングは,一見,相反するように聞こえるが,表裏一体と考えるべきだろう。すなわち,フィールドワークでしかできないことを研ぎ澄ますためには,リモートセンシングでできることを知る必要があるし,リモートセンシングでしかできないことやその結果を深く理解したり解釈したりするためには,結局はフィールドワークが必要な場合が少なくないからである。

1　宇宙からみたアフリカ

　宇宙から地球およびアフリカの広い範囲を見る際に有用なのが人工衛星である。人工衛星は大きく3つに分けられる。無線通信や放送のための通信・放送衛星,情報を得るための測位衛星,そして,刻々と変化する様々な地球の環境を観測するための地球観測衛星である。ここでは地球観測衛星やスペースシャ

トルから観測された画像を基にして，アフリカの自然環境について述べていく。

（1） 人工衛星で観測したアフリカ大陸

図1-1は，米国のランドサット（Landsat 8）衛星が観測したアフリカ大陸である。カメラではなくセンサーを利用しているため，撮影ではなく観測という。可視光の赤・緑・青それぞれの波長帯から得られた画像を合成して，人間の目で見た色に近くなるよう調整したものをモノクロで表示している。

アフリカは約3,000万平方キロメートルで世界2番目の広さを持つ大陸である。図1-1中の①の周辺一帯の白っぽく見えるところは，広大なサハラ砂漠である。サハラ砂漠は面積910万平方キロメートルと，アフリカ大陸の約30％を占めている。②の東側の南北にのびる黒い線状に見えるものは，ナイル川である。こちらも世界最長の6,650キロメートルといわれ，内陸部の奥深くから地中海に向かって流れている。砂漠地帯を長距離にわたって流れ，河口では大きなデルタを形成している。③周辺の東西に帯状に広がる灰色の一帯は，アラビア語で「岸辺」を意味するサヘル地域である。サハラ砂漠の南縁に沿って広がる半乾燥地域であり，降水量の年々変動が激しい。④周辺の全体的に黒っぽく見えるあたりは，熱帯雨林の広がるコンゴ盆地である。⑤の東側はカラハリ盆地である。過去にはここも砂漠であったが，現在は表層を砂漠の砂が覆ってはいるものの，極乾燥地域ではなくほとんどが半乾燥地域であるため，植物は生育している。⑤の西側はナミブ砂漠が海沿いを南北に広がっている。こちらはれっきとした砂漠で，「世界最古の砂漠」や「世界で最も美しい砂漠」などといわれる。③④⑤の気候や植生については後に詳しく説明する。⑥の南にある島はマダガスカル島で，面積約59万平方キロメートルで世界第4位の大きさを誇る島である。アフリカは全体的に標高が高い大陸であるが，その中には複雑な高地や低地が含まれている。次は標高からアフリカ大陸をみてみよう。

（2） アフリカ大陸の標高と大地溝帯

図1-2は，スペースシャトルからマイクロ波で観測して得られた標高データをつなぎ合わせたものである。色の濃いところの標高が低く，白に近づくほど標高が高い。すなわち全体的な標高をみると，南東部が高く，北西部が低い傾向にある。南北でこのような差がみられるのは，南側地下のプルーム（地球

第 1 章　アフリカの自然と地理

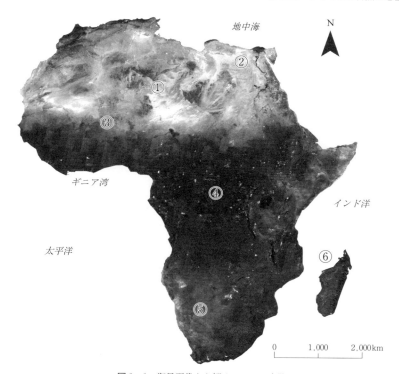

図 1-1　衛星画像から観るアフリカ大陸

注：Landsat 8 が観測した2013年から2023年の期間の中で，雲の影響が各画像10％以下のできる限り新しいものを収集し合成した。ランドサットの観測幅は185×180キロメートルのため，アフリカ大陸全体で約1,400枚の画像が必要となる。さらにそれを3バンド（可視光の赤・緑・青）合成することで，1枚で約400ギガバイトの画像となる。実際の画像では，地上解像度30m程度でアフリカ大陸全体を確認することができる。紙面の都合上，アフリカ大陸とマダガスカル島のみ表示している。
出所：USGS（アメリカ地質調査所）提供の Landsat 画像を用いて作成。

内部のマントルの上昇）が地殻を押し上げているからである（山縣 2005）。

　少し細かく見ると，北部にもいくつかの高地が点在するが，①の北にあるのがアトラス山脈，②の南にあるのがアハガル山地，③の北にあるのがティベスティ山脈である。これらはサハラ砂漠の中央部や周辺部に位置する。中央西部の④の北側にはカメルーン高地帯（火山や高原）がある。東部では⑤の東側にエチオピア高原があり，⑥が指す北側の白い点がケニア山，南側の点がキリマンジャロ（アフリカ最高峰：5,895メートル）で，⑦の東にルウェンゾリ山地と，

21

第Ⅰ部　激動するアフリカ経済

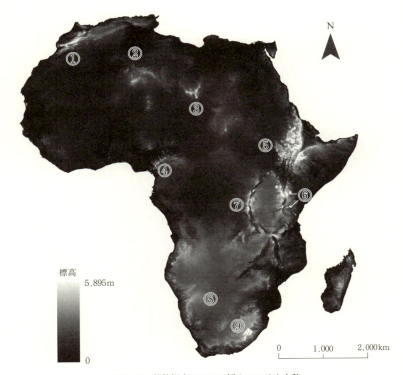

図1-2　数値標高モデルで観るアフリカ大陸

注：GMTED2010（Global Multi-resolution Terrain Elevation Data 2010）とは，2002年にスペースシャトルからマイクロ波で観測したSRTM（Shuttle Radar Topography Mission：シャトルレーダートポグラフィーミッション）のデータに基づいたDEM（Digital Elevation Model：数値標高モデル）データである。地上解像度1キロメートルのものを用いて，アフリカ大陸全体を作成した。紙面の都合上，アフリカ大陸とマダガスカル島のみ表示している。
出所：USGS提供のGMTED2010を用いて作成。

火山性の高山や高地が大地溝帯（後述）という断層陥没帯に沿って点在している。⑧のあたり，大陸南部の高地の中央部にはカラハリ盆地があり，その高地の縁の部分は大規模な崖地形（グレートエスカープメント）によって取り囲まれている。また，⑨の南東部には，ドラケンスバーグ山脈がある。

　現在の全ての大陸は過去数十億年の間に，離合集散を繰り返してきた。そして最後の超大陸であるパンゲア大陸も2億年ほど前から分裂を始め，北はローラシア大陸，南はゴンドワナ大陸に分かれた。さらに南のゴンドワナ大陸が，

南アメリカ大陸，アフリカ大陸，南極大陸，オーストラリア大陸，インド亜大陸，マダガスカル島に分かれていく。アフリカ大陸からは先にインド亜大陸とマダガスカル島が分離し，その後，南アメリカ大陸も分かれ，現在のアフリカの姿になっていった（山賀 2010）。このように，地球表層は十数枚の岩盤（プレート）に分かれており，それらがゆっくりと動いている。このような地球の構造から大陸の移動や山地の上昇，地震の発生などを説明する理論をプレートテクトニクスという。

　プレートには大きく分けて，海底を構成する海洋プレートと大陸を構成する大陸プレート，海洋プレートと大陸プレートの両方からなるプレートがある。プレートは海嶺で生産され，海嶺の両側へ遠ざかるように移動していく。重い海洋プレートは大陸プレートの下に潜り込む。プレートが沈み込んでいる場所は，海底が深くなって海溝やトラフと呼ばれる。以上のように，プレートの境界には，「遠ざかる」境界，「ぶつかり合う」境界，「すれ違う」境界が存在するが，このうちの「遠ざかる」境界に含まれるのが，アフリカ東部の大地溝帯（グレートリフトバレー）である。アフリカ大地溝帯では現在も地震や火山活動など地殻変動が活発に起こっており，この地域には，大小の火山や，大断層崖などが形成され，そのなかには湖沼や湿地も点在し，変化に富んだ景観をつくりだしている。現在でもアフリカ大地溝帯は年間数ミリメートル程度の拡大を続けており，数千万年後にはここに海が侵入し，アフリカ大陸が分裂すると考えられている。この地域とアトラス山脈付近を除けば，アフリカ大陸は比較的安定した岩盤からなっており，地震活動は少ない（山縣 2005）。

（3）　アフリカ大陸の低地と河川

　アフリカ大陸の中で比較的低地の地域は主に，中部アフリカ，サハラ砂漠，西アフリカ，ナイル川流域である。まず中部アフリカでは，コンゴ川とその支流が流れる100万平方キロメートルを超えるコンゴ盆地が存在する。サハラ砂漠には，名前の通り乾燥・半乾燥地帯が広がっているが，先述したいくつかの山脈・山地が中央付近にあることに加え，周囲は高地に囲まれた形になっている。西アフリカの低地を形成しているのはニジェール川である。広大な盆地を内陸から4,000キロメートル以上も流れて，最後にはデルタを形成してアフリカ中央西側の大西洋（ギニア湾）に出る。西アフリカの最も低い地域は，海岸

第Ⅰ部　激動するアフリカ経済

図1-3　アフリカ大陸の砂漠と主要な水域

注：長さ1,500キロメートル以上の河川のみを対象としているためアフリカ大陸のみを表示している。
出所：宇宙航空研究開発機構（JAXA）のGSMaPのデータを基に作成。砂漠の位置は，堀・菊池（2007）を，大地溝帯の位置は山縣（2005）を参考にした。

に沿って草原地帯や乾燥地帯が広がっている。ナイル川は既に述べたように，世界最長の河川であり，その流域の盆地も南北に長く広がっている。上流部の一部は先述の大地溝帯を流れ，最後には大デルタを形成して多くの支流に分かれ地中海に流れ出る。

　図1-3は宇宙航空研究開発機構（JAXA）が作成した河川地図から，主だった河川と湖のみを抽出して地図化したものである。上述の3河川のように低地を形成しあるいは低地を流れるものに加え，例えば南部アフリカのオカバンゴ川のように，比較的標高の高い盆地を内陸側に流れる河川も存在する。オカバンゴ川が下流の半乾燥地域で形成するオカバンゴ・デルタは，世界最大級の内

陸デルタとなっている。河川は地形形成の要因の１つであるが、その河川の存在には気候が大いに関係してくる。そこで、以下ではアフリカの気候について説明していく。

（４）　アフリカ大陸の気候と熱帯収束帯

「気候」と「気象」はかなり違う意味を持つ。気候とは、それぞれの地域で１年の周期をもってくり返される大気の状態のことである。一方で気象とは、大気中に生じる様々な自然現象のことを指す。つまり気象は大気の現象のことで、台風や吹雪や砂嵐などのことである。ここでは気象のような個別現象ではなく、アフリカ大陸の「気候」について説明する。一般的にアフリカといえば、特に日本人は乾燥した砂漠や映画に出てきそうなサバンナを想像することが多いが、実際は様々な気候帯が存在し、またサバンナと一口にいっても、その様相はいろいろである。アフリカ大陸は赤道を中心として、南北ほぼ同距離に大陸が広がっているため、大まかには同心円状に気候帯が形成される。

気候の形成に必要な基本的要素には、太陽からもらうエネルギーと宇宙に放出するエネルギーの差である放射収支と、物質の温度を１度上げるのに必要な熱量のことを指す比熱の違いと、その影響で生じる気圧の差、その差をならす役割をする風、そしてそれを曲げるコリオリの力（地球の転向力）がある。そしてそれら基本的要素に加え、地球が地軸を23.4度傾けたまま太陽を１年かけて一周するということも重要である。日本の夏至のころ、北半球では北回帰線（北緯23.4度）あたりに太陽光線が地表面にもっとも垂直に当たり、狭い範囲にたくさんの太陽光線が集まる。すなわち、一定面積あたりで地表面が太陽から受ける日射量がもっとも多くなるのは北回帰線あたりとなる。反対に、冬至にもっとも太陽からの受光量が多いのは南回帰線（南緯23.4度）あたりである。また、日本の春分や秋分のときには、赤道付近がもっとも太陽からの受光量が多くなる。

地面や海面が熱せられ、上昇気流が盛んになることで、そこは低気圧となる。したがって上述のようにある時期にもっとも受光量が多くなる地域では低気圧帯が形成され、それは北回帰線から南回帰線の間を移動することになる。この北回帰線と南回帰線のあいだだけが、地面に垂直に太陽光線が当たる地帯、すなわち熱帯となる。熱帯から北や南にずれている場所は、太陽光線が地面に斜

めにしか当たらない。ゆえに、北半球のなかでも特に日本のあたりでは7～8月になると、比較的垂直に近い角度で当たるため、その時期が夏となる。南半球はその逆である（水野 2016）。

　こうした地球の傾きと公転による太陽との位置関係に対応した気圧帯の移動が、世界の気候の形成に大きくかかわっている。熱帯収束帯（赤道低圧帯）とは、北半球と南半球の貿易風が集まる赤道付近の熱帯域に形成される帯状の低気圧の領域である。その領域の南北には高気圧の領域である亜熱帯高圧帯、さらにその周囲に亜寒帯低圧帯、最後は極高圧帯となり、低気圧・高気圧の帯が交互に並ぶ。空気は温められると軽くなり上昇し、冷やされると重くなり下降することで、その場所の空気の量が増減し低気圧や高気圧が生まれる。そして、空気は多いところから少ないところに移動する（これが風）ため、低気圧（空気が少ないところ）帯と高気圧（空気が多いところ）帯が順に並ぶ。アフリカ大陸は赤道を中心として広がる大陸のため、特に熱帯収束帯や亜熱帯高圧帯の動きによる影響が顕著である。

　熱帯収束帯は7月に北上、1月に南下する。また大気の大循環にともなって、7月には亜熱帯高圧帯や亜寒帯低圧帯も北上し、1月には南下する。そのため、北半球で見ると、赤道付近は通年にわたり熱帯収束帯の影響下にあり、年中多雨で植生が熱帯雨林となり、気候区は熱帯雨林気候となる。暖められた空気の塊は、上空にあがっていくにつれ、その温度は下がる。飽和水蒸気量は温度に比例するため、冷やされた空気が含めなくなった分の水蒸気は水粒として露出する（霧や雲）。そしてその水粒は、浮力よりも重力が大きくなった場合、地上に落ちてくる（雨や雪）。したがって、通年で上昇気流が卓越する赤道付近は、多雨となる。また、北緯30度付近は通年にわたって亜熱帯高圧帯下であり、年中降水が少なく、気候区は砂漠気候となる。水粒を含む空気の塊は気圧の高い地上付近に降りてくると、温度が上がり水蒸気を多く含むことができるため、霧や雲も消えてしまう。つまり、通年で下降気流が卓越する北緯30度付近は、乾燥する。熱帯収束帯と亜熱帯高圧帯の影響を交互に受けるのが北緯10度のやや北あたりである。この地域では、7月に熱帯収束帯の影響下で降水があり、1月は亜熱帯高圧帯の影響下で少雨である。つまり夏に雨季、冬に乾季のサバナ気候（気候区分名では「サバンナ」ではなく通常「サバナ」）となる（南半球では1月［夏］が雨季、7月［冬］が乾季）。もう少し北になると夏に少しだけ熱帯収束

第 1 章　アフリカの自然と地理

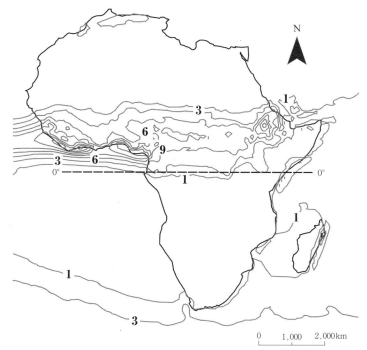

図 1-4　アフリカ大陸における 6 月の平均降水量（1981-2010, mm/日）
注：紙面の都合上，アフリカ大陸とマダガスカル島のみ表示している。
出所：気象庁（2015）を基に作成。

帯の影響を受け，冬には亜熱帯高圧帯の影響下で乾燥するため，夏に少雨のステップ気候になる。北緯30度のやや北から45度にかけては，7 月には亜熱帯高圧帯の影響下で乾燥し，1 月には亜寒帯低圧帯の影響を受けて降水がある（南半球では 1 月［夏］が乾燥，7 月［冬］に降水），冬雨型の地中海性気候になる（水野 2015）。図 1-4 と図 1-5 は，気象庁が気象観測衛星を用いて作成した30年間の平均降水量図である。図 1-4 は 6 月の平均降水量を示しており，図 1-5 は12月の平均降水量を示している。これを見ると，熱帯収束帯による降雨地帯の南北移動がよくわかる。

（5）　アフリカ大陸の降水量と地域的特徴

　もちろん気候は気圧帯だけで説明できるものではない。周辺海域や気団（水

27

第Ⅰ部　激動するアフリカ経済

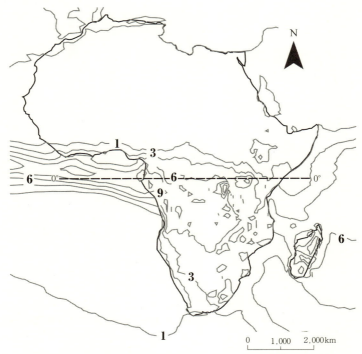

図1-5　アフリカ大陸における12月の平均降水量（1981-2010，mm/日）
注：紙面の都合上，アフリカ大陸とマダガスカル島のみ表示している。
出所：気象庁（2015）を基に作成。

平方向に均質な大気の塊），また，地形とも関係してくる。ここでは各地域の気候の特徴について降水量を中心に説明していく。

　木村（2005），水野（2016）によると，まず東アフリカは，熱帯収束帯と降水の関係が西アフリカほど明瞭ではなく，インド洋から吹き込む南東モンスーンの影響も受ける。モンスーンは，12月から3月の間はアラビア地域やインドからアフリカ東海岸に北東季節風として吹き，5月から9月の間は反対の南西季節風として，アフリカ東海岸からアラビア地域やインドに吹く。その影響を受けて，本来なら熱帯雨林気候であるはずの赤道付近も，雨季と乾季がはっきりしたサバナ気候となる。エチオピア高原では雨季の3カ月間に1年の約80％の雨が降り，最終的にはナイル川へと流れ込む。ナイル川の水源は8割以上がこの高原からだといわれる。東アフリカの北部では，雨季が通常の1回で年降水

28

量500ミリメートル程度の乾燥した場所が広がる。

　次に西アフリカは，北方の大陸性気団と南方の海洋性気団が接する熱帯収束帯の南北移動に支配されている。熱帯収束帯の南側では，大西洋からの湿った南西モンスーンに覆われて雨が多く，北側ではサハラ砂漠起源の乾いた北東貿易風であるハルマッタンが卓越するので乾燥する。12〜2月は熱帯収束帯が南下するため海岸から離れたサハラ砂漠南縁あたりまでの内陸部は広く乾燥する。一方で熱帯収束帯が北上する6〜8月では，内陸部も短い雨季となる。西アフリカのなかでもその東よりの地域では，熱帯収束帯がもっとも北上する8月に乾燥するので，雨季は4〜7月と10月の2回に分かれる。西アフリカの海岸地域は，5〜10月が雨季になり，特に海岸地帯の西よりの地域においては，いくつかの山地が海岸線に平行して並ぶため，大西洋からの湿潤な気流が強制的に上昇させられる。その結果，年降水量4,000〜5,000ミリメートル程度という世界有数の多雨地域となる。この降水が，西アフリカの二大河川である先述のニジェール川やセネガル川（図1-3参照）の水源となっている。豊富な水量のため，砂漠も横断することができる。

　中央アフリカでは，ギニア湾からのモンスーンが吹きつける熱帯雨林地域でも年降水量1,500〜2,000ミリメートルとそれほど多くない。明瞭な乾季がないコンゴ盆地とその周辺は熱帯雨林気候となっているが，そこから外側に進むにつれ，降水量は減っていく。サハラ砂漠の辺縁部であるサヘル地帯では，約8カ月間の厳しい乾季が訪れ，年降水量も数百ミリメートルと少ない。他方，ギニア・モンスーンが年中吹きつけるカメルーン山の南西側では，年降水量が1万ミリメートルに達する多雨地域となっている。

　南部アフリカは，インド洋側では暖流のモザンビーク海流の影響で多雨となる。また，内陸部ではカラハリ盆地に低気圧が形成される時期に，インド洋から吹き込む東風によって降水がもたらされる。一方で，大西洋側では，寒流のベンゲラ海流によって空気が冷やされ空気中の水分量も少なくなるため，降雨が極めて少なく，この寒流に加えて，亜熱帯高圧帯の影響を受け，ナミブ砂漠が形成されている。アフリカ大陸の南東に位置するマダガスカル島は，島の中央部に長い山脈が縦断しているため，東側と西側で降水の様子が異なる。東側では3,000ミリメートルを超える地域があるのに対して，特に南西部では300ミリメートルに満たない地域もある。大陸の南端部のドラケンスバーグ山脈も東

西で降水の様相を分ける障壁になっている。こちらも東側で1,000〜1,500ミリメートル程度，西側では800ミリメートルが限度となる。なお，大陸の南の末端あたりの一部のみ，冬季降雨型の地中海性気候となっている。

北アフリカは，亜熱帯高圧帯が卓越している地域であるため，広い範囲で年中乾燥しており，広大なサハラ砂漠が形成されている。サハラ砂漠は最終氷期（約7万〜1万年前）が終わった後の温暖で湿潤な時期（8,000〜6,000年前ごろ）には，ほとんどが植物に覆われ，その頃は「緑のサハラ」であったといわれている。北アフリカの中でもアトラス山脈の北側では，冬季降雨型の地中海性気候の地域が広がっている。

（6） アフリカ大陸の植生と土壌

アフリカ大陸における植生の大まかな分布について，これまでの気候などの説明を踏まえながら解説していく（図1-6）。沖津（2005）によると，まず熱帯雨林は，主に赤道周辺の熱帯地方に分布する（図中1）。赤道付近は気温が高く，既に述べたように上昇気流が発達して雨が年中降り，降水量も数千ミリメートルと多雨のため，樹木は年中葉をつけて枯れることがない。1年を通して光合成を行えるため樹木の成長もよく，巨木になりやすい。空から見ると密な樹冠を形成している。熱帯雨林の地域は乾季がほとんどない場所であり，大地溝帯より東には分布していない。熱帯雨林は樹種が非常に多く，1つの森の中に多様な樹種が生育している。

熱帯雨林の南側で標高が比較的高い地帯には，亜熱帯疎林が分布している（図中2）。この地域の降水量は1,000ミリメートル前後である。植生は細長い樹冠をもち，小型，肉厚，暗緑色の常緑・半常緑の葉をもつ高木と低木の疎林である。ミオンボ林とも呼ばれる。樹高は20メートル程度まで成長するが，樹冠が細く密度が低いため熱帯雨林と比べて明るい。この亜熱帯疎林はアフリカ大陸の赤道以南しか存在しない。これは北半球側とは異なり，南半球側の降水量の減少が（南に進むにつれての）緩やかであるからだと考えられている。

次に，アフリカの広い範囲に分布するサバンナであるが（図中3），ここには雨季と乾季がある。そのため，樹木は乾季に葉からの水分の蒸発を防ぐため，季節的に葉を落とす落葉広葉樹が分布している。地域によって異なるが，数カ月の乾季の間，光合成量は少なくなるので，樹木の背丈は低く，傘のような形

第 1 章　アフリカの自然と地理

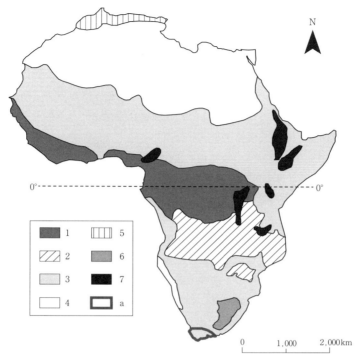

図 1-6　アフリカ大陸の植生
注：アフリカ大陸のみ作成した。
　1：熱帯雨林，周辺部に森林-サバンナ混生帯を含む　2：亜熱帯疎林
　3：サバンナ　4：砂漠　5：地中海植生　6：草原　7：山岳植生
　a：ケープ植物界，大陸最南端喜望峰周辺の地域
出所：沖津（2005）を基に作成。

の樹冠のものが多い。限られた中でより多くの水分を吸収するために，根も広い範囲に張り巡らせている。そしてこの樹木の周囲には，背丈の高いイネ科の草本が広く生育している。それらの割合によって，ウッドランド，高木サバンナ，草本サバンナ，草原などと区分されることもあるが，サバンナの面積の全体を合わせると，アフリカ大陸の45％を占めている。気候がサバンナからさらに乾燥した地域では，背丈の低い草原だけが広がるステップという植生になる。例えば，サハラ砂漠南縁部のサヘルなどの地域では，表層土壌が湿る程度しか降雨がなく，ヒゲ根によって少ない水分を吸収できるイネ科草本が優占しやすい。草本が枯れるとその後ミミズなどがそれを分解し，腐植を堆積させていく。

そしてステップ特有の水不足に加え，地域によっては秋冬の寒さが，さらなる分解（バクテリアなどによる）を停滞させ，そのままの腐植が厚く堆積していき栄養塩類の豊富な土となる。

　ステップよりさらに乾燥した地域は，植物がほとんど生育しない砂漠となる（図中4）。砂漠には砂砂漠と岩石砂漠があるが，岩石砂漠の方が圧倒的に広い面積を占める。すでに述べてきたように，アフリカにはサハラ砂漠とナミブ砂漠の2つがある。しかし植物がまばらな同じ砂漠であっても，植物種数は大きく異なり，ナミブ砂漠はサハラ砂漠の200倍多いといわれている。ナミブ砂漠の植物（生物）多様性の要因は，世界一古い砂漠といわれるナミブ砂漠のその起源の古さにあると考えられている（水野 2015）。その他，世界的に見ても非常に（狭い範囲で）多種類の植物・植生を有するケープ植物界（図中a）を含む，冬季降雨型の地中海性気候の植生が大陸南北の端にあり（図中5），また，高山植物など山地や高地に生育する山岳植生がいくつかの地域に分布する（図中7）。

　降水量や植生はさらにその土地の土壌とも関係が深いため，次にアフリカ全体の大まかな土壌分布を説明する。荒木（2005）によると，熱帯雨林気候など湿潤な地域では，コンゴ盆地を中心に，オキシソル（Oxisols）が分布している。これは土壌のなかで最も風化が進み，養分が乏しくなった土壌である。上述の通り熱帯雨林が成立しているが，それは土壌が肥沃なためではなく，植物が長い年月をかけて養分を集積した結果である。赤色や黄色の土層がつくられるのが特徴である。場所によってはサバンナにもオキシソルが分布している。

　サバンナの代表的な土壌は，アルティソル（Ultisols）とアルフィソル（Alfisols）で，アルティソルはアルフィソルに比べ，粘土や有機物に結合した養分の割合が少ない。これは多量の降水によって養分の溶脱が進んでいることを示している。アルフィソルは砂漠に接するサバンナに分布がみられる。乾季が長いため養分が雨に流されにくいので養分がアルティソルに比べ多い。ナイル川の上流あたりにみられるバーティソル（Vertisols）は，ナイル川によってエチオピア高原と大地溝帯から運ばれた土壌で肥沃である。

　さらに乾燥した地域や砂漠，その周辺では移動砂やアリディソル（Aridisols），エンティソル（Entisols），インセプティソル（Inceptisols）が分布している。アリディソルは，強い日射のため降った雨が流出せずに蒸発してしまうので，地中深部にあった塩類や石灰などが地表面でも集積する場合が多い。エンティソ

ルは石英砂からなり，層位のはっきりしない土壌の総称である。インセプティソルは高山などの安定しない場所に分布する。

2　大地からみたアフリカ

　この節では，第1節のような巨視的な視点から転じて，人びとが暮らす場から見える，アフリカのそれぞれの土地の姿について論じよう。ここでは対照的な2つの例を特に取り上げる。まず，ナミビアのある国立公園に暮らす狩猟採集民の生業活動と地域特有の自然環境の関係を，実際のフィールドワーク（現地における実地調査）によって得られた結果に基づき述べる。狩猟採集に依存した暮らしは，日本ではほとんどみられないものである。第2の例として，エジプトにおける河川と人びとの生活の関係について解説したい。日本には大小様々の河川があり，河川に接し河川を利用して人びとが暮らしているという意味では，エジプトと日本には共通するところがある。

（1）　ナミビアの国立公園で暮らす人びとと植生の関係

　アフリカの国立公園政策では多くの場合，住民生活による自然環境への影響を軽減させるため，地域住民を国立公園の外に移住させてきた。しかし，ナミビア共和国のブワブワタ国立公園では，狩猟採集民のブッシュマン（サン）の人びとが公園内に数千人規模で定住している。国立公園の中で営まれる狩猟採集民の暮らしは，自然環境にどのような影響を与えているのだろうか？

　ブワブワタ国立公園には，居住区域と非居住区域の2つの区域があり，1つの国立公園の中に，人びとの生業活動が行われている区域と立ち入りが許されない区域が存在する。そこで，これら2つの区域の植生構造を比較することで，人為的な影響がわかると考えられる。筆者による調査の結果，居住区域と非居住区域では樹木の種類や数に差異があることがわかった。両区域で同程度生育している種類もあるが，非居住区域でしか生育していない種類があり，また非居住区域と居住区域で樹木の本数が2倍以上差のある種類など，両区域の植生の違いが明らかになった。

　直感的には，居住区域と非居住区域における植生構造の違いは人為的な影響によるものと思われるが，これは正しいだろうか。そこで，住民生活で利用さ

れる植物の種類とその量を見るために，当地域の人びとの食生活にとって重要な採集活動と，住居の建設において欠かすことのできない伐採活動について調べた。筆者の調査によると，巨木などは建材として利用されず，ほとんど加工せずに済むサイズの幹が，選択的に建材として使われていた。また，どの世帯においても，現地語で"チェレ"と呼ばれる樹種が突出して多く利用されていることが確認された。人口60名程度の小規模村においても，村全体で数千本〜1万本以上が伐採され，建材として利用されていることが明らかになった。チェレが建材として多く利用される理由は，まっすぐに成長するため柱などの建材に使いやすく，また硬くて丈夫で，腐りにくい性質だからだと聞くことができた。

採集活動については，年間を通して，"コム"という樹木の果実と種子が頻繁に採集されていた。そのほか，薪や生活道具，伝統的な薬としての利用など，ほとんど全ての植物になんらかの利用法があった。しかしながら，農作物以外の植物を栽培することはほとんどないことが確認された。唯一，コムだけは成長が速く，すぐに利用できる（7〜8年で結実する）という理由と，枝の挿し木で生育するという理由から，人びとによって栽植されていることが明らかになった。

以上をふまえ，次に村周辺におけるいくつかの種類の樹木分布を，GNSS（グローバルナビゲーションサテライトシステム：GPSなど）を用いて記録した。そして小規模村で開村年が10年未満の村周辺の分布と，地域の主要村であり最も古くに開村された村の1つである人口最大の村周辺の分布を比較した。唯一栽植されるコムについて，一定距離内に出現したコムの総数をカウントし，実の有無により成木・未成木を分類した。また，一定距離内に生育するチェレとコムの総数を比較した。筆者による調査の結果，古く大きい村周辺は，新しく小さい村周辺に比べて，10倍以上の数のコムが生育していることがわかった。また新しく小さい村周辺では，まだ低木状態（未成木）のコムが7割を占めるのに対し，古く大きい村周辺では1割強と少なかった。すなわち，古く大きい村周辺では，9割近いコムがすでに成木となり結実していた。一方で，チェレがほとんど分布していないことがわかった。反対に，新しく小さい村周辺では，チェレが比較的どこにでも分布しているが，コムはほとんど分布していないことがわかった。

上述のように国立公園内の植生に対して，住民の生活は明確な影響を与えている。それでは，ここに暮らす狩猟採集民の人びとは，どのような知識や認識を持ちながら，生業活動を行なっているのだろうか。近年，一部の人びとによって行われている農業と，古くから伝統的に実施される野焼きについて確認した。筆者の調査によると，農業については，現地語で"ドムオロ"と呼ばれる場所でのみ行われていることがわかった。ドムオロとは，線状に並んだ古い砂丘の間のくぼんだ土地でかつ，過去に流水があった跡地のことを意味している。また，人びとのドムオロについての知識は豊かで，地形や土質の違いを理解しているだけでなく，ドムオロ内の植生環境への負荷を憂慮し，農地を数年ごとに移動するという語りも聞かれた。住民がしばしば行う野焼きについても，茂みを歩きやすくするためや，乾燥した薪を入手するためなどの住民生活における恩恵だけでなく，野生動物にとって良い餌場となる新しい草本の発芽のためや，樹木の更新を促進し，健康で若い植生を育むためなどの語りが多く聞かれた。植生や自然環境全体の維持を意識して，生業活動が実施されている一面も明らかになった。

以上，国立公園で暮らす狩猟採集民の生活が，周辺植生に様々な影響をおよぼしていることが確認・考察され，また，国立公園の自然管理や維持の役割を担っている生業活動がある可能性も示唆された。これまでアフリカの自然保護政策は，手つかずの自然を守る「原生自然保護」という理念に基づいていた。しかし，それとは相反する，人びとの暮らしも含めた新しいアフリカ国立公園の姿が確立されつつある（芝田 2018）。

（2）　エジプトと日本における河川と人びとの暮らし

エジプトは北が地中海，東は紅海とアラビア半島，西にリビア，南にスーダンと接している。古代文明より約5,000年の歴史を持ち，現在は国民の約9割がイスラム教徒のアラビア語圏諸国の1つである。面積は日本の約2.7倍の約100万平方キロメートルで，人口も2010年代のおわり頃には1億を超えた。大きな面積と人口を抱える一方で，ほとんどの街と暮らしは河川沿いにある。そう，ナイル川である。

世界最長といわれるナイル川が南から北へ，内陸部から地中海に向かって流れていることはすでに述べた。砂漠地帯を長距離にわたって流れている間，そ

の途中には乾燥・半乾燥地域にみられる灌漑農法のひとつである，センターピボット農法による大規模な落花生の農地がみられる。360度回転するアームで，地下水の散水・施肥・農薬散布などが行われる（図1-7）。他にも灌漑用水を用いた農地でモモやブドウ，オレンジやマンゴーの栽培がみられる。ナイル川は，河口に近づくにつれて，デルタ地域に入っていくが，そこでは水田が多く，養殖池もみられる。デルタで細かく枝分かれする川だけでなく，張り巡らされた灌漑水路が広がるため（図1-8），砂漠地帯を流れてきたことを忘れさせる光景である。

　デルタ地域より上流に位置する首都カイロにももちろんナイル川が流れている（図1-9）が，さらにその上流の古代文明の遺跡や跡地もナイル川の河川沿いである。このように，エジプトは古代文明から現在にかけて，まさにナイルと共にある。そして，河川が運ぶのは水だけではない。もう1つ大事なものは，土砂である。それも人々の暮らしに直結する。

　どのような地形も基本的には，地殻変動・火山活動など地球内部の活動に起因する「内的営力」と，水・氷河・風のように運動する流体により地表物質に外側から作用して生じる「外的営力」の2つの力が働いて形成されている。外的営力である河川による地形変化は，地表物質の侵食・移動・堆積というプロセスで進む。この地形変化の原動力となっているのは，流水が低いところへと移動する運動エネルギーであり，河川水の最終的な到達点は多くの場合，湖や海である。基本的には傾斜の大きな上流域で侵食が進み，傾斜が小さく川の流れが穏やかになる下流域で堆積が進んでいく。また，河床の堆積物は上流から下流に向かって粒径が小さくなる。さらに浸食・堆積は，河道の屈曲部で局所的に異なったり，豪雨の増水で一時的に侵食あるいは堆積が強まったりと変化に富むうえ，流域の地質や長期的な地殻変動に影響を受ける（水野 2015）。

　先述の土壌の説明でも触れたように，ナイル川上流ではエチオピア高原と大地溝帯から肥沃な土壌が運ばれてくる。そして土砂は肥沃な土壌をもたらすのみならず，上述のように，人びとが暮らす土地（地形）を形成する。河川地形と人びとの暮らしの関係について，身近な日本の例から説明を試みたい。まずエジプトと日本での大きな違いは，降水量の違いから日本にはたくさんの河川が至る所に流れており，全体的に山が多く標高差が大きいことから流速が速いことである。またナイル川ほど長い河川は存在しない。しかしながら，基本的

第 1 章　アフリカの自然と地理

図 1-7　センターピボット農法と落花生の農地
出所：2023年9月撮影。

図 1-8　張り巡らされる灌漑水路
出所：2023年9月撮影。

な河川地形のしくみは，同様である。まずは山地から平野へ出るところに扇状地が形成され，比較的大きな砂礫が堆積する。砂礫が河道付近に堆積すると土地はその分周囲より高くなり，次の土石流や洪水は谷口から別の低い土地に向かって流れていく。このような河道の移動を繰り返して，扇型の傾斜地である扇状地が形成される。扇状地を越えると氾濫原がで

図 1-9　カイロ中心を流れるナイル川
出所：2023年8月撮影。

きる。扇状地よりさらに勾配の緩い地形で，まさに河川の氾濫によって，河川両側に放出された土砂が堆積することによってできる場所である。自然堤防の発達が特徴的なため，自然堤防地帯とも呼ばれる。自然堤防とは，洪水時に河川からあふれた砂やシルト（砂と粘土の中間）が土手状に堆積した自然地形である。その背後には，細粒なシルトや粘土を含んだ後背湿地が形成される。この氾濫原の後背湿地は肥沃なために，日本では昔から水田に利用されてきた。また自然堤防は河川の氾濫があったとしても，水捌けが良く長期間浸水することがないので，宅地や畑に利用されてきた。そして最後に河川が形成するのが三角州（デルタ地形）である。河川が最下流部で湖や内湾などに流れ込むと，河川水が運んできた細粒な土砂が水中に拡散してから堆積し，水域を埋め立てて三角州を形成する。ほとんどが乾燥地域であるエジプトにおいても，ナイル川

37

が形成した氾濫原では，人びとが古来より生活の場として利用してきた。また，ナイル川河口付近の三角州は，その「デルタ地形」の語源（ギリシャ文字のデルタの形）にもなった代表的な例であり，現在もそこには農業や養殖などの，人びとの様々な営みが展開している。

　日本に暮らしていると，人口が平野部に集中していることは大都市がある場所からも容易に想像できるが，河川によって形成されるこの平野では，古くから河川の氾濫とともに人びとの生活が営まれてきた。河川が氾濫することで自然地形が形作られるが，その氾濫は人びとにとって時に被害にもなる。すなわち，自然災害という現象は一方で，我々が生活する場を作ってきたわけである。人類の歴史のなかで，治水と水利の事業というのは，いわば国家の重要政策として推し進められることであった。それは日本だけでなく世界各国，そしてエジプトでも大変重要度が高い。エジプトでは上述のように現在の首都カイロ，古代文明の遺跡各所がナイル川沿いにあるだけでなく，今日の農業や養殖もこのナイル川だよりといえる。それはエジプトの年降水量が約50ミリメートルであることが要因の1つであるが，ナイル川の水量も無限にあるわけではないので，より効率的な水利が必要である。特にエジプトでは灌漑用水路など農業分野において，日本をはじめとする世界各国と連携しながら発展を続けている（国際協力機構 2023）。治水と水利は，古くから人類が自然に適応してきた姿ともいえるが，ここまで述べてきたように，それは日本のような山がちな地域のみならず，乾燥地域でも深い関係がみられるのである。

3　自然地理からみるアフリカ

　ナミビアの国立公園における自然環境とそこに暮らす狩猟採集民の生活との関係や，エジプトと日本における河川と人びとの暮らしの関係からわかるように，人類はその地域の自然環境に適応し，時に自然環境の形を改変しながら生活圏を広げてきた。第1節では，アフリカ大陸を宇宙からみたことによって，その広さ，自然環境の多様さを知ってもらえたと思う。植生や河川だけではなく，地形や気候も地域の農業や農作物に大きな影響を与える。例えばアフリカでワインは南アフリカ産が比較的有名であるが，これは南アフリカの一部が地中海性気候であり，ブドウがよく育つことに関係する。コーヒーはどうだろう

か。コーヒー豆はアフリカではタンザニア，ケニア，エチオピアが産地として世界的にもよく知られている。これも，気候が熱帯や亜熱帯で，地形は山地など高地の地域があることに共通点がある。農作物だけではない。牧畜も気候と植生に影響を受ける。雨が少なく乾燥しており，草本が広がっていることが望ましいため，こちらは半乾燥地で営まれる場合が多い。しかし乾燥し過ぎてしまうと，家畜の飲水や食べものもなくなってしまうため，サヘル地帯の気候を左右する熱帯収束帯と亜熱帯高圧帯の動きが当地域の生活には重要である。

　他にも，人口はどこに集中しやすいか？　観光業はどんなところが有名か？　ある種の鉱物はどの地域でよく産出されるか？　など，地理的，地理学的にその関係を考察することは大変に興味深いことである。ポール・ヴィダル・ド・ラ・ブラーシュというフランスの地理学者は，100年以上も前に，環境可能論という立場から人類と自然環境の様々な関係を重要視していた。環境可能論とは，自然環境は人間の営みを全て決定する（環境決定論）わけではなく，人間に可能性を与える（可能性の幅を決定する）存在であるという考え方である。すなわち，ある地域での人びとの生活は，一定程度，自然環境の制約を受ける場合があるが，具体的にみていくと，それは人びとの自然環境に対する積極的な働きかけ，つまり適応をしようとすることで，その地域特有の生活や文化が育まれるのである。そういう意味では，ある地域の特徴や共通性を見つけるには，その地域が地球のどこに位置するのかという「地理」と「自然」のしくみをまず知ることから始めてみよう。そうすることで，アフリカの産業や経済など人間活動についても，理解がしやすくなるのではないだろうか。

　リモートセンシングで宇宙から自然環境を広く理解し，フィールドワークで現地の自然環境を具体的に捉える。そして人びとの暮らしとの関係の多様性を見出す。その視点のきっかけ，考え方のスタートに，本章が役立てば幸いである。最後に自然地理学の魅力を少し添えたところで，第1章のおわりとしたい。

参考文献

荒木茂 2005.「土壌からみたアフリカ」水野一晴編『アフリカ自然学』古今書院, 35-46.

宇宙航空研究開発機構（JAXA）2023. 世界の雨分布速報（GSMaP）https://sharaku.eorc.jaxa.jp/GSMaP/index_j.htm（2023年8月24日確認）

沖津進 2005.「植生からみたアフリカ」水野一晴編『アフリカ自然学』古今書院, 25-34.
気象庁 2015. JRA-55アトラス. https://jra.kishou.go.jp/JRA55/atlas/jp/surface_basic.html（2023年8月25日確認）
木村圭司 2005.「気候からみたアフリカ」水野一晴編『アフリカ自然学』古今書院, 15-24.
国際協力機構 2023.「エジプトにおける協力」中東・欧州部中東第一課エジプト事務所.
芝田篤紀 2018.「ナミビア北東部ブワブワタ国立公園における住民の生業活動と植生の関係」『地理学評論』日本地理学会, 91(5), 357-375.
地理用語研究会 2019.『地理用語集第2版A・B共用』山川出版社.
堀信行・菊池俊夫編 2007.『世界の砂漠――その自然・文化・人間』二宮書店.
水野一晴編 2005.『アフリカ自然学』古今書院.
水野一晴 2015.『自然の仕組みがわかる地理学入門』ベレ出版.
水野一晴 2016.『気候変動で読む地球史限界地帯の自然と植生から』NHK出版.
山賀進 2010.『一冊で読む地球と歴史としくみ』ベレ出版.
山縣耕太郎 2005.「地形からみたアフリカ」水野一晴編『アフリカ自然学』古今書院, 2-14.
United States Geological Survey（USGS：アメリカ地質調査所）2023. Global Multi-resolution Terrain Elevation Data 2010. https://earthexplorer.usgs.gov/（2023年8月23日確認）
United States Geological Survey（USGS：アメリカ地質調査所）2023. Landsat. https://earthexplorer.usgs.gov/（2023年9月6日確認）

（芝田篤紀）

Column ②

村落部における給水施設導入の実態

　ユニセフのレポートによると，2022年に「安全な飲み水」を容易に得られない人は世界で約7億人おり，そのうちの半数以上がサハラ以南アフリカ（以下，アフリカ）に住んでいる。特に，村落部では，給水施設を利用できる人の割合は限られている。生きる上で必要不可欠な水の供給は基本的な人権の1つであり，国際社会が一体となって取り組むことが求められてきた。その取り組みの一環としてこれまでアフリカの村落部では，手押しポンプや高架水槽などの給水施設が導入されてきたが，多くの場合，現地の人びとには維持管理できず，給水施設は持続的に利用されていない。その原因や解決策を探るために，多くの研究や実践が重ねられてきた。筆者も現地において給水施設の維持管理の推進に努めてきたが，住民による管理の課題は枚挙にいとまがない。

　そもそも，外部から導入された給水施設は住民にとって扱いづらい存在だ。筆者が調査してきた農村には，給水施設だけでなく川や泉，手掘り井戸など多様な水源が存在している。住民はそれらの水源を使い捨てにしてきたわけではない。昔から地域で利用されてきた，いわゆる在来の水源は，時には水量を調節したり，水を汲み出し掃除したりするなどして管理されている。一方，手押しポンプなどの修理やメンテナンスには，利用者から徴収した積立金だけでなく，研修を受けた水利委員会のメンバーや修理工が必要である。彼らの活躍なしには，援助機関が設置した給水施設を維持管理することはできない。

　また，季節によって自然環境が変化したり，人びとが畑へ移住したりする地域では，住民が利用する水源や水の需要は年間を通して変化する。複数の水源を利用することで様々な変化に対応してきた住民にとって，給水施設も数ある選択肢の1つに過ぎない。その時期，その地域に即した水源でなければ，継続的に利用されなくなる。

　そのため，住民だけで給水施設を持続的に利用できるようにするためには，水の安全をはかりつつ，在来の水源のように彼らにとって管理しやすい水源の開発が必要である。また，その水源が自然環境の変化や人びとの生活様式など地域の特性に適しているのか考慮することも重要である。

（近藤加奈子）

第2章
アフリカ経済の歴史的背景

―― この章で学ぶこと ――

　現代アフリカの経済開発を考える上で，アフリカがこれまでに辿ってきた歴史的経験に目を背けることはできない。なかでも15世紀半ばの「大航海時代」に端を発するヨーロッパ人とのかかわりによって，アフリカは「グローバルな経済システム」に組み込まれることになる。16世紀以降に確立されていく大西洋貿易圏の一端を担わされることになるアフリカは，「新大陸」のプランテーションの労働力供給源とされていく。さらに19世紀後半以降の帝国主義時代には，ヨーロッパ大陸の南に隣接するアフリカ大陸は，「ヨーロッパ列強諸国」の膨張政策の影響を大きく受け，ごく一部の例外をのぞいて植民地支配下に置かれることになった。

　現在のアフリカ諸国のほとんどは，植民地支配時に画定された境界線に基づき領土が成立している。植民地の境界線は，宗主国間の交渉の末，現地の社会集団の分布を無視して恣意的に引かれたものが大半であった。その結果，人びとは分断され，異なるルーツを持つ人びとが1つの国家に併存することになり，アフリカには「多民族国家」が多数登場することになった。「多民族」状況は，独立後も旧宗主国の公用語を「中立語」として用いざるを得なくなる要因となり，現在も多くの子どもたちが初等教育を第一言語で学ぶことができない状況にあるなど，植民地支配の影響は現在のアフリカにも色濃く残っている。

1　ヨーロッパ人の到来と大西洋奴隷貿易

（1）アフリカ大陸西海岸へのヨーロッパ人の到来

　サハラ以南のアフリカ（以下，特に断らない限りサハラ以南のアフリカをアフリカと表記）の海岸地域に最初に船で到達したヨーロッパ人はポルトガル人であっ

第Ⅰ部　激動するアフリカ経済

図2-1　現在のエルミナ城
出所：2016年筆者撮影。

た（競合関係にあったスペインと交わしたトルデシリャス条約とサラゴサ条約によって，アフリカを含む地域はポルトガルが「開拓」することになった）。ポルトガル船は1445年頃にアフリカ大陸西端のセネガルに到達して徐々に南へ航路を延ばし，バルトロメオ・ディアスが率いた船団がアフリカ大陸南西端の喜望峰を越えたのは1487年頃とされている。その後，ポルトガルはアフリカ大陸の西海岸沿いに小規模な駐屯地を次々と設置し，船の整備や食料補給をおこなった。ただ，彼らが自由に行動できたのはあくまでこうした駐屯地の中もしくはその近隣だけで，内陸まで影響力を行使することはできなかった。彼らがアフリカを目指した目的は，香辛料（冷蔵設備が普及していなかった当時，臭みを消すことができる香辛料は食肉を調理する際に極めて重要な存在であった）が豊富なアジア地域への海洋ルートを開拓することに加え，北アフリカの商人に取引を独占されていた西アフリカ内陸産の金を直接取引することにあった。

　1487年に現在のガーナの海岸地域に位置するエルミナ（ポルトガル語で「鉱山」を意味する）に，現地の許可を得て軍事拠点の城砦を建設したポルトガルは，現地の商人との間で金の取引を開始した（図2-1）。金の見返りにポルトガル商人が提供したのは，酒や布，ビーズ，真鍮の装飾品など現地の支配層が好んだ奢侈品が中心で，金との相対的な価値は低いものであった。その結果，ポルトガル側に多くの利益が生まれる一方で，アフリカの現地社会にとっては富の流出を促す取引となった。

　16世紀以降はポルトガル人に次いでイギリス人も同地に進出し，この海岸地域は「ゴールド・コースト（黄金海岸）」と呼ばれるようになった。イギリスは自国の富裕層から出資を受けて貿易会社を設立し，西アフリカ貿易を拡大させた。フランス人も西アフリカ沿岸に進出し，1624年にはセネガルに貿易拠点を確保した。一方，南アフリカでは1652年にオランダ東インド会社のヤン・ファン・リーベックがケープタウンに上陸し，土地の占領と入植拠点の設置を始め

第 2 章 アフリカ経済の歴史的背景

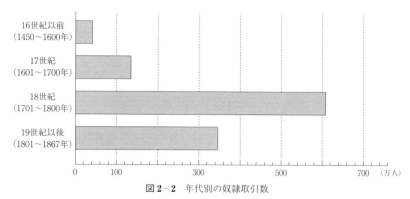

図 2-2　年代別の奴隷取引数

出所：Schomburg Center for Research in Black Culture, Jean Blackwell Hutson Research and Reference Division (2005).

ることになる。

（2）　大西洋奴隷貿易のはじまりとその実態

当初は比較的小規模かつ平和裏におこなわれていた西アフリカ貿易に大きな変化を生じさせたのがヨーロッパによる「新大陸（南北アメリカ大陸・カリブ海地域）」の征服である。「新大陸」の鉱山やプランテーションに対するヨーロッパ経済の依存度が高まるにつれ，採掘や栽培に携わる大量の労働力が必要となった。当初は先住民を強制的に徴募しようとしたが，ヨーロッパ人がもたらしたインフルエンザや麻疹，天然痘などの感染症により，現地社会は壊滅的状態に追い込まれた。次にヨーロッパの低賃金労働者の派遣を試みるも，熱帯地域の環境に慣れていないため「新大陸」での労働力として適さなかった。そこで目をつけられたのが，熱帯地域への適応力もあるアフリカ人であった。西アフリカ貿易の主要取引品は金から人間に変わり，16世紀後半になると，ポルトガル人やスペイン人に加えて，イギリス人，デンマーク人，オランダ人，スウェーデン人，フランス人が西アフリカ海岸での人身売買＝奴隷貿易に競って参入した。貿易は拡大し続け，1700年から1867年までの間に，全期間の約80％にあたる奴隷たちが取引された（図2-2）。

大西洋奴隷貿易は，ヨーロッパ，アフリカ，アメリカ大陸を結ぶいわゆる「三角貿易」の一要素だった（図2-3）。ヨーロッパ商人は，銃，アルコール，その他安価な加工品をヨーロッパから西アフリカに運んだ。その後，これらの

第Ⅰ部 激動するアフリカ経済

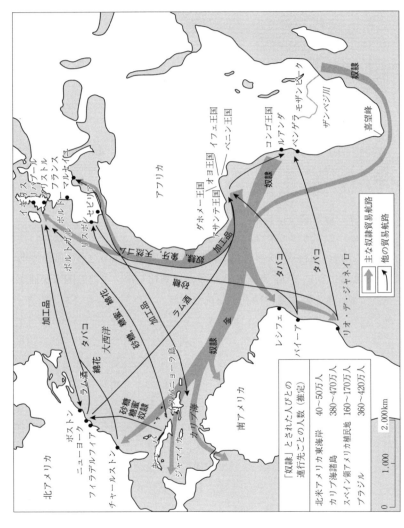

図2-3 15世紀から19世紀までの大西洋貿易

出所：Hanes et al. (1999).

商品は奴隷と交換され，彼らは「新大陸」に運ばれた。奴隷を売って得た資金は，金，銀，タバコ，砂糖，ラム酒などの購入資金となり，ヨーロッパに運ばれた。この貿易システムは船主や商人に大きな利益をもたらし，リバプールをはじめとするヨーロッパの主要貿易港やイギリスを中心としたヨーロッパの金融業の発展を促した。

　大西洋奴隷貿易は，アフリカの低開発に大きな影響を与えた。大西洋を渡って「新大陸」に連行された人びとの数については諸説あるが，1,000万人から1,500万人というのが通説である。しかし，それよりもさらに多くの人びとが，襲撃時や連行中，また取引拠点での監禁中に命を落としたとされる。大西洋奴隷貿易の人口動態を研究するP・マニングによると，奴隷貿易がおこなわれなかった場合，1850年の熱帯アフリカの人口は2倍以上だったのではないかと推定されている（Manning 1990a）。

　当時のアフリカは，大小様々な国家や社会が互いの勢力圏を競ういわゆる戦国時代にあった。そして，奴隷として売買された人びとの多くは，現地の国家間の戦争等で捕虜とされた人びとであった。そのため，奴隷の需要が高まった18世紀以降になると，ヨーロッパ商人に売り渡す捕虜の確保のために戦争や襲撃がおこなわれるようになり，地域内の紛争が深刻化した。現地の国家が捕虜を確保しようとした大きな理由は，ヨーロッパ商人が提供する武器（主に銃）であった。プランテーション経済を維持させるために必死に奴隷を確保しようとするヨーロッパ商人は，捕虜を提供する現地の国家に銃を提供していた。現地の国家からするとヨーロッパ商人に捕虜を渡さねば，銃を入手することができず，もし競合関係にある現地の他の国家がヨーロッパ商人と取引してしまうと，自らの繁栄や安全保障が脅かされる（自らが捕虜となり売り渡されてしまう）事態を招くことになる。その結果，現地国家の支配層はこの取引から抜け出せなくなり，ヨーロッパ商人もこうした現地の対立関係を利用して捕虜（奴隷）を確保していたのである。

　上記の結果として，捕虜の収奪の対象となってしまった内陸の小規模な国家や社会では著しい人口減少が生じた一方，海岸地域にはダホメーやベニン，アサンテのような王国が繁栄し，地域間の人口バランスが大きく崩れた。略奪の対象となった地域の農業や手工業，貿易は混乱し，軍事力が相対的に低かった国家や社会の人びとは，家を放棄して遠隔地や山岳地帯に避難することを余儀

第Ⅰ部 激動するアフリカ経済

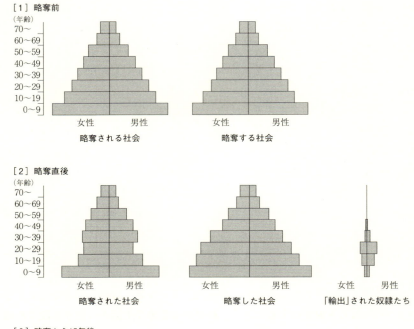

図2-4 奴隷貿易が西アフリカ国家の人口に与えた影響

注：左が捕虜として略奪された社会，中が捕虜を略奪した国家，右が「新大陸」における奴隷たちの人口構成。上から［1］略奪前，［2］略奪直後，［3］略奪から15年後の人口ピラミッドを示している。20代を中心に青年層が多く略奪の対象となっている一方，略奪した国家には女性が多く吸収され，男性が多く奴隷として売り渡されている。そして15年後には，略奪した社会に多くの子どもが生まれ，人口増加につながっているのがわかる。

出所：Manning（1990b：43）．

なくされた。

　また，ヨーロッパ商人が求めたのは「新大陸」のプランテーションでの労働力であったため，捕虜とされたものの多くは若者たちであった（図2-4）。これによりアフリカ西海岸地域は社会を支える若年生産年齢層を多く失い，長期におよんで地域社会の開発が阻害されることになった。さらに，アフリカ側が捕虜の見返りに受け取った交易品は，ほとんどが武器や贅沢品で，いずれも長期的な開発の原動力にはならなかった。

　一方，ヨーロッパの支配層や商人たちは，奴隷による経済活動から莫大な利益を得ていた。大西洋奴隷貿易のピーク時であった1780年代，イギリスの主要貿易港であったリバプールだけで年間30万ポンド（2017年の価値でおよそ30～50億円）の利益を得ていた（Segal 1995：22-23）。大西洋貿易の発展により，ヨーロッパの製造業や運輸業，さらに金融業の発展が促され，後に起きる産業革命の基盤が構築されていった。

　奴隷制度はまた，欧米社会において，アフリカ人に対する人種差別的な固定観念（ステレオタイプ）の拡がりを助長した。アフリカ人は移り気な野蛮人として描かれ，彼らを奴隷にすることは，絶望的で悲惨な生活から救う手段であると正当化された。この「アフリカ人＝野蛮・未開」というイメージは，後に続く時代における，アフリカの開発にも大きな影響を与えることになる。

2　「合法貿易」と探検・宣教の時代

（1）「合法貿易」の進展とキリスト教宣教活動の拡大

　1807年，イギリスはアフリカの奴隷貿易を廃止し，1833年にはイギリス帝国内の奴隷制度を完全に廃止した。18世紀には世界最大の奴隷取引国であったイギリスがいち早く奴隷取引を取り締まる側に転換した背景には，産業革命による経済構造の転換があった。18世紀末以降，ヨーロッパで産業革命が進むなかで，ヨーロッパ経済にとっての「新大陸」のプランテーション経済の重要性は低下した。産業革命をいち早く完了させたイギリスが奴隷取引を違法化して奴隷貿易から撤退すると，他の国々も徐々にそれに従っていく。工業化を進めたヨーロッパ諸国にとって，「新大陸」のプランテーション経営よりも，自国の工場制機械工業の発展が重要となり，アフリカをはじめとする熱帯地域で生産

されるアブラヤシ（機械の潤滑油や洗剤の原料などとして工業生産に用いられた）や天然ゴムなどの原材料の確保が最優先課題となった（その一方で，ポルトガルやスペインなど工業化に遅れをとった国々は19世紀後半まで奴隷の取引を続け，大西洋奴隷貿易の終焉は1870年まで待たねばならなかった）。

一方，ヨーロッパ商人との取引に依存していた多くのアフリカ沿岸諸国の支配層にとって，奴隷貿易を基盤としてきた経済から，パーム油や落花生，天然ゴムなどの一次産品を扱う「合法貿易（奴隷貿易＝人身売買は違法化されたため奴隷以外の商品を扱う貿易のことを指す）」を基盤とする経済への移行は，大きな課題となった。

蒸気機関の発明に伴う移動手段（モビリティ）の革新は，物流の拡大を促しただけでなく，大陸間の人的交流も拡大させた。この時期，アフリカ大陸へ渡るヨーロッパ人は，商人だけでなく，探検家やキリスト教の聖職者も加わるようになった。貿易の拡大によって海岸地域の主要貿易港にはヨーロッパの商社の支店が置かれるようになったが，西アフリカは熱帯病のリスクが高かったため，ヨーロッパ商人が定住することはできなかった。そのため，現地の商人が代理人として雇われるようになったが，彼らに西洋言語を教育したのが，キリスト教宣教団が開校した西洋式学校であった。ヨーロッパとの「合法貿易」にビジネスチャンスを見出した人びとは，宣教団の学校に子どもたちを通わせた。19世紀後半になると，海岸地域では西洋言語を使いこなして貿易に携わる新興エリート層が登場するようになり，在来の支配層の地位を脅かすようにもなった（溝辺 2017）。

（2）「未到の地」の探査と「文明化の使命」

18世紀後半まで，マラリアをはじめとする熱帯病の感染リスクや帆船に頼った時間を要する移動手段などの理由から，ヨーロッパ人がアフリカ大陸の内陸部へ進出することは不可能であった。しかし，マラリア対策としてのキニーネ（キナの木の樹皮から抽出される成分から製られたマラリア治療薬）の使用や蒸気船の開発などにより，ヨーロッパ人は次第にアフリカ大陸の内陸を探検できるようになった。「暗黒大陸の未到の地」を最初に「発見」することを狙ったヨーロッパ人探検家たちは，先を競って内陸部の探索を開始した（ここでいう「発見」とはあくまでヨーロッパ人視点の表現であり，彼らの「地理的発見」は現地の人び

第2章　アフリカ経済の歴史的背景

とにとってすでに慣れ親しんだ土地であったことはいうまでもない)。スコットランド出身のマンゴ・パークは1796年に現在のマリに位置するセグーに到達し，ヨーロッパ人として初めて西アフリカ内陸部を流れるニジェール川を確認したとされる。同じくスコットランド出身の宣教師デイヴィッド・リヴィングストンは，1850年代に中部アフリカを探検し，「ビクトリアの滝」に到達した最初のヨーロッパ人となった。ポルトガル人探検家のアレシャンドレ・デ＝セルパ・ピントは1869年にザンベジ川を遡り，その8年後にはアンゴラからモザンビークにかけてアフリカ大陸南部を横断した。

1870年には『ニューヨーク・ヘラルド』紙から派遣されたジャーナリストのヘンリー・モートン・スタンリーが，当時行方不明になっていたリヴィングストンをタンガニーカ湖畔のウジジで発見した。スタンリーは後に，ベルギー王レオポルド2世の代理人としてコンゴ川流域を広範に探検し，現地首長らから「保護」を認める旨の「条約」を取り付け，レオポルド2世の個人領「コンゴ自由国」の設立に貢献した。アフリカ中部の広大な地域を支配したベルギーは同地で栽培される天然ゴムのプランテーションで大きな利益を得た。フランス人のピエール・サヴォルニャン・ド＝ブラザはコンゴ盆地西部を探検し，1881年に現在のコンゴ共和国の首都にあたる地域を自らの名前を冠して「ブラザヴィル」と名付け，フランス領であることを主張した。19世紀末までに，ヨーロッパの探検家たちはナイル川，ニジェール川，コンゴ川，ザンベジ川といった大河の源流を「発見」した。

こうしたヨーロッパ人探検家たちによる内陸探検の資金の多くは，ヨーロッパの富裕層や企業が経済的に支援するヨーロッパの地理学会や科学学会から提供された。帰国した探検家たちは，その成果を資金提供を受けた学会で発表し，学術誌に報告記事や論文を書いた。そこで提供された情報は，「未到の地」への好奇心を抱く一般大衆や，アフリカ内陸部の貿易機会を狙う商人や実業家たちの強い関心を集めた。ヨーロッパ列強間の経済的，軍事的競争の激化は，産業革命後の交通，通信，兵器の技術的進歩と相まって，19世紀末の「アフリカ争奪戦」を導くことになる。

探検家たちの内陸探査と時を同じくして，組織拡大を進めていたヨーロッパ諸国のキリスト教宣教団も，アフリカに宣教拠点を設立すべく海岸地域への進出を始めていた。アフリカを訪ねた宣教師（ミッショナリー）たちはヨーロッパ

51

第Ⅰ部　激動するアフリカ経済

図2-5　「『暗黒大陸』に灯りを届ける」と題されたアメリカの「テキサコ」ランプオイルの広告絵葉書（1913年発行）
出所：筆者のコレクション。

に戻り，教会の支援者たちに「未開のアフリカ」を「文明化」する「使命（ミッション）」の重要性を熱く語り，支援金（活動資金）を募った。この「使命」には，キリストの福音を広めるという第一の目的とともに，奴隷制の撲滅，西洋式教育の普及，保健衛生等の社会開発や商業の発展を支援することが含まれていた。彼らは，自らが道徳的にも技術的にも優れた人種・民族であるという人種主義的な前提のもとに，自らのアフリカにおける活動はあくまで「慈善事業（チャリティ）」であるということを主張し続けた。しかし，アフリカに進出する宣教団が増えるに従って，地域によっては複数の異なる国家の宣教団が拠点を巡って競合するようにもなり，各宣教団が自らの活動拠点を維持するため，政府に当該地域の領有化を陳情するケースも現れるようになる。こうして「文明化の使命」を旗印にアフリカで活動する宣教師たちは，探検家や商人たちと同様，アフリカに対するヨーロッパの人びとの関心を高めることによって，植民地支配の確立を促す存在にもなっていったのである。

3　植民地支配の開始

（1）　ヨーロッパ諸国によるアフリカ争奪戦とアフリカ分割

これまでみてきたように，19世紀初頭以降，ヨーロッパの商人や探検家，宣教師たちがアフリカに進出し，その影響を拡大させつつあった。フランスは西アフリカのセネガルとダホメー（現在のベナン）の海岸地域，イギリスはガンビア，シエラレオネ，ガーナ，ナイジェリアの海岸地域と南アフリカのケープ植民地，そしてポルトガルはアンゴラとモザンビークの海岸地域に拠点を設けていたが，1880年代初頭においてもアフリカ大陸のほとんどの地域では，現地の国家や社会が自らの主権を行使できる状況にあった（図2-6）。

第 2 章　アフリカ経済の歴史的背景

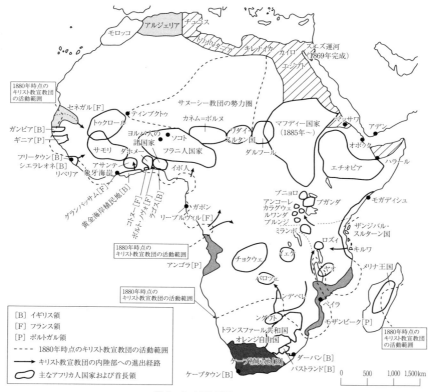

図 2-6　1880年頃のアフリカ

出所：Stock (2004：19).

　しかし，19世紀後半になると，ヨーロッパの工業化が急速に進行し，国家統一を果たしたドイツがイギリスやフランスの地位を脅かすほど急成長していた。海外の市場や資源を巡る競合関係が高まるなかで，ヨーロッパ各国のナショナリズムも先鋭化し，この時代のヨーロッパは自民族中心の排外的思想と膨張政策を軸とする帝国主義の時代に突入した。

　ヨーロッパ大陸の南に隣接するアフリカ大陸は，その煽りを大きく受けることになる。1882年にイギリスがスエズ運河の権益を守るためにエジプトを併合したことは，競合国フランスの強い反発を招いた。南アフリカでは，内陸部のキンバリーで大規模なダイヤモンド鉱脈が発見されたため，イギリスはケープ植民地から内陸部まで支配を拡大した。フランスは1879年から西アフリカ西端

53

の貿易港ダカールを始点とする鉄道網の整備に着手し、ニジェール川上流地域への侵略を進めた。ベルギー国王のレオポルド２世は、1883年に「コンゴ国際協会」を設立して広大なコンゴ盆地の権益確保を目論んだ。ドイツは、トーゴ、カメルーン、タンガニーカ（現在のタンザニアの大陸部）、南西アフリカ（現在のナミビア）を「保護領」として宣言し、南部アフリカ内陸部への侵入を画策した。

このようにアフリカの領土を巡ってヨーロッパ諸国間の緊張が高まりつつある状況を受け、ドイツの首相オットー・フォン・ビスマルクの呼びかけでアフリカの植民地領有に関心を持つ国々がベルリンに集まり、1884年11月から1885年２月にかけて10度に渡る会議が開催された。この一連の会議は「ベルリン西アフリカ会議（略称ベルリン会議）」と総称される。同会議において「アフリカ分割」のルールが決定され、領土が実質的に統治されない限り、新たな併合は認められないという「実効支配の原則」が定められた。これをきっかけに、ヨーロッパ諸国は支配を実効化させるべく、内陸侵略を本格化させた。特に、1870年の普仏戦争敗北からの威信回復を試みたフランスは、サハラ砂漠を含む西アフリカ内陸部とコンゴ川以北の中部アフリカ地域、アルジェリアを中心とした北アフリカ地域、さらにマダガスカルをはじめとする東部島嶼部など、広範な領土を占領する方針を採った。

一方イギリスは、ヨーロッパ人にとって感染症リスクが高く、主たる鉱物資源も発見されていなかった西アフリカでは沿岸地域の戦略拠点だけを支配下に置くに留め、資源が豊富で感染症リスクが比較的低い東部や南部に多くの植民地を設けた。南部アフリカでは、南アフリカのダイヤモンド鉱山で莫大な利益を上げケープ植民地の首相となったセシル・ローズが内陸部へ軍隊を派遣し、ベチュアナランド（現ボツワナ）と南ローデシア（現ジンバブエ）と北ローデシア（現ザンビア）を占領して各地の鉱山の採掘権を獲得した。

南アフリカ内陸部の鉱山権益を巡るイギリス系入植者と17世紀以降入植を続けていたオランダ系入植者（彼らはブール人やアフリカーナとも呼ばれる）との間の利害対立が臨界点を超え、1899年に勃発したのが「南アフリカ戦争（ブール戦争）」であった。この戦争では、オランダ系入植者が内陸部に建国していた「トランスファール（彼らは「南アフリカ共和国」と命名していた）」と「オレンジ自由国」が敗北し、後に南アフリカ連邦に編入された。

東アフリカでは、1880年代半ばにドイツがタンガニーカに侵攻すると、イギ

リスは即座に介入し，東アフリカと中部アフリカ地域の商業利権を狙う資本家らによって設立されたイギリス東アフリカ会社とイギリス南アフリカ会社を介してこれらの地域を支配下に置いた。

奴隷貿易時代以降，アフリカの沿岸地域に影響力をおよぼしていたポルトガルは，北西アフリカ沖の大西洋上に位置するカーボベルデ，ギニア湾のサントメ・プリンシペ，西アフリカのギニアビサウに加えて，南部アフリカ西海岸のアンゴラ，同東海岸のモザンビークを植民地とした。イタリアは，エリトリアとソマリランドを領有したが，1896年にエチオピアのアドワでメネリク2世率いるエチオピア軍に大敗し，エチオピアの侵略には失敗した。スペインは奴隷貿易時代からギニア湾のフェルナンド・ポー島（現在のビオコ島）と隣接する大陸の一部を「スペイン領ギニア（現在の赤道ギニア）」として支配下に置いていた。ベルギー王レオポルド2世の個人領として設立された「コンゴ自由国」は天然ゴムのプランテーション経営で利益を上げていたが，抵抗する住民の四肢を切り落とすなど極めて非人道的な強制労働の実態が明らかとなり，1908年にベルギー政府に管轄権が移管され「ベルギー領コンゴ」となった。

こうしてベルリン会議が終わってから20年ほどで，エチオピアとリベリアを除く広大なアフリカ大陸のほとんどがヨーロッパ諸国の植民地支配下に置かれた。比較的短い期間でアフリカの国家や社会が主権を失った背景には，ヨーロッパ側の輸送能力の発展や熱帯病対策の改善などに加え，無煙火薬の発明に基づく機関銃の開発など軍事技術の革新があった。さらに，アフリカ側は小規模国家・集団に分断されていたため，ヨーロッパ諸国は現地の対立関係を巧みに利用して自らの要求を受け入れさせ，侵略を有利に進めていった。

アフリカ分割によって画定された植民地境界線は，近隣地域間の民族集団や既存の政治単位を分断することが多かった。例えば，11世紀に西アフリカ内陸から中部アフリカにかけての地域に建国されたカネム・ボルヌのスルタン国家は，イギリス（ナイジェリア），ドイツ（カメルーン），フランス（ニジェールとチャド）に分割された。また，ベルリン会議において参加国間の了解事項となった，海岸地域を実効支配すると一定程度の内陸まで領有権を主張できるという「後背地理論（hinterland theory）」によって，西アフリカの海岸地域は海岸から内陸へ細長く境界線が引かれ，現地の民族集団を全く無視した形で植民地が設立された。

第Ⅰ部　激動するアフリカ経済

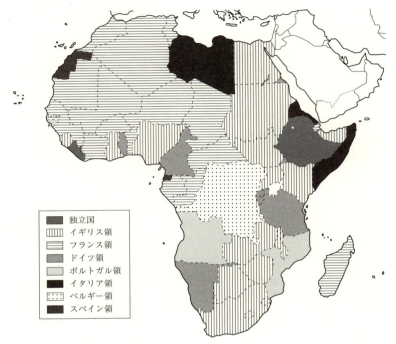

図2-7　1910年頃のアフリカ
出所：Osborne（2001：iv-v）を参考に作成。

　1910年頃までに，植民地の境界線はほぼ確定した（図2-7）。その後，第一次世界大戦でドイツが敗北したことによって，ドイツは全ての植民地の放棄を余儀なくされ，アフリカ大陸のドイツ領植民地も，勝者であるイギリス（トーゴランドの一部［現在のガーナ東部］とタンガニーカ），フランス（トーゴランドの一部［現在のトーゴ］とカメルーン），ベルギー（ルワンダとウルンディ［現在のブルンジ］），南アフリカ（南西アフリカ）が国際連盟から委任統治を認められる形で事実上の植民地とした。1953年の「ローデシア・ニヤサランド連邦」の設立など，いくつかの行政上の変更を除いて，植民地時代の残りの期間，アフリカの支配状況が大きく変わることはなかった。

(2)　植民地支配下に置かれるアフリカ
　植民地支配は，人種的偏見と経済的搾取を是とする植民地主義に基づき，立

法，司法，行政の三権を植民地政府が掌握することを意味した。通常，各植民地政府は少数の行政官と軍人によって運営され，本国政府の統治機関の下部機構として位置付けられた。そのため，植民地政策の大枠はヨーロッパで策定され，その内容は現地の人びとのニーズよりもむしろ本国の利害関係を反映したものとなった。植民地行政官の役割は，現地の地域環境や社会状況を考慮しつつ，本国政府からの政策指令を解釈して実施することであった。植民地政府の目標は，本国の経済発展に寄与することであり，植民地を近代的で自立した国民国家に開発することに主眼は置かれていなかった。

　統治機構の構造は宗主国や植民地によって異なった。ケニアや南ローデシアに代表されるヨーロッパ人入植者が多く暮らす植民地では，入植者は絶対的な権力を行使して自らの地位を守り，それを正当化した。アフリカ人だけでなく，アジア人やアラブ人の経済的，社会的な権利にも制限が加えられた。こうした入植者が支配する植民地では，植民地総督が入植者の私利私欲に歯止めをかける役割を果たすこともあった。例えば，アフリカ人労働力を過剰に搾取することにより，アフリカ人が自らのために十分な食料を生産する時間と土地が奪われてしまうと判断した場合は，入植者に一定の規制を加えることもあった。ただ，これはあくまで植民地政府にとって労働力の持続的確保という目的を阻害するという理由でおこなわれたことであり，現地の人びとの人権保護は政策決定の埒外に置かれていた。

　一方，イギリスが間接統治制度を導入した地域は異なる様相を呈していた。間接統治とは，宗主国のニーズに合わせて現地社会の政治構造を表向きは維持させ，内実は彼らを仲介者として宗主国の権力行使に利用する支配制度である。間接統治はヨーロッパ人の入植が困難で，かつ，現地に集権的な政治体制が確立している地域で導入された。現地の首長等は，表向きの権力が保障される代わりに，徴税や植民地政府の事業のための労働力確保といった現地の住民にとって不人気な施策をイギリス人行政官の代わりに担うことになった。彼らの地位は植民地政府の承認によって維持されたが，言動を監視された上，植民地当局に対抗姿勢を見せると追放された。

　ナイジェリア東南部のイボ人社会のように，首長を中心とする中央集権的な統治機構が存在しなかった地域では，植民地当局が「首長」を作り，徴税や徴用などを担う植民地政府の末端機構として利用した（松本 2008）。また，フラ

ンスやベルギーの植民地では，植民地軍などで活躍したアフリカ人を「首長」として出身地とは異なる地域に配置し，植民地政府の傀儡として現地の人びとの監督者としての役割を負わせた。その結果，人びとの間に不信感が高まり，アフリカ人の異なる集団間の対立（これはのちに「部族」対立とされた）を生む結果となった。

4 植民地「開発」とアフリカ社会

(1) 植民地「開発」政策の実際

　植民地宗主国は支配機構の確立と運営にかかるコストを取り戻すべく，植民地の資源を活かした経済的利益の確保を目論んだ。各植民地では気候に適した換金作物の生産が奨励され，それに適した新しい生産方式が導入された。鉱物資源の存在が確認された地域では，現地の人びとが大規模に動員され鉱山開発が進められた。宗主国に輸出するため，海岸地域の主要港は港湾施設が増強され，内陸の生産地から貿易港への輸送路を確保するべく，強制労働や他大陸からの動員によって確保した労働者を使って鉄道や道路の建設が急ピッチに進められた。その結果，20世紀前半になると，アフリカは，カカオや天然ゴム，落花生，アブラヤシ，コーヒー，その他の農産物，熱帯木材，鉱物（特に銅，ダイヤモンド，金）の主要な供給源となった（図2-8）。

　支配者側は，植民地経済における生産拡大をヨーロッパ人に課せられた「文明化の使命」の成果を示す事例として喧伝した。植民地支配の経済政策は，アフリカの人びとを「生産的な労働者や農民」として近代化させるものとされた。しかし，植民地における「開発」事業は，換金作物の生産に適した地域や鉱物資源が存在する地域に限定された。ヨーロッパからの直接投資は，北ローデシアやベルギー領コンゴの銅（コッパー）ベルトのような鉱山地帯，タンガニーカのサイザル麻農場のような商業プランテーション，ケニアのいわゆる「ホワイト・ハイランド」（ケニア内陸の農業生産に適した肥沃な高原地帯で，植民地期にイギリス人入植者が占有し大規模農園を経営したことでこの名で呼ばれるようになった）のようなヨーロッパ人入植地など，アフリカ大陸の一部地域に限定された。これらの地域における植民地「開発」事業の成功は，3つの重要な要素，すなわち，最も適した土地の支配，海外市場へのアクセス，安価なアフリカ人労働力の安定

第2章 アフリカ経済の歴史的背景

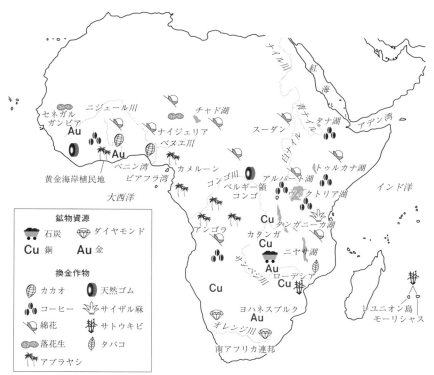

図2-8 「戦間期（1919～1939年）」のアフリカにおける主な換金作物・鉱物資源の生産地
出所：Page (2005：19)．

供給にかかっていた。

　ヨーロッパ人入植者が広大な土地の法的所有権を獲得したため，何世代にもわたってこれらの土地を利用してきたアフリカ人は，新しく造成された「原住民居住地（native reserves）」への移住を余儀なくされた。この居住地は，肥沃な土壌でない地域に位置することが多く，面積も限定されていたため人口は過密状態となった。ケニアでは，アフリカ人の「居住地」で「環境保全プログラム」が課されたことで，「居住地」内で農業や牧畜業ができなくなり，多くの人びとは生活費や税金の支払いのために，イギリス人入植者が経営する農園で低賃金労働者として働かねばならない状況に追い込まれた。入植者はさらに，より多くのアフリカ人労働力の確保を図って，すべてのアフリカ人を住民登録して，家畜や換金作物の商業市場に出入りすることを法律で制限した。その端

59

的な例が，ケニアの「キパンデ」制度である。

(2) 労働力確保のための身分証明書の導入と「部族」の創出

　キパンデは第一次世界大戦終結後のケニアで1920年に導入された。この時期は戦争に参加したイギリス人兵士が帰還した時期と重なる。帰還した退役兵士たちは植民地政府から戦争貢献への見返りとして，ケニア内陸の広大で肥沃な高原地域の土地を与えられた。政府は退役兵士たちがケニアで農園経営ができるよう，安価な労働力を入手しやすくする政策を考案した。そのひとつが「キパンデ（kipande）制度」であった。キパンデとはスワヒリ語で「紙片」を意味し，現地の人びとに交付された身分証明書を指している。キパンデは金属製のケースに入れ，首にかけて携帯することが推奨され，アフリカ人は当局から要求されたときにすぐに提示しなければ，即座に処罰され，拘禁されることもあった（図2-9）。キパンデには賃金を含む雇用記録がすべて英語で記録されていたため，アフリカ人労働者が逃亡した場合，政府の諜報員は容易に「逃亡者」を連れ戻すことができた。また現地の人びとの多くは英語を読むことができなかったため，記載されている情報は雇用主だけが理解でき，現地の人びとが賃上げ交渉することを妨げた。こうして植民地政府はアフリカ人の賃金を均一的に低水準に抑えることができたのである（Zeleza 1992）。

　キパンデに類する「身分証明書」はケニア以外の植民地でも広く導入されたが，その背景には，労働力の確保に加え，現地の人びとが連帯して植民地政府に対抗することを防ぐ目的があった。その際に重要な役割を果たしたのが「部族（tribe）」という概念である。当時のヨーロッパ人は，「単一言語」を共有する「単一民族（Nation）＝国民」によって構成される西洋的「近代国家」に対し，「近代化」されていない「未開＝非西洋」のアフリカには，「（近代）国家」も「民族」も存在しないと考えた。その結果，ヨーロッパ人はアフリカ人の社会を主に言語を基準に区分し，「民族（nation）」の下位集団である「部族」という概念を用いて管理しようとした。「民族＝国民」は近代化した「文明人＝西洋人」であり，未開の非西洋人は「部族」というわけである。植民地政府は現地の人びとに身分証明書を発行して人口管理したが，証明書には「部族」の区分が明記された。植民地支配以前，アフリカの多くの人びとは隣接地域を自由に移動し，異なる社会集団間の交流や婚姻もめずらしくなく，社会集団の境

界線は緩やかなものであった。しかし，植民地支配が始まってからは，支配者側が「部族」というカテゴリーによって，現地の人びとを分断して移動の自由を制限するなど，厳格に管理することになった。さらにこの「部族」のなかには，ルワンダの「フツ」のように，支配者側が支配上都合のよいように創り上げたもの（武内 2000）も少なくなかった。

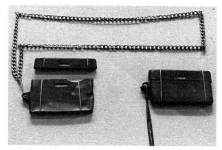

図 2-9 キパンデを首にかけて常時携帯させるための金属製のケース（ケニア国立博物館所蔵）
出所：2023年筆者撮影。

植民地政府は「部族」意識を浸透させることで異なるコミュニティを互いに敵対させ，「部族」間の憎悪を煽った。現地の人びとをそれぞれの地域に閉じ込めておくことで，人びとの間に「部族」としての自己意識を醸成させ，異なる「部族」間の相互不信を生み出させることで，人びとの分断を図ったのである。

（3） 換金作物の奨励が招いた食料問題

　ガーナ，セネガル，ナイジェリアのような人口密度の高い西アフリカの沿岸地域では，熱帯感染症のリスクが高かったことに加え，すでに独自の農業システムも発達していたため，ヨーロッパ人の入植は進まず，他の地域とは異なる植民地開発戦略が導入された。その主たるものが輸出用の換金作物の栽培奨励である。現地の人びとは，植民地政府が導入した税金を納めるために現金が必要となり，換金作物の生産へのシフトを余儀なくされた。換金作物を輸出し，消費財を輸入・販売したヨーロッパの商社や南アジアやアラブ系の企業は，現地農民の輸出作物生産の資金のために種子の前貸しや高金利の現金融資をおこない，アフリカの零細農家から利益を吸い上げた。さらに，アブラヤシや綿花，カカオ，天然ゴムなどの換金作物の栽培には多大な労働力を必要としたため，自給用作物の生産が停滞することになった。また綿花は土壌養分を大量に消費するため，土壌侵食を促進した。

　換金作物の生産拡大によって一部では所得の増加がもたらされた一方，土地と労働力を食料作物から換金作物生産に振り向けたことにより，食料不足や栄養状態の悪化を助長させることもあった。植民地支配以前，西アフリカのセネ

ガルでは主食用のコメの生産が盛んであったが，この地を支配したフランスの方針により，換金作物の落花生の生産が奨励された。1930年代にはセネガルの農地の大半が落花生栽培に割り当てられるようになり，コメの生産は減少した。その結果，セネガルの人びとは，東南アジアのフランス領インドシナ（現在のベトナム）産のコメを輸入せざるを得なくなった。セネガルは独立後もコメを輸入するために貴重な資金を割り当てなければならない状況が続いている（Cusack 2000：210）。

内陸部の半乾燥地域など農業生産に適していなかった地域や鉱物資源の存在が確認されなかった地域は，植民地「開発」の対象外とされた。こうした地域の住民は植民地政府によって課された税金を納めるため，近隣（場合によっては遠隔地）の農園や鉱山に「出稼ぎ」することになった。しかしこうした労働移動は，自主的なものではなく当局によって強制的におこなわれることが多かった。マリやニジェール，チャド，ニヤサランド（現マラウイ），バストランド（現レソト），モザンビークなど「開発」の対象外とされた地域では，産業振興のためのインフラストラクチャー整備はほとんど行われなかった。さらに，本来であれば自らの食料生産に使われる労働力が失われたため，地域経済は停滞することになった。

強制労働の顕著な例は，1921年から1934年にかけてフランス領赤道アフリカのコンゴ（現コンゴ共和国）で行われた全長およそ500キロメートルにおよぶ「コンゴ＝オセアン鉄道」の建設である。このプロジェクトは，無数の大河が横切る森林に覆われた山岳地帯という地理的な悪条件に加え，熱帯雨林特有の厳しい気象条件や熱帯感染症のリスクなどにより，きわめて困難なものとなった。鉄道を建設した12万人以上のアフリカ人労働者（事実上，全員が強制的に徴用された）のうち，半数が死亡したと推定されている。動員された労働者の5分の1は，フランス領赤道アフリカのチャド南部で暮らすサラ人であった（Azevedo 1981）。彼らにとって甚大な被害を生んだ植民地「開発」事業は，結果として地元の発展に貢献することはなかったのである。

（4） 植民地支配とアフリカの女性たち

植民地支配はアフリカの女性の権利と地位にも様々な影響を与えた。植民地政府は，強制結婚や女性器切除，一夫多妻制などの慣習の廃止を推奨し，一部

の女性たちには学校教育への機会を提供し，自らの利益を守るための女性組織の設立を促すこともあった。一方で，植民地化以前のアフリカには，母系制によって女性が一定の権利を行使でき，地域社会の主要な農業生産者としての役割を担っていた社会も存在していた。しかし，19世紀半ば以降のヨーロッパで確立された男性中心のジェンダー観を前提とする植民地政策のもとで，現地農家を対象とした新しい農業技術の指導や化学肥料の支給は，男性を対象として実施された。その結果，男性は自転車やトラックを使って荷物を運ぶようになった一方，女性は自らの畑で堆肥を使い続け，また荷物を頭に載せて運ぶことを続けざるを得なくなり，農業における女性の役割は，男性に従属するものへと徐々に変化していった（Duiker 2010：45）。

（5） アフリカの脱植民地化と植民地支配の遺産

　20世紀前半に２つの世界大戦が勃発した時，アフリカ大陸のほとんどはヨーロッパ諸国の植民地支配下に置かれていた。主権を失っていた植民地の人びとは，宗主国の命令により，軍需物資の生産を強いられただけでなく，兵士や運搬人として戦地に派遣されるなど，宗主国が引き起こした軍事的対立に巻き込まれることになった。

　一方で，第二次世界大戦中にアメリカとイギリスの首脳が発表した大西洋憲章や同大戦後に採択された国際連合（連合国）憲章に明示された「民族自決」や「基本的人権の尊重」といった理念は，アジアやアフリカの植民地の人びとに独立への意識を覚醒させた。1947年のインドの独立をはじめとするアジア諸国の独立は，アフリカの人びとにも勇気を与え，各地で植民地解放を求める動きが加速した。1951年のリビアの独立を皮切りとした北アフリカ諸国の独立に続いて，サハラ以南のアフリカでも1957年に西アフリカのガーナが最初に独立を果たした。1958年にはフランスからの決別を宣言したギニアが独立し，「アフリカの年」と呼ばれた1960年には14のフランス領植民地を含む合計17の植民地が独立した（図２-10）。

　その他の植民地も1960年代に続々と独立を果たしたが，ポルトガル領植民地や南部アフリカの植民地は，本国政権の意向やヨーロッパ系入植者の頑強な抵抗もあり独立が大幅に遅れることになった。ポルトガル領植民地は，1974年に本国で起きた革命によって独裁政権が崩壊したことにより，同年に西アフリカ

第Ⅰ部　激動するアフリカ経済

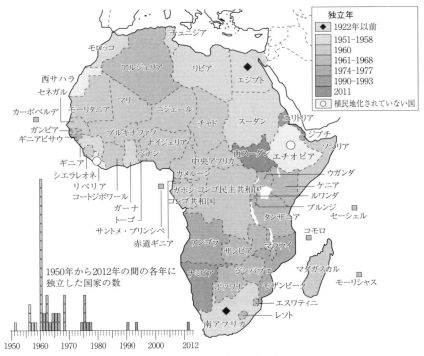

図2-10　アフリカ諸国の独立年

出所：Espace Mondial L'Atlas by SciencesPo, (2018).

のギニアビサウ，翌1975年に南部アフリカのアンゴラとモザンビークが独立を果たした。「ローデシア（現ジンバブエ）」のヨーロッパ系入植者は，国際社会の批難にもかかわらず，入植者が支配する国家として1965年に一方的に独立を宣言したが，人種差別政策を批判したロバート・ムガベが率いる「ジンバブエ・アフリカ人民族解放軍（ZANLA）」の粘り強いゲリラ戦の結果，1980年に新国家ジンバブエの独立が実現した。旧ドイツ領南西アフリカ（現ナミビア）は，第一次世界大戦以降，委任統治領として南アフリカの支配下に置かれていた（第二次世界大戦後は国連の決定を無視して不法統治を続けていた）が，サミュエル・ヌジョマが率いた「南部アフリカ人民機構（SWAPO）」を中心に闘いを続け，1990年にようやく独立を果たした。南アフリカは1910年に白人政権によって「南アフリカ連邦」として独立国家となっていたが，多数を占める「非白

人」たちはアパルトヘイト（人種隔離）政策によって事実上の白人政権の支配下に置かれたままであった。「アフリカ民族会議（ANC）」を中心とした国内外での粘り強い運動の結果，彼らが政治的平等を勝ち取ったのは，南アフリカが初めて全人種が参加する総選挙を実施し白人政権による支配が終わった1994年であった。

　このように現在アフリカ大陸に存在する国々のほとんどは，誕生してからわずか60年ほどしか経っていない。「多民族国家」として独立した多くのアフリカの国々は，国の発展の基盤となる「国民意識」の醸成に苦心してきた。複数の現地語にかわって植民地時代の公用語を独立後も公用語や学校の教授言語に採用せざるを得ないなど，ヨーロッパ文化の影響は独立後も色濃く残っている。植民地支配によって広められた，現地の文化は「野蛮・未開」な後進的な存在であるという世界観は，アフリカの人びとのみならず，世界の人びとの「アフリカ」に対する眼差しにも未だ大きな影響を与えている。アフリカの人びとのことを「〜族」と呼ぶ一方，「先進国」とされる国々の人びとのことは「〜人」と呼びわけるのはなぜか。開発の場面において，「先進国」の専門家の意見が前提として議論される一方，現地の人びとの創意工夫や考えが軽視されてきた傾向の根底には何があるのか。現代アフリカの経済開発に纏わる諸問題の深因に辿り着くには，我々の内側にある「アフリカ」に関する固定観念（ステレオタイプ）からの脱却が必須である。固定観念の多くは歴史的産物である。それ故，アフリカの歴史的経験の理解は開発問題の考察にも不可欠なのである。

参考文献

松本尚之 2008. 『アフリカの王を生み出す人々──ポスト植民地時代の「首長位の復活」と非集権制社会』明石書店.

溝辺泰雄 2017. 「植民地前半期に構想された『アフリカ独自の近代化』における『発展』概念の史的考察──イギリス領ゴールドコースト（現ガーナ）の現地エリートS.R.B. アットー＝アフマの思想から」『明治大学人文科学研究所紀要』80：235-256.

武内進一 2000. 「ルワンダのツチとフツ──植民地化以前の集団形成についての覚書」. 武内進一編『現代アフリカの紛争──歴史と主体』日本貿易振興会アジア経済研究所, 247-292.

Azevedo, Mario 1981. "The Human Price of Development: The Brazzaville Railroad

and the Sara of Chad." *African Studies Review* 21(1)：1-19.
Cusack, Igor 2000. "African Cuisines: Recipes for Nation-Building?" *Journal of African Cultural Studies* 13(2)：207-225.
Duiker, William J. 2010. *Contemporary World History*. 5th ed. Boston: Wadsworth.
Espace Mondial L'Atlas by SciencesPo, 2018. https://espace-mondial-atlas.sciencespo.fr/en/topic-strategies-of-transnational-actors/map-3C31-EN-african-colonies-and-independence.html（2023年9月30日確認）
Hanes, William Travis, Toyin Falola and Theodore K. Rabb 1999. *World history: continuity & change*. Holt, Rinehart and Winston: Harcourt Brace and Co.
Manning, Patrick 1990a. "The Slave Trade: The Formal Demography of a Global System." *Social Science History* 14(2)：255-279.
Manning, Patrick 1990b. *Slavery and African life: Occidental, Oriental, and African slave trades*. UK: Cambridge University Press.
Osborne, Richard E. 2001. *World War II in Colonial Africa: The Death Knell of Colonialism*. Riebel-Roque Pub.
Page, Willie F. 2005. *Encyclopedia of African History and Culture: The Colonial Era (1850 to 1960)*. New York: Facts On File.
Schomburg Center for Research in Black Culture, Jean Blackwell Hutson Research and Reference Division, The New York Public Library 2005. "The Atlantic migration number and percent of African arrivals, 1450-1867." *The New York Public Library Digital Collections*. https://digitalcollections.nypl.org/items/b9305106-c420-f764-e040-e00a180658db（2024年7月8日確認）
Segal, Ronald 1995. *The Black Diaspora: Five Centuries of the Black Experience Outside Africa*. New York: Farrar, Straus and Giroux.
Stock, Robert 2004. *Africa South of the Sahara: A Geographical Interpretation*. 2nd ed. New York: Guilford Press.
Zeleza, Tiyambe 1992. "The Colonial Labour System in Kenya." in Ochieng', William Robert and Robert M. Maxon. eds. *An Economic History of Kenya*. Nairobi: East African Educational Publishing.

（溝辺泰雄）

> Column ③

歴史が織りなすアフリカの食の多様性

コロンブスらがアメリカ大陸を発見して以来，トウモロコシやキャッサバ，ジャガイモなど，様々な中南米原産の作物が伝播し始めた。アフリカ各地域の食は歴史と共に変化してきたが，そうした外来作物の影響による変化はとりわけ大きかった。

アフリカでは，国や地域によって名前は異なるものの，類似した料理，特に主食料理が食べられている例が多い。最も一般的な主食の1つは熱湯に穀物等の粉を入れ，木のへらでこねた「固練り粥」である。「固練り粥」はケニア・タンザニアではウガリ（ugali），ウガンダではポショ（posho），南アフリカではパップ（pap），ザンビアやマラウイではシマ（nsima），ガーナではバンクー（banku），マリではトー（tô）など，様々な呼び名が付けられ，広い地域で食べられている。

しかし，固練り粥であればどの地域も全く同じというわけではなく，地域や家庭によって使用する材料が異なる。現在，最も一般的であり，特に都市部に住む人びとが頻繁に利用している材料はトウモロコシである。村落部に行くと，固練り粥に使用する材料によって各地域の特性が顕著に表れる。具体的には，モロコシやシコクビエ，コメなどの穀物やキャッサバやバナナなどの根菜類を乾燥させて粉にしたものを使用して固練り粥を調理している。さらに都市部や村落部のどちらであっても，一部にはトウモロコシとキャッサバなど，複数の材料を組み合わせて調理する人びともいる。

なぜ人びとは，異なる食材を使用するのか。それは地域の標高，地形，土壌の特質，雨季や乾季などの季節変化により栽培できる作物が異なることも大きな要因であるが，地域の歴史，慣習に加えて，他地域の食文化との接触にも大きく左右される。この接触のなかで人びとは，それまで地域において形成されてきた食味や食感に関する嗜好を保持しつつ，新たな調理法や料理を受け入れ，生み出していく。

アフリカでは，固練り粥以外にも，イモや米飯，パンやパスタなどのコムギ料理も，エネルギー源として広く食べられている。このように各地域の歴史を受け継ぎつつ，新しいものを取り入れていく過程を通じて，現在のアフリカには様々な食が広がっているのである。

（中尾仁美）

第 3 章
アフリカ経済の変遷

── この章で学ぶこと ──

　独立時のアフリカ諸国には，土地の相対的な豊富さ，および民族言語の多様性という特徴的な社会的条件があり，そのことがアフリカを特徴的なものとした。また植民地時代に形作られた単一輸出産品に経済が依存する状況は独立後も継続した。そして外資収入などが政府に集中し，有力政治家を中心とした利権構造が形成された。1980年代からアフリカ経済は大きく停滞し，債務危機に瀕した。その解決策として国際機関は，政府の役割を小さくし，市場の競争原理の導入を目指す構造調整政策をアフリカ諸国に求めた。しかし，経済成長は回復せず，教育や保健の予算の抑制により開発状況はかえって悪化した。1990年前後，冷戦構造が崩壊するとアフリカ諸国はこぞって複数政党制への移行の動きを見せた。既存の体制が崩壊し，多くの国で暴力や紛争が発生した。2000年代になると中国など新興諸国の経済が急速に成長し，鉱物資源・一次産品への需要が拡大したため，アフリカ諸国では停滞から一転して十数年間の高い成長が続いた。中国や新興国からの輸入品は特にアフリカの製造業に打撃を与え，「早すぎる脱工業化」が生じ，また大企業とインフォーマルな小規模零細企業の両極に分化した二重構造が強まった。2010年代の半ばに中国経済の減速と資源ブームの沈静化により，アフリカ諸国の成長も減速した。新型コロナウイルス感染症（COVID-19）がこれに追い打ちをかけ，債務の支払い不能に陥る国が発生した。アフリカ諸国の経済全体は再び停滞しつつあるが，中間層の消費の増加や情報通信技術の導入，またインフォーマル製造業の活発化などの新しい動きがみられる。

1　新生アフリカ諸国の社会的条件の特徴

1960年前後を中心として，アフリカ諸国は独立を遂げた。1960年は，ほぼ

いっせいに独立した旧フランス領の植民地をはじめ，17カ国が新生国家として出発し，「アフリカの年」と呼ばれた。本章では，1960年代を中心として政治的独立を遂げたアフリカ諸国が，その後経済開発と国家建設という「課題」にどのように向き合ってきたのか，を議論する。この議論にあたって，最初に理解しておくべきことは，国家形成の先例となった旧宗主国などの先進諸国とは，アフリカの社会の条件は大きく異なっており，その差異が経済開発にも関係していたことである。その社会的条件のうち主なものは，人口密度の低さと民族言語の多様性である。

（1） 人口希少・土地豊富の経済

多くのアフリカ諸国が独立した1960年（アフリカの年）には，アフリカ大陸全体の人口密度は9.6人/km^2（サハラ以南のアフリカは10.1人/km^2）だったが，これは同じ年のイギリス（216.5人/km^2）はもちろん，フランス（82.8人/km^2）と比べても，だいぶ低い。ちなみに，同じ年の日本の人口密度は250.7人/km^{2}であった（UNDESAPD 2022）。こうした人口密度の低さは，砂漠・乾燥地域，熱帯雨林など人の居住にとって過酷な自然条件の広がり（第1章参照）や感染症の蔓延などによって，土地面積に比べて相対的に人口増加が抑制されてきたことを意味しているだろう。

こうして歴史的に形成された社会的条件は，経済的に何が重要かが，アフリカでは西欧・日本とは異なることを意味している。人口密度が相対的に低いことは，人の数に比べて土地がふんだんにあり，一単位の土地の相対的な価値がより低いことに帰結している。人口に比べて土地の価値が相対的に高い社会では，大きな政治的支配力を得ることは多くの土地を領有することと不可分の関係にあった。政治的な権力者が「領主」であることは近代化以前の封建時代の西欧や日本では当たり前のことであった。そして，近代になって以降も西欧や日本の国家の財政の重要な基礎の1つは，土地の価値にあった。近代になると西欧や日本では近代以前の封建制度を引き継いで，土地が価値ある資産であると捉えられ，土地の各区画は政府に登記された。原則として，国民はだれでも対価を払えば土地を商品として購入し，所有することができるものとされた。

しかし，1960年前後に新しい国家の建設の出発点に立ったアフリカ諸国では状況は全く異なっていた。そもそも，アフリカの人びとは全般的にいって，あ

る土地に固執し，灌漑，土壌の改良などを通じてより多くの作物を収穫するよりも，相対的にふんだんにある土地をより広く使うことを生活の基盤としてきた。遊牧はその典型であるが，また農耕も，ある特定の土地の肥沃度が一定の期間の耕作のために低下すると，別の土地に移って耕作をするという，移動を織りまぜた方式を主体としていた。さらに，居住していた地域が自然条件の変化や異なる集団の進出などで利用しにくくなると，人びとが長期にわたって別の土地へ移動するなどのこともみられた。

また人びとは同じ村であっても，しばしば散居し，あるいは耕作する土地に関しては互いに距離を置くなどしてきた。このような状況の下では，土地の経済的価値は低く，これを市場で取引することはほとんど行われていなかった。ただし，東アフリカの大地溝帯の周辺のように例外的に土地が肥沃で人びとの集住が見られるところでは，土地に一定の経済的価値が与えられていた。また，植民地化によってヨーロッパ系の住民が多数入植した南アフリカ，ジンバブエ，ケニアなどでは，土地の区画ごとの登記が行われた。そして各植民地で形成された都市では，人口が集中し，土地の価値が高まったため，土地の市場が形成された。

植民地期のアフリカにおいては広く経済的に価値を持つ土地という西欧や日本が当然としていた条件が存在しなかった。そのために土地に課税する制度は，採用することができなかったのである。また散居し，移動も頻繁な状況では，人びとの生計や所得を政府が正確に把握し，課税をすることも難しかった。そのため植民地時代には人頭税や家屋税という，人や家の数だけを把握すればよい安易な課税が行われた。

独立後，予防接種や抗生物質の投与など簡易な医療が普及していくと，アフリカ諸国における死亡率が低下し，人口増加率が上昇していった。これによって人口密度もあがっていき，人と土地の関係は大きく変化することになった。土地が次第に豊富なものから希少なものへと変わっていくことは，都市化のさらなる進行とともに，アフリカ諸国の社会を大きく変えていくことになった。

（2） 民族・言語の多様性

もう1つの，アフリカの特徴的な社会的条件は，各国における民族と言語の多様性である。第2章で述べたように，西欧の列強の一方的な論理によって分

割されたアフリカの各植民地は，多様な民族・言語を擁するようになり，他方で同じ民族的なアイデンティティ，また第一言語を共有する人びとが異なる植民地に住むようになった。独立したアフリカ諸国はこうした状況を引き継いだのである。

　同じ国のなかに，多くの民族や言語があることは，国の統合と運営を難しくし，各民族の間の交流・通商を妨げ，さらには軋轢や対立をもたらすと理解されやすい。しかし，アフリカの人びとは，自分の第一言語以外の言語も操れる場合が多い。さらに「リンガ・フランカ（共通語）」を発達させて，異なる集団間での意思疎通を円滑化してきた。東アフリカにおけるスワヒリ語，西アフリカにおけるハウサ語のように，異なる民族の間で通商などで用いられるアフリカ言語が，しばしば共通語となった。また，高い教育を受けた人びとの間では，英仏など旧宗主国の言語が共通語となった。

　このような複数言語の使用や共通語の存在は，民族や言語の多様性が交流・通商の停滞や軋轢・対立につながることを防ぐ，大きな要因となった。しかし，独立後，アフリカ諸国は，政治経済において民族の違いが軋轢や対立の主要な要素となる国々とそうでない国々へと分岐していくことになる。

2　アフリカの独立と経済開発——1970年代まで

(1)　独立の多様な過程と植民地支配の経済的遺産

　アフリカの多くの国々は旧宗主国との平和裏の交渉を経て独立を遂げた。ただ，その過程と帰結は宗主国がどの国か，どのような支配側の利権があったかによって異なる。いくつかの植民地では，旧宗主国側が深い政治経済的利害を有していたり，旧宗主国出身の入植者が多数住んでいたりしていたため，独立をめぐる経緯はより複雑なものとなり，多くの血が流れた。

　イギリスは，後述のように，第二次大戦後に陥った経済的苦境のためにアフリカなどの植民地を経済的に利用しようと図った。しかし，最大の植民地であるインドの独立を1947年に経験した同国は，次第に独立に向けた民族主義の高まりを不可逆的なものと認識し，アフリカの植民地を維持し続けることを負担と感じるようになった。そこで1960年代が近づくとアフリカの各植民地の独立承認へと舵を切ったのである。そうしたイギリスの指導層の考えは，1960年に

当時の首相ハロルド・マクミランが南アフリカ議会で行った演説において、アフリカで広がる民族主義を指して用いた「変革の風」という言葉に象徴されている。そして、イギリスは独立したアフリカの旧植民地諸国を含むイギリス連邦（Commonwealth of Nations）を形成し、密接な外交関係を維持した。ただし、イギリスの植民地でも、ケニアやジンバブエでは、独立に向かう歴史の過程は平和裏には進まなかった。その背景にはヨーロッパ系の入植者たちの占拠した土地をめぐる対立が関わっていた。土地をめぐる対立は、両国のその後の歴史に深刻な影響を与えていくことになる。

フランスの植民地においては、フランス政府は独立交渉を主導して、自国の影響力と利権を残したかたちで、密接な経済関係を維持しようとした。ほぼいっせいに1960年に独立した旧フランス領の植民地は、フランス政府によって通貨の固定した価値が保証されるという植民地時代の通貨体制をそのまま引き継いだ。これは、通貨の安定と引き換えに、新生アフリカ諸国が通貨自主権を放棄したことを意味している。この仕組みはCFAフランの制度として、形を変えながらも、今日まで存続している。またこれらの諸国とフランスは、軍事協定を結び、フランスに防衛をゆだねた。ただし、他の国に先駆けて1958年に独立したギニアは、非同盟運動・汎アフリカ主義の旗手としてフランスとの植民地的関係から脱却することを掲げ自立性を強めた。そのギニアを含め、旧フランス領の植民地であった国々は、フランス語を公用語として採用し、フランスに対する緊密な依存関係を続けることを選択したのである。この依存関係は新植民地主義との批判を受けた。

ベルギーは最大の植民地コンゴ（現在のコンゴ民主共和国）、ルワンダ、ブルンジの3つの植民地を1960年前後に独立させた。ただ、コンゴでは主要輸出品である銅の鉱山を中心にベルギーの資本が利権を持っており、そのことが主因の1つとなってコンゴ動乱という凄惨な内戦が発生した。

これら3つの旧宗主国と異なり、ポルトガルは独立の交渉に応ずることを拒んでいた。ポルトガルでは自国の社会経済開発が西欧のなかでも最も劣悪な状況にあり、当時の独裁政権にとって植民地支配こそが威信のよりどころとなっていた。支配に抗してアフリカの植民地（ギニアビサウ、アンゴラ、モザンビーク）では武装闘争が展開された。植民地の武装闘争は独裁政権の基盤を揺るがし、1974年にはギニアビサウが独立し、その翌年、ポルトガルでは軍部のクー

デターによって独裁政権が崩壊した。さらに翌1975年ポルトガルの民主化が進むなかで南部アフリカのモザンビークおよびアンゴラの独立も承認された。

　南アフリカのヨーロッパ系住民からなる指導層は，マクミラン英首相の，民族主義の変革の風を受け入れよとの呼びかけに反して，1960年代以降自国と信託統治領である南西アフリカ（現在のナミビア）においてアパルトヘイトと呼ばれる人種差別体制を強化していった。南アフリカ政府は，国内の反対運動を弾圧し，さらには周囲の独立したアフリカ諸国の「不安定化工作」を進めた。これによって特に独立したばかりのモザンビークやアンゴラは社会的・経済的に大きな打撃を受けた。南アフリカのアパルトヘイトの思想と体制は，ヨーロッパ人優位の植民地主義の負の遺産であり，その清算には1990年代を待たなければならなかった。

（2）　一次産品依存・モノエクスポート経済の維持強化

　独立前夜の1950年代，サハラ以南のアフリカ（以下，アフリカ）の各植民地はおしなべて一次産品への輸出の依存を通じてグローバルな経済と結びつけられていた。第2章にあるように，植民地期以降のアフリカ諸国の経済構造は特定の一次産品に依存するようになっており，旧宗主国を中心とする先進国との間で，アフリカ諸国が一次産品を輸出し，消費財などの工業製品を輸入する垂直的な経済関係が，第二次世界大戦の終戦時までに成立した。大戦の戦費調達のために巨額のドル債務を抱えたヨーロッパ諸国，特にイギリスは債務返済のためにアフリカの植民地からの輸出を奨励しており，輸出向けの鉱産物の採掘や，商業作物の栽培の振興政策が積極的に展開された。振興の対象となった輸出向けの鉱産物や農産物は特定の品目に偏る傾向があり，モノエクスポート（単一輸出品目への依存）に帰結した[1]。

　アフリカ諸国の独立が相次いだ1960年代から1970年代中盤までは，米国が好景気を維持するとともに，西欧諸国や日本も復興から高度成長に転じた。そして，欧米日の先進諸国で大衆消費社会が出現し，これら諸国の工業生産や消費をまかなうために，アフリカ諸国から資源など一次産品の輸出が拡大した。

　モノエクスポートは，その生産と輸出に関わる外国資本，経営者，流通や貿易の業者には大きな利益となった。また，輸出品を生産する地域や企業に偏って生じた所得や雇用の拡大およびインフラストラクチャーの開発もあって，一

般の人びとのなかでも生産にたずさわる農民や労働者への利益の偏在をもたらした。そして，アフリカ諸国の政府は，その輸出による潤沢な外貨収入を輸出税やロイヤルティ（採掘権料）などのかたちで歳入とした。

　他方で，政治的に発言力の弱い人びと，なかでも輸出作物を生産しない農民の利益は軽視され，政府の資源配分がなされず，食料生産などの振興が立ち遅れた。また，モノエクスポートを乗り越えるために有効な工業化は，十分には進まなかった。各国では，都市をはじめとして人口がさらに急速に増加し，食料や工業製品への需要を満たすために輸入が拡大した。その一方で外貨獲得源としてのモノエクスポートへの依存が深まった。アフリカ諸国におけるモノエクスポート経済とそれと結びついた国内の経済格差やその背後にある政治のあり方が，現在までもアフリカ諸国の経済の発展を規定する大きな要素となった。前の節で述べたように，特に農村においては土地への課税が期待できなかった。加えて，人頭税や家屋税は，独立後に，多くの場合貧富の格差を考慮しない不公平さや植民地支配の屈辱の記憶もあって廃止された。新生アフリカ諸国の政府の行政能力は脆弱で，一般の人びとが日々織り成していく経済活動の大半は，政府に捕捉されないインフォーマルな状況のまま放置された。そのために，代わりとなる所得税や法人税を広く徴収することができなかった。

　税収基盤の狭さが主因となって，新生アフリカ諸国の政府の財政はモノエクスポートからの歳入に依存することとなった。開発事業向け支出，後述するアフリカ化政策の手段である国有化のための買収資金，さらには食料・燃料などへの補助金などに充当されたのである。そして，これらの産品の国際市場価格の上下動に，貿易収支・国際収支に加えて，政府の財政が大きく影響されるようになった。

　1970年代の初頭までの世界的な需要の拡大が一次産品の価格を押し上げて，モノエクスポートからの潤沢な歳入をもたらすとともに，自由主義（西側）・社会主義（東側）両陣営間の競争によってアフリカ諸国が受け取る援助も豊富であった（第9章参照）。このことは，他の一次産品を輸出する途上国とともにアフリカ諸国の立場を強いものとした。輸出品の価格決定権を含む途上国側の権限の強化を目指す資源ナショナリズムが台頭し，供与国側からの干渉の根拠となり得る援助への依存の脱却を目指して，「援助よりも貿易を」という機運が高まった。

（3） 国家建設とアフリカ化

独立後，アフリカの国々は広く「国家建設（nation building）」をスローガンとした。アフリカ各国は西欧の列強による植民地分割に起源をもち（第2章参照），その1つの国としての歴史は浅かったため，独立以降に国家建設を進めることを掲げたのは当然のことであろう。国家建設には，2つの側面があり，1つはアフリカ系の人びとの多様な権利の増進とそのための国家の能力の強化および産業開発，もう1つは国民の形成であった。以下では，2つの側面それぞれについて論じていく。

まず，国家の行政機構は旧宗主国によって外から持ち込まれたものであった。アフリカの人びとは，往々にして過酷な環境のなかで生きるために多くの英知をはぐくんできたが，近代的な行政・立法などを担うための知識の涵養は大きく立ち遅れていた。また既にヨーロッパなどの外界の経済的豊かさを知り，他方で人口増加が進んで生計の先行きが不安になるなか，人びとは独立によって生活が向上することを期待した。そこで，近代的な行政や産業の担い手をアフリカ系の人びととし，それらを発展させるために人材を養成することが求められたのである。各国で保健医療とともに学校教育が重視された。

独立後のアフリカ諸国の多くで，産業発展の柱として「アフリカ化」が掲げられた。アフリカ化とは，行政・企業経営の主導権，企業や土地・農場の所有権，雇用をアフリカ系の人びとの手に移していくことを意味した。「アフリカ化」は経済的次元での民族主義の発現のかたちといってもよい。それによって植民地時代に支配層であったヨーロッパ系の人びとおよび流通・貿易などを担っていたアジア系の人びと（東南部アフリカではインド・パキスタン系住民，西アフリカではレバノン・シリア系住民がその多数を占めていた）に代えてアフリカ系の人びとを登用していくこと，企業の株式，土地，近代産業における働き口をアフリカ系の人びとのものとしていくことがその主要な政策目標になった。

こうしたアフリカ化の進め方には国によってかなりの違いがあった。旧フランス領の植民地の多くのように旧宗主国と強い結びつきを維持した国々の場合には，フランス人の官僚，軍人，専門家などの影響力が残された。また，旧イギリス領のケニアの場合には，経済・産業の運営にあたるイギリス系やインド・パキスタン系の人びとの役割を認め，強制的に既存の権利を奪うことは抑制された。他方で，同じ旧イギリス領でもウガンダの場合には，実質的にほと

んど全てのインド・パキスタン系の人びとを追放する措置をとった。ケニアが独立後も相対的に高い経済成長を維持したのに対して、隣国のウガンダでは、貿易をはじめ流通業が大きな打撃を受け、経済が混乱に陥ったのは、「アフリカ化」の進め方の違いによるところが大きい。

　イギリスによる植民地化でヨーロッパ系入植者に土地が大規模に収奪されたケニアとジンバブエでは、土地をどのようにアフリカ系住民の手に引き渡すかが、「アフリカ化」政策の大きな焦点となった。両国で独立前に生じた武装闘争においても、「土地を取り戻す」ことが参加した兵士たちの主な目的の1つだった。しかし、両国ではイギリスから資金的支援を受けつつ、アフリカ系の農民が土地を有償でヨーロッパ系の地主から購入することにより土地の改革を進めることで合意した。独立の交渉にあたったアフリカ系の指導層は独立後には政府の中枢を握り、イギリスからの資金的支援へのアクセスを利用して、優先的に土地を入手し、新たな特権的大土地所有者となった。このことは、独立前に土地をめぐって武装闘争をたたかった人びととの間で憤懣をたかめた。また一部小規模な農民に対して行われた土地分配は異なる民族同士の軋轢と対立の原因となった。他方、ジンバブエでは一般のアフリカ系の農民への土地の配分が期待通りに進まないことに対して、独立闘争の元兵士をはじめとする広い範囲の人びとが憤懣をいだくようになった。

　「アフリカ化」と並んで産業発展のもう1つの理念的な柱となったのが「アフリカ社会主義」である。社会主義は1980年代までは世界で影響力を持ち、旧宗主国の資本主義への反発もあって資本主義へのオルタナティブとして平等な社会を目指す社会主義の思想に、植民地支配による圧制と収奪を経験した多くの指導者たちが惹き付けられた。独立後、アフリカ諸国の多くで民族集団同士の軋轢や対立が生じた。それが政党間の対立に反映されて権力基盤が不安定化することを恐れた早い時期の為政者たちは、こぞって一党独裁制を採用した。既存の社会主義諸国が一党独裁制をとっていたことが理念的な支えとなった。

　また、独立したアフリカ諸国の政府の多くが、社会主義国にならってヨーロッパ系の企業等の「国有化」を進めた。ただ、「国有化」といっても、必ずしも企業の資産を強制的に政府が接収するのではなく、株式を買い入れて、それを通じて企業の経営や人事に関与するという穏健な方法をとる場合が多くあった。ソビエト連邦（ソ連）や中国など社会主義国では、土地の国有化と農

業・農村の集団化も進められた。アフリカ諸国の一部でも行われ，タンザニアは農村の集団化である「ウジャマー」と呼ばれる野心的な開発政策を進め，エチオピアではソ連の開発モデルを模範とした。他方で，アフリカでも多くの国で土地は基本的に国有とされたが，近年までは国の所有権は形式的なもので，「慣習法」の下で植民地以前からあった遊牧，放牧，移動式耕作，水や薪炭など生活物資の採集など，様々なかたちで普通の人びとによって土地が利用されていた。そこでは，社会主義体制下のような集団化も，また資本主義体制下のような個別の私的所有権も形成されず（ケニア，ジンバブエ，南アフリカを除く），同じ土地の上に異なる主体の様々な権利が関わり，それらを首長や長老たちが調整するという仕組みが機能していた。

　総じて「アフリカ社会主義」は，国有化を通じて企業の「アフリカ化」を進めるための手段となった。その背景には，アフリカ系の民間企業が，ヨーロッパ系の企業を買収し，あるいはそれに匹敵する競争力を持つのに十分な人材や資金を備えておらず，政府が先頭に立つしかアフリカ化の方法がなかったことがある。主要な企業が国有化されることによって，産業発展のあり方は，政府主導とされた。

　国有化された企業のうち製造業企業は，経済の「アフリカ化」の一環である輸入代替工業化の担い手とされた。輸入代替工業化とは，外国からの輸入工業品への依存を減らして，自国の工業生産によって国内需要を満たそうとするもので，1970年代まで広くアフリカ以外の途上国でもこれを主眼とする政策が進められていた。輸入代替工業化政策の下では各国の政府は一般的に，貿易や通貨の出入りを管理し，補助金を供与して，国内の製造業の振興をはかろうとする。そこでは，外国製品の輸入を制限・禁止し，あるいは自国通貨のレートを高く設定し，特定の国内企業に補助金に加えて外貨を割り当て，工場の立ち上げや操業のための機械設備や原材料を優先的に輸入させるという方法がとられる。しかし，工業化の成功には，経営者，中間管理者，技術者，さらに一定の教育・熟練を身に付けた労働者やインフラストラクチャーが必要であり，1970年代までのアフリカ諸国にはそうした条件が欠けていた。政府の後押しによって，企業・工場は発足したものの，十分な成果はあげられず，工場の操業のために必要な，先進諸国製の機械や材料の輸入への依存はかえって深まった。またほとんどの国で，例外的に高い教育を受けた旧宗主国の言語に堪能な人びと

が，企業の国有化を契機に経営のポストに就いた。

　輸入代替工業化政策の下では，政府のいわば上からの保護・支援政策によって比較的大きな製造業企業が形成された。他方で，アフリカ諸国の政府の政策実施能力の弱さのために，小規模零細企業には，保護・支援だけでなく，課税や規制もおよばなかった。そのために小規模零細企業が，多くの場合，政府に公式に登録されることなく（すなわちインフォーマルなかたちで）増えていった。インフォーマル企業を主体とする小規模零細企業は，増加する都市の広範な消費者の需要にこたえ，農村から都市に流入する人びととの働き先として拡大していった。アフリカ諸国で形成された産業構造は大規模な企業と小規模零細企業に両極分化していったのである。この産業構造には中堅企業がいわば欠如しており，「中間の欠如（missing middle）」と形容された。

　アフリカ各国において，大企業の経営ポストに就くなどした人びとは大統領をはじめとする有力政治家を中心として，行政機構の幹部職に就いた人びとなどとともに，特権的な階層を形成した。モノエクスポートからの収入を含む歳入，外国からの援助や借入による資金・人材，政府の雇用，すぐ上で触れた国有化された企業のポストなどが政府の権限のうちに集中していた。したがって政府を動かす力を持つ有力政治家に働きかけられることが特権層に加わる要件でもあった。有力政治家の間には権力をめぐる競争があり，そのために支持基盤を拡大し，強固にする必要があった。そこで有力政治家たちは政府に集中する財源やポスト・雇用を恣意的に配分しようとした。いわば政府の私物化が生じたのである（第11章参照）。アフリカ諸国の若い政府では，検察・警察，会計検査，行政の監視・評価など不正をチェックする仕組みが十分機能しておらず，また一党独裁制のもとでは，野党は存在せず，マスメディアによる批判も厳しく制限された。そのために有力政治家の汚職などが摘発されず，処罰もされない状況が定着した。こうした第一世代の特権層による政府の私物化が一因となり，財政の大幅な赤字やインフレーションなどがもたらされた。都市の貧困層をはじめとする人びととの間にこれらに対する不満が芽生えたことを背景に，軍部がクーデターなどによって権力を奪取する事例が多数の国でみられた。軍部は特権層による私物化の打破を掲げたが，多くの場合政権奪取の後は，軍部指導者自らが中心となって政府の私物化を引き継いでいった。

（4） 国民の形成と民族・言語の多様性

　国家建設の2つめの側面は，国民の形成である。既に述べたようにアフリカ各国はそれぞれのなかに，民族・言語の多様性をかかえていた。その多様性を分断や対立に発展させずに国家の秩序を維持し，国民としての一体性をかたちづくっていくことが課題とされた。

　民族・言語に関わる独立時の大きな課題は，国の立法・行政・司法や教育に用いる公用語を何にするかであった。アフリカ言語は，植民地化前は文字で表記されることが希であった(2)。独立時においても，先進諸国で用いられている法や行政，科学，技術の多様な術語を導入できるほど，アフリカ言語の文字による表記法の整備や先進諸国の言語からの翻訳が進んでいなかった。そこで，政府の公用語，中高等教育での教授言語として旧宗主国の言語が採用された。旧宗主国の言語を公用語としたことは，特定の民族の第一言語を公用語として採用することで生じかねない対立を避けることを可能にした面がある。

　しかし，公用語となった旧宗主国の言語などは，容易には広い範囲の国民の間の共通言語とはならなかった。そのために，国の立法，政治，学術，教育などで旧宗主国言語が用いられ，一般の人びとの生活の世界では在来のアフリカ言語が用いられるという分裂した状況を生み出した。そして，この「分裂」は，2つの言語で話される常識や知識の体系の乖離という問題をもたらした。そして，アフリカ化の帰結として述べたような，旧宗主国由来の公用語を操る上層の人びとによる権益の独占を助長したのである。この状況のなかで，第一言語を異にする民族集団の間において，生活レベルでの意思疎通の手段になったのが，アフリカ言語のなかのリンガ・フランカであった。植民地時代から独立後までの歴史において，特に都会ではリンガ・フランカが若い世代の第一言語となる言語交替も見られたが，農村ではリンガ・フランカは浸透しにくく，ほとんどの場合，民族語が第一言語として使い続けられた。つまり，国内で異なる言葉が話される状況は継続していったのである。しかし，だからといって，そのことが直ちに民族同士の間の対立を生んだわけではない。

　ここで，重要となるのは独立後に多くの人びとによって期待された生活の向上である。実際に，各国では初等・中等の学校，診療所，道路などの設置のために公共事業が進められていった（第10章参照）。これらの公共事業の潜在的な対象は膨大であり，アフリカへの開発援助が年々増えていたとはいえ，公共事

業に向けられる資金は十分ではなかった。そのために，公共事業の対象の選定は，地域間，あるいは民族間で政治的な競合としての一面をもった。そこでは大きな権限を集中しつつあった大統領はじめ有力な政治家がどの民族の出身であるかが重要な要素となった。また有力な政治家にとっては，公共事業を自分の民族のために実施できるかどうかに，彼・彼女への民族内の支持の強固さがかかっていた。

　こうして一般の人びとに影響を与える公共事業が政治化した。公共事業の政治化は既に述べたような有力政治家を中心とする特権層の利権構造と結びつくことで，大衆化された民族間の競争と対立を生み出したと考えられる。加えて，ケニアなどでは，公共事業は大衆を巻き込んだ民族間の競合の争点となった。このように多くの種類の経済的資源をめぐる政治的な競合が民族間関係を決定づけるようになると，国家レベルの政治が民族対立の性格を帯びるようになっていく。

　民族対立を助長したのが，異なる第一言語ごとのマスメディアの発達である。各民族語によるラジオや新聞などのマスメディアの存在は，自民族の優先を唱え，他民族への反感や蔑視をあおる言論も可能とする言語空間の分立を招いた。

　その一方で，タンザニアでは他国と異なる動きがみられた。「ウジャマー」政策のもとで，学校や診療所を国土全体に普及させるための政策がとられた。また，広く共通語となっていたスワヒリ語に，政府の公用語や教育用の教授言語としての役割を与えて重要視し，スワヒリ語以外の民族語のラジオなどが禁止された。その結果としてタンザニアの広い地域において，親の世代が各民族語を話しているにもかかわらず，新しい世代の人びとの第一言語がスワヒリ語になっていく言語交替が進んでいくことになる。これらの帰結として，タンザニアでは民族間の関係が政治的な対立に発展することはあまり見られなかった。

　以上のことからわかるように，民族・言語が多様であることが即民族対立や「部族」主義的闘争をもたらすのではない。民族対立は，むしろ植民地時代からの歴史，特に独立後の政治経済の変化のなかで，国家権力が関わる土地や企業のポストなどの資源をめぐる競合と配分によって生じ，他民族への反感を深めるような言語空間の分立と言論の放置によって助長されたのである。

3 アフリカ経済の失われた20年
――構造調整政策と1990年代の政治変動と紛争の頻発

(1) 1970年代半ば以降の政治経済的危機

1973年から翌年にかけて生じた第一次石油ショックは，資源ナショナリズムの1つのかたちであった。産油諸国が，原油価格の引き上げと自らの価格決定権の強化を求めたことで，世界の経済が大きな影響を受けた（第9章参照）。

石油の価格高騰によって需要が打撃を受けたため，石油を除く多くの資源の価格が反対に下落したのである。ともに資源ナショナリズムを掲げた途上諸国の運命は，いったん二通りに分かれた。産油国に莫大な石油収入が流入する一方で，工業化が軌道に乗っておらず，輸出作物以外の農業が停滞している多数の非産油国で，輸出と経済の低迷が始まった。1978年のイラン革命を契機とした第二次石油危機は非産油国の低迷に拍車をかけた。

その後先進国の省資源に向けた技術革新と，インフレーション抑制のための米国の高金利政策によって引き起こされた1980年代初頭の逆石油ショックでは，石油価格高騰で膨張したナイジェリアなどアフリカの産油国の経済も同様に低迷に陥った（図3-1参照）。そして，世界的な高金利と不況によって，1980年代から1990年代にかけて，多くのアフリカ諸国が成長の停滞，双子の赤字（国際収支の赤字と財政収支の赤字），また債務の累積などの多重的な経済困難に苦しめられるようになった。

この経済困難はアフリカ諸国のそれまでの開発政策と利権の分配のあり方に大きな変更を迫るものだった。政府の保護や規制を手段とし，国営企業を産業の中心的な担い手とするのが，アフリカ化を通じて形づくられたアフリカ諸国の産業政策の方向性だった。輸入代替工業化が成功すれば，国営企業が収益を増やして，その収益が政府の重要な財源となるはずだった。しかし，既に述べたように輸入代替工業化はうまく進展しなかった。自国の経済危機に加えて先進国および新たに台頭したアジアの新興工業地域（NIES）の製品との競合に苦しんだ国営の製造業の多くは赤字経営に陥ったのである。その赤字の補塡は政府の支出となり，財政赤字に拍車がかかった。

モノエクスポートからの輸出収入と歳入が落ち込み，その落ち込みを補って

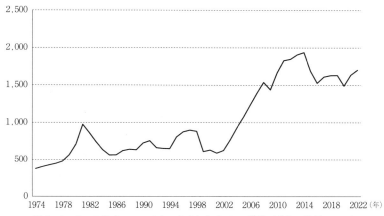

図3-1 サハラ以南のアフリカ一人当たり GDP の推移（米ドル時価ベース）
出所：World Bank（2024）.

代わりに経済を牽引できる産業が育たないなか，アフリカ諸国の政府は，双子の赤字をまかなうために，借款援助を含む外国からの支援や借入への依存を深め，いっそう対外債務が累積することになった。そのことは，1980年代から1990年代にかけて構造調整政策支援で国際開発金融機関からの深い関与を招くことになる。

(2) 1980年代の構造調整政策

1970年代に始まった世界的な経済危機のなかで，アフリカ諸国をはじめとする途上国の政策転換をリードしたのが世界銀行（World Bank：以下，世銀）と国際通貨基金（International Monetary Fund：以下，IMF）であった。姉妹機関である世銀と IMF は密接に連携して経済困難に苦しむ途上国に対し，支援の融資と引き換えに，政策の抜本的な改革を条件づけた。その政策条件が一般に「構造調整政策（structural adjustment policy）」と呼ばれるものである。構造調整政策の基本的な考え方によれば，1980年代の途上国の経済危機は，単に一次産品価格の低落による一時的な現象ではなく，それまで採用されてきた政策体系が構造的に生み出す政府の失敗に基づいている。それを是正するには，これまで市場を縛り，ゆがめてきた保護や補助金および規制，また輸入制限措置など，様々な政府の関与を撤廃し，小さな政府を実現しなければならないとみなされ

たのである。その背景には政府の関与を減らし，市場原理の下で民間経済主体を自由に活動させることが経済の発展に最適であるという考えがあった。

また，政府は財政赤字を削減するために，公共事業への支出を減らすことを迫られた。そして国際収支の赤字の主因である貿易赤字を減らすためには，輸出を増やし，輸入を抑えることが必要となるが，そのためには，輸出補助金供与や輸入制限ではなく，それぞれの国の為替レートを切り下げることが追求された。[3] そして究極的には，為替レートを自由な通貨市場の機能に任せることが最も適切だと考えられたのである。こうした一連の体系的な考えは，1980年前後のイギリスや米国で着手された新自由主義的な経済政策と同様であり，世銀やIMFはその影響を強く受けていた。[4]

構造調整政策の具体的な内容は，国営企業の民営化，補助金の撤廃・公務員の人員整理・教育や保健などの社会サービスの受益者負担を通じた歳出の削減，規制の緩和，輸出入の自由化，為替レートの切り下げ，さらには為替取引の自由化など，多岐にわたっていた。

ここで留意したいのが，構造調整政策は債務危機で交渉力が弱まったアフリカやアジア，ラテンアメリカの国々に対して実験的にまた画一的に要求されたことである。アフリカだけをとっても，その国々のなかに双子の赤字や累積債務の深刻さにおいて様々な違いがあったが，世銀とIMFはそれに対して十分な配慮をすることがなかった。

構造調整政策の実施に伴い，アフリカ化やアフリカ社会主義の理念や政策の実質的な破棄が進んだ。そして，世銀やIMFのもくろみに反し，1980年代から90年代にかけては，経済成長率には上向く兆しが見えなかった（図3-1参照）。アフリカ諸国一般で，経済が低迷し続けたために増え続ける人口に見あう雇用が生まれず失業者が増加した。また学校教育や保健医療の公的予算が抑制され，さらに受益者負担の原則による学費や医療費の有料化が持ち込まれようとした。そのために，多くの国で就学率や乳幼児死亡率など独立以来改善してきた社会指標の停滞や悪化が見られた。

アフリカ諸国の経済成長について，構造調整政策がはかばかしい結果をあげられなかった要因はいくつか指摘されている。世銀は，アフリカ諸国の政府が構造調整政策を支援の条件として受けいれたものの，主体性をもってその政策を徹底して実施しなかったことを主因として指摘している。その指摘の背後に

は，構造調整政策の処方箋自体は間違っていないという考えがある。

　しかし，アフリカ諸国の政府の側からは，構造調整を容易には実施に移せない理由があった。政府の通貨の切り下げ，燃料や食料への補助金の削減・撤廃には，物価の上昇が伴うため，都市の消費者などから多くの反発があった。また，独立後のアフリカ諸国の多くでは，大統領などの有力政治家の政治的権限を軸に利権構造が形成されたと述べたが，政府の役割を小さくすることはその利権構造にほころびを生むことになるため，アフリカの政府の指導層は構造調整政策の内容が実際に施行されていくことには抵抗を示した。したがって，構造調整で求められるものは，多くの場合，その時の政権にとって政治的に困難な政策であった。構造調整の実施には長い時間を要し，世銀やIMFの側で設定した期間内に政策条件を満たせないことが多々あった。

　既に触れたように構造調整の考え方は，「小さな政府」を実現し，市場経済の論理のもとでの活動によって経済成長を実現しようというものだった。しかしアフリカ諸国の現実は，そのような期待が容易に実現されるものではなかった。何より，市場経済活動がさかんになるためには，企業をはじめとする様々な民間主体が必要であった。さらに市場経済の活発で持続的な機能のためには，制度の構築，インフラストラクチャーの整備，高い能力と意欲を備えた経営者，基礎教育等を通じた労働者の育成，労働と生活を支える保健医療の充実が必要なのは当然であるが，そうした支出は構造調整の枠組みの下では軽視された。そしてその軽視は長期の経済開発の基盤づくりを損なうものでもあった。

　1980年代後半になると，構造調整政策には，アフリカ側に加えて，国際機関や先進国社会のなかからも批判が起こった。その批判は，教育や保健医療の普及を遅れさせ，貧困化をもたらしていること，アフリカ化・アフリカ社会主義などの廃棄の求めが内政干渉であること，アフリカ側の主体性を無視していること，将来の長期的開発のための投資を軽視していることなどの点に向けられた。

　同時代には，東南アジアを含む東アジアの国々の多くは，製造業部門に牽引されて，急速な経済成長を遂げた。こうした工業化は18世紀から19世紀にかけての産業革命以来，富裕化した国のほとんど全てがたどった経路であった。しかし構造調整下のアフリカにおいては，むしろ製造業部門がおしなべて停滞し，総生産に占める製造業の比率が低下するいわば「早すぎる脱工業化」が生じた。

政府の保護や補助金が削減され，貿易自由化によって輸入品との競争にさらされたことが，主な原因であろう。そのことは，資源・一次産品部門に代わって経済開発を牽引するべき製造業部門が育たなかったことを意味している。

世銀とIMFは，1990年代になると，構造調整政策に軌道修正を施していった。単純に小さな政府を目指すのではなく，アフリカおよび途上国の政府の主体性と統治のあり方が支援をめぐる中心的な議論となった。そして，制度や人的・組織的な能力の構築を重視するようになっていった。加えて教育や保健医療などの社会開発の重視を政策条件の一環として求めるようになった。

（3） 1990年代における政治変動と紛争——その経済的側面

1990年前後から，アフリカ諸国ではこぞって，既存の一党独裁制が崩れ，複数政党制への移行の動きが見られた。しかし，多くの国で，移行の過程は混乱や暴力を伴うものだった。中には，ガーナのように独裁政権の側が自ら主導権をとって移行を実現し，政権を保とうとする場合もあったが，独裁政権の多くは，複数政党制民主主義を求める動きを暴力を用いて弾圧した。さらに初期の選挙のプロセスでは，コンゴ共和国のように異なる候補の支持者間で衝突が発生し，武力紛争に至る例もあった。

独裁政権側の弾圧にもかかわらず，複数政党制への移行の動きがアフリカの全域で同時に生じたのは，1989年の冷戦の終焉とその後のソ連・東欧の社会主義体制の崩壊によって，一党独裁制がアフリカでの理念的影響力を失ったことがある。また，第9章で述べるように援助の停止を手段として，先進援助諸国が独裁政権側に複数制への移行を迫ったことも大きな要因である。欧米の先進諸国は，東側陣営との影響力をめぐる競争を意識する必要がなくなり，アフリカ諸国に対しておしなべて強い圧力をかけた。

1990年代から2000年代にかけて，アフリカの国々の政治状況は大きく分かれていった。セネガル，(5)ガーナやザンビアのように，おおむね平和のうちに数度の政権交代が実現し，複数政党制が定着しつつある国もあれば，タンザニアのように複数政党制は採用しつつも同じ為政者や政党による長期政権が続いている国もある。南アフリカでは人種支配を継続してきた政権が，国連の制裁もあって，非合法化していた反人種主義団体を認め，交渉によって全国民が参加する政治体制への移行に舵をきった（第9章参照）。1994年には，全人種が参加

する複数政党制選挙が実施され，多数派のアフリカ系国民主導の政権が成立した。その後は同じ政党による長期政権が続いている。

　他方で，国家全体に関わる暴力は見られないとしても，地方や国境付近の地域，また都市の貧困層居住地区などで犯罪を含む暴力がより広がっていった国は多い。さらに，政府による弾圧だけでなく，クーデターやその未遂，党派間の衝突，紛争が発生し，ひいては国家全体の統合的な政治・行政が破綻してしまった国も相当数ある。ソマリアは長期に破綻国家状態に置かれている国の典型であろう。

　特に1990年代以降の紛争の多発の政治的要因については，次のように理解することができるだろう。経済の停滞と構造調整によって，政府が左右できる資金などの利権の規模が限られていった。これは有力政治家および彼らに連なるエリートたちの間で利権をめぐる競争を激しくしていった（第11章並びに武内2009参照）。多くの国で長期の独裁政権下で支配の手段として苛酷な抑圧が行われ，政治の手段として暴力が日常化したことは，その競争において暴力が用いられる要因となった。複数政党制民主主義が平和のうちに機能するためには，政治的競争のなかでも生命や身体の安全と自由を相互に尊重することが必要となるが，そのような規範が形成される機会が奪われていたといってよいだろう。ケニアやコンゴ共和国などで選挙がしばしば暴力的な対立に発展したのは，こうした理由による。

　1990年代の政治的競争や紛争の暴力化の背景には，2つの要素があった。1つは人口の動態，もう1つは資源の存在である。この時代，複数政党制を求めるデモだけでなく，選挙運動や，それに伴う暴力の行使，さらには武力紛争において，多くの若者が担い手になった。その背景には，急激な人口増加がある。1990年には，サハラ以南のアフリカの人口は1960年の約2.3倍に拡大した。他方で子どもの全人口に占める割合はほぼ一定で（18歳未満の人口の割合は30年間50％前後で推移した。図3-2参照），大人の仲間入りをする若者の数が増えていった。しかし，1980年代には構造調整の下で就学率は上がらず，多くの若者が学校教育の機会に恵まれなかった。農村では若い世代に十分な土地が割り当てられない場合も増え，土地を持たない若年層の人口が拡大していった。アフリカ諸国の多くで，人類の歴史上空前の速度で土地が希少化していったのである。しかし，アフリカの農村社会はこれに対応するような仕組みをすぐには構

第Ⅰ部　激動するアフリカ経済

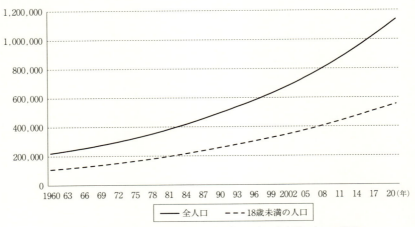

図3-2　サハラ以南のアフリカにおける全人口と18歳未満の人口の推移
出所：UNDESAPD（2022）．

築できなかったし，農業の生産方法のあり方も，働き手が多くなればそれに応じて収穫が増えるようには変化せず，したがって一人ひとりに十分な所得機会を生み出すものには変わり得なかった。土地や所得の機会を十分に得られない若者の多くは農村から都会に流出して雇用などの社会的機会を得ようとしてきた。1960年から1990年までの間にアフリカの都市人口の拡大は約4.3倍と，全人口をはるかに上回った（Wolrd Bank 2024）。しかし，経済が低迷しているなかで，都市においても雇用は十分拡大せず，多くの人びとが失業や半失業の状態にならざるを得なかった。

　社会的機会から遠ざけられた若者のうち，特に男性は，少額の報酬の供与や，あるいは集団の危機を訴える政治的宣伝，さらに自らの集団内の圧力によって政治行動や暴力に駆り立てられやすい存在だった。ケニアで1990年代から2000年代まで続いた民族間の暴力的な対立はその典型的な例といってよい。有力政治家らの宣伝もあって，社会的機会から遠ざけられた若者たちの憤懣は，同じ国民でありながら，より富裕で機会に恵まれていると決めつけられた他の民族に向けられた。それは，選挙を中心とする政治的競争がしばしば民族間の差異と重なったことを意味した。若者らの宣伝・動員ではしばしば民族語のラジオが重大な役割を果たした。

　ラジオによる民族集団の動員が広範で深刻な暴力に帰結した例として，ルワ

88

ンダでフツ人主導の政府とフツ人の過激派が、ツチ人や虐殺を支持しないフツ人の穏健派への攻撃を主導し、扇動した1994年の大虐殺が挙げられる。この大虐殺において、80万人ともいわれる人びとが短期間のうちに命を落とした（第11章参照）。

　1990年代のアフリカの各地において紛争が頻発した背景にある要因として、もう1つあげられるのは、アフリカの資源への需要とその取引と利用の非人道性である。冷戦の終焉によって東西両陣営からの軍事支援がなくなったことに対応して、紛争当事者は支配地からの希少な資源の収奪とその密輸の拡大によって武器と弾薬を調達するようになった。そうした資源のうち、特に鉱物は紛争鉱物と呼ばれた。紛争鉱物の特徴として、単位当たりの付加価値が高く、また地表近くに賦存していて採掘に高度な技術や多額の資金を必要とせず、そのために、子どもや大人を強制も交えて働かせて採集することが可能であり、さらに非公式なルートによる密輸が容易なことがあげられる。典型的な紛争鉱物としてシエラレオネのダイヤモンド鉱石やコンゴ民主共和国のコルタン[6]が挙げられる。シエラレオネでは反政府勢力が一般人を従属させるために手足を切断するなどの残虐行為を行い、隣国リベリアを通じたダイヤモンドの密輸を資金源として戦線を拡大した。また、コンゴ民主共和国では、対立する諸勢力がコルタンを紛争鉱物として利用することが1つの重要な要因となって、8カ国を巻き込み、500万人以上という第二次世界大戦後の世界で最も多くの死者を出す「アフリカ大戦」へと拡大していった（第11章参照）。

4　2000年代以降のアフリカ経済——成長と停滞

（1）　社会的・経済的開発の進展

　21世紀に入り、アフリカ諸国の経済成長率は全体として改善した。1980年代から1990年代にかけてのサハラ以南のアフリカのGDP合計の年平均成長率は、約1.8％と人口増加率約2.8％を下回っていたが、特に2003年から2014年までの期間にはGDP年平均成長率は約5.5％と、人口増加率（ほぼ変わらず約2.8％）を上回り、図3-1に示すように、一人当たり所得が顕著な伸びを見せるようになった（Wolrd Bank 2024）。また、同じ時期に所得の向上だけでなく、教育や保健医療などの社会開発上の指標も改善した。以下、21世紀のはじめにおけ

第Ⅰ部　激動するアフリカ経済

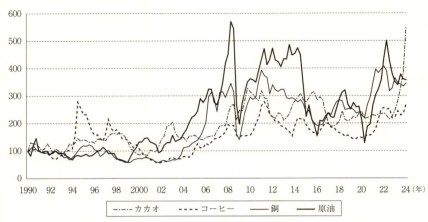

図3-3　1990年以降の一次産品価格の推移（指数，1990年＝100）
注：IMF（2024）に示されている四半期ごとの価格指数データを用いた。IMF（2024）には同一品目で異なる種類のデータが掲載されているが，コーヒーについては"coffee index"，原油については"WTI Crude"を用いている。
出所：IMF（2024）．

る，経済的・社会的な開発の好転の要因をみておこう。

　その要因として，1つには，広い範囲の国で，紛争や政治的混乱が収束したことが挙げられる。紛争の収束については，ルワンダのように内戦が一方の当事者の勝利により終結した場合や，他のアフリカ諸国や先進諸国，国際機関の仲介や軍事的介入が功を奏した場合もあった。しかし，何よりも，紛争の解決や平和な状態の持続には紛争国の人びとの多くが紛争の終息を求めたことが大きいだろう。シエラレオネでは，残虐行為を指示した反政府勢力のリーダーに対して市民が命を賭して抗議活動を行い，そのリーダーの逮捕と戦争犯罪による訴追のきっかけをつくった。隣国リベリアでは人びと，特に女性による非暴力的大衆運動によって内戦の終結に向けた交渉や和解のプロセスが促進された。さらに，アフリカの各国では将来に向けて紛争の原因を取り除き，より民主主義を定着させるための試みも行われてきた。その試みとして大統領の任期を二期に限ること，またより分権化を進めることなどが挙げられる（詳しくは第11章参照）。

　また1990年代末以降紛争鉱物を市場から排除する動きが，国連を中心に，各国政府や多国籍企業なども参画して進んでいったことも効果を発揮した面があ

ると考えられる。他方でいくつかの国・地域では，紛争は収束せず，その拡大の恐れが消えない場合や複数政党制を否定し，軍政が採用される場合も続いている。近年では2023年に発生したスーダンの内戦，また西アフリカで相次いだクーデターによる軍事政権の成立が挙げられる。

　21世紀はじめのアフリカ諸国の経済状況の改善について，最も重要な要因は，国際市場における鉱産物や農産物など一次産品への需要の拡大と価格の上昇により，輸出が急激に拡大したことである。2003年から2014年までの12年間にサハラ以南のアフリカの輸出額は全体として約3.7倍（年平均増加率は約12%）となっている。1980年代からの20年間の輸出額の伸びが約1.8倍に過ぎなかったことを考えれば，この期間の拡大が如何に急激であったかがわかる（Wolrd Bank 2024）。こうした輸出の急増の背景には，新興国，中でも中国経済の超高度成長がある。2003年からの12年間で中国の経済成長は国民総所得の年平均成長率が10%を超えるという急速なものだった。中国は，「世界の工場」と呼ばれるようになるほど工業の生産を拡大させたのである。これによって工業の原料，食料・飲料などの消費財，さらに石油・天然ガスなどのエネルギー源への需要が急拡大した。こうして中国は，石油・天然ガスを含む鉱物資源・一次産品の大きな輸入国となり，国際市場の価格を押し上げるとともに（図3-3参照），アフリカから直接，銅などの鉱物や嗜好品となるカカオ，コーヒー，あるいは茶などの輸入も急増させた。

　中国を先頭とする新興国経済の台頭は，長い間停滞していたアフリカ諸国の経済の成長を呼び起こした。重要なことは，その成長が基本的に植民地時代に形成されたモノエクスポートの延長上にあったことである。ただし，時代の推移のなかで，一部の国では農産物から石油・天然ガスなどに主要輸出品が交代し，あるいは別の一部の国では徐々に付加価値の高い，例えばケニア，エチオピアが輸出を増やしている園芸作物（花卉，野菜，青果など）への輸出農産物の多様化が進んでいることは指摘しておかなければならない。

　他方で，先進国や東アジアの例にならうとすれば長期の経済成長を担うべき製造業部門は，全体的にいって1980年代以来の停滞から抜け出せないままだった。むしろ，21世紀になってから生じたのは，中国など新興国からの安価な工業製品の輸入の急増だった。2003年から2014年までの間に，サハラ以南のアフリカの輸入額は約4.7倍（年平均増加率は約14%）と，1980年代から1990年代の

20年間の輸入額の伸び約1.8倍はおろか，上述のような同じ期間の輸出額の拡大をも上回っている（Wolrd Bank 2024）。

　中国の「世界の工場」としての台頭は，先進国や先行する新興工業諸国に比べて安価で多種多様な製品，特に消費財を生産できるようになったことで可能となった。アフリカ諸国で急増した輸入の多くは，こうした中国製品であった。21世紀になると，多様な中国製品が都市をはじめとしてアフリカ諸国の市場に大量に出回るようになった。

　このような中国製を主とする工業製品の輸入の増大は，アフリカ諸国のなかの輸入品と競合する製造業，なかでも資本力の弱い中規模企業にとって一層厳しいものとなった。他方で，大企業のうち，資源・一次産品関連の企業や新興国製品と競合しない企業への打撃は少なく，これらの分野には外国からの投資も流入した。しかし，少なくとも統計で見る限り，大企業の動向は「早すぎる脱工業化」の傾向を反転させるような目覚ましいものではなかった。

　そのかたわら，輸出収入の増大と都市人口のさらなる増加によって，統計上の正確な把握は難しいものの，インフォーマル企業を中心とする小規模零細企業の生産は全体として拡大していった。小規模零細企業が従事する家具や日用品などの生産では，人びとの嗜好，価格や輸送費の面で，中国などからの輸入品に対抗し得ることがその主因であろう。こうした一連の変動によって，「中間の欠如」，すなわち産業の両極分化は，より強められたと考えてよい。

　もう1つ21世紀になってからの社会経済開発状況の改善を後押しした要因としてあげられるのは，債務の帳消しである。1990年代まで構造調整が成長や輸出の促進という点で十分な成果を挙げられなかったこともあって，アフリカ諸国のうち低所得国では先進諸国や国際機関へのいわゆる公的債務の返済によって，政府の教育や保健医療などの最重要な公共財への支出が圧迫されてきた。公的債務の多くはアフリカ諸国に向けた借款援助だったから，援助が結果として教育や保健医療を阻害するという皮肉な結果となったのである。そこで，1990年代の末に先進諸国は，「重債務貧困国（Heavily-Indebted Poor Countries：HIPCs）」が国家財政の健全な管理や，2000年に国連で採択されたミレニアム開発目標（MDGs）に向けて初等教育やプライマリー・ヘルスケアの向上を図るため「貧困削減戦略（Poverty Reduction Strategy：PRS）」を策定し，実施することを条件として公的債務の減免を進めることで合意した。重債務貧困国42カ

国のうち37カ国はアフリカの国々であった。2000年代半ばまでにアフリカの低所得国で公的債務が帳消しされ，対外公的債務負担がいったんは激減した。例えば2006年のザンビア，ガーナ，エチオピアでは，同年以前のピーク時に比べて債務残高は，それぞれ約70％，約27％，約66％削減された（Wolrd Bank 2024）。この債務救済は，上述のように経済成長が比較的順調であったこともあって，諸国の政府が教育や保健医療に傾けることのできる財源の確保にも役立った。

そして教育や健康などの MDGs で掲げられた指標について，大きな改善が見られた。2000年から2009年までの10年間に注目すると，初等教育の就学率はザンビアでは約66.3％から約87.3％へ，ガーナでは約62.5％から約72.4％へと向上し，エチオピアでは約40.2％から約75.4％へと大きく改善した。また同じ期間の乳幼児死亡率は，ザンビアでは1,000人当たり約155.7人から約83.3人へ，ガーナでは約100.1人から約73.0人へ，エチオピアでは約140.5人から約86.7人へとそれぞれ相当に改善している。サハラ以南のアフリカ全体では初等教育就学率は約60.2％から約75.3％，乳幼児死亡率は新生児1,000人当たり約151.1人から約105.5人となった[8]（Wolrd Bank 2024；第10章参照）。これらの成果は，MDGs の具体的な目標に照らすと決して十分なものではなかった。しかし，アフリカ諸国の側の努力と開発援助・債務削減などの外部からの支援がうまくかみ合えば，一定の社会経済開発の進捗を実現し得ることを証明したともいえる（第10章参照）。

（2） アフリカ経済開発の新しい困難と可能性

2007年前後，世界の経済は2つの危機に見舞われた。1つは，先進国で生じた，世界金融危機であり，もう1つは，世界食料価格危機であった。以下，それぞれの概要とそのアフリカへの影響についてみていこう。

世界金融危機は，米国における不動産バブルの崩壊と大手証券会社の破綻をきっかけとして生じた。その頃までに欧米日の金融市場は相互に緊密につながるようになっており，先進諸国全体に危機が急速に波及した。多数の金融機関が大きな損失を受け，国境を越えた資金の移動や貿易が減少し，さらに総生産にも負の影響がおよんだ。先進諸国はそろって財政を悪化させ，開発援助への意欲も低下した。

しかし，国際金融市場との結びつきが相対的に弱かった中国経済は，財政の

拡大もあって，高度成長を継続した。既に中国と緊密な関係を結んでいたアフリカ諸国は，国際金融市場とのつながりがより希薄なこともあって，やはり相対的に高い成長を維持した。そのことは，アフリカ諸国の将来への期待を高めた。

成長への期待は，比較的所得水準が高い国をはじめとしていくつかのアフリカ諸国が国債発行を通じて国際資本市場から資金を借り入れることを可能にした。2010年代を通じてアフリカ諸国の債務のなかに占める国債の比率は拡大し続けることになった（UNGCRG 2023）。それは，国際機関や先進諸国などへの公的な債務に依存してきたアフリカ諸国にとって画期的なことではあったが，一方でアフリカ諸国が国際資本市場の動向に以前に比べて強く影響されることになったのである。

また，先進諸国や国際機関からの開発援助が，重債務貧困国に対する債務救済や世界金融危機の影響を受けて伸び悩むなか，代わりにアフリカ諸国への資金的支援を借款のかたちで増やしていったのは，世界のなかで新たな資金の稼ぎ手として台頭した中国などの新興諸国および中東の産油国であった。

国債や新しい支援主体からの借款の重要な点は，国際機関・先進諸国に対する債務に比べて金利が割高で，返済期間も短く，そのために債務国側の負担が大きいことであった。これらの借款には，アフリカ各国の政府の不十分な財政管理が改善されないまま供与されるという問題点があった。しかし，アフリカ諸国の潜在的な開発資金需要を掘り起こし，まかなう点では一定の役割を果たしたといえるだろう。

特に中国の貸付の多くは，幹線道路をはじめとするインフラストラクチャーの建設・復旧に投じられた。それは，中国の建設会社に独占的に発注されたため，企業のアフリカへの進出を支援するという面があったが，他方でアフリカの経済開発における課題であった道路などの劣悪な状況を大きく改善させた。並行して，資源開発，建設業はじめ多くの様々な中国企業がアフリカ諸国への投資などの経済活動を拡大させ，さらにアフリカで働く中国の人びとも増加していった。それとともに中国はアフリカ諸国の多くの国にとって最大の輸出・輸入の相手となっていった。

一方，世界食料価格危機は，中国をはじめとする新興諸国の富裕化による穀物消費の拡大と，既に説明したような原油価格の高騰など多くの要因が複合し

て生じた。原油価格の高騰は，肥料や燃料の費用を押し上げ，またバイオ燃料の原料となる穀物などの需要を高め国際市場における食料価格を上昇させた。アフリカ諸国の多くは，増加する人口の食料需要を輸入なしには満たせなかったため，国際価格の上昇は，国内価格の上昇に直結した。価格上昇は，アフリカの商業的な食料生産者一般の増産への意欲を刺激した。また各国の政府も債務の状況の好転もあり，構造調整の時代と異なって肥料への補助金を復活させ，食料の増産を促した。大規模な商業的農業を持つ南アフリカでは，価格上昇に反応してコムギなどの生産が増えていった。一方，アフリカでは広く，都市住民はもとより，農村住民の多数も穀物を市場から購入しており，生活費に占める食費の比率が高い貧困層が困難に直面した。

　食料価格危機はまた，世界中に土地を探し求めて，購入し，あるいは排他的な使用権を得ようとする動きを強めた。この動きには，先進国の穀物取引企業だけでなく，もともと国内の食料生産力が非常に小さいアラブの国々，急速に富裕化して国民の食料消費が拡大した中国をはじめとする新興諸国などが主体として加わった。逆に客体となった主要な地域の1つが，アフリカだった。

　この動きは「土地の収奪（land grab）」と呼ばれた。植民地時代には，既に触れたように南アフリカをはじめとしていくつかの地域で，支配側によって土地が収奪された。また独立後，ケニアなどで富裕層の手に土地が集中するという動きがあった。2000年代以降に進んだ動きは，それに続く第三の「土地の収奪」と呼んでよい。この時期の土地を求める国際的な動きは，資金や技術の導入を通じた大量生産により，農業生産の拡大に寄与すると期待された。しかし，アフリカ諸国の農業生産への投資主体は，形式的な所有者である政府や，首長・村長などと売買契約を結ぶことが多く，土地に多様なかたちで権利を持ち利用する住民たちとの話し合いは軽視された。そして，「購入」された土地は特定の作物の生産に用いられ，住民たちによる多様な権利や利用を排除する傾向をもった。急速な人口増加が進み，土地の不足感が深まるアフリカの農村において，より状況を難しいものとしているとの懸念や批判が叫ばれるようになった。しかし，多くの国で土地に関する情報が精密に記録され，公開されてはいないため，その詳細は明らかになっていない。

　2010年代前半，アフリカ諸国の経済は全体として，成長を維持し得た。図3-1に見るように，2014年までアフリカの一人当たりの平均国民所得は上昇し

続けている。しかし，中国の成長や資源・一次産品のブームが去ると，産油国をはじめとしてアフリカ諸国の経済成長も減速した。その後2020年に世界をCOVID-19が襲い，また2022年のウクライナ戦争の影響による食料価格の危機の再燃もあって，アフリカ経済は全体として停滞している。

　上述のように，アフリカ諸国は，2000年代の後半以降，国債を市場向けに発行し，中国などから自らに相対的に不利な条件の借款の比率を高めてきた。そのため経済の減速のなかで，債務の負担の重さに苦しむ国が増えてきた。既にふれたエチオピア，ガーナ，そしてザンビアでは重債務貧困国への債務救済が一段落をした2006年に比べて2020年には，対外債務額がそれぞれ約12.9倍，約7.4倍，約12.7倍となった（Wolrd Bank 2024）。この3カ国は，2020年代になって債務支払いが不能な状態に追い込まれた。これに近い事態がアフリカや途上国で広がっていることを受けて，米国など先進国から，中国が相手国の支払い能力を上回る借款を押し付けることによって経済的・政治的に従属させる「債務の罠」を仕掛けているとの批判がされた（対外債務への新しい対応のあり方については，第9章参照）。

　多くの困難があり，また2010年代の半ばから頭打ちになっているとはいえ，2003年からの比較的高い成長期間を挟んで，アフリカ経済に新しい動きが生まれてきたことにも注意が必要である。図3-1のようにこの期間に一人当たりの所得が上昇しているが，それは大きな経済格差を伴うものであり，貧困層の絶対数や構成比に目立った減少はなかった。しかし，成長の期間を通じて最低限の衣食住を越えて消費をするいわゆる中間層が増えたことも事実である。中間層の増加により，都市への人口の集中も相まって，都市型の消費生活の富裕化が生じた。その富裕化は主にサービス部門の成長に帰結した。

　このサービス部門の拡大は，情報通信技術（ICT）の導入によって支えられていた面がある。ケニアで始まったM-Pesaという携帯電話間の送金サービスは近隣諸国にも広がり，経済活動の円滑化に大きな役割を果たしつつある（コラム⑦参照）。また多くの国の都市中間層の間で急速にスマートフォンの導入が進んでおり，電子商取引によってサービスの供給が活発化しつつある。都市に比べて農村ではICTの経済活動への導入が遅れているが，ケニアなどでは農業に関わる知識を小規模農民も広く共有できるような，情報プラットフォームの発達がみられる（コラム⑤参照）。

ICT の導入・普及の担い手の大半は，アフリカ諸国自体で教育を受けた人びとである。それは，アフリカの高等教育などの教育機関が一定の成果を挙げつつあることを意味している。

　また，都市中間層の拡大を主な動因として，インフォーマル・セクターの様々な活動がさらに拡大しつつある。近年の調査では，サハラ以南のアフリカのインフォーマル・セクターでは，雇用の約85％が生み出されており（AU 2022），流通業，飲食業，運送業などのサービス産業だけでなく，製造業も活発である。富裕層や中間層も生活の必要に合わせてインフォーマル・セクターから多くの財・サービスを購入している。フォーマルな製造業は不振で統計上では脱工業化として現れているが，インフォーマルな製造業の推移はこれとは異なったものである。ただ，インフォーマルな事業者は，政府による課税や規制を避けるため，意識的にフォーマル化しないでいる場合も多く，その場合政府・自治体やフォーマルな金融機関の支援を得ることが困難で，したがって企業としての発展が妨げられている面があることは銘記されなければならない。

5　アフリカ経済開発の展望

　2030年までの達成が掲げられた「持続可能な開発目標（SDGs）」の理念的柱は，持続可能性に加えて，できる限り多くの人びとの開発への参加を目指すこと，すなわち包摂性である。21世紀後半の望ましいアフリカのあり方を示した，アフリカ連合の文書「アジェンダ2063――わたしたちが望むアフリカ」でも「包摂的で持続可能な開発」が理念として掲げられている。「包摂的で持続可能な開発」は，独立以来アフリカ諸国が目指してきた国家建設への営為が実現すべき理念でもあろう。以下ではこの理念の実現のためにどのようなことが必要かを簡単に論じておこう。

　これまでのアフリカ諸国の経済のモノエクスポートの状況のもとでは，たとえ輸出と生産が拡大しても，その担い手や受益者が限られている。モノエクスポートに依存する経済は，輸出先の国外市場の状況に左右される不安定さが伴うことになる。

　他方で，近年の経済成長により拡大を促されたサービス産業にも限界がある。一般にサービス産業は，観光などを除いては，輸出を通じて外貨を稼ぐ能力は

弱い。国内の需要を満たす水準以上に成長することは容易ではなく，端的にいってこの点が農業，製造業や鉱業との違いである。

　以上からまず進められるべきは，第一にモノエクスポートである産品の，国内における輸出以前の付加価値の高度化であろう。そのもっとも重要な手段は，アフリカ各国内での加工度を高めることであり，それはとりもなおさず，製造業の発展を意味するのである。また第二に，多様化を進めて特定の生産物への依存度を減らすことが必要であり，そのためには農産物や鉱産物の品目を増やすことが当面の課題であろう。主力となる産品の分散を図ることは富裕な産地の多様化を図ることを意味し，国内の対立を防ぐことにつながる。第三に，農業や製造業をはじめとして，雇用創出力の高い業種の発展が重要である。農業については，拡大する人口に応じて土地を割り当てつつ，それぞれの土地および労働の生産性をあげて，より小さな一人当たりの土地でも人びとが生計を立てられるような状況を作り出すことが重要である。製造業においては，特に都市に流入した労働力が失業・半失業に陥らないために，多くの雇用機会を提供できる分野が発展していく必要がある。他方，債務の返済にしばしば苦しむアフリカ諸国には資本は慢性的に不足している。アフリカの開発に相対的に多く投入されるべきなのは，国内で不足している資本ではなく，より豊富な労働であろう。

　またいわゆる「土地の収奪」によって人びとのアクセスが得られなくなり，その暮らしの基盤が損なわれるとすれば，これは包摂的な開発を実現するために，避けなければならない事態であろう。人びとの生業，生活ができる限り持続的であるような土地利用の保護の仕組みが作られていかなければならない。

　他方で，民族対立を避けるためには，政府の財源や経済機会の大統領など有力政治家による恣意的な配分を抑制することが必要であろう。そして，特に学校，診療所・病院，地域内の道路や上水道など，人びとの生存や生活にとって基礎的なインフラストラクチャーについては，劣位の民族が疎外感や憤懣を持つことがないよう，厳密に公平な整備を実現することが避けて通れない。そして，どのような言語空間であれ，民族など人びとのアイデンティティを理由として反感や憎悪を招くような言論を封じ込めていかなければならない。

　最後に，包摂的で持続的な開発のためには，人びとの生存と生活に対して責任を持って公平に応えようとする政府を構築する必要がある。複数政党制を1

つの要素とする民主主義は，そのような政府の構築を可能とする前提となるべきものである。しかし，大陸のいくつかの地域で続く紛争や軍政の出現にみられるように，アフリカでは，民主主義自体の前提である暴力の封じ込めが依然として課題となっている。複数政党制についてもその定着度は国によって多様である。民主主義の裾野を各国および大陸全体にわたって押し広げるいっそうの努力が必要であり，日本を含む外部の諸主体もそのことを明確に認識したうえでアフリカとの関係を構築し，支援を続けていく必要があろう。

注
(1) このような状況は，通常モノカルチャーと呼ばれている。しかしモノカルチャーはそもそも単一栽培を意味する言葉でありふさわしくない。鉱物は栽培するものではないし，アフリカの特に小規模の農民はおしなべて，栄養源と収入源の多様化，リスクの分散のために多様な栽培をしている。こうした観点から本書ではモノエクスポートという言葉を用いる。
(2) 主に北アフリカで話されるアラビア語，エチオピアで話されるアムハラ語などを除く。
(3) 為替レートを切り下げれば，自国の輸出品の国際価格は低下し，輸入品の国内価格は上昇するため，理論的には輸出が増え，輸入が抑えられると考えられる。
(4) 構造調整の「構造」とは，市場における需要と供給のうち，供給側のあり方のことを意味しており，民間経済主体の財・サービスの生産（供給）を制約し，歪めている構造を改編することを「構造調整」と呼んだ。
(5) セネガルは，他の国々に先駆けて1983年には一党制から複数政党制への移行を果たしていた。
(6) ダイヤモンドは地下深くに埋蔵され，高い掘削や採掘の技術，および多額の投資が必要な場合があるが，こうした場合は政府による公式の管理が容易であり，紛争鉱物にはなりにくい。他方で，川床などから採取できる場合もあり，密輸されやすく，紛争鉱物として反政府武装勢力に利用されやすい。
(7) コルタンから抽出されるタンタルは，携帯電話などほとんどの電子機器に組み込まれているコンデンサー（電気を蓄え，放出する電子部品）に用いられる。
(8) 重債務貧困国の債務救済にあたっては債権国のなかで日本は最後まで，債務の帳消しは債務国の側のモラルに悪影響を与えるなどと指摘して消極的であったが，救済の前後に生じた教育や健康の指標の改善を見れば，債務救済に踏み切ったことの成果はあったとも考えられる。

参考文献

北川勝彦・高橋基樹編 2004.『アフリカ経済論』ミネルヴァ書房.

北川勝彦・高橋基樹編 2014.『現代アフリカ経済論』ミネルヴァ書房.

武内進一 2009.『現代アフリカの紛争と国家——ポストコロニアル家産制国家とルワンダ・ジェノサイド』明石書店.

African Union (AU) 2022. *Informal Economy in Africa: Which Way Forward?* https://www.undp.org/africa/events/informal-economy-africa-which-way-forward（2024年4月21日確認）.

International Monetary Fund (IMF) 2024. *Primary Commodity Price System*. https://data.imf.org/?sk=471dddf8-d8a7-499a-81ba-5b332c01f8b9（2024年4月6日確認）.

United Nations Department of Economic and Social Affairs, Population Division (UNDESAPD) 2022. *World Population Prospects 2022*. https://population.un.org/wpp/Download/Standard/MostUsed/（2024年3月2日確認）.

UN Global Crisis Response Group (UNGCRG) 2023. *A World of Debt: A Growing Burden to Global Prosperity*. https://unctad.org/system/files/official-document/osgmisc_2023d4_en.pdf（2024年4月21日確認）.

World Bank 2024. *World Development Indicators*. https://databank.worldbank.org/source/world-development-indicators#（2024年4月6日確認）.

（高橋基樹・松原加奈）

Column ④

アフリカでの起業——その可能性とリスク

　アフリカ諸国の高度成長が続くなか，2010年頃から日本でもアフリカでの起業への関心が高まった。外務省の海外進出日系企業拠点数調査によれば，アフリカで日本人が興した企業数は2014年の73社から2021年の133社へ，ほぼ倍増している。現在，アフリカに進出している企業は948社であるが，全体に占める日本人起業家による企業数の割合は徐々に増している。起業家の中にはSNS，オンライン講演や書籍化を通じて，「アフリカで起業に挑戦する姿」を伝え，事業展開の推進力にしようとする者も多い。こうした企業家はアフリカに関心を持たなかった人びとの認知度の向上に一役買っている。

　とりわけ，社会課題を解決する上でスタートアップへの期待が増しており，アフリカ市場を対象としたベンチャーキャピタルや投資ファンドが設立され，起業家を支援する体制が整備されてきている。こうした背景から，今後アフリカ市場に挑む起業家はさらに増えるだろう。

　だが，当然ながら，起業には様々なリスクが伴う。取引相手に騙されて多額の損失を背負い，あるいは取引先の企業や解雇した社員に訴えられる例は珍しくない。許認可の取得に数年も費やす例や，内戦が勃発して事業どころではなくなる例も散見される。起業家が精神的重圧により体調を崩し，あるいは資金繰りが上手くいかず帰国する例も，ごく普通に見受けられる。

　アフリカの社会課題の解決を志向する日本人起業家には，援助や寄付に依存せず，自立して事業を進めるためにビジネスを興そうとする者が多い。貧困削減，保険医療，教育，環境などの社会課題において各国の政策や外国の支援が十分な成果をあげてこられなかったことを考えれば，大いに意義がある。

　しかし，どれだけ高い志があっても，その情熱を利益が生まれるビジネスモデルに転換し，人びとの購買意欲をつかめなければ，事業は必ず破綻する。あるいは事業の存続が優先されて社会貢献の志は埋没してしまう。まずは現地をつぶさにみて需要の規模を把握し，自らのビジネスモデルの受け入れ可能性を厳しく検討しなければ，多くの失敗例の轍を踏むことになる。必要なことは「熱い心」とともに，「冷徹な頭」を持つことなのである。

（長谷川将士）

第Ⅱ部

アフリカの産業開発

第 4 章
アフリカの産業政策

この章で学ぶこと

　持続的な経済成長を経て高い所得水準を達成した先進国の多くは，成長の過程において，製造業やサービス業の生産が相対的に成長し，産業構造の中心が農業から他の産業へと移った。その実態にもとづいて，低所得国が豊かになるためには産業構造の転換が必要だとの考えが，第二次世界大戦後の国際開発と援助の世界に定着し，その後も開発政策のキーワードであり続けている。特に，現在においても農業部門の雇用シェアが大きいサハラ以南のアフリカ諸国では，産業政策は産業構造の転換という目的に強く結びついてきた。

　他方で，経済成長における産業政策の重要性は，時代によってその強弱が変化してきた。そうした変化は，民間部門の変化とそれを反映した開発経済学における研究の動向にもとづいた援助機関の方針を反映している。そこで本章では，最初に産業構造の転換を目的とした産業政策について，その理論を簡潔に整理する。次に，主に開発援助機関で行われてきた産業政策に関する議論と，その影響を受けてきたアフリカ諸国の産業政策について，1980年代以降の変遷を整理する。最後に，近年の産業政策が抱える課題について説明する。なお，援助機関での議論の影響をあまり受けずに独自の産業政策を実施した南アフリカは，紙幅の限りもあって本章では基本的に対象としない（南アフリカの産業政策については，西浦［2008］，Andreoni et al.［2021］を参照）。

1　産業政策の理論的な基礎づけ

（1）産業構造と経済成長に関する研究

　産業構造と経済成長の関係について最初に言及したのは17世紀のウィリアム・ペティであり，当時のオランダの一人当たり所得の高さを製造業と商業の

雇用シェアと結びつけている（クラーク 1955）。のちにコリン・クラークがペティの仮説を分析し，経済が発展するにつれて産業の中心が第1次産業から，第2次産業，さらに第3次産業へと移ることを示した（ペティ・クラークの法則）。さらにクズネッツの研究などが続き，産業構造と経済成長の関係を実証的に明らかにした（Kuznets 1979）。これらの例の中でも，1970～1980年代の韓国，台湾，香港，シンガポールなどの当時の開発途上国の経済成長の経験は，他の途上国の成長政策のモデルとして考えられてきた。「東アジアの奇跡」と呼ばれた経済成長の過程では特に製造業生産の著しい成長がみられたことから，農業から製造業への構造変化が重視される。図4-1は産業部門ごとに雇用者シェアを示したものであるが，東アジア・太平洋諸国では1995年に50％を超えていた農業労働者のシェアは2020年に約半分になっており，農業は最大の雇用を生み出す産業ではなくなっている。サービス業と比較すると工業のシェア増加率は低いが，これは製造業の労働集約度（生産要素における労働の割合）がサービス業よりも低いことを反映している。他方で，サハラ以南のアフリカ地域（以下，特に断わらない限りサハラ以南のアフリカをアフリカと呼ぶ）では1995年からの25年間で農業の雇用者シェアが約11％減少したが，2020年においても半数以上の労働者は農業に従事している。また，アフリカにおける製造業を含む工業のシェアは，東アジア・太平洋地域や中所得国全体の工業のシェアの半分以下であり，その割合もほとんど増えていない。

　製造業の成長が経済全体の成長を引き起こすと考えられる理由として，まず，製造業は他の産業と比較して労働者一人当たりの生産額（労働生産性）が高いことが挙げられる。製造業では労働に比して生産設備などの資本を多く利用することが多いので，特に大規模に生産する場合に高い労働生産性が実現する。すなわち，規模の経済が働く。国連工業開発機関（United Nations Industrial Development Organisation：UNIDO）の報告書によると，低所得国の製造業の労働生産性は他の産業の平均より55％高い（UNIDO 2020：Figure 1.2）。また，製造業は生産性の水準だけでなくその成長も高い傾向にあるので，製造業の雇用シェアが増加すると，経済全体の労働生産性の水準と成長率の両方が上昇すると予想される[1]。特に，過去のデータでは所得の低い国ほど製造業の生産性の成長率が高いことを示す研究もあり，製造業シェアの増加が国際的な所得格差の縮小をもたらすことも示唆されている（Rodrik 2013）。

第4章　アフリカの産業政策

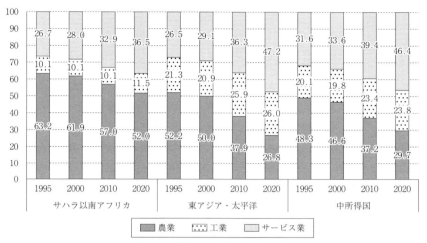

図4-1　産業別雇用者シェアの推移

注：高所得国は除かれている。
出所：World Bank (2023).

　次に，工業製品は中間財として利用されるものが多いので，製造業の成長によって安価で品質の良い原材料が供給され，それらを利用する産業（農業やサービス業を含む）において生産性の成長が生じることも指摘される。これは産業間の補完性と呼ばれ，製造業企業の投資は自ら得られる収益よりも多くの収益を産業全体にもたらし，経済全体の成長が加速する。他方で，各企業は自らの収益をもとに投資量を決定するので，産業全体としては投資が過少になる。最適な投資規模を実現するためには政府の介入が必要であり，産業政策の根拠にもなっている（第1節（2）を参照）。

　産業の構造とはどのように捉えられてきたのかを考えてみよう。開発経済学では，上記のように農業とそれ以外の産業を分けて経済成長を分析するアプローチがとられてきたが，このような研究は二重経済モデル（Dual Economy Model）とよばれる。他方で，経済成長論の分野ではすべての産業を包含した一つの生産部門を想定することが一般的であり，そのシンプルな構造を活かして技術進歩や人的資本の蓄積を組み込んだ経済成長の過程を動学的に分析している。複数の産業を想定する二重経済モデルは構造が複雑になるが，農業に依存する産業構造から脱却することが課題となっている開発途上国に対して，産

107

業政策に対する具体的な知見を与えることができるというメリットがあり、長い歴史を有している。特にアフリカでは、天然資源や農産品への依存度が高く、またそれが経済成長を阻害する可能性が指摘されてきたため、産業構造転換に対する関心が強い。

アフリカでは、原油、天然ガス、希少金属（レアメタル）などが豊富に埋蔵されており、後でみるように、アフリカ全体では輸出額の半分以上を天然資源が占めている。天然資源は埋蔵する国の資産であり、それを商品として生産することによって一国の付加価値を増やし、所得水準を豊かにすることができる。にもかかわらず、アフリカの資源豊富国では経済成長は停滞してきた（第3章を参照）。天然資源の産出が逆に経済成長を阻害するのは、第一に、大規模な資源の産出と輸出が他の産業の成長を遅らせるためである。経済規模の小さな国において、巨大な資源産業は希少な資本や熟練労働を大量に需要するため、それらの価格が上昇し、資源産業以外の産業においても生産コストが上昇する。その結果、他国製の商品と比較して国産品の価格が高くなり、国内市場および輸出市場において国内の企業は競争力をもたない。この現象は、1960年代のオランダにおける天然ガスの開発にちなんでオランダ病とよばれる。

さらに、近年の研究で明らかになってきたのは、資源収入を用いて効率的な投資を行い経済成長に結びつけることが容易ではないという事実である。[2] 価格変動の影響を受けて、政府が受け取る資源収入は大きく変動する。資源収入が多い時には財政規律が緩みがちになり、権力を持つ政治家や官僚、民間企業の意を汲んだ支出が増える余地が生まれる。それらは、効果の低い公的投資や補助金、汚職や横領などであり、無駄な投資が増える（第11章参照）。また、一度増えた政府支出を削減することは政治的、制度的に困難な場合が多く、資源収入が減少すると財政が赤字になり、政府債務が増える。さらに、資源収入の増加が紛争の発生と継続の確率を高めるという研究結果も示されている。経済成長にあたえるこれらの悪影響は「資源の呪い」（Auty 1993）と呼ばれて広く知られるようになり、資源豊富な国において資源産業以外の産業を育成することの必要性が強く意識されるようになってきた。[3]

（2） 産業政策の妥当性

国際貿易の存在を前提とすると、産業構造を決めるもっとも基礎的な要因は

比較優位である。第7章で詳しく説明されるように，各国の比較優位は生産要素の賦存パターンと産業の相対的な生産性によって決まる。資本（物的資本や人的資本）が相対的に増え，あるいは製造業の生産性が他の産業よりも早く成長することで生産コストが低下し，製造業の比較優位が高まる。もし，企業による経済活動の結果としてそうした変化が自然に生じない場合には，政策的に製造業の生産コストを下げるような政策が必要である。ただし，政策の効果が一時的であれば産業構造転換を維持することはできないので，政策によって産業成長の経路が変化するような場合に産業政策が有効だといえる。

　最も基本的な産業政策として，産業活動に関連するインフラストラクチャーやビジネス環境の整備がある。アフリカ諸国を含む開発途上国の多くでは，エネルギー供給や交通などのインフラストラクチャーが貧弱なため，電気や水の供給が不安定であり，輸送が遅延するなどの問題が頻発する。また，通関などの輸出入にかかわる手続き，他企業との代金の決済，政府の許認可などに時間がかかり，しばしば賄賂が要求される。製造業は他の産業よりもインフラストラクチャーやビジネス環境の影響を受けやすいので，それらが整っていない国では特に生産性が低くなると指摘される。生産性が低い産業では投資の収益も低いので，資本蓄積や新しい技術の採用が進まず，製造業の比較優位は実現されない。後でも触れるように，インフラストラクチャーとビジネス環境の改善は，援助機関，被援助国の双方で広く支持されている産業政策である。

　製造業が活動する環境が整っていたとしても，低所得国では製造業の生産性の成長が鈍くなる構造的な原因があることが指摘されてきた。規模の経済が働く製造業では，少ない資本では生産性が低く，資本が増えるにつれて加速的に生産性が向上するという特徴を有する。そのため，資本量が少ない国では産業部門への投資の収益は低く，企業による投資が低調になるため規模の拡大も成長もみられない。つまり，資本の少ない低所得国では製造業の成長が生じにくく，所得の高い国では成長が維持されるという2つの状態が生まれる（これは複数均衡と呼ばれる）。このような状態にある低所得国でも，大規模な投資を行って産業の規模が拡大すれば生産性が飛躍的に向上すると期待される。例えば，大規模な国営企業の設立や，公教育としての職業訓練を拡充する政策は，政府による投資を通じて規模の経済を実現する産業政策である。また，異なるタイプの規模の経済として，大量に生産することで企業が生産の経験を通じて

技術を学び，生産性が向上する場合が考えられる(4)。このような産業に対しては，何よりも生産量を増やすことが必要なので，輸入品に高関税を課すことで国内産業が国内市場で高いシェアを維持できるようにする政策が有効である。国産品に輸入品を代替させることで工業化を進める政策は，輸入代替工業化政策と呼ばれる（アフリカ諸国が1960～1970年代に採用した輸入代替工業化については第3章を参照）。逆に，輸出企業に補助金を与えることで，輸出市場への供給を増やす政策も同様に生産量を増やす効果がある。

また，ある企業による投資が他の企業にも便益をおよぼす場合には，各企業にとって利潤を最大化する投資額は経済全体としては過少になるので，政策的な支援によって最適な投資の規模を実現できることがある。例えば，鉄鋼や化学などの重化学工業の成長は他の産業の生産コストを下げる効果（補完性）があり，それらの産業を育成する政策が日本や東アジア，独立直後のアフリカ諸国でも採用された(5)。新技術への投資も他企業に影響する例である。アフリカ諸国のように製造業が発達していない国では，企業が技術開発を行うよりも，他国から技術を学んだり，技術を有している外国資本の企業を誘致することで新しい技術が導入されることが多い。そして，新しい技術の情報はしばしば他社の知るところとなり，多数の企業が参入して産業全体が成長する場合がある(6)。産業全体で得られる収益を考慮すると新技術への投資を促す支援は有効であり，例えば，外国資本企業の法人税や関税負担を減免することで直接投資を誘致する政策が多くの国で実施されている。特に，輸出市場への供給を拡大することで工業化を進める輸出指向工業化において企業の技術向上は重要であり，外国資本企業の誘致は典型的な輸出指向の産業政策の1つである。

さらに，先進国や新興国の技術を導入する際には，ビジネス環境や労働者のスキルのレベルが異なる自国でどの程度の生産性を発揮できるのかは未知の部分が多い。新しい技術は企業にとってリスクが高く，特にリスクを負担する能力が弱い中小企業は新技術の採用を控えるので，政策による支援なしでは生産性の向上がすすまない(7)。

理論的な産業政策の実効性は，理論で想定されている仮定が現実に一致しているかどうかに左右される。例えば，高関税によって国内市場を保護する政策は，輸入品との競争がなくなっても国内企業が寡占による利益の最大化を追求せずに，生産性の向上ための努力を継続することが暗黙の裡に仮定されている。

そうした仮定が現実的かという判断は時代によって変化し，その結果，産業政策も変化している。次節では，アフリカのおける政策の変化を整理する。

2 アフリカにおける産業政策の変化

アフリカ諸国における産業政策は，援助国や援助機関における産業政策の考え方の影響を強く受けてきた。多くのアフリカ諸国が独立した1960年代以降，産業政策に対する考え方には大きな変遷があり，それに従って，アフリカにおける産業政策も変化してきた。

（1） 独立後から1980年代まで

多くのアフリカ諸国では，植民地宗主国の政策により農産品や天然資源などの一次産品の生産に特化する産業構造が形成されていたため，工業化は極めて重要な課題であった。決定的な資本の不足を補うために製造業を中心に多くの国営企業が設立され，工業製品に高い関税を賦課することで製造業を保護するなど，輸入代替工業化を目指した積極的な産業政策を実施している。しかし，1980年代に世界銀行（世銀）および国際通貨基金（IMF）が構造調整政策を導入することによって，アフリカの産業政策は大きく変化した。急激な経済と貿易の自由化がすすめられ，政府の介入は大幅に削減された。多くの国営企業は廃止されるか民営化され，関税による国内産業の保護，補助金や低利融資などの投資インセンティブはほとんどが廃止された。政府の役割は，インフレ率などのマクロ経済環境の安定化に限定された。構造調整政策の詳細については第3章で説明されているので，ここでは，政策転換の背景となる産業政策への考え方について説明する。

構造調整政策の直接の契機となったのは，いくつかの途上国において国際収支が悪化し，民間銀行や公的債権者（援助国政府機関や国際開発金融機関）の貸し付けが債務不履行となったことである。第二次世界大戦後，積極的な産業政策を実施してきた途上国において十分な経済成長がみられず，政府の税収が不足したことで債務不履行に陥った。産業政策が成果を上げなかった原因として，政府による民間部門への介入が不適切であることが取り上げられた。特に，アフリカやラテンアメリカ諸国が採用した輸入代替工業化政策では，国内産業が

国際競争から保護されたために企業は生産性向上の動機を失い，代わって保護を維持するために政府との癒着に資源が費やされる事例が増えた。その結果，非効率な産業部門が生産する工業製品は価格と品質の面で競争力がなく，工業製品を中間財として利用する産業部門の競争力も低下させることとなった。産業政策は，本来は市場においてきまる財やサービスの価格に影響するので，需要と供給のバランスを崩すことになる。また，政策介入の効果があったとしても，それを実現するためには政府に政策の立案と実行のための高い能力が求められ，価格を変更することによる損失を補うだけの産業の成長を実現することは難しいという批判も行われた。[8]

（2） 1990年代から2000年代前半

経済政策における政府の役割について，世銀やIMFの見解は1990年代に軌道修正される。構造調整政策は多くの国々，特にアフリカとラテンアメリカ諸国で期待されたような経済成長をもたらさなかったが，それらの国では援助政策が有効に機能する環境が整っていないためだと考えられた。単に政府の規模を小さくするだけではなく，法律と民意にもとづいた行政と政治が行われていること（良い統治［Good Governance］）が適切な資源の分配や活発な企業活動に不可欠だと認識された。[9] そして，産業成長のための政府の役割として，市場がスムーズに機能するための制度を充実させることが追加された。市場で企業や消費者が効率的に取引を行うためには，例えば，企業間の売買取引や金融取引の安全性が制度的に担保されている必要があり，企業活動に関する許認可，契約履行に関する法律制度，金融機関の監督といった制度の設計と運用が，政府の役割として求められた。他方で，この時期には，すでに産業成長における産業政策の重要性を示す理論モデルが開発され開発経済学者の間で議論されていたが，援助の現場では価格に影響を与えるような介入は認められず，政府の役割は市場のサポートに制限されている（World Bank 1997）。世界貿易機関（World Trade Organization）で合意された貿易自由化のためのルールも，各国政府による国内企業に対する補助金や国営企業の設立，関税による国内産業の保護を困難にしていた。[10]

この時期に多くのアフリカ諸国の政府は，援助の政策条件となったビジネス環境の改善に取り組んだ（ただし既得権益を有する政治家や企業の抵抗により進展は

緩慢であった)。それに加えて，外国直接投資の誘致に積極的に取り組む国が増え始める。1970〜1980年代にかけて，マレーシア，中国，モーリシャスなどが外国直接投資を積極的に誘致して工業製品の輸出を飛躍的に成長させたことに倣ったものである。インド洋の島国であるモーリシャスは，1971年に輸出加工区（Export Processing Zone）を設立し，輸入関税の保税制度，進出企業に対する法人税の減免，インフラの整備された土地の提供，労働基準の緩和などのインセンティブを提供した。香港の縫製企業が進出したことを皮切りに，フランスや国内の企業の参入によって企業数が増加した結果，1980年代には衣料品が同国の最大の輸出品目となった。従来はサトウキビとそれを加工した砂糖が産業の中心であったモーリシャスは，繊維産業による工業化に成功した。

輸出加工区は，主に2つのチャネルを通じて産業成長をもたらすと考えられた。まず加工区内では迅速な通関や政府の許認可が提供されるので，いわば国内にビジネス環境の整った飛び地を作り，「良い統治」を小さな区域で限定的に実現するものといえる。さらに，優れた技術や人的資本，輸出市場とのつながりを有する外国企業は，国内企業との取引や技術者の育成を通じて国内産業の技術進歩や人的資本の蓄積に貢献すると考えられた[11]。ケニアやマダガスカル，ジンバブエは1990年代半ばまでに輸出加工区の制度を導入し，その後多くの国でも採用された。ただし，一部を除いて製造業への外国直接投資は増加せず，輸出は伸び悩んだ（Lall and Pietrobelli 2002：Ch. 2）。例外は，欧米向けの衣料品を生産する縫製企業が集積したマダガスカルである。モーリシャスの縫製企業が1990年代後半には低い賃金を求めてマダガスカルに工場を建設するとともに，アジアの縫製企業がアメリカ市場向けの衣料品を生産する工場を設立している。後者は，アメリカがアフリカからの輸入品に対する関税を免除する優遇措置を，アフリカ成長機会法（African Growth and Opportunity Act：AGOA）として2000年から実施したことを受けたものである。2004年には輸出加工区からの輸出額は全体の59.7％を占め，工業製品がマダガスカルの最大の輸出品目になっている[12]（図4-2）。レソトやケニアでもAGOAを利用した衣料品輸出が増加した。また，南アフリカでは外国直接投資による自動車産業が成長し，アフリカ諸国や先進国への輸出が始まった。

全体的には資源産業を除く外国直接投資は伸び悩み，製造業輸出も大きな増加はみられなかったが，一部の国で生じた衣料品や自動車の輸出の増加は，ほ

第Ⅱ部　アフリカの産業開発

図4-2　マダガスカルの輸出向け縫製工場
出所：2003年著者撮影。

とんど実績がなかったアフリカからの工業製品輸出の可能性を感じさせるものであった。

（3）　2000年代後半以降

　2000年代初頭から中国で産業の急速な成長が生じ，世界各国に工業製品を輸出し世界の製造工場ともいわれるようになった。アフリカ諸国でも，中国製の日用雑貨，衣料品，電気製品が大量に輸入されるようになり，都市部では中国人が経営する商店が劇的に増えた。中国製品には品質が低いものも多かったが，低価格であったためアフリカの市場に広く受け入れられ，代わってアフリカ企業は国内市場におけるシェアを失い，ますます製造業の停滞が深まることとなった。産業政策を活用した中国の成長と，それによるアフリカの製造業の停滞を目のあたりにして，アフリカ諸国の政府のなかにも製造業の育成を明確な政策目標として掲げる国がでてきた。例えば，ケニア政府が2007年に発表した開発政策 Vision 2030 では，「世界的な競争力」がテーマとして掲げられ，経済開発の柱として製造業を含む6つの産業の育成に取り組むことが示された。また国家産業政策（National Industrial Policy）では，化学，金属加工，建設，電気電子，農産物加工産業などについて，産業別の育成方針を示している。

　時を同じくして，開発経済学者の間で具体的な開発戦略に関する議論が生まれてきた。2000年に始まった国連ミレニアム開発目標の策定を主導したジェフリー・サックスは，貧困状態に十分な改善がみられないアフリカの低所得国を念頭に，これらの国は「貧困の罠」に陥っており，罠から抜け出すために援助の拡大が必要であると主張した（Sachs 2005）。つまり，市場に任せるだけでは貧困削減が実現しないという主張であり，援助や政府の介入に懐疑的な論者との論争が巻き起こったが，これを契機に開発戦略に関する議論が行われるようになり，産業構造転換の必要性についても言及されることが多くなった。例えば

第4章 アフリカの産業政策

世界銀行のチーフエコノミストだったジャスティン・Y・リンは比較優位に応じた産業構造を目指す戦略を提唱し，多くの途上国において縫製産業などの労働集約産業の成長が長期的な経済成長をもたらしていることを，データから示している。国連ミレニアム開発目標が掲げた貧困削減目標は，その実現のための方策を検討することを通じて，経済の停滞が続くアフリカ諸国に積極的な開発戦略が必要なことを，政策立案に関連する人びとに認識させた。

こうした産業育成への積極的な意見が盛り上がりを見せる中，2000年代半ばからの約10年間，アフリカ諸国は高い経済成長を記録した。2005年ごろから始まった原油や銅，希少金属などの天然資源の価格と，コーヒー豆や茶，カカオ豆などの商品作物の価格の上昇がその主な背景にあった。一次産品の価格の上昇は，世界金融危機の発生によって2009年にいったん下落するが，その後も高い水準を維持し，アフリカ諸国の一次産品の輸出額を増加させた。同時に資源産業以外の部門への国内外からの直接投資も急速に増加し，成長するアフリカ市場を対象にした情報通信ネットワーク整備や都市開発の投資が活発になった（第6章第1節を参照）。一次産品の価格高騰による経済成長はアフリカ諸国の市場としての魅力を高め，南アフリカや欧米諸国にくわえて中国や韓国，インドなどのアジア企業の進出がみられるようになった。他方で，一次産品価格の大きな変動に影響された経験から，国際援助機関，中国など新興ドナーを含む援助国，アフリカ各国政府は，資源産業以外の産業を育成することを重視するようになった。

2000年代後半以降に，アフリカ諸国はより積極的な産業政策を始める。外国直接投資の誘致がより現実的になったことから，各国は輸出加工区を発展させた経済特区（Special Economic Zones：SEZ）を積極的に設置した。UNCTADのレポートによると，1990年にアフリカ大陸全体で経済特区は20カ所であったのが2008年には180カ所に増えた（UNCTAD 2021）。さらに，輸出および輸入企業の拠点としてだけでなく，それらの企業と取引を行う国内企業の集積を含むより大規模な経済特区の制度化と設置が，2010年代から盛んになった。特区は政府だけでなく民間事業者によって開発されるものも多く，また，援助国による経済協力の対象にもなっている。中国は，2006年にザンビア，エジプト，エチオピア，ナイジェリア，モーリシャスに7つの経済特区を設置する計画を発表し，建設が進められた（図4-3）。中国政府は自国企業の海外投資を積極的

115

図 4-3 中国政府によって整備されたエチオピアの Eastern Industry Zone

出所：2015年著者撮影。

に支援することを特区開発の目的としており、他方で受け入れ国は、中国が持つ経済特区のノウハウと中国企業の進出を期待した。しかしながら、特区の成果はばらつきが大きい。いくつかの特区では多数の企業が立地し、輸出と雇用が生まれている。後述するエチオピアはその一例であり、また、早期に輸出加工区を設立したケニアでは、加工区内に輸出企業と取引する国内企業の集積がつくられている。他方で、立地企業が計画よりも大幅に少ない特区も多く存在し、2020年の UNCTAD の調査では、対象とした特区の42％では入居率が25％に満たない。[16]

また新たな動きとして、国内市場に供給する産業の育成を明示する国も現れている。ルワンダは、国内市場における国産品のシェアを拡大する政策を掲げ、建設資材（特にセメント）、軽工業（繊維など）、農産品加工をその対象に指定し、国内有力企業への出資や、政府調達において国内企業を優先するといった支援を行っている。また、ルワンダを含む東アフリカ共同体（EAC）参加国は、先進国から大量に輸入される古着から衣料品の国内市場を保護するために、関税率を大幅に引き上げた。[17] ナイジェリアやアンゴラ、ガーナなどの産油国では、採掘企業に対して国内企業からの原材料や部品、関連サービスの購入を義務付けるローカルコンテンツ政策が実施されている。これらは、かつて構造調整プログラムで徹底的に否定された輸入代替型の産業政策である。しかし、ルワンダのような内陸国では高い輸送コストのため、産油国ではオランダ病のため輸出産業の成長が難しいという厳しい制約があるため、産業成長を実現する手段として、輸入代替による工業化が採用されている。

産業政策の内容も多様化しており、中小零細企業も含めた企業への低利融資、技術普及機関の設立や強化、輸送インフラの整備、産業と政府間の連絡窓口の充実、労働者のトレーニング（職業訓練）などが含まれる。これらの具体的で

企業や労働者に直接働きかける政策を実施するためには，支援する産業部門を絞り込んだほうが効果的であるので，前述のルワンダ以外にも育成産業を明示する国が増えてきた。ガーナは，採掘産業との関連が深い石油化学工業のほか，自動車や農産品加工を挙げている。エチオピアでは，花卉(生花)，皮革および靴製造，セメント製造などの産業を支援してきた。花卉はエチオピアの気候から，皮革・靴製造産業は原材料となる牛や羊の保有数からエチオピアに比較優位があると考えられ，輸出を成長させるための多様な支援が行われた[18]。その成果は産業によってばらつきがあるが，最も成長した花卉産業は，政策支援が始まった2000年代初期から輸出額が急速に増加し，2012年には輸出額で5番目の輸出品目となっている。

　各国における産業政策を補完する地域経済統合の取り組みにも進展があった。経済統合により域内関税が引き下げられ，通関手続きが簡略化すると，加盟国の企業にとっては国内市場と同様にアクセスできる市場が拡大するので，大規模な企業や集積が生まれ規模の経済が実現することが期待される。1960年代よりアフリカ大陸全体を1つの経済圏として統合する計画は遅々として進まなかったが，2015年に北アフリカも含む大陸全体をカバーするアフリカ大陸自由貿易圏（African Continental Free Trade Area）の交渉開始が宣言され，2021年に正式に発足した（第8章参照）。現在は運用に向けての準備段階にあるが，主なものだけでも8つある既存の自由貿易圏の間の制度の調和が大きな課題となっている（箭内 2017）。

3　産業構造変化の実態と課題

　今世紀に入ってから積極的な産業政策の取り組みが再開しているが，現状では目立った変化はみられていない。図4-1でみたように，アフリカ地域では農業の雇用シェアが減っているが，農業は依然として雇用者数において最大の産業である。また，製造業を含む鉱工業部門の雇用シェアはわずかな増加しかみられず，雇用シェアが増えているのはサービス業である。アフリカにおけるサービス業雇用の多くは，インフォーマル・セクターと呼ばれる政府に登録していない，主に零細な事業者におけるものである。民間企業や政府などのフォーマル・セクターで雇用を得られない都市の労働者が，生計のために零細

第Ⅱ部　アフリカの産業開発

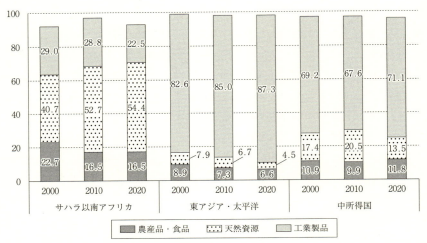

図4-4　製品別の輸出シェア

注：分類されない品目があるため合計は100%にならない。
出所：World Bank (2023).

な商売や工房を経営していることが多く，その生産性は平均的に低い（第5章参照）。したがって，第1節で述べた，雇用者シェアの変化による経済全体の労働生産性の向上はアジア諸国と比べて低く，経済成長への寄与が小さい[19]。都市インフォーマル・セクターの拡大は，アフリカで進む急速な都市化の結果でもある。産業構造の転換を経験した国では都市化と工業化の進行がみられ，例えば日本では，1960～1970年代の高度経済成長期において都市化とともに工業化が進んだ。他方で，アフリカでは工業化が伴わない都市化が進んでいる。

輸出額における産業別の構成をみると，むしろ天然資源のシェアが高まり工業製品のシェアは減少している（図4-4）。国際市場における資源価格の高騰と，油田や鉱山の開発による資源産出量の増加によって，資源輸出国が増えている。輸出額における天然資源生産のシェアが20%を超える国は1999年にはアフリカ地域で6カ国であったが，2020年には14カ国になっている（World Bank 2023）。

アフリカ諸国で工業化が進むためには，先に工業化に成功したアジア諸国に匹敵する生産性を達成する必要がある。アジアの企業が，産業集積の形成や経験による学習を通じて生産性の大きなアドバンテージを有しているので，後発

のアフリカ諸国の企業はかなり大きな投資や学習が必要であり，いまだそれに足りる十分な資本や知識の蓄積が達成されていない。第6章では，企業の金融サービスへのアクセスにも課題があることを示している。他方で，工業化を後押しする産業政策は，まだ緒に就いたばかりである。エチオピアや南アフリカ，モーリシャスなどを除いて，多くのアフリカ諸国では構造調整政策の時期から近年までの間，産業政策の経験が失われている。その間に行われていたビジネス環境の改善は，主に政府の許認可手続きの改善や法制度の整備，汚職の防止といった政府内のガバナンスの改善であり，産業固有の制約や問題について政策立案者が理解を深める必要性は低かった。そのため，企業と政府の間の情報交換は低調であり，また予算不足のために，企業の全数調査を長年行っていない国も多い。アフリカ諸国の政府は企業の実態を理解することから始める必要があり，産業政策は方針を示した段階であるものも多い。今後さらに詳細について検討し，効果的な実施体制を整える必要がある。[20]

　さらに，アフリカ諸国に特有の課題も存在している。まず，2000年代後半以降，価格変動を経験しながらも成長を続ける資源産業は，資源産出国にオランダ病の影響をもたらし，特に輸出指向の工業化を困難にしている。さらに，アフリカ諸国では，国民所得の平均水準と比較して，賃金や物価が高いことが指摘されている。近年の研究では，アフリカ諸国のフォーマル・セクターにおける賃金は，同じ所得水準の国々と比較して高い傾向にあることや，エネルギーや輸送の費用も高い傾向にあることが示されている[21]（Nakamura et al, 2016）。したがって，アフリカで生産する衣料品は，例えばバングラデシュ製のものよりもコストが高くなりがちであり，アジア諸国でみられたような労働集約産業に対する強い比較優位が実現していない。労働やエネルギーコストの高さを克服するためには，高い生産性を実現しなければならず，規模の拡大，集積の形成，新しい技術の採用，人的資本の蓄積といった取り組みが，他国以上に必要とされる。[22]

　製造業が伸び悩む一方で，近年は，ケニアやエチオピアなどのいくつかの国で花卉や野菜といった高付加価値の農産品（園芸作物）の輸出が増えている（図4-5，コラム⑧）。また，主に国内市場にデジタルサービスを提供するIT企業の成長も目覚ましい。こうした状況を踏まえて，製造業以外の産業の成長を通じて経済成長を達成しようとする議論も増えている。その背景には，世界

図4-5 輸出向け野菜を生産する農園での
パッケージ作業（ケニア）
出所：2007年著者撮影。

的に製造業の成長が鈍化している事実があり，製造業の成長による経済成長の実現可能性について疑問が投げかけられている。農業から製造業への構造転換を経験した国は，その後，さらに製造業からサービス業へと労働者が移動するので，製造業の雇用シェアは増加した後に減少に転じる。ダニ・ロドリックは，そのピークの雇用シェアが年々下がっていることを指摘している。例えば，1970年代に構造変化を経験した韓国では，製造業の雇用シェアがピーク時には約30％であったが，2000年代に経験したベトナムのピークは14％であり，高い所得水準を達成する前に製造業の雇用シェアは減少し始めた。サービス業の需要が世界全体で高まっていることや労働節約的な技術進歩，工業化を経験した先進国や新興国がいまだに高い競争力を有していることなどがその理由として挙げられている。[23]

　デジタル技術の急速な進歩によって産業技術は大きな変化を経験しており，低所得国が豊富に有する労働者を最も有利に利用できる産業は，労働集約的な製造業だけではなくなる可能性もあるだろう。過去の成功例に倣うだけでは不十分であり，技術進歩や世界的な分業体制の動向を反映した新しい産業政策が求められる。アフリカ諸国の政府は，今後，試行錯誤を繰り返すことが必要であり，民間セクターと対話を繰り返して，それぞれの国の状況にあった独自の産業政策を作り上げることで，産業構造転換と持続的な経済成長を実現できる。そのためには，援助機関や援助国が，各国の社会と経済を詳細に理解し，お仕着せでない独自の産業政策の立案に協力することも重要である。

注
(1) 労働生産性は一人当たり所得に近似するので，製造業の雇用シェアが高まると，経済全体の労働生産性の上昇を通じて一人当たり所得が上昇する。
(2) Venables（2016）によるレビューを参照。

(3) 資源豊富国には高所得を達成している国（中東湾岸諸国やノルウェーなど）や，資源依存度を下げている国（インドネシアやマレーシアなど）も存在するので，資源の呪いはすべての国にあてはまるわけではない。特に，天然資源の産出のみで高い所得水準を達成できるだけの埋蔵量や生産能力を持つ国では，資源産業以外の産業が停滞することの影響は限定的である。

(4) 実際に活動することで学ぶことは「経験による学習（learning-by-doing）」と呼ばれている。生産が多い企業はますます生産性が向上し，少ない産業の生産性の成長は停滞するので，これも複数均衡の原因となる（Krugman 1987；Young 1991）。

(5) ローゼンシュタイン＝ロダンは，「計画された工業化」という言葉で，産業間の補完性を想定した産業発展の構想を提唱した（Rosenstein-Rodan 1943）。ビッグ・プッシュ（Big Push）モデルともよばれ，途上国における産業政策の理論的な根拠となった。

(6) 技術や知識は同時に多くの人が利用してもその効用に変化はなく（非競合性），また利用を制限することが困難なため（非排除性），その便益は広く波及する。こうした性質を持つものは公共財と呼ばれ，それらを供給する企業は社会に波及した便益を享受できないため，企業による公共財の供給（ここでは技術開発のための投資）は常に過少になる。

(7) Greenwald and Stiglitz（2014）やLall and Latsch（1999）は，アフリカの状況も踏まえて企業が技術や知識を学ぶ際の制約について整理している。

(8) 1950年代から1990年代にかけての開発経済学の潮流，特に構造調整政策の始まりと終わりに関連するパラダイムの転換については，絵所（1997）を参照。

(9) 「良い統治」の定義にはあいまいさがあるが，世界銀行と IMF は，法律によって社会が統治されていること，民主主義にもとづく透明性の高い政治が行われていること，政府と市民社会の間で活発に情報が交換されることを「良い統治」とラベル付けている（Woods 2000）。

(10) 例えば，貿易に関する国際協定である関税および貿易に関する一般協定（GATT）で定められた内国民待遇の原則は，国内産業のみを優遇的に扱うことを禁止している。1993年にWTOが設立されて原則の順守が強化されるにつれて，補助金や国営企業を運営が実質的に困難になった（UNIDO 2020：69-74）。

(11) 外国直接投資が国内企業に与える影響はFDIスピルオーバーと呼ばれる。

(12) AGOA はアメリカの国内法であるので，アメリカ政府の意向により適用国がしばしば変更される。マダガスカルは選挙を経ない政権交代を理由に2009年から2014年までの間 AGOA の適用が中止された（Fukunishi and Ramiarison 2014）。

(13) 2000年代半ばから2010年代初頭の開発戦略に関する議論については，山形（2011）および福西（2016）を参照。

(14) WTO において，特に後発開発途上国の扱いを他国と差異化し，「関税と数量枠のない市場アクセス」を提供することが合意されたことも，輸出志向の産業育成を

⑮　中国政府による経済特区の開発についての経緯は，吉田（2017），Brautigam and Xiaoyang（2011）を参照．
⑯　39の経済特区が調査対象である（UNCTAD 2021：Figure 2）．
⑰　アメリカ政府の反対を受けて，ルワンダを除く加盟国は短期間で関税を引き下げた．高関税を維持するルワンダは，2023年現在，衣料品がAGOAの対象から除外されている．
⑱　エチオピアの産業政策についてはいくつかの先行研究がある．例えば，Abebe and Schaefer（2015），Gebreeyesus（2017），Oqubay（2015）などを参照．
⑲　McMillan et al.（2014）．Henderson and Kriticos（2018）は，アフリカの都市における雇用の産業別構成を検討し，首都以外の都市において農業のシェアが大きく，人口規模で上位25％の都市でも雇用の23.8％，それ以下の都市では最大の雇用シェアを農業が有していることを示している．
⑳　産業政策は，しばしば特定の産業にレントを与えることになるので，政治的な影響を極力排除し，また，レントの付与が企業の投資に結びつくような制度設計が必要である．産業政策の政治経済学については，例えばKhan（2010）を参照．
㉑　Gelb et al.（2013）は，アフリカ，アジア，ラテンアメリカ，東欧の15カ国で都市のフォーマル・セクター賃金を比較し，一人当たりGDPを条件づけたうえでアフリカの賃金は平均して56％高いことを報告している．また，ケニアの縫製企業の賃金はバングラデシュ企業の1.9倍であることが示されている（Fukunishi 2009：Table 6）．
㉒　アフリカにおいて都市の賃金が高い傾向にある理由はよくわかっていない．先行するアジア諸国で資本蓄積が進むと賃金が上昇するので，いずれアフリカの賃金は相対的に低くなり，大きな生産性の向上を達成しなくても労働集約産業に比較優位を持つことが期待される．ただし，それがいつ実現するのかは不明である．
㉓　Rodrik（2016）．こうした現象を，ロドリックは「早すぎる脱工業化（premature deindustrialization）」と呼んでいる．また，農業，製造業，サービス産業の生産性やその成長率が国によって異なる時に，早すぎる脱工業化が生じることを示すモデルも提示されている．

参考文献

絵所秀紀 1997. 『開発の政治経済学』日本評論社．

クラーク，コリン 1955. 『經濟進歩の諸條件』下巻，大川一司・小原敬士・高橋長太郎・山田雄三訳編，勁草書房（Colin Clark 1951. *The Condition of Economic Progress*, second edition, London: Macmillan）．

西浦昭雄 2008. 『南アフリカ経済論——企業研究からの視座』日本評論社．

福西隆弘 2016.「経済成長の持続に向けて——産業構造の多様化への高い壁」『国際問題』（650）：6-16.

箭内彰子 2017.「アフリカにおける経済統合——制度的な制約要因」『アフリカレポート』（55）：92-104.

山形辰史 2011.「開発戦略の現在」山形辰史編『グローバル競争に打ち勝つ低所得国——新時代の輸出志向開発戦略（研究双書 592）』アジア経済研究所．

吉田栄一 2017.「7.2 経済発展と中国の進出」島田周平・上田元編『世界地誌シリーズ 8　アフリカ』朝倉書店．

Abebe, Girum and Florian Schaefer 2015. "Review of Industrial Policies in Ethiopia." in *Industrial Policy and Economic Transformation in Africa*. eds. Norman, Akbar and Joseph E. Stiglitz. New York: Columbia University Press.

Andreoni, Antonio, Pamela Mondliwa, Simon Roberts and Fiona Tregenna 2021. *Structural Transformation in South Africa: The Challenges of Inclusive Industrial Development in a Middle-Income Country*. Oxford: Oxford University Press.

Auty, Richard M. 1993. *Sustaining Development in Mineral Economies: The Resource Curse Thesis*. London and New York: Routledge.

Brautigam, Deborah and Tang Xiaoyang 2011. "China's Investment in Special Economic Zones in Africa." in *Special Economic Zones: Progress, Emerging Challenges, and Future Directions*. eds. Farole, Thomas and Gokhan Akinci. Washington D.C.: World Bank.

Fukunishi Takahiro 2009. "Has Low Productivity Constrained Competitiveness of African Firms? A Comparison of Kenyan and Bangladeshi Garment Firms." *Developing Economies* 47(3).

Fukunishi, Takahiro and Helinjatovo Aimé Ramiarison 2014. "The Export-Oriented Industry in Madagascar: Implications of Foreign Direct Investment for the Local Economy," in *Delivering Sustainable Growth in Africa: African Farmers and Firms in a Changing World*. ed. Fukunishi, Takahiro. Basingstoke: Palgrave MacMillan.

Gebreeyesus, Mulu 2017. "A Natural Experiment of Industrial Policy: Floriculture and the Metal and Engineering Industries in Ethiopia." in *The Practice of Industrial Policy: Government-Business Coordination in Africa and East Asia*. eds. Page, Jon and Finn Tarp. Oxford: Oxford University Press.

Gelb, Alan, Christian Meyer and Vijaya Ramachandran 2013. "Does Poor Mean Cheap? A Comparative Look at Africa's Industrial Labor Costs." *Working Paper 325*, Center for Global Development.

Greenwald, Bruce and Joseph E. Stiglitz 2014. "Learning and Industrial Policy: Implications for Africa," in *The Industrial Policy Revolution II: Africa in the 21st*

Century. eds. Stiglitz, Joseph E., Justin Lin Yifu and Ebrahim Patel. Basingstoke: Palgrave MacMillan.

Henderson, J. Vernon and Sebastian Kriticos 2018. "The Development of the African System of Cities." *Annual Review of Economics* 10：287-314.

Khan, Mushtaq 2010. "Political Settlements and the Governance of Growth-Enhancing Institutions." Unpublished manuscripts, School of Oriental and African Studies.

Krugman, Paul 1987. "The Narrow Moving Band, the Dutch Disease, and the Comparative Consequences of Mrs. Thatcher: Notes on trade in the presence of dynamic scale economies." *Journal of Development Economics* 27(1)：41-55.

Kuznets, Simon 1979. "Growth and Structural Shifts," in *Economic Growth and Structural Change in Taiwan.* ed. Galenson, Walter. Ithaca and London: Cornell University Press.

Lall, Sanjaya and Wolfram W. Latsch 1999. "Import Liberalization and Industrial Performance: Theory and Evidence." in *Technological Response to Import Liberalization in Sub-Saharan Africa.* ed. Lall, Sanjaya. London: MacMillan.

Lall, Sanjaya and Carlo Pietrobelli 2002. *Failing to Compete: Technology Development and Technology Systems in Africa.* Cheltenham: Edward Elgar.

Mcmillan, Margaret, Dani Rodrik and Íñigo Verduzco-Gallo 2014. "Globalization, Structural Change, and Productivity Growth with an Update on Africa." *World Development* 63：11-32.

Nakamura, Shohei, Rawaa Harati, Somik V. Lall, Yuri M. Dikhanov, Nada Hamadeh, William Vigil Oliver, Marko Olavi Rissanen and Mizuki Yamanaka 2016. "Is Living in African Cities Expensive?" *Policy Research Working Paper 7641, World Bank.*

Oqubay, Arkebe 2015. *Made in Africa: Industrial Policy in Ethiopia.* Oxford: Oxford University Press.

Rodrik, Dani 2013. "Unconditional Convergence in Manufacturing." *Quarterly Journal of Economics* 128 (1)：165-204.

Rodrik, Dani 2016. "Premature Deindustrialization." Journal of Economic Growth 21：1-33.

Rosenstein-Rodan, Paul N. 1943. "Problems of Industrialization of Eastern and South-Easten Europe." *Economic Journal* 53：202-211.

Sachs, Jeffrey 2005. *The End of Poverty: Economic Possibilities for Our Time.* New York; The Penguin Press（邦訳は鈴木主税・野中邦子訳『貧困の終焉――2025年までに世界を変える』早川書房 2006年）.

United Nations Conference on Trade and Development (UNCTAD) 2021. *Handbook on Special Economic Zones in Africa: Towards Economic Diversification across the Continent.* UNCTAD.

United Nations Industrial Development Organization (UNIDO) 2020. *Industrialization as the Driver of Sustained Prosperity*. Vienna: UNIDO.

Venables, Anthony J. 2016. "Using Natural Resources for Development: Why has it proven so difficult?" *Journal of Economic Perspectives* 30(1)：161-184.

Woods, Ngaire 2000. "The Challenge of Good Governance for the IMF and the World Bank Themselves." *World Development* 28(5)：823-841.

World Bank 1997. *World Development Reports 1997: The State in a Changing World*. Washington D.C.: World Bank.

World Bank 2023. World Development Indicators. https://databank.worldbank.org/source/world-development-indicators#（2023年7月25日確認）

Young, Alwyn 1991. "Learning by Doing and the Dynamic Effects of International Trade." *Quarterly Journal of Economics* 106：369-406.

（福西隆弘）

Column ⑤

小規模農家の DX（デジタルトランスフォーメーション）とは

　昨今のサハラ以南のアフリカでは，デジタル技術と ICT を駆使した農業 DX に注目が集まっている。農業 DX とは，ウェブやアプリ上で生産情報，農業投入材や農業機械の販売，金融，生産物の販売先へのアクセスの促進などのサービスを提供する農業プラットフォームなどを農家が利用し，営農プロセスに変革を起こすことを指す。サハラ以南のアフリカでは基本的なデジタル技術が未発達の国も多く，農業 DX の進展の程度には格差がある。ケニアでは小規模農家（以下，小農）向けの農業プラットフォームが数多く提供されている。農業プラットフォームを利用するケニアの小農を対象に行った筆者の調査をもとに，農業 DX の効果と課題を考えてみたい。

　農業プラットフォームを利用する小農の多くは，農民起業家を介してプラットフォームへアクセスしていた。ここで，農民起業家とは，農村で他の農民が農業プラットフォームを利用するのを支援し，手数料を得る人物のことを指している。ICT 機器を使いこなせない多くの小農は，農民起業家から農業プラットフォーム上にある農業生産技術や農業投入材，販売先などの情報を得ていた。彼らの中には，高品質の農薬や除草剤などの農業投入材を入手し，より好条件の取引先と商売ができるようになった小農もおり，プラットフォームは農業経営の改善に効果をもたらしている。しかしその改善が農業資金に余裕をもたらすほどの成果をあげていないことは，重要な課題である。小農が，農業プラットフォームが勧める営農法を採用し続けるためには，土壌検査を行い最適な農薬を買うための資金が必要だったのである。

　小農にとって携帯電話を通じた送金や少額融資を行う M-Pesa は，営農資金を工面するための有効な手段である。また，かれらが農業プラットフォームを使いこなせるように，ICT・デジタル利用の能力を向上させることが望ましい。さらに，手頃な価格で信頼性の高いインターネットアクセスを提供する農村部のインフラ整備も必要である。農業のグローバルサプライチェーンでは技術革新が急速に進む。小農のデジタル利用を促進するために，能力向上・インフラ整備に向けた政府，民間企業，援助機関などの支援が欠かせないだろう。

（井上直美）

第5章

アフリカの産業と労働

―― この章で学ぶこと ――

　本章では，農村と都市に分けてアフリカにおける労働者の状況を示す。アフリカの労働者が最も多く従事している産業は依然農業であり，さらに家族経営の小規模農業が多くを占めている。そして，急激な人口増加によって農村の働き手が余剰となり，都市や国外への労働移動が起きている。都市では，政府に登録していない企業や個人事業主からなるインフォーマル・セクターが，雇用を求める労働者の主要な受け皿となっており，農村からの出稼ぎ労働者の多くも吸収されている。南アフリカやモーリシャスなどの一部の国を除いて，アフリカでは農村と都市の両方においてインフォーマルな雇用が非常に多いことが労働市場の最大の特徴である。学歴や技能を持たない労働者にとって生計を維持する機会であり，また，ごくわずかではあるが高い収入を得る者も生まれている。他方で，最低賃金や労働環境に関する法規制が適用されず，雇用は不安定であり，失業保険もない。産業発展を通じてフォーマル・セクターが拡大し，雇用の多くがフォーマル化することが労働者の生活水準の向上に必要である。

1　アフリカにおける人口と労働

　サハラ以南のアフリカ（以下，特に断らない限りサハラ以南のアフリカをアフリカと表記）で労働に従事する人びとは，主にどのような産業で就労しているのであろうか？　前章においては，一般的に経済成長には，第一次産業から第二次，第三次産業へと変化する産業構成が付随することが説明された。それを踏まえて本節では，アフリカにおける男女別・産業別就業率の労働人口から，人びとがどの産業に従事しているかを説明する。そして，アフリカの労働の動態を捉えるうえで重要である都市部，特にインフォーマル・セクターと国外への労働

移動について述べる。

（1）アフリカの労働人口と産業比率

アフリカの人口増加は急速で，2022年の増加率は2.5％を記録した[1]。そして，2040年代後半には全人口は20億人を超え，今世紀末には34億4,000万人に達すると予測されている（UNDESAPD 2022）。2022年のアフリカの労働人口も急速に増加しており，労働人口は約4億6,890万人となっている。その44％が15歳〜24歳以下であり，若年層の比率が高い（World Bank 2024）。つまり，アフリカの労働人口は急激な増加と若年層の割合の大きさを特徴としているのである。

第3章，第4章で触れたように，アフリカではGDPにおける第一次産業の比率が他の地域に比べて大きく，特に労働人口において圧倒的な割合を占める産業は農業である。図5-1はアフリカの労働市場の現状について国際労働機関（International Labour Organization：ILO）がまとめたものである（ILOSTAT 2019）。なお，資料の出版年から考えて，少なくとも2019年以降は予測値であることに注意されたい（原典にはいつから将来推計なのかが記述されていない）。本図から，1991年には就業者全体の59％が農業従事者であった。その比率は2023年には全体の50％に縮小すると推測されている。そして，農業従事者の多くは小規模零細農業に従事している（FAO and ITU 2022）。

一方，経済成長に伴って労働者数が増える傾向にある製造業とサービス業は，農業から労働者が移動している。図5-1によると，製造業は，1991年には全労働人口のなかで12％であったのが，2023年には14％に，また，サービス業は29％から37％に増加する。以上のように，20年あまりの期間について見ると，労働人口における産業構造の変化はゆっくりではあるが，進みつつある。また，アフリカの労働人口の構造変化は，主に労働者が農業からインフォーマルなサービス業，特に零細な小売業へと移行することによって進んでいる（McMillan et al. 2017）。「インフォーマル」であることの定義についてはすぐ後で述べるが，一般にインフォーマルかつ小規模なサービス業の生み出す付加価値は相対的に小さいので，経済成長に対する寄与は限られている（Rodrik 2016）。

次に，男女別の労働人口の変化を産業部門ごとに概観しよう。ILOSTAT

第5章　アフリカの産業と労働

項　目	指　数	1991年～2023年の推移（％） 1991年　　　　2023年	2023年予測値（男性，％）	2024年予測値（女性，％）
労働力	労働力率	64 ― 63	72	55
	若者の労働力率	51 ― 44	48	40
雇用の状況	雇用者	25 ― 29	36	29
	個人事業主	46 ― 47	47	47
	家族従事者	26 ― 21	12	21
産業別就業者率	農　業	59 ― 50	48	50
	工　業	12 ― 14	18	14
	サービス業	29 ― 37	35	37

図5-1　アフリカの雇用の概要

出所：ILOSTAT（2019）より作成。

（2019）では，2010～2023年の間に女性の農業就業者率は10ポイント減り，サービス業で働く割合が増加すると推測されている。一方，同期間における男性の農業就業者率の減少幅は7ポイントと女性よりも低く，製造業とサービス業にほぼ同じくらいの規模で移行している。すなわち，女性の方が農業から離れる比率が高く，かつ製造業よりもサービス業へと移動する割合が男性よりも高いのである。また，女性は管理職に占める割合が男性よりも少ない点は一貫して変化していない。男女間では上記のような違いがあるものの，趨勢として，農業から製造業，サービス業へと徐々に労働人口は移動している。

　最後に，失業率を見てみよう。2022年のアフリカの失業率は6.1％であり，世界平均の5.3％，日本の2.6％と比べると高い傾向にある。アフリカの失業率は1991年から5.7～6.7％であるが（World Bank 2024），この数字は貧困層の割合を考慮するとむしろかなり低く，多くの人びとは職がありながら貧困状態であることを意味している。それらの人びとが働くのは，一般に賃金が低いインフォーマル・セクターであり，彼らの就労状況はすべて各国政府や国際機関に捕捉されているわけではない。つぎは，統計的に捕捉が難しい，インフォーマル・セクターと国外での労働について触れる。

（2）インフォーマルな労働と海外への労働移動

（1）では，集計的な概数としての労働に関するデータを紹介したが，アフ

リカの全ての国について，精密なデータを得ることは難しい。そのことは，アフリカの労働をめぐる状況の重要な特徴に関わっているので，ここで考えてみたい。

アフリカではILOが指摘するように，以下の点で労働人口を把握するのが困難である。第一に，多くのアフリカの国々では雇用に関するデータが不足しており，その集計も不十分である。第二に，労働力調査では，児童家事労働や家庭内の強制労働（domestic servitude）など，目に見えにくい形態の家事労働を把握できていない。家事労働は，しばしば雇用関係ではなく親族間の労働交換とみなされ，雇用する家庭からも労働者本人からも労働者として認識されていないことがある（ILO 2013）。これらのいずれも，アフリカの労働のあり方の特徴に関わっているといえるだろう。

第一の点はアフリカの産業と労働の関わりを考えるうえで，特に重要である。アフリカの雇用データを揃えるうえでの困難さの大きな要因となっているのが，インフォーマルな経済活動である。インフォーマル・セクターには統一された定義はないが，一般的に政府に登録していない事業者や小農を含む自営業者を指し，納税の義務や各種法規制から逃れていると特徴づけられる。1972年のILOケニア雇用戦略調査団報告は，インフォーマル・セクターの特徴を，「①参入の容易さ，②国内賦存資源への依存，③家族による資源の所有，④操業の小規模性，⑤労働集約的で即応的な（adapted）技術，⑥公的教育制度以外での技能習得，⑦規制がなく競争的な市場」と整理した（ILO 1972：池野 1998）。2016年時点で，アフリカで雇用されている人びとの全体の89.2％，農業以外の産業で働く人の56.3％がインフォーマル・セクターで働いていると推計されている（Kiaga and Leung 2020）。ただし，これも各国の定義や状況に応じて変化しうるものであり，政府に捕捉されない経済活動であることから，正確な数字は把握されていない。[(2)]

また，アフリカ諸国から他国への出稼ぎや雇用のための移住は活発であるが，そうした労働移動の規模を捕捉することは難しい。国外への移住者に関する統計は存在しているが，そこには労働移動以外の移住者の数が含まれている。特に，自国にいると迫害を受ける恐れがあることから出国を強いられた難民や庇護希望者が含まれており，アフリカではその数も多い。さらに，難民は移住先での収入を確保するために就労する場合もあるので，結果的に他国で働く労働

者となっている。そのため，難民を除いた労働移動の統計は，国外で働く労働者を反映しているとはいい難い国もある。国連経済社会局（United Nations Department of Economic and Social Affairs：UNDESA）のデータから，1990〜2020年の間にアフリカ出身の国際移民者数は84％増加している。うち男性は81％，女性は88％の増加であった。また，難民としての移動が一定の割合を占めている[3]（UNDESAPD 2020a）。[4]

　国によって違いがあるものの，アフリカ諸国出身のすべての移民のうち63％[5]が域内に居住している（UNDESAPD 2020b）。そして，アフリカでの労働移動の一般的な動向として域内が行先となることが多い。移動先として，移動が容易な近隣国のほか，経済や歴史の上で関係の深い国に移動が多い。アフリカ域内の労働移動の例として，平均的な所得水準が高く雇用機会が多い南アフリカは，周辺国から職を求める労働者を惹きつけており，その結果，アフリカでもっとも多くの移住者を受け入れている。

　域外への移動先としては，植民地時代の宗主国との歴史的・経済的関係から，イギリスやフランスなどヨーロッパへの移住者が最多である場合が多い。イギリスが旧宗主国である国々は公用語の1つが現在も英語であるので，イギリスと並んでアメリカへの移住が多い。フランスまたはポルトガルの旧植民地であった国々では，旧宗主国が最大の移住先となっている。他方で，植民地経験のないエチオピアや，北アメリカの解放奴隷によって建国されたリベリアでは，北アメリカへの移住者が最も多い。

　大きなインフォーマル・セクターが存在するがゆえに労働者の実態を十分に把握できていないという現状は，アフリカ諸国の政府が行政機構としての歴史が浅く，多数の企業や零細事業者を捕捉できていないということを示している（第3章参照）。外国への労働移動についても，同様の理由から出入国管理が不十分であり，陸路や海路で出国する人びとが正確に記録されていない。また，そもそも国外への移動は，経済政策や治安の維持，人権の保護といった政府の役割が十分に果たせていないことが理由であることも多く，これらの労働統計の現状は国家の問題を表しているといえよう。

2　アフリカの農村における労働

　前述のようにアフリカの労働人口の約5割が農村部に暮らしている。現在，世界の貧困層の大半はアフリカの農村部に居住しているが，この傾向は今後さらに顕著になると予想されている（Thurlow et al. 2019）。アフリカ各国で都市化が進んでいるものの，都市の労働市場では労働の吸収する力に限界があり，少なく見積もっても，2030年までの間にアフリカの新規求職者の約半数が農村部で職を見つける必要があると予測されている（Thurlow 2015）。すなわち，アフリカの労働市場を考えるうえで，アフリカの農村に居住する人びとの労働に大きな関心をはらう必要がある。

　ただし，アフリカの農村に住む人びとの現金獲得源は非常に多様化しており，統計上で実態がつかみにくい。彼らは農業に従事しているだけではなく，季節的な賃金労働（例えば，大規模農園での仕事）や一時的な都市での出稼ぎ労働をしたり，また天然資源のある国においては鉱山労働者や小規模な採掘者として働いたりなど，多岐にわたる仕事に従事している[6]。本節では，農村居住者の主要な労働の形態である小農と外貨獲得手段として重要である鉱業部門における労働について論ずる。もう1つ重要な都市への出稼ぎについては，次節の都市労働で触れる。

（1）　アフリカ小農における労働の現状

　アフリカの労働者全体の約5割を占める農業従事者は，その多くが家族経営の小規模農業に従事しており，彼らは主にアフリカで消費される食糧を生産している。

　アフリカの農業の実態は，同じ小規模経営が中心でありながら，高収量品種の導入による「緑の革命」で成功した東アジアの農業と対比されて，マイナスの側面から語られることが多い。農業生産性の向上が実現された東アジアに比べ，アフリカでは農村の実質的な変革が遅いと指摘されている。例えば，アフリカの農村部の農業生産性は依然として低く，改良技術を利用する農家は少数であり，農業部門の成長の大部分は，生産性の向上よりも農地の拡大によってもたらされていると指摘されている（Benin 2016）。他方で，アフリカの農村人

口は急速かつ継続的に拡大しているため，農家あたりの農地面積が減少し，農業は貧困層の生計を支える役割を果たせなくなるのではないかという懸念が生じている（Jayne et al. 2014）。

国内向けの食料生産とともに輸出向けの換金作物の生産も盛んであり，東アフリカの重要な輸出品目であるコーヒー豆や，西アフリカにおけるカカオやパーム油などの生産量が多い。これらの換金作物の生産は植民地期から続くもので，生産量および生産にかかわる農民は多いがそれらの付加価値は高くない。近年は，南アフリカの果実，またケニアやエチオピアに見られる花卉（生花）や野菜などの高付加価値な園芸作物の輸出が拡大する例もあるが，これらの多くは大規模な農園で生産されており，そこで賃労働に従事する農業労働者もいる。

小農の労働は主に家族労働力に頼っている。世帯内の労働力に加えて，しばしば世帯を別にする親族による無償の労働供与やお互いに無償で労働を供与する労働交換も行われる。家族労働力が不足する際には，賃金を払って短期または長期の雇用労働力を利用する場合もある。雇用労働力の利用は地域の労働供給の状態に影響されるので，地域差が大きい。農業雇用が利用できない場合は，農業生産は家族労働力の量に強く規定される。

また，アフリカでは降雨に頼る天水農業が一般的であるので，乾燥地域を中心に気候による生産量の変動が大きい。特に耕作面積が小さい小農は，農業だけで安定した収入や食料を得ることは困難であり，子どもの教育費や病院での治療費などに必要な現金を得ることが難しい。そのため，小農は農村に居住しながら非農業の経済活動や出稼ぎに従事することが多く（松本ほか 2007），収入源を多角化することで安定した収入を確保する生計戦略をとることが一般的である。自営農業以外の経済活動として，先に挙げた短期的に他の農家や農園で働く農業雇用労働が一般的である。農業雇用の賃金は低いことが多いが，食料の備蓄が底をつく時期に収入を得る手段となる。また，農業の傍らで自営業を行う農家も多く，食品や灯油，木材などの買い付けと販売，酒や加工食品，壺，バスケットの製造と販売，大工や建築工事の請負，小規模な商店の経営などがよくみられる。いずれも規模は小さくインフォーマルなものであるが，自営業の収入は天候不順などで農業収入が減少したときに，そのショックを緩和する働きがある。ただし，利益の大きな自営業ほど大きな投資が必要とされる傾向があり，貧しい農民は農業生産のリスクから生活を守るだけの収入を確保

することが難しい。

　農村の労働は男女で役割分担が異なる。多くのアフリカ農村では，慣習的に現金獲得のための活動は男性が従事するという規範がある。家内農業の場合は，自家消費用の農作物の生産は女性が，販売用の農作物は男性が担うことがしばしば規範とされ，また，出稼ぎによって現金獲得を担うのは男性であることが多い。さらに，女性は家事や夫を含む家族のサポートを担うことが多く，自分の畑や事業に十分な労働や時間を割くことができないことが多い。例えば，夫婦でそれぞれの畑を管理する慣行が古くからある西アフリカでは，妻は夫の畑で働く義務も負っている。また，タンザニアの農村部における聞き取り調査では，女性は農業生産が拡大できない理由として，家族の世話，食事の準備，夫の畑での仕事に必要な時間を挙げている（Fontana with Paciello 2010）。全体的な傾向として，農村の女性は現金収入にならない労働，すなわち自家消費用の農産物や家事や育児などの家内労働に従事する比率が高い。また，女性は男性に比べて，農業における賃労働でも賃金が低い。さらに，女性は世帯主である男性が他界または離別して寡婦となった場合，男性に比べて不利な立場に置かれることが多い。

　以上のように農村における農業労働では，男女間で明確な差異が生じており，女性が不利な状況に置かれていることが分かる。

（2）　アフリカ農村部からの出稼ぎ——大規模鉱山労働と零細鉱業

　第3章，第7章で述べるように，アフリカ諸国の経済，特に輸出において，鉱業は重要な役割を果たしている。ただし，その産業の内実は二極化している。1つは，機械化が進み，採掘，運搬や精製のために巨額の資本が投下されている大規模な鉱山である。ナイジェリア，アンゴラなどの石油，天然ガス，南アフリカの金，プラチナ（白金），ダイヤモンド，コンゴ民主共和国やザンビアの銅の採掘がその代表的な例として挙げられる。その労働は通常，多国籍企業を含む大規模企業によって高度に管理されている。

　大規模鉱山では，労働者数と比べて機械や装置として投下される資本量がきわめて大きいので，労働者一人当たりの生産額（労働生産性）が大きく，その高い生産性を反映して，労働者の給与は一般的に高い。かつては，各国の輸出や税収を支える基幹産業を担う主体として，鉱山労働者たちは強力な労働組合

表5-1 零細鉱業における雇用の推計

国	ASMで直接働く人数（万人）	推計される扶養家族数（万人）	ASMで採掘される主な鉱物資源
アンゴラ	15	90	ダイヤモンド
ブルキナファソ	20	100	金
中央アフリカ	40	240	金，ダイヤモンド
チャド	10	60	金
コートジボワール	10	60	金，ダイヤモンド
コンゴ民主共和国	20	120	ダイヤモンド，金，コルタン
エリトリア	40	240	金
エチオピア	50	300	金
ガーナ	110	440	金，ダイヤモンド，砂
ギニア	30	150	金，ダイヤモンド
リベリア	10	60	金，ダイヤモンド
マダガスカル	50	250	カラーストーン，金
マリ	40	240	金
モザンビーク	10	120	カラーストーン，金
ニジェール	45	270	金
ナイジェリア	50	250	金
シエラレオネ	30	180	金，ダイヤモンド
スーダン	20	120	金
タンザニア	150	900	カラーストーン，金，ダイヤモンド
ウガンダ	15	90	金
ジンバブエ	50	300	金，ダイヤモンド，カラーストーン

出所：Dreschler (2001), Mutemeri and Petersen (2002), UNECA (2011), Hilson (2016).

を組織していた。南アフリカ，ザンビアなどがその代表的な例である。その後，構造調整政策により民営化や分割が進められ，労働組合の弱体化が進んだが[7]，依然として大規模な鉱山労働の賃金は零細な鉱業などに比べるとはるかに高い。

　他方，零細鉱業の現場は大きく異なっている。巨大な機械を用いずに主に手掘りにより採掘する零細鉱業（Artisanal Small-scale Mining：ASM）は，鉱物資源が地表や浅い地中に分散して賦存しているような場所で行われている（藍澤2021）。アフリカでは，ASMは数千万人の男性，女性，子どもたちに雇用を提供しており，さらにASMで就労する人びとによって扶養される家族の人数は膨大である（表5-1参照）。ASMは，農村からの出稼ぎ労働を吸収する労働市場の一翼を担っており，小規模農家の家計を支える収入の1つとなっている。

　大きな問題は，零細鉱業から生み出される富の偏在である。ASMが生み出す付加価値の多くは，採掘権や販売権を持つ国家や外資系企業の収益となり，実際に採掘をする労働者や採掘の影響を受ける地域社会に対する分配は相対的に少ない[8]。また，ASMでは，劣悪な労働環境で労働者が働かされることが多

く，しばしば身体的危険を伴う。こうした問題が半ば放置されている背景には，ASMの大半がインフォーマルであり，労働者も組織されていないことがある。その理由として，官僚主義的で費用のかかる登録手続き，許可申請から決定まで時間がかかるなど政府の不備に関わる問題が大きい。そして，大規模鉱山の労働者とは異なり，零細鉱業の労働者は，それぞれ分散していて組織化が困難だということも関係しているだろう。

　また，零細鉱業では児童労働が深刻な問題になっている。鉱業は，ILOが採石業や建設業などと並んで子どもにとって危険有害な仕事と指定している産業の1つである。2021年に発表されたILOの児童労働に関する推計によると，手掘りの小規模な採掘現場では，子どもたちは地下深くの坑道での作業，重い岩石の運搬，鉱石から鉱物や貴金属を分離するための有毒な化学物質の使用などを強いられている。例として，ブルキナファソとニジェールでは，金鉱で働く労働者の30〜50％が子どもだと推定されており，その多くが15歳未満である。そのなかには，強制労働の状態にある子どももおり，同様の問題はマリ，ガーナ，コンゴ民主共和国でも確認されている（ILO 2021）。

3　アフリカの都市における労働——インフォーマルとフォーマルの混在

　本節では，アフリカの都市における労働を概観する。アフリカ諸国では，1960年代の独立直後に旧植民地統治期の大企業を国有化して政府主導による産業開発政策を進め，他方で小規模零細企業に対する支援政策は皆無であったため（第3章参照），少数の大企業と多数の小規模零細企業が併存する構造が維持されてきた。このような二重構造は，しばしば「中間の欠如（missing middle）」と呼ばれている。そして，少数の大企業がフォーマル・セクターを形成し，小規模零細企業の大半はインフォーマル・セクターで活動している。労働市場も同様に二重構造になっている。急速に成長するアフリカの都市には農村からの移住者が流入しており，そのほとんどはインフォーマル・セクターで職を得ている。

（1）インフォーマル・セクターと労働者

　インフォーマル・セクターはアフリカだけでなく，他地域においても雇用機

会を得る場として一般的である。アフリカでは，雇用されている人びとの80％以上がインフォーマル・セクターに属すると推計されている（Kiaga and Leung 2020）。インフォーマル・セクターの労働者は，自らが零細な事業を経営する個人事業主（self-employed）と，インフォーマルな事業者に雇われて働く被雇用者とに分けられ，後者にはしばしば親族が経営する事業で働く者が含まれる。被雇用者の場合でも，雇用主との間に雇用契約がなく，フォーマルな福利厚生や社会保障の適用対象とならないことが一般的であり，雇用は不安定で失業保険を受け取ることもない。また，雇用主が労働法を遵守していないので，職場の安全衛生管理や休暇の取得，賃金交渉など労働環境や労働者の権利が守られることは期待できない。なお，こうした雇用はフォーマル・セクターの企業においても存在しており，その場合，企業は労働者を政府に届け出することなく，所得税や年金などを計上していない。

　インフォーマルな職は多種多様であり，建築，製造加工，修理，金融，卸売を含む流通，露天商を含む小売，飲食，理容・美容，デザイン，ICTエンジニア，ライドシェア・プラットフォームを利用するタクシードライバーなどが含まれる。建築関係では大工，塗装，内装，電気工事などのサービスが行われ，製造加工では食器，衣類，門扉や窓枠といった金属製品，家具から棺桶までの様々な木工製品など，日本では製造設備がないと生産できないと思われるものまでが職人の手作りで製作されている。修理業として最もよく知られるのは自動車修理で，都市には必ず修理工場の集積がある（図5-2参照）。ICTエンジニアは需要が急速に増えており，PCやスマートフォンの修理，ウェブサイトやアプリの制作などを行っている。近年は，都市部でのスマートフォンの普及が進み，SNSやEコマース・サイトを利用して集客したり，電子マネーによる支払いとバイクタクシーを利用した配送を組み合わせてオンラインショッピングに対応したりする事業者が増えてきた。

　個人事業主として働く場合には，労働者は自由に参入することができ，また，学歴や経験を必要としない雇用も多くあることから，雇用機会に恵まれない人びと，特に女性，児童，移民などにとってインフォーマル・セクターでの雇用は収入を得る重要な手段である。他方で，高い学歴や就業経験を持たない労働者には，他に選択肢がないともいえる。また，家族経営の事業では，多くの場合に事業主は男性が占め，そこで働くしばしば無給の労働者は圧倒的に女性が多

図5-2　ガーナの自動車修理工場
出所：2015年8月筆者撮影。

く，8割近くに達すると推測されている（ILOSTAT 2019）。

インフォーマル・セクターにおいても，労働者の技能形成は賃金の上昇とキャリアのステップアップに欠かすことができない。その方法は徒弟制や職場内訓練が主である。徒弟制は，非熟練労働者が特定の雇用主等の下で補助や仕事をしながら，その仕事の技能を学び，引き換えにその雇用主のために低賃金または無給で働くことを指す。アフリカに限らず，日本を含む先進国でも前近代から今日まで広く行われてきたものである（高橋・松原 2021）。ただし，一般的な特徴として，訓練を施した労働者が転職すると雇用主にとっては訓練のコストが無駄になるので，企業による訓練はしばしば雇用主の不利益を防ぐ仕組みになっており，訓練として効率的ではないことがある。例えば，訓練内容を他企業では利用できない技術に偏らせたり，徒弟制の場合には訓練の期間を引き延ばすことで若い労働者を搾取する可能性が指摘されている。

労働者にとって参入が容易であるというインフォーマル・セクターの特徴は，経済ショックによりフォーマル・セクターの雇用が縮小する際に，セーフティネットとしての役割を果たす。その例として，マダガスカルの輸出向け縫製産業の労働者に関する分析がある。同国で2009年に起きた政権交代が非民主的であることを理由に，米国政府がマダガスカルからの輸入品に対する特恵的な免税措置（African Growth and Opportunity Act：AGOA）を停止した結果，縫製産業の輸出と雇用が大幅に縮小した。解雇された労働者は数万人におよんだが，多くはインフォーマル・セクターで雇用を得ることで所得の減少を緩和していた（福西 2016）。ただし，新型コロナウイルス感染症（COVID-19）のパンデミックの際には，インフォーマル・セクターの労働者は，国内の移動・輸送の封鎖（ロックダウン）と，国境閉鎖の最初の1カ月間に大幅な収入減に見舞われた。特に，女性や低技能の労働者は，顧客との接触が多いサービス業で雇用されて

いる場合が多いため，感染防止のための移動制限は彼女らへの影響が大きかったと考えられる（IMF 2021）。なお，アフリカ諸国のロックダウンは比較的早く解除され，COVID-19の経済的な影響は数カ月で回復傾向に転じた。

インフォーマル・セクターの労働市場では流動性が高く，零細事業者の参入や退出，労働者の転職や失業が頻繁である。先進国の事例では，雇用の流動性は転職を通じて賃金の上昇をもたらし，労働者のキャリア形成に有利に働いているが，途上国（特に所得の低い国）では雇用の変化が賃金上昇に結びつくことが少ない。49カ国の労働者調査を利用した研究は，途上国では新たに零細自営業を始めた労働者が短期間で廃業したり，零細自営業を営む労働者が企業の雇用を得ても再び零細自営業に戻ることが多く，賃金上昇のステップを上ることが少ないことを示している（Donovan et al. 2023）。特に働き始めて間もない労働者の離職が多いことから，労働者と雇用にミスマッチが多いためだと推測されている。

このように，セクターによる収入の違いは明らかであるが，低学歴の若い労働者を中心に，企業で雇われるよりも個人事業主として高収入を得ることを目標とする者は多い。それは，特に技能の低いフォーマルな職の賃金が，インフォーマル・セクターの労働者の収入とあまり差がないためである。例えば，筆者（松原）が行ったエチオピアの皮革産業の調査では，受注が安定している限り，インフォーマルな工房で働く出来高払いの熟練労働者は，大企業で同様の仕事をする熟練労働者よりも賃金が高い傾向にある。さらに，一定の投資を行って資本を蓄積することに成功した少数の個人事業主は，より高い収益を獲得している。マダガスカルでは，そうした「成功した個人事業主」にあたるインフォーマル労働者の上位10％は，フォーマル・セクターの一般の労働者よりも高い収入を得ている（Nordman et al. 2015）。豊かな将来を求める若者たちは，数多くの転職や起業を繰り返してわずかなチャンスにかけている。

（2）　フォーマル・セクターと労働者

インフォーマル・セクターと対をなすように語られるフォーマル・セクターであるが，アフリカの雇用の大多数を占めるインフォーマル・セクターと比較すると，フォーマル・セクターの雇用規模は小さい。主な雇用主は学校や官庁などの政府行政機関，元国営企業である大企業や外資系企業などである。第4

章に説明されたように，アフリカ諸国では製造業やサービス業などの産業部門の発展について体系的な政策を実行してきた国は限られており，フォーマル・セクターの雇用は未だに一部の労働者しか得られていない。

　フォーマル・セクターにおいて高い賃金と安定した雇用が得られているのは，高い学歴を持つ労働者であり，国によって違いがあるが主に大学を卒業した者たちである。彼らは，地方自治体や公企業を含む政府部門，民間企業，国際NGOで正規雇用を得て，事務職や高度な専門職として働いている。他方で，政府部門でも教師や警察官などの賃金は低い。民間企業では，技能の低い労働者を多数雇用する労働集約産業（例えば，先進国向けの衣料品を生産する縫製産業）を中心に，工場労働者の賃金は低い場合が多い。こうした違いは，労働条件にも反映されている。フォーマル・セクターの企業は，賃金や所定労働時間，休日，職場の安全衛生環境，解雇などに関する法規制の遵守状況を政府に報告することが義務づけられているので，インフォーマル・セクターと比較して，労働者の権利が守られ，よりよい労働条件が提供される傾向にある。しかし，労働集約的な産業を中心に，労働法の規定を順守せず，労働条件や環境が劣悪なフォーマル企業も存在する。

　こうした企業は，しばしば輸出市場において厳しい価格競争に直面しており，労働コストを下げる圧力が常に働いている。企業誘致を進めたい政府は，企業にとっては不利な労働法制の順守を厳しく監視していない。むしろ，外資系企業の誘致にあたって，国内企業に課する労働法制よりも緩い基準を適用することが一般的である。また，最低賃金が設定されていないエチオピアではエチオピア労働組合総連合が設定を求めているものの，実現していない。これは，低い労働コストを求める外資企業に配慮しているものと思われる。このような国では，非熟練労働者の場合，生活に困窮するくらいの賃金設定がなされる場合がある。

　こうした労働環境を反映して，労働者の離職率は高い。エチオピアの若年労働者に対してフォーマル・セクター企業の工場労働の職を用意し，彼らの賃金や雇用の安定性を分析した研究では，工場労働の職をあてがわれた労働者の77％が一年後には離職していたと報告している（Blattman and Dercon 2018）。また，同国の皮革産業における筆者（松原）の調査（図5-3参照）でも，非熟練から熟練労働者すべてを含む離職率をみたところ，1年間で約40％の労働者が

離職していた。ほかにも，筆者（松原）の調査では，労働法に合致しない雇用契約が結ばれることがあり，正規雇用転換や賃上げなどについて企業と労働者の間で認識が異なる結果，離職にいたった事例もあった。その根底には，フォーマル企業数に対して労働人口が過多であり，熟練労働者を他社から再雇用することが容易であることから，企業が労働者保護を軽視する姿勢がある。そして，労働者も企業に不信感をいだいている（松原 2022）。以上のように，フォーマル・セクターの労働者はインフォーマル・セクターよりは確かに労働条件や環境が保護される

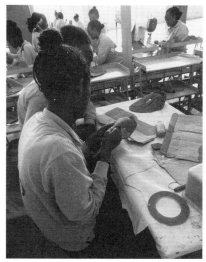

図5-3　エチオピアの革靴工場
出所：2019年12月筆者撮影。

傾向が強いものの，真に保護されているかを考えると不十分であるといえよう。

4　労働者の生活水準の向上——二重構造の解消

　本章では，アフリカの労働市場の傾向を農村と都市に分けて論じてきた。全部門を踏まえて，広汎な部門での労働者の大きな格差ないし二極化が重要な点であるといえよう。大企業や大規模農園で高所得を得る少数の従業員と事業主が存在する一方で，数多くの人々が，インフォーマル／フォーマルな企業と農業で低賃金労働に従事している。アフリカはインフォーマル・セクターで働く労働者のシェアが世界で最も高く，大多数の人びとが生計を維持し，技能を獲得してキャリアを積み上げる場所となっている。また少数ではあるが高所得を実現する成功者も生み出す一方で，フォーマル・セクターの職を失ったものや，他国・他地域から移住してきたものを受け入れる，多種多様なキャリアを持つ労働者からなる市場でもある。

　しかしながら，労働者の生活水準を向上させるためには，この二重構造が転換されなければならない。賃金の上昇と健康的な労働環境を実現するためには，

雇用における労働生産性が十分に高いことと，労働環境を守るための法制度が順守されていることが必要である。それらは，一定の技術と資本を有し，労働者にトレーニングを行うインセンティブがあり，政府に活動を報告する義務のあるフォーマル・セクターにおいて実現する。実際に，開発途上国の経済成長は必ずインフォーマル・セクターの縮小とフォーマル・セクターの拡大を伴い，先進国では大多数の労働者がフォーマル・セクターにおいて就労している。高い人口成長が予想されるアフリカ地域では，人口成長に見合うフォーマル・セクター雇用の拡大がなければ，その残余を引き受けるインフォーマル・セクターが拡大するばかりである。別のいい方をすれば，人口成長を十分に上回るスピードでフォーマル・セクターの雇用が拡大しなければ，労働市場の構造転換は実現しない。

　労働者の所得向上を実現する政策として，開発途上国では学校教育や職業訓練を通じた労働者の技能形成の支援が継続的に行われてきた。そうした政策が効果を発揮するためには，学んだ技能を活かせる雇用が必要であるので，同時にフォーマル・セクターを拡大する政策が必要である。アフリカ諸国では，構造調整政策の制約から長くフォーマル・セクターを直接支援する産業政策は行われていなかったが，2010年代より取り組みが始まっている（第4章参照）。特に，金融を通じた資本の調達が難しく，また国内市場が小さいアフリカ諸国では，政策的な支援が重要であろう。

　フォーマル・セクターの企業が必ずしも労働法を順守しておらず，トレーニングも不十分である例がみられることを先に指摘した。また，そのような待遇であるため，労働者も工場労働を避ける傾向があることも事実である。フォーマル企業における劣悪な労働環境は，特に輸出向けの労働集約産業においてしばしば問題とされてきた。なかでも，バングラデシュで発生した縫製企業の倒壊事故は，問題の深刻さを世界にしらしめたが，事故をきっかけに縫製産業をはじめとした輸出企業の労働環境の改善について取り組みが進んでいる[9]。また，産業部門における資本蓄積が進むにつれて労働環境が改善するというのが，先進国や新興国の経験である[10]。

　フォーマル・セクターが十分に大きくなった時に，最低賃金を超える賃金と適切な労働環境が与えられた労働者の転職率が下がり，企業は安心して十分なトレーニングを労働者に施すことができる。労働者の技能は蓄積され，経済全

体で高い労働生産性が達成される。労働者にとっては，将来の見通しがつきやすくなり適切な教育投資とキャリアの選択が可能となる。雇用がフォーマル化することですべての問題を解決するわけではないが，低い賃金と劣悪な労働環境のために雇用の流動性が高く，その結果，技能蓄積が不十分となり生産性も向上しない，という悪循環から抜け出すことは，アフリカの労働市場にとって不可欠な変化である。アフリカの労働市場のなかで労働人口，すなわち労働力の供給がますます増加していく状況において，労働者の権利の擁護と伸長が国全体の発展と一致する状況をつくり出すことが鍵となる。

注
(1) アフリカの人口の動態に関しては平野（2022）に詳しい。
(2) インフォーマル・セクターはフォーマル・セクターとの対比として消極的に記述されることが多く，主体的に捉えられることが少なかった。ただし，フォーマル・セクターも国や時期によって，法的，政治的状況から定義に揺らぎが生じることがあり，それに応じてインフォーマル・セクターも縮小・拡大することがある（池野 1998）。
(3) アフリカの女性の国際移動に関しては児玉（2020）に詳しい。
(4) 紛争と難民の状況については第11章を参照。なお，サハラ以南のアフリカ全体の国際移住のうち，難民と庇護希望者は約3分の1を占めている（UNDESAPD 2020b）。
(5) 移民は国や国際機関によって独自の定義が存在することに留意されたい。UNDESASD（1998）は「国際移民」を，本来の居住国を変更した人びと全てとみなしている。また，休暇や，友人や親戚の訪問，ビジネス，治療，宗教的巡礼目的の一時的な移動は除外している。
(6) 都市・農村間の送金需要については第6章第2節を参照。
(7) ただし，例外的に南アフリカは労働組合の活動が活発である。南アフリカでは，産業ごとに組織された産業別労働組合や産業が横断的に組織された一般労働組合が労働条件の改善だけでなく，アパルトヘイト体制を打倒するための重要な役割を担った。1970年代から現代にかけての南アフリカの労働運動と労働組合の変遷については，佐藤（2021）に詳しい。
(8) 大規模鉱山においても，地域社会に資源収入が分配されないことに対する不満は大きく，しばしば紛争の原因となってきた。ナイジェリアの産油地域であるニジェール・デルタ（第12章参照）では，原油生産の恩恵が十分に地元に還元されず，他方で産油プロセスのずさんな管理によって環境汚染が進んだ。そのために，少数民族に属する住民や地域出身の政治家などが抗議運動を展開し，これに対して政府

⑼　2013年に，縫製企業が複数入居するビル（ラナプラザ）が設備の振動などによって倒壊し，縫製工員を中心に死者1,134人をだした。前日までにビルの柱に亀裂が見つかっていたが，ビルのオーナーや工場経営者は操業を継続するように指示していた。この事故の遠因として，低い価格かつ厳しい納期で生産を委託する先進国のアパレル産業の姿勢が問われ，事故の後に，アパレル企業が資金を拠出して工場労働者の安全を確保する仕組みがつくられた。

⑽　日本においても，明治時代の製糸業において劣悪な労働環境のもとで多くの女性工員が働いていた事実がある。資本蓄積が進み，労働者に熟練した技能が求められる企業では，熟練労働者を雇用するために労働環境を改善することが必要となる。

参考文献

藍澤淑雄 2021.『アフリカの零細鉱業をめぐる社会構造――貧困解消に向けたタンザニアの零細鉱業支援のあり方』日本評論社.

池野旬 1998.「序論」池野旬・武内進一編『アフリカのインフォーマル・セクター再考』アジア経済研究所, 3-17.

国際労働機関（ILO）2021.「鉱山における児童労働撤廃に向けた取組み〜5機関のプレッジをご紹介」https://www.ilo.org/tokyo/areas-of-work/child-labour/WCMS_815982/lang--ja/index.htm（2023年11月22日確認）

児玉由佳編 2020.『アフリカ女性の国際移動』アジア経済研究所.

佐藤千鶴子 2021.「南アフリカにおける「新しい労働運動」の変遷――南アフリカ労働組合会議（COSATU）に注目して」太田仁志編『新興国の「新しい労働運動」――南アフリカ，ブラジル，インド，中国』アジア経済研究所, 29-68.

高橋基樹・松原加奈 2021.「途上国の製造の現場における人材育成――ケニア，エチオピアの事例から」山田肖子・大野泉編『途上国の産業人材育成――SDGs時代の知識と技能』日本評論社, 231-258.

平野克己 2022.『人口革命――アフリカ化する人類』朝日新聞出版.

福西隆弘 2016.「グローバル化と都市労働者――マダガスカルにおけるインフォーマルセクターの役割」高橋基樹・大山修一編『開発と共生のはざまで――国家と市場の変動を生きる（アフリカ潜在力　第3巻）』京都大学学術出版会, 195-232.

松原加奈 2022.『アフリカにおける工場労働の展開――エチオピア革靴製造業の技能形成・企業組織・労働市場』京都大学大学院アジア・アフリカ地域研究研究科博士論文.

松本朋哉・木島陽子・山野峰 2007.「貧困削減と非農業所得の役割――東アフリカの事例」大塚啓二郎・櫻井武編『貧困と経済発展――アジアの経験とアフリカの現状』東洋経済新報社, 123-140.

Benin, Samuel ed. 2016. *Agricultural productivity in Africa: Trends, patterns, and determinants*. Washington D.C.: IFPRI. https://catalogue.unccd.int/726_Agricultural_productivity_Africa.pdf（2023年11月25日確認）

Blattman, Christopher and Stefan Dercon 2018. "The impacts of industrial and entrepreneurial work on income and health: Experimental evidence from Ethiopia." *American Economic Journal: Applied Economics* 10(3)：1-38.

Donovan, Kevin, Will Jianyu Lu and Todd Schoellman 2023. "Labor market dynamics and development." *Quarterly Journal of Economics* 138(4)：2287-2325.

Dreschler, Bernd 2001. "Small-scale mining and sustainable development within the SADC region." *Mining, Minerals and Sustainable Development* 84：165.

Fontana, Marzia with Cristina Paciello 2010. "Gender dimensions of rural and agricultural employment: Differentiated pathways out of poverty" in *FAO, IFAD and ILO Report Gender dimensions of agricultural and rural employment: Differentiated pathways out of poverty*. Rome: FAO, IFAD and ILO, 1-71.

Food and Agriculture Organization of United Nations and International Telecommunication Union（FAO and ITU）2022. *Status of digital agriculture in 47 sub-Saharan Africa countries*. https://openknowledge.fao.org/server/api/core/bitstreams/d9878e4d-17dc-4584-b8f4-9ec6127fd125/content（2023年11月26日確認）

Hilson, Gavin 2016. "Farming, small-scale mining and rural livelihoods in Sub-Saharan Africa: A critical overview." *The Extractive Industries and Society* 3(2)：547-563.

ILOSTAT 2019. *Africa's employment landscape*. https://ilostat.ilo.org/africas-changing-employment-landscape/（2023年 9 月13日確認）

International Labour Office（ILO）1972. *Employment Income and Equality: Strategy for Increasing Productive Employment in Kenya*. Geneva: ILO.

International Labour Office（ILO）2013. *An overview of domestic work in Africa*. https://webapps.ilo.org/wcmsp5/groups/public/---africa/documents/meetingdocument/wcms_213683.pdf（2023年 9 月13日確認）

International Monetary Fund（IMF）2021. "Jobs in Lockdown: Insights from Sub-Saharan Africa." *Special Series on COVID-19*. https://www.imf.org/-/media/Files/Publications/covid19-special-notes/en-special-series-on-covid-19-note-jobs-in-lockdown-insights-from-sub-saharan-africa.ashx（2023年11月23日確認）

Jayne, Thomas S., Jordan Chamberlin and Derek D. Headey 2014. "Land pressures, the evolution of farming systems, and development strategies in Africa: A synthesis." *Food Policy* 48：1-17.

Kiaga, Annamarie and Vicky Leung 2020. "The transition from the informal to the formal economy in Africa." *Global Employment Policy Review Background Paper* 2. Geneva: International Labour Office.

McMillan, Margaret, Dani Rodrik and Claudia Sepulveda 2017. "Structural change, fundamentals and growth: A framework and case studies." *NBER Working Paper* 23378.

Mutemeri, Nellie and Francis W. Petersen 2002. "Small-scale mining in South Africa: past, present and future." *Natural resources forum* 26 (4). Oxford and Boston: Blackwell Publishing Ltd., 286-292.

Nordman, Christophe Jalil, Faly Rakotomanana and Francois Roubaud 2015. "Micro Analysis of Formal-Informal Nexus in Madagascar: Job Transitions and Earnings Dynamics" in *The Informal Economy in Developing Countries*. eds. Cling, Jean-Pierre, Stéphane Lagrée, Mireille Razafindrakoto and François Roubaud. London and New York: Routledge, 233-252.

Rodrik, Dani 2016. "Premature deindustrialization." *Journal of Economic Growth* 21 : 1-33.

Thurlow, James 2015. "Youth employment prospects in Africa." in *African youth and the persistence of marginalization: Employment, politics, and prospects for change*. eds. Resnick, Danielle and James Thurlow. New York: Routledge.

Thurlow, James, Paul Dorosh and Ben Davies 2019. "Demographic change, agriculture and rural poverty (chapter 3)." in *Sustainable Food and Agriculture: An Integrated Approach*. eds. Campanhola, Clayton and Shivaji Pandey. London: Elsevier and FAO.

United Nations Department of Economic and Social Affairs, Population Division (UNDESAPD) 2020a. *International Migrant Stock 2020*. https://www.un.org/development/desa/pd/content/international-migrant-stock（2023年9月24日確認）

United Nations Department of Economic and Social Affairs, Population Division (UNDESAPD) 2020b. *International Migration 2020 Highlights*. https://www.un.org/development/desa/pd/sites/www.un.org.development.desa.pd/files/undesa_pd_2020_international_migration_highlights.pdf（2023年9月24日確認）

United Nations Department of Economic and Social Affairs, Population Division (UNDESAPD) 2022. *World Population Prospects 2022: Summary of Results*. https://www.un.org/development/desa/pd/sites/www.un.org.development.desa.pd/files/wpp2022_summary_of_results.pdf（2023年9月13日確認）

United Nations Department for Economic and Social Affairs Statistics Division (UNDESASD) 1998. *Recommendations on Statistics of International Migration, Revision 1*. New York: United Nations.

United Nations Economic Commission for Africa (UNECA) 2011. *Minerals and Africa's Development: The International Study Group Report on Africa's Mineral*

Regimes. Addis Ababa: United Nations Economic Commission for Africa and African Union. https://archive.uneca.org/sites/default/files/PublicationFiles/mineral_africa_development_report_eng.pdf（2023年11月23日確認）

World Bank 2024. *World Bank Open Data*. https://data.worldbank.org/（2024年10月25日確認）

（松原加奈・福西隆弘）

Column ⑥
カイゼンの展開とアフリカでの現在的な課題

　カイゼンは「KAIZEN」として英語辞書にも記載のある，日本発の経営哲学・手法である。

　第二次世界大戦後，日本製品の質や製造業の生産性は欧米に大きく劣後していた。その差を埋めるべく，日本はアメリカから統計的品質管理，監督者向け企業内訓練，生産工学，予防保全などを学び，人への配慮を重視し，カイゼンとして1950年代に体系化した。トヨタ自動車では，アメリカの自動車産業を参考にトヨタ生産方式を確立し，代表的な手法の1つとして日本のカイゼン普及に大きく貢献した。カイゼンは，日本の製造業の現場で実践され，1980年代にはアメリカでも日本の製造業の強さが熱心に研究されるまでに日本製品の品質と生産性は向上した。

　今日の開発途上国の多くでも，製造業を軸とした産業の振興において品質と生産性の向上が課題となっている。各国は，日本の成功体験を評価し，1980年代アジア，1990年代中南米，2000年代アフリカ，2010年代中東と各地域でカイゼン普及プロジェクトが着手されていった。筆者が滞在するタンザニアでも2013年から同プロジェクトが始まり，2023年までの10年間で100名以上のカイゼントレーナーが誕生し，200社以上の中小零細企業にカイゼンが普及した成果がある。また，カイゼン普及は製造業に加え，サービス業にも広がっている。

　しかし，日本のカイゼン普及では技術指導や推進人材の育成支援はできても，現場におけるその仕組みの持続には多くの課題がある。開発途上国，特にアフリカでは，従業員10名に満たない規模の企業がほとんどである。それらの企業は，とりわけ品質や生産性に課題があり，継続的なカイゼンの実践とその支援が必要だが，政府に十分な予算がなく，政策としてのカイゼン普及の取り組みが難しい。例えばタンザニアでは，カイゼン普及向けの年度予算のうち政府からの実配分額は1％以下であり，今後も状況が変わる見込みは薄い。

　さらに，日本のような民間主導によるカイゼン需要の創造が求められるものの，アフリカ各国では，カイゼンの浸透が一部の省庁，企業，コンサルタントに留まるため，カイゼン市場が未形成である。官民それぞれが持つ強みを活かし，民間企業の需要を掘り起こすような支援の取り組みが求められている。

（足立伸也）

第6章
アフリカの金融と国内投資

――― この章で学ぶこと ―――

　金融は国内における貯蓄を動員し，投資を促進する役割を持つ。しかし，一部の国を除いて，サハラ以南のアフリカ（以下，単にアフリカ）で金融はその役割を十分に果たしてこなかった。他方，過去10年の間に，アフリカでは携帯電話を中心とした通信インフラが整備されてきた。特に，携帯電話を用いた新しい金融サービスがケニアを中心に広まっており，世界的にもアフリカはモバイルマネーの利用者が多い地域である。フィンテックを利用した新しい金融は，これまでに銀行口座を所有していない人びとなど，金融から排除されてきた人びとに対し，送金や決済の他，預金や融資などの金融サービスを提供するため，その帰結として金融包摂を進めることが期待されている。しかし，人びとの貯蓄形態を見ると，一部の国を除いて，インフォーマル金融が主に利用されている。すなわち，インフォーマル金融からフォーマル金融へのシフトが促進されるというよりも，その両方が併存しているのが現状である。また，資金供給主体である金融機関による民間部門への信用供与も以前と比べるとわずかに上昇傾向にあるが，低水準に留まっていることには変わりがない。資金需要主体である企業の資金調達においては，多くの企業が内部資金である自己貯蓄による投資を行っている。金融アクセスの拡大により貯蓄が増加したとしても，その貯蓄が具体的に的を絞って利用されない限り，効率的な資金移転にはつながらない。アフリカにおける包摂的な金融のさらなる拡大に向けて，資金の利用のされ方に目を向ける必要がある。

1　アフリカ経済と金融

（1）　開発のための資金をどう調達するか

長期的な経済成長において，貯蓄と投資は重要な構成要素である。貯蓄は，

所得のうち，税の支払いにも消費にも回らず残ったお金のことをさし，投資は資本を増やす行為（資本蓄積）のことをさす。ここでいう資本とは「期間を越えて価値や利益を生み出す源泉」であり，一般的に物的資本と人的資本に分けられる。前者は大きく3つに分類でき，①企業が新たに購入する機械などの資本財（設備投資），②企業が将来の販売に備えて倉庫などに抱える商品の在庫（在庫投資），③家計による新規の住宅購入（住宅投資）である。例えば，筆者が調査をしているケニアの小規模零細の金属加工職人は工具や機械を使う。金槌や鋏，ハンマーなど基本的な工具しか持たない職人と比べて，旋盤などの工作機械を用いる職人はより早く，より正確にさまざまな金属製品を生産することができるため，労働生産性が高くなる（井手上 2023）。この他にも，政府による道路や港湾などの公的設備も社会資本として資本に含まれる。他方，労働者の技能と生産性を改善するために教育や訓練などに資金を費やすことや，人びとの栄養を改善し，より健康を促すような支出も，物的資本への投資と全く同じように「投資」である。こうした投資によって積み重ねた技能や経験，健康は人的資本と呼ばれる。

　すなわち，投資とは上述のように資本の量を増やし，生産性を高めることにより経済成長において重要であり，一般的に投資のための資金供給は金融市場を通じて行われる。このことから，経済学では，金融は幅広い経済主体から貯蓄を動員し，それを原資として企業へ貸し出す金融仲介を行うことで投資を促進し，経済成長に貢献すると考えられている。

　国連のアフリカ経済委員会によれば，2030年までの開発目標であるSDGsをアフリカで達成するためには，年間1.3兆ドルの資金が必要であり，この額は今後の同地域での人口増加によりさらに高まるという（UNECA 2020）。この莫大な資金をどのように調達するかはアフリカ各国にとって大きな課題だが，一般的に途上国は貧困削減等を実現する開発資金として，国内民間貯蓄，政府貯蓄，外国貯蓄のいずれかから調達を行う。そのため，以下のような関係が成立する。

$$投資＝国民総貯蓄（民間貯蓄＋政府貯蓄）＋外国貯蓄$$

　仮に国内で調達できる資金が不足する場合，開放経済（外国と自由に取引でき

る経済）では海外からの借り入れが可能である。すなわち，企業が銀行からの融資で投資を行い，利益を返済に充てる場合と同様に，国も輸出により獲得した外貨で債務返済を行う。事実，1990年代までに工業化を実現した東アジアの国々は，その発展過程で多くの外貨を調達し，開発資金を賄ってきた。例えば，韓国では1960年代以降，外国資本を積極的に誘致することにより工業化のための資金を調達し，その後，工業製品の輸出増加により債務返済のための外貨を獲得する好循環が形成された（速水 2004）。

　一方，東アジアの国々とは対照的に，同じ期間のアフリカ諸国は，国際収支赤字の拡大に伴って累積債務負担が増加し，1人当たり所得が低下した。すなわち，韓国のように大量の外貨での借り入れを返済するだけの輸出能力をもつ新産業を育成し，経済の構造転換を実現することができなかった（産業構造については第4章を参照）。この間，金融制度の未整備と国内資本の希少性を補う外国貯蓄の役割が強調され，またそれを誘致する政府とその能力が重視されてきた。しかしながら，今なお，アフリカは貧困削減が喫緊の課題であり続けており，産業の多角化は達成できていない。むしろ，2000年代以降の新興国経済の発展を受けて，国際市場における高まる需要に応えた鉱産物・農産物などの一次産品の輸出拡大により，植民地時代に形成された一次産品供給地としての位置づけがさらに強まっているともいえる。

　以上を踏まえれば，アフリカの自立的な発展のためには，政府や国際社会，NGO等の支援に多くを依存するのではなく，経済を構成するアフリカの人びとや企業から効率的に資金を動員し，それを生産性の高い投資に移転させて産業育成や産業の多角化，社会開発につなげていくことが求められる。すなわち，アフリカの人びとによって生み出された富をアフリカ域内に留め，アフリカの経済開発に結びつけるような資源移転を実現するためには，金融の役割が必要不可欠である。以下では，2000年代以降のアフリカにおける国内金融に着目しつつ，その課題について考えていきたい。

（2）　貯蓄と投資

　図6-1は，2000年代以降のアフリカの貯蓄率と投資率を示す。図より2つの特徴が指摘できる。すなわち，2000年代初頭の資源価格高騰に伴う貯蓄率の急速な上昇と，その後の資源価格下落による交易条件（輸出品の価格と輸入品の

第Ⅱ部　アフリカの産業開発

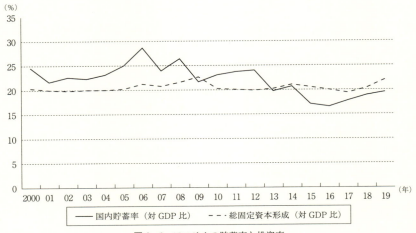

図6-1　アフリカの貯蓄率と投資率

注：World Bank が公表しているデータは毎年更新されるのが通例である。本章は2023年時点のものを使用しており，その限りにおいての議論となることに注意されたい。
出所：World Bank（2023b）より筆者作成。

価格の比）の悪化による下落基調である。このことは，アフリカの一次産品輸出依存の経済構造を反映し，貯蓄が交易条件に強く影響されることを意味している。同期間における平均貯蓄率を見ると，アフリカは22％，南アジア27％，東アジア・太平洋35％であり，アフリカは他のいずれの地域よりも貯蓄率が低い（World Bank 2023b）。

低い貯蓄率は低い投資率の裏返しでもある。投資率は2000年以降，20％近辺の低水準でほぼ横ばいが続いている。特に，資源ブームが収束した2010年代以降は，投資率が貯蓄率を上回っており，この期間は国内貯蓄で投資を賄えておらず，外国からの資本流入が生じていると考えられる。

貯蓄は所得の一部を使わずに蓄えられたものだが，低所得国では貯蓄の原資である所得が限られるため，平均消費性向（家計の可処分所得のうち，消費に回る割合）は高く，貯蓄率が低くなる傾向にある。加えて，金融市場が未発達な経済では，人びとの貯蓄の多くは，預金，宝石，貴金属，家畜等の実物資産やインフォーマル金融の債権のかたちで保有されることが多い（寺西 1991）。したがって，金融仲介の前提となる資金動員のためには，比較的小規模な貯蓄を幅広く動員するとともに，こうした資産形態で保有されている人びとの貯蓄を，

152

預金等の金融資産（金融商品）にシフトさせることが求められる。

それだけでなく，限られた希少な資金を効率よく，高い収益率をもって新企業・新産業に配分することが必要である。なぜならば，貴重な国内の資金が動員されても，適切な産業部門に投入されなければ，工業化ひいては産業の多角化は成功しないからである。これらの側面において，金融システムは重要な役割を担う。

(3) 金融システムの機能

ここで，金融システムとその機能について確認しておこう。金融システムとは金融取引のためにつくられた仕組み――ある人の貯蓄と別の人の投資を結びつける様々な金融制度――によって構成されたシステムのことをさす。金融制度は主として，銀行などの金融仲介機関と証券取引が行われる（狭義の）金融市場の2つに分類される。

「仲介」という言葉が示すように，金融仲介機関は預金者から貯蓄を動員し，それを原資に企業や公共団体などの資金の需要者に貸付をする，いわば橋渡し役である。資金供給（余剰）主体である預金者から，資金需要（不足）主体である企業等にお金が流れるこうした仕組みを間接金融と呼ぶ。これに対して，株式市場や債券市場などの金融市場では，企業や公共団体が市場で発行する債券や株式を投資家が直接購入する。金融市場を通じて貯蓄主体から資金を必要とする主体に対して直接資金が移動する，このような仕組みを直接金融という。

一般的に，株式市場の発展には，資金供給側である投資家の参加を促すため取引所に上場する企業の数が一定数あることが望まれるが，そもそもアフリカではフォーマル企業が少なく，他の途上国と比較しても上場企業の数は極端に少ない。また，金融市場が機能するためには，企業に関する情報開示や法制度などが整備される必要があるが，それらは十分ではない。したがって，アフリカにおける金融システムは銀行などの金融仲介機関が中核となっている。以下では，間接金融を行う金融仲介の機能に焦点を当てる。

そもそも，金融取引が円滑に行われるためには，様々な障害が克服される必要がある。なぜなら，金融取引は現在と将来の異なる時点におよぶ取引だからである。すなわち，通常の財やサービスの取引が取引対象と決済手段であるお金との交換によって即座に完了するのに対し，金融取引は現在のお金と将来の

お金の交換であり，異時点間にわたって行われる性質を持つ。このため，金融取引を阻害する取引費用が発生する。

　その取引費用には大きく2種類の問題がある。第一は，取引にかかわるあらゆる主体が将来発生する出来事を全て正確に把握することはできない，という不確実性またはリスクの問題である。第二の問題は，取引に関わる重要な情報を一方の取引主体は知っているが，他方の取引主体は知らない，という情報の非対称性である（内田 2010）。とりわけアフリカではこれらの問題は深刻で，他の途上国と比べても取引費用が極めて高い。

　一般的に，金融システムはこれらの問題を緩和，または削減することで円滑な取引を促進する役割をもつ。その具体的な例として，金融仲介の2つの重要な機能（期間変換機能と情報生産機能）について説明しておこう。期間変換とは，たとえ一部の人びとが預金を短期的に引き出しても，銀行は十分な大きさの預金を確保してあり，それを長期的な資金の貸出に向けることができることを意味する。すなわち，銀行は全ての預金者に要求払い（預金者が求めたときにそれに応じて預金を払い戻すこと）を認めていたとしても，全ての預金者にとって支出の必要性が同時に生じることはまずあり得ないため，実際に払い戻しを求める預金者は一部に限られる。しかもその比率は，多くの預金者と取引をすればするほど，安定し予見可能なものとなり（大数の法則），資産の期間変換を可能にする（池尾 2021）。

　一般的に，企業の投資が利益を生み出すまでの期間は長いため，企業は長期間かつ多額の資金を必要とする。他方，資金余剰主体は，将来についての不確実性・リスクの問題のために，短期間の資金拠出を望む傾向にある。したがって，両者間での資金ニーズの違いが生じ，貸し手と借り手が直接的に貸し借りをするのは無理がある。金融システムは，こうした違いを解消し，金融取引を実現可能なものにする。

　次に，情報生産機能とは，端的にいえば金融機関における審査・モニタリング活動のことをさす。いうまでもなく，お金を融資することは，お金をあげる（贈与する）こととは全く異なる。金融取引が適切に実現されるためには，資金の借り手が将来時点で約束された資金を返済するかどうか，その将来における履行が確保される見込みが立たなければならない。そのため，金融機関では企業など資金不足主体への貸出にあたって，投資計画や経営者の返済能力に関す

る情報収集などの審査を行い，貸出後においてもモニタリングを行う。すなわち，金融仲介機関は個人や企業など経済主体が持ち合わせていない専門知識や取引に関する情報，調査や評価の能力などを駆使することで，情報の非対称性を解消する情報生産の機能を持つ。

2 変化するアフリカの金融

（1） アフリカのモバイルマネー

　金融システムは経済発展において重要な役割を果たすことが期待される。しかしながら，一部の国を除いて，金融はアフリカでその役割を十分には果たしてこなかったといってよい。植民地時代から金融機関は存在していたものの，その多くが宗主国の銀行の現地支店であり，それぞれの植民地と宗主国との間の貿易の決済が主な業務だった。また，アフリカ諸国のほとんどは全般的に人口規模が小さく，その半数以上の人びとは農村部に住み，人口密度が低いという特徴がある。こうした地理的・物理的な要因から，銀行が支店を開設しても管理コストが高く採算が取れないため，アフリカは金融サービスが広範に浸透しにくい地域と考えられてきた。しかし，以下に見るように，アフリカの金融をめぐる状況は近年変わりつつある。

　構造調整政策以降，紆余曲折を経つつも進められてきた市場の自由化，規制緩和等により，アフリカでは携帯電話を中心とした通信インフラが整備されてきた。携帯電話は，テキスト情報に加えて，音声データや画像，動画などを瞬時に遠隔地に届けることを可能にし，人口密度が希薄の地域においても普及し続けている。それだけでなく，携帯電話をプラットフォームとする様々なサービスが出現しており，その中核が携帯電話を用いた金融サービスである。

　図6-2は世界各地域の2021年時点における15歳以上の人口に対するモバイルマネーサービス利用者の割合を示す。モバイルマネーサービスとは，銀行口座を介さずに，携帯電話のネットワークを利用しておこなう電子決済サービスのことを指す。世界平均が10％であるのに対し，アフリカは33％とどの地域よりも高い数値を示している。今やアフリカは世界で最もモバイルマネーの利用者が多い地域である。モバイルマネーは送金や決済に加えて，携帯電話を通じた銀行口座の開設を可能にし，預金や借入などの金融取引を促す手段として，

第Ⅱ部　アフリカの産業開発

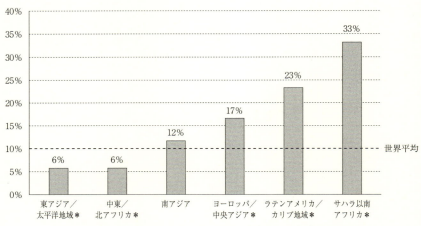

図 6-2　モバイルマネーサービス利用者（15歳以上）（2021年）

注：＊は高所得国を除いた地域。数値は過去1年間に個人的にモバイルマネーサービスを利用したと回答した人の割合。
出所：Global Findex Database（2021）より筆者作成。

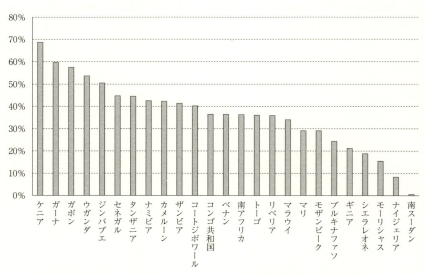

図 6-3　アフリカのモバイルマネーサービス利用者（15歳以上）（2021年）
出所：Global Findex Database（2021）より筆者作成。

アフリカにおける金融包摂を実現すると期待されている。

　一方で、モバイルマネーの普及はアフリカ各国でばらつきがある。図6-3にデータが入手可能なアフリカ25カ国におけるモバイルマネー利用者の割合を示した。ケニア、ガーナ、ガボン、ウガンダ、ジンバブエではモバイルマネー利用者の割合が50％を超える一方、ナイジェリアや南スーダンでは10％にも満たない。また、アフリカの中でも金融システムが比較的発展している南アフリカやモーリシャスの割合はそれぞれ37％、16％であり、金融の発展ほどにはモバイルマネーが利用されていない。両国は携帯電話の普及率や所有率も高いが、それらが人々のモバイルマネーの利用を促すわけではないようだ。むしろ、上位10カ国中8カ国が世界銀行による所得分類の低所得国あるいは低中所得国に分類される国々であり、アフリカにおけるモバイルマネーは主として所得水準や金融システムの発展度が低い国で普及している。

　特筆すべきは、これらの国の中で、ケニアが最も高い割合（69％）を示していることである。その背景は、2007年にケニア最大の通信事業者のサファリコム（Safaricom）がM-Pesa（エムペサ：Mはモバイルの頭文字、Pesaはスワヒリ語でお金を意味する）と呼ばれるモバイルマネーサービスをいち早く開始したことにある。元々、携帯電話の利用者が送金時にプリペイド方式で購入した少額の通話料を通貨の代わりとして活用しており、そこで開発されたのがM-Pesaだった。M-Pesaは銀行口座を持たなくても、ケニア国内であれば広く送金や現金の受け取りが可能であり、瞬く間に広がった。

　2020年の新型コロナウイルス感染症（COVID-19）の拡大以降も利用者は拡大し続けており、2021年時点のモバイルマネー総取引額は同国GDPの57％に達している（CBK 2021）。

（2）モバイルマネー普及の背景

　それでは、モバイルマネーが急速に普及した背景は何だろうか。ケニアを具体例とし、需要側と供給側に分けて考えてみよう。需要側における背景として、第一に、これまで金融サービスから排除されてきた「the unbanked（銀行口座を所有していない人）」や「the underserved（十分な金融サービスを受けていない人）」の多さがあげられる。ケニアでM-Pesaが開始される以前（2006年時点）では人口の約73％がフォーマルな金融へのアクセスを持たなかった

(FinAccess Kenya 2021)。また，同国でM-Pesaが導入される以前の銀行の最低預金額は，人びとの平均的な1カ月分の給与の10倍ほどに設定されていたため，多くはインフォーマルな貯蓄グループを利用し，あるいは自宅で現金を保管するなどしていた。しかし，こうした方法は，家族間・メンバー間の争いや，盗難や火事などによる紛失のリスクがある。そのため，M-Pesaが利用可能になったことで，多くの人びとが金融へのアクセスを得るとともに，安全に資産を保管できるようになった。

　第二に，都市－農村間の高い送金需要があげられる。ケニアをはじめ，アフリカの多くでは都市と農村間の賃金格差が激しく，労働者や家計を支える人びとは，より有利な雇用機会を求めて農村から都市部へ移動するケースがみられる。そのうち都市のフォーマル部門で雇用される機会は少数で，多くはインフォーマル・セクターで労働機会を得ている。かれらは出稼ぎという形で都市部と農村部を行き来するため，アフリカでは家族や社会的ネットワークが広範に散らばっていることが多い。例えば，以前のケニアにおける個人間送金のための平均的な距離は200キロメートルで，バスで約5ドルかかっていた（Jack and Suri 2014)。そのため，出稼ぎ労働をする者にとって，故郷への送金手段は帰省の際に現金で持参するか，知人に託し，あるいは郵便局での電信送金を利用することなどが主だった。しかし，これらの送金方法は，紛失のリスクが伴うと同時に，現金が渡るまで時間を要した。M-Pesaを使用することで，人びとは簡単なSMS（ショートメッセージサービス）を送るだけで瞬時に正確に送金できるようになり，送金に伴う紛失のリスクも防げるようになった。

　第三に，ケニアにおける識字率の高さがあげられる。M-Pesaはテキストベースのシステムであるため，SMSの送受信には読み書きができることが前提となっている。M-Pesaが開始された当初の2007年におけるアフリカの平均識字率は57.3％であるのに対し，ケニアは72.2％だった（World Bank 2023b)。このことは，ケニアの成人の大半の人びとがそれほど苦労せずにM-Pesaを利用できた可能性が高いことを示している。

　供給側の背景として，第一に，ケニアにおけるモバイルマネー・エージェントと呼ばれる取扱店舗網の拡大があげられる。利用者は国内に約29万（2023年現在，CBK）あるサファリコムと提携した最寄りのエージェントを通じて，M-Pesaの登録をし，預入や引出しができる。エージェントといっても，多く

はもともと地域にある個人商店などで，それらが取扱店舗網を構成している。ケニアにおける銀行ATMの数が以前は1,000に満たなかったことに鑑みると，取扱店舗網の拡大は多くの人びとに金融サービスを提供し，M-Pesaの急速な普及に貢献したと考えられる。

　第二に，規制当局によるモバイルマネー導入に対する柔軟な姿勢があげられる。すなわち，M-Pesaの導入は国内銀行部門からの強い反発や抵抗があったにもかかわらず，迅速に承認された（Tyce 2020）。この背景には，商業銀行のモバイルマネー導入への抵抗を抑制するような規制やモバイルマネーの普及を支援する政策環境がつくられたこと（Kimenyi and Ndung'u 2009 ; Vaughan et al. 2013），国内の金融包摂を進める中央銀行のコミットメントがあったこと（Buku and Meredith 2013）などがある。さらに，政治経済学的な観点から，M-Pesaの導入は当時の大統領のムワイ・キバキのイニシアティブで進められており，モバイルマネーに対する政府の開発への志向，政治的な配慮があったこと（Tyce 2020），などが指摘されている。

（3）　新しい金融と在来金融

　第1節で述べたように，国内の貯蓄を金融資産にシフトし動員することはアフリカにおいて重要な課題である。特に，近年では携帯電話からアクセスできる新たな金融商品が開発され，送金や決済のみならず，預金や利息の獲得，少額無担保融資への申請などの金融サービスが提供されている。例えば，ケニアのサファリコムは通信事業者のため，当初は預金や貸出などの金融サービスを提供することはできなかったが，国内銀行と共同して普通預金口座など様々な金融商品を提供している（コラム⑦）。モバイルマネーは流動性が高く，少額貯蓄が可能であるため，貯蓄手段としての利用を促し，また，銀行にとっても広範囲に効率的に貯蓄動員を進めることができると期待されている。例えば，ケニアにおける商業銀行の預金残高をみると，2014年時点の1兆8,060億から2023年には4兆1,625億ケニアシリングへと大幅に増加している（CBK 2023a）。預金残高の伸びは様々な理由があるが，その一部は，モバイルマネー利用者の増加が影響を与えていると考えられる(2)。

　図6-4は，アフリカ25カ国における貯蓄形態を示している。ケニア，ガーナ，ウガンダ，セネガル，ザンビアの5カ国では，モバイルマネー口座で貯蓄

第Ⅱ部　アフリカの産業開発

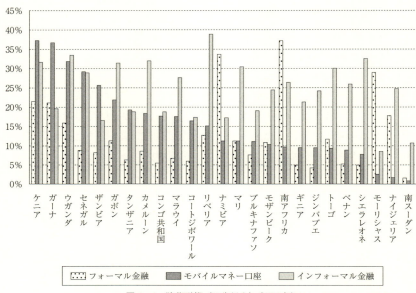

図 6-4　貯蓄形態（15歳以上）（2021年）

注：「フォーマル金融」は，過去1年間に銀行またはその他の金融機関で貯蓄または積み立てをしたと回答した人の割合，「モバイルマネー口座」は，過去1年間にモバイルマネー口座を使ってお金を貯めた人の割合，「インフォーマル金融」は，過去1年間に，非公式な貯蓄クラブや家族以外の人を利用して貯蓄や積み立てをしたと回答した人の割合を示す。
出所：Global Findex Database（2021）より筆者作成。

をしている人が25％を超えている。これらの国では，モバイルマネーが人びとの貯蓄の重要な手段となっているといえる。一方，南アフリカやモーリシャス，ナミビアなどのフォーマルな金融が発展している国では，金融機関を利用すると回答した人が最も多い。特筆すべきは，ケニア，ウガンダ，セネガル，ガボンなど，モバイルマネーの利用が多い国であっても，インフォーマル金融の割合も同じように高く，モバイルマネーと同様に重要な貯蓄手段となっていることである。インフォーマル金融の割合が3つの形態のうちで最も高い国は17カ国と大半を占める。モバイルマネーが普及し，フォーマル金融へのアクセスが増加しているケニアでも，インフォーマル金融の割合は30％を超えており，人びとがフォーマル金融とインフォーマル金融の双方を利用していることがわかる。

インフォーマル金融はアフリカにおいて長い歴史をもち，多くはフォーマル

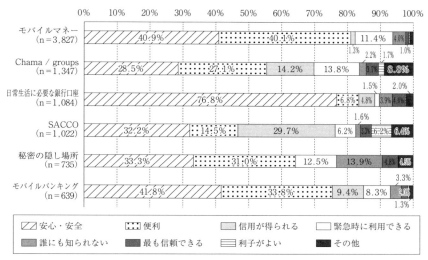

図 6-5 最も重要な貯蓄手段とその選択理由 (2021年)

注1：それぞれの貯蓄手段の下の数値は「現在あるいは，過去1年間で利用した最も重要な貯蓄手段」（単一回答）に対する回答数を示す。全回答数は9,855。上位6位までを示した。
注2：図中の数値は注1の質問に付随し，「その貯蓄手段を選択した理由」への回答結果（単一回答）を筆者がクロス集計し，割合を算出したものである。
出所：FinAccess Kenya (2021)．

な金融機関から排除されてきた人びとに寄り添った小規模な金融サービスとなってきた。それらは，農村における女性のグループ，都市部での同郷や友人関係など，様々な社会的紐帯をもとに組織化された貯蓄グループ，また，セミフォーマルな貯蓄信用組合やマイクロファイナンス機関など多様である。

例えば，貯蓄信用協同組合（Savings and Credit Cooperatives：SACCO）は，多くのアフリカ諸国でみられる，預金と貸出を担うセミフォーマルな金融組織である。SACCOの一員になると，利子や配当金を得ることができるほか，貯蓄を担保にした借り入れが可能である。SACCOは協同組合省などによって登録されてはいるものの，組合員によって管理，所有，運営されており，銀行のように中央銀行の監督当局によって規制されているわけではない。そのため，ガバナンスについて問題を抱えていることが多い。またSACCOほど規模は大きくないが，回転型貯蓄信用講（Rotating Savings and Credit Associations：ROSCAs）もアフリカで多く存在する。ROSCAsは，日本では頼母子講や無尽の名で知られる，いわゆるインフォーマルな「講」組織で，定期的にメンバー

が小口資金を持ちより，順番に資金を受け取る仕組みを持つ。

　それでは，人びとはどのような理由で貯蓄方法を選択しているのだろうか。図6-5は，ケニアにおける成人の金融サービスに関する全国家計調査データ（FinAccess Kenya 2021）をもとに，人びとの最も重要な貯蓄手段とその選択理由についてクロス集計を行い，それを整理したものである。ケニアでは様々な貯蓄方法が存在するが，ここでは全17のうち，上位6つの貯蓄手段を示した。このうち，フォーマル金融は「モバイルマネー」，「モバイルバンキング」，「日常生活に必要な銀行口座」，インフォーマル金融は，「Chama（ROSCAs）」，「SACCO」，「秘密の隠し場所」である。図より最も重要な貯蓄手段は，モバイルマネーが最多（3,827/9,855≒38.8％）で，次いで，Chama（13.7％），銀行口座（11.0％），SACCO（10.4％），秘密の隠し場所（7.5％），モバイルバンキング（6.5％）であり，モバイルマネーが最も利用されている。次に，それぞれの選択理由を見ると，貯蓄を「安心・安全」に保管でき，また「便利」という点でフォーマル金融としてのモバイルマネー（「安心・安全」=40.9％，「便利」=40.1％）やモバイルバンキング（「安心・安全」=41.8％，「便利」=33.8％）が選択されている。他方，「Chama」や「SACCO」の選択理由をみると，インフォーマル金融は，「安心・安全」に加えて，貯蓄を担保に「信用が得られる」という理由で選択されているようである。「秘密の隠し場所」も加えると，インフォーマル金融は主要な貯蓄形態として，合計で31.5％の利用者により選好されている。

　このことは，長らく一般の人びとに寄り添った金融サービスを提供してきたインフォーマル金融が，人びとにとって重要な貯蓄・借入の手段であり続けていることを示している。現在のアフリカでは，モバイルマネーから派生した少額無担保融資を提供するモバイルバンキングが普及しつつあるものの，モバイルマネーの導入によりインフォーマル金融からフォーマル金融へのシフトが促進されるというより，その両方が併存し，それぞれ機能し続けているのが現在のアフリカにおける金融の特徴だといえるだろう。

3　金融仲介と企業の資金調達

（1）　金融仲介

　経済学において，金融の本来的機能は幅広い経済主体から貯蓄を動員し，そ

第 6 章 アフリカの金融と国内投資

表 6-1 銀行による民間部門に対する国内信用（対 GDP 比）（2000～2019年）

国　名	銀行による民間部門への国内信用（対 GDP 比）			国　名	銀行による民間部門への国内信用（対 GDP 比）		
	2000	2010	2019		2000	2010	2019
西アフリカ				東アフリカ			
ガーナ	13.8	16.0	13.0	ウガンダ	5.7	10.0	12.7
カーボベルデ	38.2	55.6	50.9	エチオピア	17.6	n/a	n/a
ガンビア	6.5	9.4	7.7	エリトリア	26.8	19.3	n/a
ギニア	3.9	3.9	9.9	ケニア	25.6	23.9	30.8
ギニアビサウ	4.6	6.7	14.2	コモロ	5.1	10.4	15.3
コートジボワール	9.7	13.0	19.2	ジブチ	32.1	33.1	22.4
サントメ・プリンシペ	n/a	37.1	20.6	スーダン	2.3	10.5	9.2
シエラレオネ	2.0	0.0	0.0	セーシェル	15.6	24.1	35.6
セネガル	14.5	21.3	29.5	タンザニア	3.1	11.5	12.5
トーゴ	10.3	15.9	27.5	南スーダン	n/a	n/a	1.7
ナイジェリア	8.2	13.5	10.4	南部アフリカ			
ニジェール	3.9	9.0	11.1	アンゴラ	2.0	19.6	14.3
ブルキナファソ	10.3	15.6	28.0	エスワティニ	10.8	19.1	20.8
ベナン	7.8	15.7	17.6	ザンビア	7.4	9.1	12.5
マリ	13.5	17.9	24.4	ジンバブエ	20.9	13.4	5.2
モーリタニア	n/a	17.3	22.1	ナミビア	39.6	48.4	56.9
リベリア	1.9	9.3	14.1	ボツワナ	14.7	27.4	35.9
中部アフリカ				マダガスカル	7.4	10.8	14.0
ガボン	8.7	8.2	13.3	マラウイ	3.9	9.5	7.1
カメルーン	7.2	10.8	14.1	南アフリカ	60.5	63.3	60.3
コンゴ共和国	4.8	6.0	13.8	モザンビーク	12.8	22.1	21.0
コンゴ民主共和国	0.7	3.7	6.0	モーリシャス	56.5	85.3	78.1
赤道ギニア	3.6	6.1	15.2	レソト	13.5	13.2	20.6
チャド	3.5	4.2	9.9	サハラ以南アフリカ平均	28.5	29.2	25.7
中央アフリカ	4.7	8.2	11.5	サハラ以南アフリカ平均（南アフリカ，モーリシャスを除く）	10.5	15.3	17.9
ブルンジ	16.9	18.2	20.3	東アジア・太平洋	148.1	109.6	141.5
ルワンダ	8.6	11.3	21.3					

注：銀行による民間部門への国内信用（Domestic credit to private sector by banks）とは，中央銀行を除いた金融取扱機関による融資，株式以外の有価証券の購入などを通した民間部門への信用供与を示す。
出所：World Bank（2023b）より筆者作成。

163

れを原資として企業へ貸し出すことで投資を促進し，経済成長に貢献することと考えられている。ここで重要な点は，企業の投資の大部分が金融仲介を通じて行われるという前提に立っていることである。特に，アフリカではモバイルマネーの進展により，金融サービスへのアクセスに主眼が置かれがちだが，動員された資金を適切な産業部門への投資に向けるという金融の仲介機能に関しては十分に目が向けられてきたとはいい難い。

そこでまず，アフリカ各国における金融仲介の規模を見てみよう。表6-1に金融仲介規模の指標として，アフリカ諸国における，2000年，2010年，2019年の3カ年の銀行による民間部門への国内信用の対GDP比を示した。なお，2019年の民間信用水準が2010年の水準を上回っている国を網掛けで示した。過去10年間において，データの入手可能な48カ国中31のアフリカ諸国で民間信用のGDP比が増加している。また，フォーマル金融部門が発展している南アフリカとモーリシャスを除いたアフリカ全体の平均でみても，2000年以降の10年（ないし9年）[5]おきの対民間信用はそれぞれ，10.5％，15.3％，17.9％と増加していることが見て取れる。とりわけ，モバイルマネーの利用者が多いケニアで銀行による対民間信用の水準が30％を超えていることは特筆に値する。

とはいえ，東アジア・太平洋地域と比べると，アフリカの対民間信用の水準は依然としてかなり低く，20％に満たない低い水準を示している。2019年時点において国内信用の比率について30％以上が7カ国，20％以上～30％未満が12カ国であるが，20％未満の国が27カ国にもおよぶ。つまり，半数以上のアフリカ諸国が20％未満の低い水準に留まっている。特に，シエラレオネ，南スーダン，ジンバブエ，コンゴ民主共和国，マラウイ，ガンビア，スーダン，チャド，ギニアでは，10％にも満たず，これらの国では金融仲介がほとんど機能していないといってよい。

当然ながら，金融仲介はその国の社会経済的な条件に影響を受ける。「中間の欠如（missing middle）」といわれるように，アフリカでは生産・投資主体である中規模企業の数自体が少なく，少数の大企業と大多数の小規模零細企業が併存しているという構造的な特徴がある（第5章参照）。既に述べたように金融仲介が機能するためには，金融機関に個別企業に関する情報が十分に生産・蓄積される必要があるが，とりわけ小規模零細企業の企業経営は経営者の家計と未分離のまま結合していることがほとんどである。そのため，金融機関による

個別企業に関する財務状況等の情報の集積は困難になりがちである。したがって，アフリカでは，資金需要主体である企業と資金供給主体である金融機関との間に情報に関する大きなギャップが生じていると考えられる。

加えて，アフリカにおける金融市場（資本市場）は十分に機能しているとはいい難く，発行された債券や株式などのうち市場性のある商品は国債に限られるケースが多い。また，国際的な債券市場で資金調達ができる国は限られている。こうした状況において，国内金融機関は資金供給を行う際に，公的債務への投資（国債の購入）か，企業や家計への貸出かというトレードオフに直面する。しかし，情報の非対称性に起因する取引費用の高さのために，民間部門への貸出は選別的になる傾向がある。そして政府のデフォルト率（返済不能に陥る可能性）の低さ，流動性の高さ（取引のしやすさ），リスク調整後のリターンの高さ（デフォルトなどのリスクを考慮した場合に得られるリターンの高さ）などから民間部門への融資よりも公的債務への投資が相対的に魅力的となる（Attout et al. 2022）。その結果，銀行の民間部門への信用供与がクラウディング・アウト（しわ寄せをこうむって圧迫）されてしまう。

特に，2020年代になってからのアフリカでは，COVID-19への対策やロシアによるウクライナ侵略の波及を受けて政府の資金需要が急増しており，政府債務の膨張が懸念されている。アフリカ諸国にとって海外市場での資金調達は容易ではないため，多くの国が国内での資金調達に依存し，金融部門による公的債務の保有が増加していると指摘されている（IMF 2022）。こうした状況が続けば，民間部門への資金供給はさらに縮小する可能性があるだろう。

（2）　アフリカ企業の投資と資金調達

表6-2は2016～2018年にかけて世界銀行が実施したアフリカ18カ国における企業（5,336社）を対象とした調査（World Bank Enterprise Surveys）より，「企業活動に影響をおよぼす最も深刻な障害」についての質問への回答を集計したものである。表より，「金融へのアクセス」が19.7%と，その他のどの項目よりも最も高いことがわかる。調査対象企業はいずれも公式に登録されたフォーマル企業であることから，金融へのアクセスは相対的に得やすいと思われるが，この回答結果はアフリカの企業にとって資金調達がいかに難しいかを示すものである。特にアフリカでは比較的小規模の企業が多くを占めるため，そのこと

表6-2　企業活動に影響をおよぼす最も深刻な障害　(単位：%)

1	金融へのアクセス	19.7
2	インフォーマル・セクターとの競争	12.6
3	政治的不安定	12.0
4	電力	11.5
5	税率	9.4
6	汚職	9.2
7	税務当局	4.7
8	土地へのアクセス	4.7
9	関税と貿易規制	4.4
10	交通インフラ	3.8

出所：World Bank（2023a）より筆者集計。

も資金調達に影響をおよぼしていると考えられる。すなわち，大企業の40％が銀行からの融資を受けており，その割合は規模が縮小するにつれ低下し，中企業では26％，小企業では13％となる（UNECA 2020）。他方で，筆者のケニアでの調査によれば，モバイルバンキングの導入は小規模零細企業の運営資金のアクセス改善につながっている。しかしながら，モバイルバンキングは少額短期の融資のため，設備投資のための資金など投資資金としての効果は限定的である[7]。また，アフリカでは銀行からの融資の60％が1年未満の短期融資との指摘もあり（UNECA 2020），金融仲介機関における期間変換機能が働いていないことを示唆している。

　それでは，アフリカの企業は成長の要となる投資資金をどのように調達しているのだろうか。図6-6は上述の企業調査で，前年度に固定資産投資を行った企業の資金調達方法について集計したものである。各資金調達方法が企業の固定資産投資に占める割合について，それぞれの比率ごとに該当する企業のシェアを積み上げ棒グラフで表した。これによると，回答した企業のうち71.7％（1,319社）が固定資産の6割以上を内部留保によって賄っている。内部留保とは，企業がその活動を通じて得た利益のうち，企業内に保留される資金のことで内部資金とも呼ばれる。つまり，自己資金であって返済の必要がないため，企業にとっては最も使いやすい資金である。これに対して，外部資金による調達――銀行借入あるいはそれ以外の金融機関による調達――はほとんど行われておらず，外部からの借り入れに頼らない企業の比率は全体の8割以上を占める。すなわち，企業の多くは金融仲介を通してではなく，自己資金により投資を行っている。いいかえれば，アフリカの企業の多くは貯蓄者でもあり，

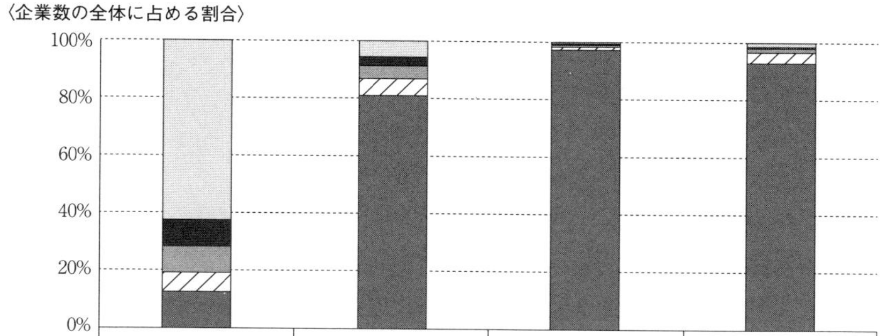

〈企業数の全体に占める割合〉

	内部留保	銀行借入	銀行以外の金融機関	その他
80-100%	62.2%	5.5%	0.5%	1.3%
60-79%	9.5%	3.0%	0.3%	0.4%
40-59%	9.2%	4.6%	0.5%	1.4%
20-39%	6.4%	5.7%	1.2%	3.9%
0-19%	12.7%	81.2%	97.4%	92.9%

図6-6　企業の資金調達方法

注1：前年度に固定資産投資を行った企業を対象とした。(n=1,840)
注2：データがとられた年は以下の通りである。2010年（アンゴラ，コンゴ民主共和国），2016年（ベナン，カメルーン，コートジボワール，エスワティニ，ギニア，レソト，マリ，トーゴ，ジンバブエ），2017年（リベリア，ニジェール，シエラレオネ），2018年（チャド，ガンビア，ケニア，モザンビーク）。
注3：「その他」は貸金業者，友人，親戚などによる資金調達が含まれる。
注4：一般的に企業の資金調達方法には，さまざまな方法があるが，ここでは対象国全てに共通してデータが入手できた4つの方法を示している。
出所：World Bank（2023a）より筆者集計。

投資主体でもあることになる。

　一般的にいって貯蓄は企業による自己投資と金融仲介の2つの回路を通じて投資を生み出す。ただし，家計と経営が分離していない企業では，貯蓄として分類されている数字には，経営者の賃金や家賃，配当などが含まれていることが多く，それらがそのまま企業の内部留保として投資に使われるわけではないことに注意が必要である。

　また，金融仲介機関が必ずしも，今後の開発や貧困削減を目的として投資先に資金を供給しているとは限らない。民間の金融機関であれば，利益率が高い産業部門に投資をすることが考えられる。例えば，アンゴラ，赤道ギニア，ザンビア，ジンバブエなどの国では，金融サービスが資源採掘部門に集中していると指摘されている（Tyson 2021）。また，ケニアの銀行部門の主要貸出先は

(2019年時点)，個人・家計向け貸出が最大で (27.7%)，続いて貿易部門 (19.0%)，不動産 (14.7%) であり，同国経済で重視されるべき農業や製造業への貸出はそれぞれ，3.3%，13.1% とわずかな数値だった (CBK 2019)。

したがって，金融アクセスの拡大により貯蓄が増加したとしても，その貯蓄が具体的に的を絞って利用されない限り，長期の経済開発への貢献にはつながらない。効率的な資金移転ができていないのが現在のアフリカにおける金融の現状だといえよう。

4　包摂的な金融の拡大に向けて

アフリカにとって，金融の発展は長期にわたり課題となってきた。2000年代以降の大きな変化の1つは，これまでフォーマルな金融サービスから排除されてきた人びとに対し，IT を活用した金融サービス（フィンテック）が提供されるようになったことだろう。モバイルマネーの進展は，アフリカにおける既存のインフラストラクチャーの乏しさや，それによる開発上の制約を一足飛びに乗り越え（リープフロッグ），金融包摂 (financial inclusion) を促進すると期待されている。

「金融包摂のためのグローバルパートナーシップ (GPFI)」によれば，金融包摂とは，「全ての就労年齢の成人が，フォーマルなサービス提供者から信用供与，貯蓄，支払い，保険への効果的なアクセスを得られる状態のこと」を指し，ここでいう「効果的なアクセス」とは，「利便性が高く責任あるサービスを，利用者にとって手頃なコストで，かつ提供者にとっても持続可能な形で提供することであり，その結果，金融サービスから排除されてきた人びとが，既存のインフォーマルな金融ではなく，フォーマルな金融サービスを利用するようになること」としている (GPFI 2011)。

したがって，金融包摂の議論ではインフォーマル金融からフォーマル金融への移行が想定されており，それに向けた重要な第一歩として，銀行口座を保有して金融アクセスを持つことが重視される。特に，金融サービスから排除されてきた人びとに対し，モバイルマネーの導入を促すことはフォーマル金融への"最初の入り口"を提供すると考えられている。実際に，モバイルマネーを通じてフォーマル金融を利用できる個人は増えており，ケニアでは金融機関にお

ける預金残高も増加している。しかしながら，アフリカ全体でみて，金融包摂の議論が想定するようなフォーマル金融からインフォーマル金融への移行は起きていない。むしろ，インフォーマル金融は貧困層をはじめ，アフリカの多くの人びとにとって重要な金融手段であり続けている。

　加えて，国ごとにばらつきはあるものの，民間部門向け国内信用の水準は全体的に見て低く，金融仲介を通じた企業への投資資金の供給はほとんど行われていない。企業はその発展のために長期間かつ多額の資金を必要とする。しかしながら，本来，長期性資金を供給する金融市場（資本市場）はアフリカでは十分に機能しておらず，また金融仲介もほとんど行われていないため，既に述べたように企業における投資の大部分が自己資金により賄われている。このことは，アフリカにおける低い投資率と表裏一体であるといってよいだろう。

　この点を踏まえれば，アフリカにおける金融の議論がモバイルマネーやモバイルバンキングへの「金融アクセス」やその改善に過度に注目しがちであることに留意したい。"最初の入り口"の議論からさらに進んで，資金の"利用のされ方"が重視される必要がある。この点において，企業における投資を促すような環境が政府によって整備されることは勿論のこと，家計や小規模企業に向けた金融サービスの充実と的を絞った集中的な資金供給などの金融仲介側の努力や，インフォーマル金融の役割の再考も必要だろう。とりわけ，特定の部門やグループに的を絞った安定的な資金供給に関しては公的な開発金融機関がその役割を果たしうる。過去にはその非効率な運営が指摘されてきたが，近年ではアフリカでもその役割が改めて重視されており，機関の能力強化を進めていくことが求められる（第4章も参照）。

　加えて，モバイルマネーやモバイルバンキングを規制する制度や監督基準については不明確な部分も多く，利用者の取引データや預金の保護についても安全性の維持に不安が残る。また，金融サービスは都市部に集中しがちで，モバイルマネーをはじめとしたフィンテックが新たな種類の排除を生み出すおそれも指摘されている。例えば，新たな金融商品はスマートフォンの所有や通話料の増加を必要とするため，低所得者層はフィンテックを通じた預金，信用，保険を利用することができず，新しい金融から排除されていると指摘されている（Chetty et al. 2019）。

　アフリカの新しい金融は脆弱性を内包しつつも，拡大し，多くの個人の生活

を変えつつある。新しい金融が，都市部と農村部，富裕層と低所得者層などの間に存在する金融格差をさらに拡大することなく，いかに金融包摂を進めて人びとの厚生を高めていくかは，今後の大きな課題であろう。そして何よりも，アフリカにおける金融の役割として，幅広く個人や企業から貯蓄を動員し，生産部門の投資につなげて長期の経済発展に寄与することが期待されている。

注

(1) M-Pesa が試験的に導入された当時は，ケニアでモバイルマネーに関する規制は存在しなかった。そのため，ケニア中央銀行はサファリコムに対して定期的な事業報告を求め，両者は協力して決済システムに関する規制（商品の機能性，法令遵守，プラットフォームの安定性と冗長性［予備システムを設けるなとして信頼性を確保すること］，健全性，消費者保護など）の構築に取り組んだ。のちに国内でM-Pesa の人気が高まると，銀行はその廃止と監査の実施を求めたが，中央銀行による監査結果に問題がないことが全国紙に掲載された（Vaughan et al. 2013）。

(2) 例えば，ケニア中央銀行は2021年から翌年にかけての預金残高の伸び（9.6％）の背景について，流動性を維持しようとする顧客の意向，継続的な景気回復，預金動員を強化するための銀行によるフィンテック採用によるものとしている（CBK 2023b）。

(3) モバイルマネー自体は，銀行サービス（有利子の預金や借入，保険など）へのアクセスを提供しない。携帯電話を通じた銀行サービスはモバイルバンキングと呼ばれる。

(4) 日本ではタンス預金などとも呼ばれるが，家族などに内緒で自宅のベッドのマットレスの下などにお金を保管することを指し，金融機関への預金とは区別される。

(5) COVID-19のパンデミックの影響を避けるため，ここでは2019年のデータを用いた。

(6) 対象国は，アンゴラ，ベナン，カメルーン，チャド，コートジボワール，コンゴ民主共和国，エスワティニ，ガンビア，ギニア，ケニア，レソト，リベリア，マリ，モザンビーク，ニジェール，シエラレオネ，トーゴ，ジンバブエの18カ国。

(7) Fjose et al.（2010）はアフリカの金融アクセスについても中間の欠如（missing middle）が存在することを指摘している。

参考文献

池尾和人 2021.『現代の金融入門』ちくま新書.
井手上和代 2023.「アフリカの地場企業と産業発展——モーリシャスとケニアの事例より」『明治学院大学国際学部付属研究所年報』26号，59-67.

内田浩史 2010.『金融機能と銀行業の経済分析』日本経済新聞出版社.

寺西重郎 1991.『工業化と金融システム』東洋経済新報社.

速水佑次郎 2004.『新版　開発経済学』創文社.

Attout, Ahmed, Alfredo Baldini, Vivian F. de O. Schmidt and Sanne Zwart 2022. *Is crowding out of private sector credit inhibiting Africa's growth?* European Investment Bank Luxembourg.

Buku, Mercy W. and Michael W. Meredith 2013. "Safaricom and M-Pesa in Kenya: Financial inclusion and financial integrity." *Washington Journal of Law, Technology and Arts* 8(3)：375-400.

CBK 2019. *Bank Supervision Annual Report 2019*. Central Bank of Kenya.

CBK 2021. *Mobile Payments*. https://www.centralbank.go.ke/national-payments-system/mobile-payments/（2023年7月1日確認）

CBK 2023a. Depository Corporation Survey. https://www.centralbank.go.ke/statistics/monetary-finance-statistics/（2023年6月29日確認）

CBK 2023b. Kenya Financial Stability Report 2023. Central Bank of Kenya.

Chetty, Krish, Jaya Josie, Babalwa Siswana, Ephafarus Mashotola, Kim Kariuki, Chernay Johnson, David Saunders, Herman Smit, Shenglin Ben, Zheren Wang, Edward Brient, Wenwei Li and Man Luo 2019. "Review of fintech strategies for financial inclusion in Sub-Saharan Africa." *International Financial Architecture for Stability and Development/Crypto-assets and Fintech*：1-14.

FinAccess Kenya 2021. *2021 FinAccess Household Survey Report*. https://www.centralbank.go.ke/wp-content/uploads/2022/08/2021-Finaccesss-Survey-Report.pdf（2022年12月1日確認）

Fjose Sveinung Leo A. Grünfeld Chris Green 2010. "SMEs and growth in Sub-Saharan Africa: Identifying SME roles and obstacles to SME growth",（MENOM Publication no. 14/2010）. http://www.norfund.no/getfile.php/Documents/Home page/Reports%20and%20presentations/Studies%20for%20Norfund/SME%20and %20growth%20MENON%20%5BFINAL%5D.pdf（2023年3月31日確認）

Global Findex Database 2021. https://microdata.worldbank.org/index.php/catalog/4607（2023年1月5日確認）

Global Partnership for Financial Inclusion（GPFI）2011. *Global Standard-Setting Bodies and Financial Inclusion for the Poor*. GPFI.

International Monetary Fund（IMF）2022. "Regional Economic Outlook, Sub-Saharan Africa: A New Shock and Little Room for Manoeuvre." Washington, D.C.: International Monetary Fund.

Jack, William and Tavneet Suri 2014. "Risk Sharing and Transactions Costs: Evidence from Kenya's Mobile Money Revolution." *American Economic Review* 104(1)：

183-223.

Kimenyi, Mwangi and Njuguna Ndung'u 2009. *Expanding the Financial Services Frontier: Lessons from Mobile Phone Banking in Kenya*. Washington, D.C.: Brookings Institution.

Tyce, Matthew 2020. "Beyond the neoliberal-statist divide on the drivers of innovation: A political settlements reading of Kenya's M-Pesa success story." *World Development* 125：104621.

Tyson, Judith 2021. "Financial-sector development and inclusive and sustainable economic growth in sub-Saharan Africa." *Joint FSDA and ODI working paper*.

United Nations Economic Commission for Africa (UNECA) 2020. *Economic Report on Africa 2020: Innovative Finance for Private Sector Development in Africa*. Addis Ababa: Economic Commission for Africa.

Vaughan, Pauline, Wolfgang Fengler and Michael Joseph 2013. "Scaling-up through disruptive business models: the inside story of mobile money in Kenya." in *Getting to Scale: How to Bring Development Solutions to Millions of Poor People*. eds. Chandy, Laurence, Akio Hosono, Homi Kharas and Johannes Linn. Chicago: Brookings Institution Press, 189-219.

World Bank 2023a. World Bank Enterprise Surveys. www.enterprisesurveys.org （2023年8月3日確認）

World Bank 2023b. World Development Indicators. https://databank.worldbank.org/source/world-development-indicators（2023年6月29日確認）

（井手上和代）

Column ⑦

アフリカ発のフィンテック M-Pesa の展開

　今でこそ電子マネー送金やネットバンキングは珍しくないが，フィンテックの分野においてアフリカが先駆者であることはあまり知られていない。日本で電子マネー送金が普及する何年も前からケニアでは M-Pesa という電子マネーシステムが一般化していた。

　M-Pesa とは大手通信事業者のサファリコムが主体となり運営している，送金を主軸に，決済システム，貯蓄，利付預金，個人ローンなどの機能を備えた電子マネープラットフォームで，2007年ケニアで開始された。元々ケニアの携帯電話所持率はアフリカでは高く，プリペイド式が主流だったため，電子マネーでのデータ購入は需要があり，わずか1年で600万ユーザーへと拡大した。Mはモバイル，PESA はスワヒリ語でお金という意味である。

　アフリカでは地域間の所得格差が大きいことを背景に，送金の需要が旺盛である。例えば，都市部の労働者が M-Pesa で仕送りし，受け取った農村部の家族がこれを電子マネー形態で貯蓄しておき，必要に応じて M-Pesa 提携キオスクで現金化する。銀行の支店や ATM が未整備で現金へのアクセスが難しく経済行動が制約されていた農村部において，送金と貯蓄のキャッシュレス化は画期的であった。送金は消費や投資を容易にし，再分配も期待できるため簡素化・迅速化は重要だ。送金が貧困削減に寄与することが2020年の国連の報告でも指摘されている。

　2012年には金融機関と連携したサービスも開始された。テキストメッセージ上でマイナンバーなどの本人確認を行い簡単に利付預金や少額ローンの口座を開くことができる。過去の M-Pesa 取引履歴を照合することでローンの返済能力判断もできるようになった。信用情報を提供できなかった個人や零細企業もフォーマルな金融機関からサービスを受けられるようになった。運営グループの報告によると，サービス開始以降に貸付された総額は約1,500億円以上にもなる。

　M-Pesa は金融サービスの享受が困難であった人びとをフォーマルな金融システムに取り込んだと評価されている。2023年時点ではタンザニア，ガーナ，レソト，モザンビーク，エジプト，コンゴ民主共和国へも広まっており，総ユーザー数は約5,100万に及ぶ。近年では電子決済の側面が強化されており，M-Pesa GlobalPay など新たな展開が見受けられる。今後もアフリカのフィンテックから目が離せない。

（岡本晴菜）

第Ⅲ部

アフリカ経済と対外関係

第7章

アフリカの貿易と投資

── この章で学ぶこと ──

　貿易や外国直接投資は，経済開発にとって重要な役割を果たす。アフリカ諸国の国際貿易や外国直接投資の流入パターンは，依然として農業や鉱業・採掘産業が大きな割合を占めている。だが細かくみていくと，園芸作物や米国の輸入促進策の恩恵を受けた繊維製品などの輸出が増え，これらの産業では対アフリカ投資が増加し現地の雇用も創出されている。また情報通信技術を利用したスタートアップ企業の成長が各地でみられるほか，南アフリカやモロッコなど一部の国で自動車産業が発展している。

　しかしながら，アジア諸国のように域内生産ネットワークが形成され，グローバル・バリュー・チェーンに組み込まれるという深いレベルでの工業部門の発展は，多くのアフリカ諸国の経済では未だ起こっていない。むしろアフリカは「早すぎる脱工業化」の影響を最も受けており，アフリカから製造業がアジアにシフトしている現実がある。

　アフリカ諸国が雇用の創出と包摂的な経済成長を実現するには何が求められるのか。このような脱工業化を克服し産業を多様化し，グローバル・バリュー・チェーンに参加するためになにが必要だろうか。

1　なぜ貿易が問題なのか──比較優位と要素賦存

（1）　経済開発における貿易と投資の役割と関係性

　外国との貿易は全ての国の経済開発にとって重要な意味を持っている。それぞれの国は，貿易を通じて他国に自国で生産したものを輸出し，あるいは，自国では生産できないものや自国で生産すると効率のよくないものを他国から輸入することで，自国内だけで取引を行うよりもより多くの所得を得て，豊かな

消費を実現することができる。つまり，世界の国々は貿易を通じて互いに分業と協業を行い，より豊かになることができると考えられている。それを裏づける理論はすぐ後で説明しよう。

アフリカをはじめとする所得レベルが低い国々は，所得の低さゆえ，また若年層が多くを占める人口構成のために国内の貯蓄が乏しく，したがって資本の蓄積が進まないことが多い。そこで，援助や投資を通じて外国から資本を導入することが企図されてきた。外国直接投資は，外国企業が投資先の他国で生産活動を行うための投資のことを指すが，同時に，生産技術や経営のノウハウ，国際的な市場とのつながりなど途上国が持っていない資源を導入する有力な回路となる。直接投資を行い複数の国で生産活動を展開する企業は，多国籍企業と呼ばれる。外国直接投資は，途上国で生産活動を行うために設備・機械，部品などを外国から輸入し，また天然資源の採掘や工業製品の生産を行い，輸出をする場合が多い。したがって，途上国は，外国直接投資を導入することによって貿易を拡大することができる。いいかえれば外国直接投資の多くは，貿易を拡大することを想定して行われるのである。このように貿易と投資には密接な関係がある。

（2） 比較優位と要素賦存——貿易はなぜ必要とされるのか

それでは，貿易はどのような場合にアフリカ諸国にとって利益をもたらすのか，次に考えてみよう。アフリカ，特にサハラ以南のアフリカの貿易構造を考察するうえで，国際貿易を説明する基本的な概念の1つである比較優位論（リカード・モデル）を確認しておかなければならない。他章でも言及されているように，アフリカ経済に多大な影響をおよぼした1980年代からの構造調整政策は，比較優位論に基づいて農業を重視（すなわち工業を相対的に軽視）したと考えられるためである（第3章，第4章参照）。

ある国が貿易をする際，何を輸出し何を輸入するのか。もちろん自国で生産できない財がある場合，例えば非産油国の場合は，石油を輸入せざるを得ない。あるいは自国で生産できる財でも，より低コストで生産できる他国から輸入する方が自国の消費者には有利である。換言すれば，ある一国は，他の財に比べ生産が「得意」な財を輸出し，その反対に相対的に「得意でない」財を輸入するということになる（福西 2014）。

単純化のために，世界には自国（A）と外国（B）の2国のみが存在し，工業製品と農産物の2種類の財を，労働のみを用いて生産すると仮定する。両国で各財を1単位生産するために必要な労働量

表7-1　各財の生産に必要な労働量

	農産物	工業製品
自国（A）	2	4
外国（B）	4	5

を表7-1のように想定する。Aでは農産物を1単位生産するのに2単位の労働，工業製品を1単位生産するのに4単位の労働を要する。Bではそれぞれ4単位，5単位の労働を必要とする。つまりAではいずれの財もBより少ない労働で生産することができる（これを絶対優位とよぶ）。この場合，自国Aは外国Bから財を輸入する必要はないように思われる。

各国のある時点の総労働量は限られているので，ある財の生産を増やすためには他の財の生産（に従事する労働）を減らさなければならない。表7-1ではA国は工業製品の生産を1単位増やすには4単位の労働が必要である。これを手当てするために農業分野から4単位の労働量を工業生産に移す，つまり農産物の生産を2単位減らす必要がある。他方Bでは工業品の生産を1単位増やすには5単位の労働が必要なので，農産物の生産を1.25（5/4）単位減らすだけでよい。つまり工業品の生産のために犠牲になる農産物生産はB国の方が小さいので，工業品の生産は相対的にはB国の方が効率的であると考えられる。同様に，農産物増産のために必要な工業品の減産量はA国の方が小さいので，農産物の生産は相対的にはA（自国）の方が効率的である。したがって，自国Aは農産物の生産に比較優位（すなわちB国と比べた相対的な優位性）を持ち，工業品の生産に比較劣位（相対的な劣位性）を持っている。一方，外国Bは工業品の生産に比較優位を，農産物の生産に比較劣位を有している。

財の価格は生産に必要な労働量を反映すると考えると，貿易がない場合にA国における農産物の価格は工業製品の1/2である。つまり，A国における工業品と比較した農産物の相対価格は1/2である。B国のそれは4/5であるから，農産物の相対価格はA国の方が低い。逆に工業製品の相対価格はB国が低い。したがって，A国の農業部門は自国よりもB国に農産物を輸出することでより多くの利潤を得ることができ，工業部門はB国からの安価な輸入品によって自国内で販売することができなくなる。その結果，A国は農産物生産に特化する。他方で，B国では逆のことが生じるので，工業製品の生産に特化する。両国が

比較優位のある産業に特化することで，それぞれの財の生産量は最大化される。また，貿易を通じて財を両国間で配分することで，消費者はより多くの財を手に入れることができる[(1)]。

　上記のような比較優位論を踏まえて，各国に存在する複数の生産要素（ここでは労働と資本を考える）のバランスが異なる場合に比較優位が発生することを説明する「ヘクシャー＝オリーン・モデル」がある。例えばC国では資本に比べて労働が相対的に多く，D国では労働よりも資本が豊富に存在すると仮定する。ここで労働も資本も国際移動しないとすると，C国では労働に比べ資本が希少なので資本の価格が相対的に高くなる。D国はその逆に，希少な労働の相対価格が高くなる。つまりC国では生産に資本を多く必要とする財（資本集約財）のコストが相対的に高くなり，労働を多く必要とする財（労働集約財）のコストは低くなる。D国では資本集約財のコストが低く，労働集約財のコストが高い。そのため，C国はコストの低い労働集約財を輸出して資本集約財を輸入する方がより多くの資本集約財が得られるし，D国はその逆の取引を行うと，より多くの労働集約財を得ることができる。つまり，両国に利益をもたらすことになる。まとめると，それぞれの国の賦存の豊富な生産要素を集約的に利用して生産する財に比較優位を持つことになる。このような理論を知っておくことは，アフリカの貿易のあり方を考える際に有益である。

2　アフリカの貿易構造

（1）　アフリカの貿易の位置づけ

　北アフリカを含むアフリカ諸国の2022年における輸出入合計額は1兆4014億ドル，サハラ以南のアフリカでは9,255億ドルであった（UNCTAD 2023a）。第二次世界大戦後，世界全体の貿易に占めるアフリカの割合は輸出入とも低下し続け，2000年初頭には輸出入とも2％程度（サハラ以南のアフリカは1.3％）に過ぎなかった。しかし，2010年代は増加傾向が見られ，2022年時点でアフリカ大陸全体では輸出入とも3％弱，サハラ以南のアフリカは1.8％ではあるが，第二次世界大戦直後にはおよばない（図7-1）。

　図7-2に示すように，サハラ以南のアフリカのGDPに対する貿易（輸出入合計）の比率は，1980年代に低迷したものの2010年に向けて増加してきた。20

第 7 章　アフリカの貿易と投資

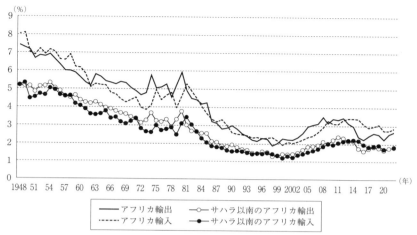

図 7-1　世界の貿易に占めるアフリカの割合（1948～2022年）
出所：UNCTAD (2023a).

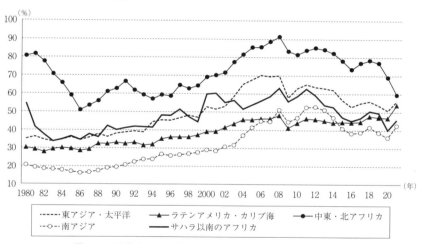

図 7-2　地域別 GDP に占める輸出入合計の割合（1980～2021年）
出所：UNCTAD (2023a).

世紀の間は，他の地域と比べると，鉱物資源輸出国が多い中東・北アフリカ地域を別として，サハラ以南のアフリカにおける貿易の対 GDP 比は相対的に高かった。だが2000年代以降東アジア・太平洋における貿易の対 GDP 比が拡大してアフリカを追い越した。また，近年はアフリカ地域の貿易の対 GDP 比に

若干の低下傾向がみられ，ラテンアメリカ・カリブ海地域にも追い越されている。

（2） 輸出入の品目構成

図7-3のとおり，コロナ禍前の2015～2019年の5年間（平均）のサハラ以南のアフリカの商品輸出の内訳は，燃料（石油・石炭・天然ガスなど）37.0％，工業製品25.0％，食品14.6％，金属鉱石13.7％である。工業製品の割合は，東アジア・太平洋では80.7％，南アジアでは70.8％，ラテンアメリカ・カリブ海地域では49.8％であり，サハラ以南のアフリカの輸出における工業製品の割合は他の途上地域に比べ，中東・北アフリカ地域と並んで小さい。他方で食品と農産物・原料の合計が輸出に占める割合は17.4％であり，対象地域の中でラテンアメリカ・カリブ海地域に次いで大きい。サハラ以南のアフリカの輸出が，工業製品ではなく一次産品（鉱産物および農産物など）に依存する構造がみてとれる。他方で輸入品の構成は地域間の差異は輸出に比べて少ない。すべての地域において，輸入品目では工業製品の割合が最も大きく，それに燃料，食品が続く（図7-4）。

図7-5の輸出入の推移をみると，工業製品輸出の割合が減少している。2000～2004年の5年間の平均輸出は30.9％であったが，2020～2021年の平均輸出は22.5％となっている。他方で同時期に金属鉱石が10.5％から19.2％へ，燃料が31.7％から37.6％へ増加しており，サハラ以南のアフリカ全体でみると工業部門の割合の縮小と鉱物資源依存の深化の傾向がうかがえる。

輸入品の構成については，この期間全体を通して大きな変化は観察されておらず，工業製品が6割以上を占めている。なお図7-3，7-4，7-5と同じ統計データセット *World Development Indicators* によれば，1975～1979年平均の輸入品の構成は，農産物・原料2.0％，食品10.5％，燃料6.1％，工業製品78.4％であった。これを直近の2020～2021年と比べ40年間の長期の変化をみると，食品が10.5％から14.3％，燃料は6.1％から15.6％に増加している。

表7-2は，アフリカ諸国のなかで「（食料を含む）農産物」「燃料・鉱産物」「製造品」の3つのカテゴリーのうち1つの総輸出に占める割合が高い（50％以上）国について，その部門の輸出占有率の推移を2001～2005年（平均）と2016～2020年（平均）で比較したものである。例えば，マラウイ，エチオピアをはじめ，ウガンダ，コートジボワール，ケニアなどでも農産物の割合は50％

第7章 アフリカの貿易と投資

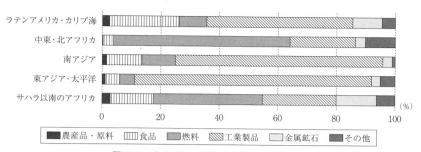

図7-3 商品輸出の内訳（2015～2019年平均）
出所：World Bank（2024）．

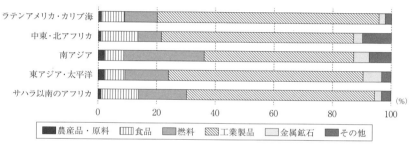

図7-4 商品輸入の内訳（2015～2019年平均）
出所：World Bank（2024）．

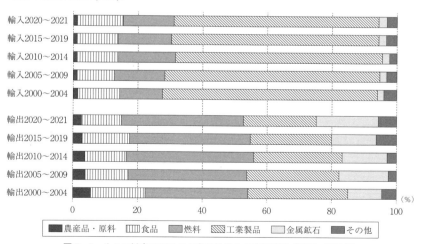

図7-5 サハラ以南のアフリカ商品輸出入の内訳推移（2000～2021年）
出所：World Bank（2024）．

183

表7-2 輸出部門占有率推移　　　　　　　　　　　　　　（単位：％）

国／品目	2001～2005年	2016～2020年	国／品目	2001～2005年	2016～2020年
ナイジェリア／燃料・鉱産物	98	89	ブルキナファソ／農産物	71	22
アルジェリア／燃料・鉱産物	98	96	モザンビーク／燃料・鉱産物	70	74
アンゴラ／燃料・鉱産物	96	96	モーリシャス／製造品	69	52
ボツワナ／製造品	86	93	セーシェル／農産物	68	62
ガボン／燃料・鉱産物	86	81	ギニアビサウ／農産物	65	na
マラウイ／農産物	83	93	モロッコ／製造品	65	71
ブルンジ／農産物	81	51	ウガンダ／農産物	63	50
エチオピア／農産物	80	82	ザンビア／燃料・鉱産物	60	77
チュニジア／製造品	79	80	エスワティニ／製造品	60	65
ガンビア／農産物	79	10	モーリタニア／燃料・鉱産物	59	42
スーダン／燃料・鉱産物	78	11	コートジボワール／農産物	55	66
カーボベルデ／製造品	76	21	ケニア／農産物	53	58
サントメ・プリンシペ／農産物	74	64	カメルーン／燃料・鉱産物	52	44

注：2001～2005年（平均）時点で総輸出の50％以上が特定の部門で占められている国について，2001～2005年（平均）と2016～2020年（平均）の当該部門占有率を示している。品目分類は，標準国際貿易分類（Standard International Trade Classification：SITC）Rev. 3 に基づくWTO の集計分類による。「農産物」には SITC 第 0 部食料品および動物，第 1 部飲料およびたばこ，第 2 部食用に適しない原材料（鉱物性燃料を除く），第 4 部動物性または植物性の加工油脂およびろう，22採油用の種および果実が含まれる。「製造物」には，第 5 部化学工業生産品，第 6 部原料別製品，第 7 部機械類・輸送用機器類，第 8 部雑製品（ただし66類非鉄金属，891武器・弾薬は除外）。

出所：WTO（2023）。

以上であり続け，依存度が高い。また，特にサハラ以南の諸国は農産物または燃料・鉱産物のうち特定の品目に依存する「モノエクスポート」の国が多い。例えばナイジェリア，アンゴラは過去20年間を通して原油・天然ガスが輸出のほぼ9割を占めており，貿易収支がこの2品目の国際価格の変動による影響を受けやすい。ただし一部の輸出規模の小さい国では，輸出品目が多様化している例がある。例えばブルンジの農産物輸出は3,400万ドル（2001～2005年平均）から8,400万ドル（2016～2020年平均）に増加したが，同時期に鉱産物が180万ドルから1,400万ドル，製造品が160万ドルから1,700万ドルに増加したことで農産物の占有率が相対的に減少した。同様にガンビアでは製造品，カーボベルデでは農産物，ブルキナファソでは燃料・鉱産物および製造品輸出が増加している。とはいえ，多くのアフリカ諸国経済では，アジア諸国のような工業部門の発展は起こっていないといえる[2]。

すでに見たとおり，サハラ以南のアフリカ諸国の輸入品目のなかで工業製品が高い割合を占める。アフリカ54カ国のうち統計数値が利用可能な44カ国につ

いて，25カ国で輸入に占める工業製品の比率が60％を超えている（2016～2020年の平均，World Bank 2024）。これ自体はアフリカの経済構造を象徴するもので驚くべきことではない。ところが同じ期間で食料の輸入の割合が44カ国中31カ国で15％を超えている。例えば表7-2のケニアは2000年代を通して農産物が輸出の50％以上を占めているが，同時に輸入の15％を食料が占めている。こうした状況の背後には，ケニアなど多くのアフリカ諸国において人口の半数を超える人びとが農村に居住し，あるいは農業に携わっており，また農産物の輸出に依存していながら，国内の食料需要を自国ではまかなえていないという問題が横たわっている。

　以上見たようにサハラ以南のアフリカの国々は，主に，外国から工業製品を輸入し，鉱産物や農産物のような加工をほどこさない一次産品を輸出している。技術の進展による付加価値の高い工業製品を，工業化を遂げた国が輸出し，開発途上国が一次産品を輸出する状況を垂直貿易と呼ぶが，かつては先進諸国と開発途上国一般との間に垂直的な貿易関係があったといってよい。しかし，アジアやラテンアメリカの国々で工業化が進んだ結果，途上国全体からの工業製品の輸出が増加し，両地域の国々の多くはかつての垂直貿易の構造から脱しつつある。しかし，サハラ以南のアフリカ（および中東・北アフリカ）の国々は，依然として従来の垂直貿易構造のなかで，一次産品の輸出国としてとどまり続けているのである。その背景には，サハラ以南のアフリカ諸国のほとんどが，アジアやラテンアメリカの途上諸国で生じた工業化の波に取り残されているという現実がある。

（3）　21世紀における変化の特徴

　これまでみたような従来の貿易構造に加え，2000年代以降に新たな輸出傾向が顕在化してきた。その背景には，米国によるアフリカ成長機会法（AGOA）（第4章参照），EU の Everything but Arms（EBA）およびより有利なアクセスを提供する一般特恵制度（GSP+），日本などによる後発開発途上国（LDC）向け特恵の拡充など，今世紀に入って低所得国の産品に対する新たな市場アクセスを与える優遇策が打ち出されている（表7-3）。また，WTO は Aid for Trade（貿易のための援助）の取り組みを強化しており，途上国の貿易関連能力の向上を通じて経済発展と貧困削減を達成しようとする援助方針が，ドナー国

表7-3 低所得国向けの輸出優遇政策と特恵措置

優遇政策・特恵措置	制定年	対　象	概　要
African Growth and Opportunity Act（米国）	2000（改定 2015）	アフリカ32カ国（2024年1月）	米国の一般特恵関税制度による5,000以上の品目に加え1,800品目にアメリカ市場無税アクセス
Everything but Arms（EU）	2001	アフリカ，カリブ海，太平洋諸島（ACP）47カ国	武器以外のすべての品目のEU市場へ無税アクセス
Generalized System of Preferences Plus（GSP+）（EU）	2014（適用開始）	脆弱な低・低中所得国	人権・環境等に関する27の国際条約等を遵守するEUの一般特恵制度（GSP）受益国で，一定の条件を満たしている国に対し，GSPに加え更なる優遇を提供
LDC特恵拡充（日本）	2007	後発開発途上国45カ国（2023年4月）	1980年に導入の無税・無枠の市場アクセス対象品目を約86%から約98%に拡大
Aid for Trade（WTOおよび加盟国）			途上国の貿易関連能力の向上を通じて経済発展と貧困削減を達成しようとするWTOの取り組み。2007年から2022年まで8回の進捗状況レビューを実施

出所：USTR（2024），European Commission（2019），WTO（2024），財務省関税局（2023）．

や国際機関に浸透した。これらがアフリカの貿易に一定の影響を与えている。

　こうした環境の変化を反映した新たな輸出傾向として，第一に，ケニアやエチオピアなどからヨーロッパに向けた，花卉など園芸作物の空輸による輸出の増加が挙げられる（JETRO 2018；西浦・福西 2008）。例えば，ケニアの高地は高品質の花の生産に適した気候条件であることから，花卉ないし切り花の生産が1990年代から本格的に成長し始め，同国は現在では世界第4位の輸出国となっている。バラやカーネーションが主要な輸出品目であるが，2021年の切り花全体の輸出実績は約7.88億ドルであった。ケニアの品目別輸出額の中でも農産物に次いで第2位を占める。主にヨーロッパ市場，特にオランダのオークション市場への輸出（3.2億ドル）が中心で，その他イギリス，ドイツ，ロシア，サウジアラビアなどに輸出されている。隣国のエチオピアもケニアに次ぐ世界第5位の花卉輸出国である。2021年の切り花の輸出額は2.35億ドルで，これはエチオピアにとって第5位の輸出品目である。主な輸出先はオランダ，サウジアラビア，イギリス，ノルウェーである。

　第二に，ほとんどのアフリカ諸国の主要輸出品が農産物を含む一次産品であるのに対し，南アフリカからは工業製品が輸出されており，特に自動車が主に

先進国向けに輸出されている。日本のトヨタ自動車，日産，米国のフォード，オランダのステランティス，ドイツのフォルクスワーゲン，BMW，メルセデス・ベンツ，韓国のヒュンダイなど世界の主要メーカーが年間約60万台を生産しており，2021年時点で南アフリカの自動車輸出額は59億ドルにのぼる（JICA 2022；西浦・福西 2008）。主な輸出先は，ドイツ（28.6億ドル），米国（7.9億ドル），ベルギー（2.6億ドル），日本（2.5億ドル），そしてオーストラリア（2.4億ドル）である。南アフリカの自動車産業は，同国 GDP の6％以上を占め30万人近い雇用を創出している。また国内に約500社の自動車部品関連サプライヤーが存在し，現地生産部品調達率は40％にのぼる。ただし国内部品価格の競争力が課題である。

　第三の特徴として，レソト，スワジランド，ケニア，マダガスカルをはじめとするサハラ以南のアフリカ諸国からの衣料品輸出が2000年から急増している（図7－6）。これは同年に米国が AGOA を制定し，アフリカ諸国からの衣料を含む指定産品に優遇アクセスを与えたことを契機としている。東アジア，南アジアおよび南アフリカやモーリシャス企業による投資が，レソト，スワジランド（現エスワティニ），ケニア，マダガスカルなどに対して行われた（西浦・福西 2008）。これらの国への2000年代前半の投資額は，製造業部門における外国直接投資としては，南アフリカの自動車産業向けに次いで規模が大きいもので，2004年時点でこの4カ国で22.9万人の雇用を創出したと推定されている。ただし個々の国の輸出額の変動は大きい。図7－6は米国側から見たこれらの国からの衣料輸入額である。レソトからは2000年に1.4億ドル，2004年には4.8億ドルを記録したが，2009年には2.9億ドルに減少している。またケニアについても2010年以降は増加傾向にある。だが2004年にいったん約3億ドルを記録したものの，2009年には2.2億ドルまで減少している。これはサハラ以南のアフリカ企業の労働コストがアジア企業に比べて高く，収益率が低いことも一因である（福西 2007）。そのため環境の変化，例えば2005年の米国の規制の撤廃という外的要因により，中国・インドなどから米国への輸出が増加し，アフリカに立地する多国籍企業の生産量が減少するという脆弱性が明らかになった[5]。またマダガスカルでは，2009年からの政変が統治，政治的安定，人権など AGOA の適用条件に抵触するとして，2010年1月に関税免除適用が停止され，2009年の2.2億ドルから0.6億ドルに減少した。その後2014年に民主的な選挙を経た新

第Ⅲ部　アフリカ経済と対外関係

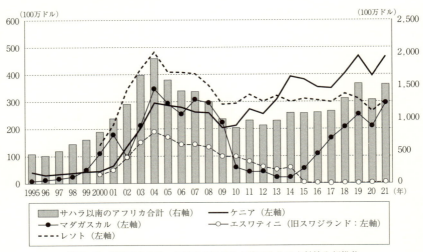

図7-6　米国によるサハラ以南のアフリカ諸国からの衣料輸入額推移
出所：World Bank (2023).

政権が発足し汚職対策の徹底を掲げたことから，2015年1月にAGOA適用が再開し，2021年には約3億ドルまで回復している（USTR 2019）。

　第四の特徴は貿易相手である。図7-7，7-8は，それぞれサハラ以南のアフリカの輸出先と輸入元の1970～2022年の推移である。サハラ以南のアフリカの最大の貿易相手となった地域は，輸出入とも従来はヨーロッパ（両図ではEU）であった。ヨーロッパは現在でも主要な貿易相手であるが，2000年以降中国との貿易が急増しており，近年では中国一国で南北アメリカ大陸を大きく上回り，EU全体の輸出入に匹敵する額の取引実績となっている。

　第8章で説明されるように，アフリカ大陸内の貿易は複数の域内貿易協定が存在するにもかかわらず低調である。アフリカ諸国は，独立後アフリカの連帯と域内貿易を通じた経済成長を具現化するための方途として地域統合を推進してきた。過去数十年にわたって様々な地域共同体が設立されたが，各国の指導者はそれらの設立合意文書でうたわれた政策協調や貿易障壁の撤廃，それにともなう様々な経済制度や構造の改革を断行する政治的意志に欠け，中途半端な結果となっている。こうした現実も，域内貿易が期待されたレベルにないことの一因である。

　ただし例外的に南アフリカについては，他のアフリカ諸国向けの輸出実績が

第 7 章　アフリカの貿易と投資

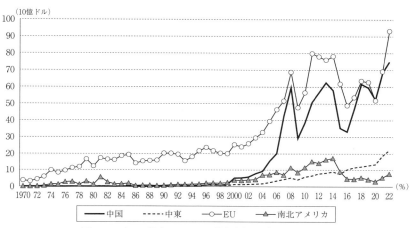

図7-7　サハラ以南のアフリカ輸出先推移（1970〜2022年）
出所：IMF（2023）.

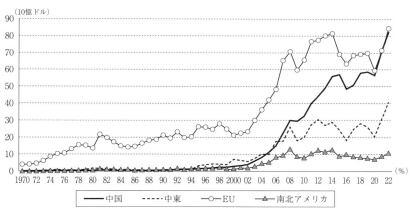

図7-8　サハラ以南のアフリカ輸入元推移（1970〜2022年）
出所：IMF（2023）.

大きい。図7-9のとおり2021年の南アフリカのサハラ以南のアフリカ向け輸出額は255億ドルで，ヨーロッパ・中央アジア向け（329億ドル）や中国を含む東アジア・太平洋向け（299億ドル）に次ぐ規模であり，米国向けよりも多い。サハラ以南のアフリカ向け輸出の上位国の多くには，南アフリカが属する地域統合 南部アフリカ関税同盟（SACU），南部アフリカ開発共同体（SADC）の加盟国（第8章参照）が含まれるが，ナイジェリア，ケニア，ガーナなどアフリ

189

第Ⅲ部　アフリカ経済と対外関係

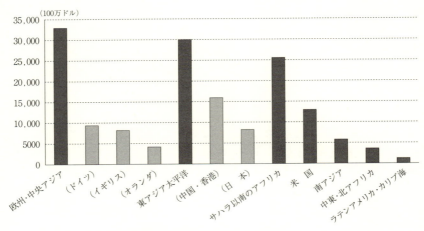

図7-9　南アフリカ輸出先（2021年）

出所：World Bank (2023).

カ全域が輸出の仕向け先となっている。また機械・電気機器，化学工業製品から食料等におよぶ幅広い品目が輸出されている。

3　外国直接投資

（1）　外国直接投資の動向

　21世紀に入ってからのアフリカ向けの外国直接投資は年間約450～550億ドル，世界全体の外国直接投資の3～4％を占めている（図7-10，UNCTAD 2023b）。これに対してアフリカからの対外投資は年間約80～110億ドル程度に過ぎず，域内向け投資の4分の1以下とはるかに少ない。差し引きでは直接投資は域内への流入が流出を大きく上回っている。2000年代初頭に比べどの地域も流入額は増加しているものの，北アフリカと南部アフリカの割合が比較的大きい。2018～2022年の5年間の総流入額でも（図7-11），南アフリカとエジプトが突出して多いことがわかる。その他の近年の流入傾向は，東アフリカではエチオピアがケニア，タンザニア，ウガンダを，西アフリカではガーナへの投資がナイジェリアを上回っている。

　図7-12のとおり，2021年時点でアフリカにおける外国直接投資残高（これまで積み重ねられた外国直接投資額から引き揚げられた投資額および価値の目減り額を

第7章 アフリカの貿易と投資

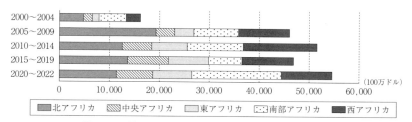

図7-10 対アフリカ 外国直接投資流入額（2000～2022年）
出所：UNCTAD（2023b）.

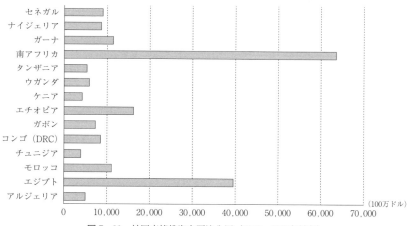

図7-11 外国直接投資主要流入国（2018～2022年総額）
出所：UNCTAD（2023b）.

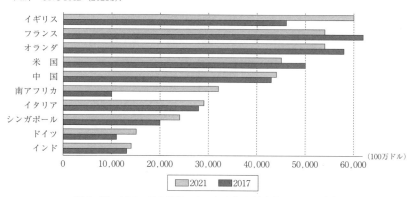

図7-12 対アフリカ投資ストック上位10カ国（2017，2021年）
出所：UNCTAD（2023b）.

差し引いた額）の最大保有地域は，イギリス（600億ドル），フランス（540億ドル），オランダ（540億ドル）などのヨーロッパ諸国である。イギリスを除く上位国の残高は過去5年間で減少しているのに対し，中国，南アフリカのそれは増加している。特に後者はこの5年間で3倍以上に達している。また，中国はアフリカにおける新規事業の主要な投資国であり，2016年から20年にかけて710億ドル以上を投資している。ただし，直近の投融資実績は減少傾向を示している（Morgan, et al. 2022；Boston University Global Development Policy Center 2023）。

（2） アフリカ向け直接投資の特徴

石油，金属，その他の鉱産物を採掘する鉱業を含む天然資源採掘関連産業は，従来の対アフリカ向け投資の残高のなかで中心的な分野である（UNCTAD 2023b）。製造業，サービス分野への投資は金額と件数ともに安定的に推移しており，特にコロナ禍が収束した2022年にはサービス分野の投資額，案件数とも大幅に増加している（表7-4）。個別部門では，採掘産業の案件数は少ないものの大型案件が2022年に実施されている。他方で，情報通信分野の件数は個別部門のなかで最も多く，金額についても近年のサービス部門投資の増加に貢献している。これらにはモバイル通信事業への投資や，急速に増えている各種金融サービス，電子商取引（E-コマース），物流サービス，ソフトウェア開発など様々な業種のスタートアップ企業への投資が含まれる（JETRO 2019）。

この他2000年代以降の特徴として，アフリカ諸国が輸出加工区（Export Processing Zone：EPZ）や経済特別区（Special Economic Zone：SEZ），あるいは税制上のインセンティブなどの投資誘致制度を整えたことで，製造業への投資が活性化した。例えば南アフリカは，SEZ として国際空港または港湾に接続した工業団地で，軽減法人税率を適用し，建物等の新規取得に対する税額控除，装置および資産に対する関税や付加価値税・輸入税の適用が免除される保税区域を設けている（JETRO 2022）。南アフリカの自動車産業の発展は先述のとおりであるが，そのうち7社が OEM（Original Equipment Manufacturer：自社の設備を使いつつ，他社のブランドの製品を製造する企業）受託生産を行っている（2023年7月現在）[6]。繊維産業では，ケニアやエチオピアが税制優遇措置や規制を簡素化した EPZ を設け，ケニアでは米国の AGOA による優遇措置の適用を念頭に繊維・アパレル産業，エチオピアでは繊維産業，皮革産業，食料加工業など

表7-4 対アフリカ新規投資案件（2020〜2022年）

	額（百万ドル）			案件数		
	2020	2021	2022	2020	2021	2022
一次産業	1,387	3,822	21,403	12	16	21
鉱工業	8,621	10,525	10,154	200	159	205
サービス	26,052	37,873	163,347	360	376	540
合計	36,040	52,220	194,903	572	551	766
個別部門						
エネルギー・ガス供給	10,258	24,382	119,653	38	40	70
建設	404	2,781	24,009	5	6	7
採掘産業	1,103	3,606	21,372	8	11	20
運輸・倉庫	1,448	2,676	7,452	28	63	78
情報通信	10,346	4,336	6,674	119	114	159
非金属鉱業	1,087	2,562	1,867	18	12	13
自動車	1,120	1,342	1,753	29	19	24
専門サービス	844	992	1,479	35	42	60
化学品	1,012	547	1,353	15	11	20
食料飲料タバコ	1,389	679	1,186	39	19	30

出所：UNCTAD（2023b）．

の分野に投資実績がある。

4　アフリカ諸国の貿易・投資と経済開発

　これまでみてきたように，サハラ以南のアフリカの貿易，投資とも，依然として特定の農産物または燃料・鉱産物などの一次産品に依存している。対照的に工業分野は全体として，特に輸出面では停滞傾向にある。

　たしかに製造業を含め新しい産業が雇用を創出している。例えばケニアの花卉産業は年間10万人の雇用を創出する。また花卉産業を含む施設園芸農業には高い技術や資金力が求められるため，ヨーロッパからの投資も少なくない。バラの輸出が創出する国内への経済効果はケニアのGDPの1％以上となっており，花卉産業は従来からある輸出産品のコーヒーや茶に並ぶ輸出産業に成長している（JETRO 2018）。また先述のとおり情報通信分野のスタートアップ企業も数多く生まれている。

　とはいえ，少なくとも製造業についていえば，アジアで外国直接投資が受入国産業の技術力向上を引き起こして経済開発に大きく貢献したような，外国直

接投資のローカル企業への波及効果はこれまで限定的であった。福西（2007）が指摘するように，ローカル企業による多国籍企業の下請け生産は，南アフリカにおける繊維・衣料企業のクラスター形成の動きなど一部の例はあるものの，アジアの経験におけるほどは広まっていない。この大きな要因とされるアジア企業に比べ労働コストが高く収益率が低いという問題は，これまで広く認識されているが，いまなお本質的な変化はない。例えばAGOAによって優遇アクセスが与えられた繊維産業においても，米国市場の数量規制の撤廃などの外的環境の変化によって中国・インドなどから米国への輸出が増加し，アフリカに立地する多国籍企業の生産量が減少している。在来の農業や鉱業分野への依存から脱却し，アフリカの比較的高い賃金の雇用を吸収し包摂的な経済開発を実現するには，労働集約的な製造業の発展を避けることはできないようにも思われる。

　一方2000年代からアフリカ諸国について「早すぎる脱工業化」を懸念する研究がでている（Dasgupta and Singh 2007；Rodrik 2016；佐藤・桑森 2018）。南アフリカにおいてすら，GDPに占める製造業の比率は過去のピーク時の約25%（1981年）から約12%（2022年）に低下している（World Bank 2024）。これについて，過去数十年の早期脱工業化のパターンを検証した実証研究（例えばÖzçelik and Özmen 2023）によると，アフリカ諸国は早期脱工業化の影響を最も受けており，これと対照的にグローバル・バリュー・チェーンに既に深く組み込まれている東アジアの工業部門がより強化されている。つまりアフリカから工業生産が退出してアジアに集中してしまうことが浮き彫りになってきている。

　もう1つの課題は，アフリカの域内・国内投資の促進である。本章第3節で言及したように，これまでコロナ禍や米国など域外市場での競争激化などの条件変化によって対アフリカ外国直接投資のパターンに大きな影響が生じた。変動の激しい外国直接投資を補完する域内・国内投資の振興を実現するためにも，それぞれの国内の，そして各国間での協調した取り組みが不可欠である。例えばサハラ以南のアフリカの自動車生産は，先述の南アフリカやモロッコを除けば，ごく小規模のノックダウン生産（自動車製造の最終段階で，通常は販売の現地で行われる組み立て作業のこと）に限定されている。自動車を構成する数万点の部品の現地生産比率を高めるためには，サハラ以南のアフリカの中の一国ですべての部品産業を育成することは現実的ではない。アジアのように域内生産

ネットワークが形成され現地生産比率が向上する，すなわちアフリカ域内で上流から下流までをカバーする生産の現地化が実現するには，独立以来アフリカ諸国が目指してきた地域統合への取り組みを進展させることも必要であろう（第8章参照）。

アフリカ諸国が上記の早期脱工業化に対抗するうえで，生産性を向上し，グローバル・バリュー・チェーンに参加し，産業を多様化するためになにが必要か。企業の資金調達の制約を解消する金融制度の整備や金融支援策（第6章参照），直接投資を有効活用するための現地企業の技術向上，外国企業と現地企業のマッチング，ローカルサプライヤーを利用するインセンティブの付与など，これまで様々な議論がなされてきた。ガバナンスの改善やインフラストラクチャーの整備に加え，積極的な貿易・産業政策も提唱されてきた。これら諸策の有効性，重要性は認識されているが，では着実に実施されてきたのか。

2020年代になり，南アフリカ以外の諸国，例えばガーナにおいても，日本，韓国，欧米の自動車メーカーがノックダウン生産を開始している。これらの契機となったのが，ガーナ国内産新車の販売を企図した中古車輸入規制を柱とする関税法改正案の可決である。ところが，同法案は2020年4月に可決後大統領により即日承認されているものの，国内市場の約9割を中古車が占める同国内の反対により2023年8月時点で施行されていない（JETRO 2023）。経済状況の悪化も相まって新車販売は前年比で減少しており，これに伴い現地生産台数も停滞している現実がある。[7]

アフリカ各国の政府が様々な制約や抵抗のなかで，国内での産業の拡大や多様化に向けた政策を確かに実施することこそ，最大の達成すべき課題ではないだろうか（第4章参照）。

注

(1) リカード・モデルだけでなくヘクシャー＝オリーン・モデルなど国際貿易のモデルは，いくつかの仮定を置いている。第一に，生産財（ここでは農産物や工業製品）は国際的な移動は可能だが，資本や労働などの生産要素は，国内では産業間を自由に移動できるが国境は越えない。第二に，生産要素は完全雇用されており，失業は存在しないものとしている。（消費も極大化し，貯蓄や借金をしない）第三に，輸送費や関税といった費用はゼロと考える。第四に，（生産）財と生産要素の市場は完全競争均衡である。そして第五に，原則として，貿易収支は均衡している。ま

たリカード・モデルでは，そのように自国と外国の相対賃金率が調整される。（つまり生産性が高い国はその優位を高賃金で相殺され，他方で低賃金の国はその優位を低生産性によって相殺される）。なおヘクシャー＝オリーン・モデルでは，生産要素の賦存は不変として扱う（例えば労働供給は増減しない）。また世界の全ての国の消費者の選好は同一で，すべての財を消費する比率も一定である。また世界のすべての生産技術は同一である。このようなことを前提にして，生産要素の賦存が国によって異なることが，国際取引を行わない状態の相対価格の違い（つまり比較優位の違い）を発生させるというものである。

(2) ボツワナの製造品のほとんどは，未加工あるいは粗研磨の貴石（ダイヤモンド）で占められる。

(3) オランダは世界の花卉流通の6割を占めており，同国の世界最大規模の花卉卸売市場アールスメール花市場では，オークションで価格が決定される（Royal Flora Holland 2024）。切り花（HSコード0603「切花及び花芽」）の輸出データは「BACI 二国間貿易統計データベース（HS92）」Research and Expertise on The World Economy（CEPII）(2023)による。BACI統計データについてはGaulier and Zignago (2010) 参照。

(4) なお2020年以降のコロナ禍では，ケニアやエチオピアなどでは移動制限の影響で国内のサプライチェーンが寸断されて出荷ができない状況となった。さらに2020年3月以降，ヨーロッパや中東の需要が急激に減少すると同時に，旅客便の減少による貨物費上昇のため，輸出入が一時的に打撃を受けた（国際農林水産業研究センター 2020；Mold and Mveyange 2020）。

(5) 「多国間繊維協定（Multi Fiber Arrangement）」が2004年12月31日に失効し，米国やEU等向けの繊維・繊維製品の輸出制限措置（数量枠）が撤廃された。これにより，競争力のある中国やインド等から先進国市場向けの輸出が増加した反面，アフリカなど途上国のなかでも後発国の輸出が減少することとなった。エスワティニは，労働者の権利に係わる改革の進展が見られないことを理由として2015年1月にAGOA適用が停止された。2017年に再開されたものの，対米国輸出は回復していない。

(6) このうち2社は「コエガ経済特別区（Coega SEZ）」に立地し2021年に88億ランド（約5億9500万米ドル，2021年平均レート＝14.7912ランド／ドルで換算）を投資しており，自動車部品サプライヤーはさらに57億ランド（同じく約3億8536万米ドル）を投資している（Investment Monitor 2023）。

(7) 筆者によるガーナ現地調査におけるガーナ政府担当省ヒヤリング（2023年9月11日）。

参考文献

国際協力機構（JICA）2022．『アフリカ地域自動車産業振興，ポストコロナのサプラ

イチェーン・モビリティ改革に係る情報収集・確認調査』JICA・ボストン・コンサルティング・グループ合同会社．

国際農林水産業研究センター 2020.「コロナ危機における商品作物輸出──ケニアのケース」https://www.jircas.go.jp/ja/program/program_d/blog/20200721（2023年9月25日確認）．

財務省関税局 2023.「1501特恵関税制度の概要（カスタムスアンサー）」https://www.customs.go.jp/tetsuzuki/c-answer/imtsukan/1508_jr.htm（2024年1月14日確認）．

佐藤創・桑森啓 2018.『開発途上国における工業化と脱工業化』アジア経済研究所調査研究報告書．https://www.ide.go.jp/Japanese/Publish/Reports/InterimReport/2017/2017140007.html（2024年7月5日確認）．

西浦昭雄・福西隆弘 2008.「アフリカにおける産業政策の新課題──多国籍企業とローカル企業の連携」吉田栄一編『アフリカ開発援助の新課題──アフリカ開発会議TICADIVと北海道洞爺湖サミット』日本貿易振興機構アジア経済研究所，143-172.

日本貿易振興機構（JETRO）2018.「好調なケニア産切り花，輸出に追い風吹くか」https://www.jetro.go.jp/biz/areareports/2018/02522381f0982fa3.html（2023年9月25日確認）．

日本貿易振興機構（JETRO）2019.「アフリカ・スタートアップ100社」https://www.jetro.go.jp/ext_images/_Reports/01/dc0d01678915e238/20180042.pdf（2023年9月25日確認）．

日本貿易振興機構（JETRO）2022.「南アフリカ共和国──外資に関する奨励」https://www.jetro.go.jp/world/africa/za/invest_03.html（2023年9月25日確認）．

日本貿易振興機構（JETRO）2023.「自動車組立工場関連企業が相次ぎ進出も，政府の輸入規制施行に遅れ（ガーナ）」『ビジネス短信』https://www.jetro.go.jp/biznews/2023/08/124c42da91d4338c.html（2024年7月5日確認）．

福西隆弘 2007.「第3章 国際競争に直面するケニア衣料産業──その影響と企業の対応」吉田栄一編『アフリカに吹く中国の嵐，アジアの旋風──途上国間競争にさらされる地域産業』日本貿易振興機構アジア経済研究所，57-80.

福西隆弘 2014.「アフリカの産業と貿易の新展開」北川勝彦・高橋基樹編『現代アフリカ経済論』ミネルヴァ書房，153-174.

Boston University Global Development Policy Center 2023. *A New State of Lending: Chinese Loans to Africa*. https://www.bu.edu/gdp/2023/09/18/a-new-state-of-lending-chinese-loans-to-africa/（2023年9月25日確認）．

Dasgupta, Sukti, and Ajit Singh 2007. "Manufacturing, Services, and Premature Industrialization in Developing Countries: A Kaldorian Analysis", in *Advancing Development: Core Themes in Global Economics*. eds. Mavrotas, George and

Anthony Shorrocks. New York: Palgrave-Macmillan.

European Commission 2019. *Everything but Arms (EBA)* https://trade.ec.europa.eu/access-to-markets/en/content/everything-arms-eba（2024年1月14日確認）

Gaulier, Guillaume and Soledad Zignago 2010. "BACI: International Trade Database at the Product-Level. The 1994-2007 Version". *CEPII Working Paper* 2010-23.

International Monetary Fund (IMF) 2023. *Direction of Trade Statistics*. https://data.imf.org/（2024年7月5日確認）

Investment Monitor 2023. Under the hood of South Africa's auto industry. https://www.investmentmonitor.ai/sponsored/under-the-hood-of-south-africas-auto-industry/（2023年9月25日確認）

Mold, Andrew and Anthony Mveyange 2020. "The impact of the COVID-19 crisis on trade: Recent evidence from East Africa." *Africa Growth Initiative*. Brookings Institute. https://research.trademarkafrica.com/wp-content/uploads/2022/10/20.07.08-EAC-COVID-Mold_Mveyange_FINAL.pdf（2023年9月20日確認）

Morgan, Stephen, Jarrad Farris and Michael E. Johnson 2022. *Foreign Direct Investment in Africa: Recent Trends Leading up to the African Continental Free Trade Area (AfCFTA)*. Washington D.C.: Economic Research Service, U.S. Department of Agriculture.

Özçelik, Emre and Erdal Özmen 2023. "Premature deindustrialisation: the international evidence." *Cambridge Journal of Economics* 47(4)：725-746.

Research and Expertise on The World Economy (CEPII) 2023. *Base Pour L'Analyse Du Commerce international (BACI), HS6 REV. 1992*. http://www.cepii.fr/DATA_DOWNLOAD/baci/data/BACI_HS92_V202401b.zip（2024年7月5日確認）

Rodrik, Dani 2016. *"Premature Deindustrialization."* Journal of Economic Growth 21：1-33.

Royal Flora Holland 2024. *About us*. https://www.royalfloraholland.com/en（2024年1月5日確認）

United Nations Conference on Trade and Development (UNCTAD) 2023a. *UNCTAD STAT*. https://unctadstat.unctad.org/datacentre/（2023年9月25日確認）

United Nations Conference on Trade and Development (UNCTAD) 2023b. *World Investment Report 2023: Investing in sustainable energy for all*. New York and Geneva: United Nations.

United States Trade Representative (USTR) 2019. *Madagascar*. https://ustr.gov/category/countries-regions/africa/madagascar（2024年1月26日確認）

United States Trade Representative (USTR) 2024. *African Growth and Opportunity Act (AGOA)*. https://ustr.gov/issue-areas/trade-development/preference-pro

grams/african-growth-and-opportunity-act-agoa（2024年1月14日確認）
World Bank 2023. World Integrated Trade Solution. https://wits.worldbank.org（2023年12月25日確認）
World Bank 2024. World Development Indicators. https://databank.worldbank.org/source/world-development-indicators#（2024年1月4日確認）
World Trade Organization（WTO）2023. WTO STATS. https://stats.wto.org/（2023年12月25日確認）
World Trade Organization（WTO）2024. Aid for Trade. https://www.wto.org/english/tratop_e/devel_e/a4t_e/aid4trade_e.htm（2024年1月14日確認）

（渡邉松男）

> **Column ⑧**

アフリカにおける農作物輸出と契約農業

1980年代以降の構造調整政策とグローバル・サプライ・チェーンの拡大は，アフリカからの農作物の輸出にも影響を与えた。国連食糧農業機関（FAO）の統計によると，アフリカの代表的な輸出農作物であるコーヒー豆やカカオ豆の輸出額は1981年から2021年の間でそれぞれ約1.2倍と約4.4倍に増えている。だが，これら従来の主要作物をはるかに上回る勢いで拡大しているのが，2000年代以降の園芸作物の輸出である。園芸作物の中でも，統計が入手できる野菜と果実に着目すると，アフリカの2者を合わせた輸出額は，同じ期間に約11.7倍に成長しているのである。

アフリカの中でも，特に南アフリカ，コートジボワール，ケニアなどでは，園芸作物の輸出が大きく成長を遂げた。商取引への規制が少なかったことや，欧州連合（EU）によるアフリカ・カリブ海・太平洋地域諸国への関税優遇措置などが要因となっている。

近年のアフリカの農作物の海外との取引においては，ヨーロッパ諸国の小売業者の役割が重要になっている。特にイギリスにおいては，大型スーパーマーケットの影響力が強く，アフリカの輸出企業とスーパーを直結するグローバル・サプライ・チェーンの重要性が増している。以前はアフリカからの生鮮品は卸売市場を通して取引されてきたが，小売業者の統合が進み，2000年時点の先行研究では，イギリス最大の小売業者がその生鮮品の70～90％を直接輸入するようになったとされている。

ケニアなどでは，1990年代以降先進国での作物の残留農薬や栽培労働者の人権保護への関心の高まりに応じて，品質や労働環境の基準を定めたGLOBALG.A.P.（グローバルギャップ）と呼ばれる国際認証が適用されるようになった。こうした動向に敏感な小売業者を中心とする買い入れ側と農家側で作付け前に作物の買取価格や品質基準を定めた契約を締結する契約農業（Contract Farming）が注目されるようになった。

こうした契約農業は園芸作物栽培でよくみられるが，そのアフリカの農家に与える影響はあまり明らかになっていない。契約条件や作物，栽培環境などが多様であり，農家の生計や買い手側に対する発言力についても様々な見方が示されている。今後よりいっそう事例研究を積み重ね，総合的な議論を深めることが必要である。

（久保田ちひろ）

第8章
アフリカの地域経済統合

この章で学ぶこと

　地域統合はアフリカ経済にどのような影響をもたらすのか。グローバル化が加速した1990年代以降，貿易自由化や経済協力のプラットフォームとして，地域統合は世界的に広まった。多角的貿易自由化に対し地域統合はいわば次善の策だが，社会政治的困難が比較的少ない。アフリカにおいても各地域で統合スキームが立ち上げられた。だが互いに似かよった経済構造のため統合の効果への疑問や域内競争による失業の懸念などから，統合が形骸化するといった問題がある。またアフリカの特徴として多くの国が複数の統合スキームに重複加盟しており，実効性への懸念も指摘される。

　独立後のアフリカ諸国は現在に至るまで，経済発展を実現する方途として地域統合を推進してきた。そしてアフリカ連合は2018年から「アフリカ大陸自由貿易協定（AfCFTA）」の実現を掲げている。本章では従来のアフリカの様々な地域統合の試みと AfCFTA 構想を比べ，成果を得るための課題を検証する。

1　地域の経済協力・経済統合とグローバル経済

（1）世界的な地域統合の加速化

　世界経済における貿易自由化および経済協力のプラットフォームとして，地域統合が「関税および貿易に関する一般協定（General Agreement on Tariffs and Trade：GATT）」に取って代わって久しい（本章では，地域主義，地域貿易協定，地域経済協力を「地域統合」として一体的に論じる）。図8-1のとおり，地域統合を結成する動きは1990年代以降加速し，2023年時点で発効済みの協定数は累積で360件にのぼる。これは1980年代の主要先進国の保守主義政権（例えば米国のロナルド・レーガン政権，イギリスのマーガレット・サッチャー政権，日本の中曽根康

第Ⅲ部　アフリカ経済と対外関係

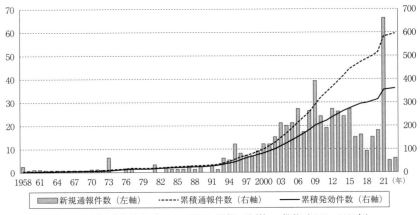

図8-1　地域貿易協定（GATT/WTO 通報・発効）の推移（1958〜2023年）
注：新規通報件数は，モノ，サービス，既存協定への追加加盟の合計。
出所：WTO（2023）．

弘政権など）による経済自由化および世界経済のグローバル化の加速と連動し，あるいはそれらへの防御的対抗として，今日に至る世界経済の趨勢になっている。

（2）貿易自由化が多角的アプローチから地域統合へ

1990年代からの地域統合の加速化の背景として，米国の貿易自由化に対するアプローチの変化を指摘する必要があるだろう。米国の圧倒的な経済優位を前提にしたブレトンウッズ体制の下で，GATT は，1947年の設立から「ウルグアイ・ラウンド」まで，8つの多角的貿易交渉を通じた世界規模の貿易自由化を目指した。だが1986年に開始されたウルグアイ・ラウンドは1994年の合意まで8年間を要した。この間，米国は当初野心的な提案をして交渉を主導する意欲を見せたものの，農業・サービス分野の市場アクセス交渉が難航し，ラウンド全体が停滞した。米国内では GATT プロセスへの懐疑が高まり，1980年代半ばから後半にかけてイスラエル，カナダとの自由貿易協定（FTA）締結を皮切りに，多角的貿易交渉から地域統合に貿易自由化政策をシフトさせていった。これが1994年のカナダ，メキシコ，米国が参加する北米貿易協定（North American Free Trade Agreement：NAFTA）の結成につながった。

北米の動きと並行しヨーロッパでは1992年の「マーストリヒト条約」によっ

第 8 章 アフリカの地域経済統合

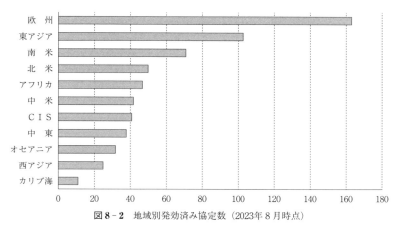

図 8-2 地域別発効済み協定数（2023年8月時点）
出所：WTO（2023）.

て欧州連合（European Union：EU）が1993年に創設された。この2つの先進国経済圏の地域統合に追随するように，低中所得国も含め全世界的に地域主義指向が高まった。地域別では，EU を含む欧州地域では発効済み協定が163件存在するが，それ以外の地域でも例えば南米（71件），中米（42件）でも統合スキームが進められており，アフリカ地域でも47件にのぼる（図8-2）。このような地域統合の進展はアフリカ経済にとってどのような意味があるだろうか。

2　アフリカ諸国にとっての地域統合

（1）　アフリカにとっての地域統合のメリット

　地域統合の経済的効果を説明する理論として，先駆者であるジェイコブ・ヴァイナーの関税同盟理論がある。同理論によれば，加盟国間の関税を引き下げることによる域内の「貿易創出」（加盟国の経済厚生へのプラス効果）と，域外国に対する関税の壁によって全世界で最も効率的な産品の輸入が加盟国のそれに取って代わられてしまう「貿易転換」（世界全体の経済厚生にマイナス）という静態的効果があげられる。貿易創出効果が貿易転換効果を上回れば，その地域統合にメリットがみとめられることになる。
　他方で1990年代以降の地域統合は，静態的効果よりも，以下に述べる動態的効果を推進の根拠としている。すなわち統合による①市場の拡大を通じた規模

の経済や専門化，原材料の調達および生産の最適化の実現，②域内の競争の促進，③技術やノウハウの拡散や共有，④協定の交渉過程や協定内容に基づく国内制度の改革などによる生産性の向上が見込まれる。また市場拡大を通じて，⑤域内外からの直接投資の促進による資本蓄積の増大，⑥貿易や直接投資を通じた技術移転や全要素生産性の改善が期待される。

このように，より閉鎖的な経済に比べ地域統合には多くの経済的効果が期待される。また，コンセンサスによる意志決定方式を採るGATTおよびその後継として1995年に発足した世界貿易機関（World Trade Organization：WTO）の多角的貿易交渉が目指す世界規模の自由化に比べ，限られた国による地域統合は各国内の利害調整も含め社会政治的困難が相対的に少なく早期に自由化が実現できる。これも地域経済統合を正当化すると考えられる。

アフリカ経済の文脈では以下のようなメリットを期待することができる。第一に，上述のとおり貿易障壁が撤廃され（現実にはより削減され）統合された市場の出現で，域内外からの投資が促進される。特に外国直接投資が資本流入だけでなく，技術移転，そして新産業の創出につながることは，アフリカの地域統合にもあてはまる。第二に，地域統合の枠組みの下で交通網（地域回廊），エネルギー網，通信網などのインフラストラクチャーの開発共同プロジェクトが行われることは，これまでの統合事例にもみられる。インフラストラクチャーを改善することで，ビジネスのコストを削減し，効率化を促進し，これまで孤立していた地域を市場につなぐことができる。例えば，2012年にアフリカ連合（African Union：AU）で策定された「アフリカ・インフラストラクチャー開発プログラム（Program for Infrastructure Development for Africa：PIDA）」では，アフリカ域内のサプライチェーンの構築を目指し，交通，情報通信技術，エネルギー，水の分野で広域インフラストラクチャープロジェクトを計画している。第三に，アフリカ諸国の多くでは，輸出が一部の産品に集中している。地域統合は域内加盟国市場へのアクセスを新たに提供し，より広範な産業の発展を促すことで，経済の多様化を促進することができる。第四に，上記④のとおり，加盟国間の政策や規制の共通化を行う改革が促される。これにより経済政策の安定性，予測可能性，一貫性が向上し，投資家にとってより魅力的な地域市場となる。第五に，地域統合によって経済的相互依存が深化すれば，加盟国間の相互利益意識を生み出し，紛争や緊張の可能性を抑制することが期待される。

地域の安定はいうまでもなく経済活動に資する。最後に，統一されたグループとして域外との貿易協定やその他国際的な交渉において発言力が増し，貿易や投資の条件改善につながる可能性がある。

（2） 地域統合を推進するうえでの問題点

地域統合には大きな可能性がある一方で，加盟国間で統合の効果が不均衡になり協定の取り決めが形骸化することが珍しくない。統合された市場における域内競争によって，域内先進国（相対的に競争力が高い企業を多く有する，例えば「東アフリカ共同体（East African Community：EAC）」のなかのケニアなど）の産品が域内市場を席巻し，他の加盟国で生産減・失業が発生する問題がある。これは後者の国では政治的に許容できず，恣意的な輸入制限措置を執ることにつながる。貿易創出による便益は全ての加盟国に均等にもたらされるとは限らず，むしろ域内格差が助長されがちである（Watanabe 2000）。こうした域内不均衡が，加盟国間の様々な利害の調整・管理を困難にし，統合プロセスの進展を阻害するのである。

またサハラ以南のアフリカでは，同じような要素賦存を反映して各国が同様の一次産品を生産・輸出している，すなわち貿易構造の相互の補完性が低く，統合メリットが少ないという問題もある。図8-3の世界各地域の域内貿易比率をみると，ヨーロッパの61％は例外としても，東アジア（32.2％），東南アジア（21.7％）に比べ，サハラ以南のアフリカ全体で18.6％と低調である。個別の統合スキームでは，南アフリカが属する「南部アフリカ開発共同体（Southern African Development Community：SADC）」は32％，21カ国が加盟する「東南部アフリカ市場共同体（Common Market for Eastern and Southern Africa：COMESA）」は20.3％であるが，その他の大多数は10％に満たない。

アフリカの地域統合のもう1つの特徴は，地域経済共同体（Regional Economic Communities：RECs）が乱立し，多くの国が複数の統合スキームに重複加盟していることである。アフリカ連合が公式に全アフリカ経済統合への礎石と認めるRECは，図8-4のなかで通貨同盟のCEMAC・UEMOAを除く8件である。ある国が複数のRECに所属した場合，同じ相手国であってもRECごとに条件（ゼロ関税適用の要件となる原産地規則など）が異なる。その場合，RECごとに貿易の取り扱い方が異なり，管理する行政コストおよび免税

第Ⅲ部　アフリカ経済と対外関係

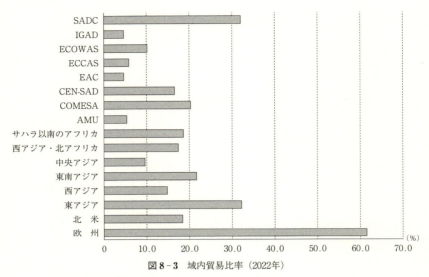

図8-3　域内貿易比率（2022年）

注：Southern African Development Community（SADC）
　　Intergovernmental Authority on Development（IGAD）
　　Economic Community of West African States（ECOWAS）
　　Economic Community of Central African States（ECCAS）
　　East African Community（EAC）
　　Community of Sahel-Saharan States（CEN-SAD）
　　Common Market for Eastern and Southern Africa（COMESA）
　　Arab Maghreb Union（AMU）
出所：UNCTAD（2023）．

適用を受ける企業のコストは極めて高くなる（国際貿易の研究者ジャグディーシュ・バグワティーが名付けた，いわゆる「スパゲティボウル現象」）。この複雑に入り組んだ加盟実態は，各RECの実効性を阻害する要因といえる。

3　アフリカの地域経済協力・統合の経緯

（1）パン・アフリカニズムと地域統合

　西欧列強の分割に端を発する国境を背負って独立したアフリカ諸国（第2章参照）は，分断された各国の小さい経済規模や先述のとおり相互の通商が困難であるといった負の遺産を克服すべく，政治的連帯を目指すパン・アフリカニズムを標榜してきた。そして経済的には，パン・アフリカニズムを基盤としな

第 8 章 アフリカの地域経済統合

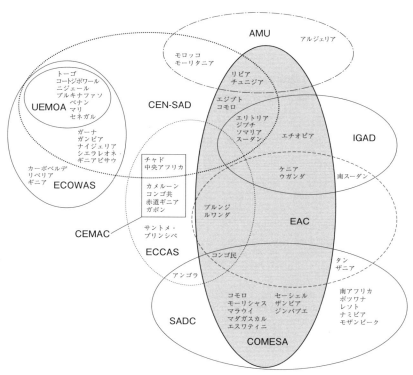

図 8-4 重複するアフリカの地域統合
注：コモロは SADC, COMESA, CEN-SAD に加盟。
出所：tralac（2022）を基に筆者作成。

がら地域統合を目指してきた。

　このような動きには，1957年のローマ条約締結によって設立された「ヨーロッパ経済共同体（European Economic Community：EEC）」が影響を与えたといえる（正木 2014）。1960年代には欧州の統合に刺激を受け，「ラテンアメリカ自由貿易連合（Latin American Free Trade Association：LAFTA）」など経済協力を目的とした200以上の統合スキームが，世界各地で形成された。独立後期待していたほどの経済発展を遂げられなかったアフリカ諸国にとって地域統合は，関税・非関税障壁を撤廃して域内交易を増やし，インフラストラクチャー建設や工業開発を協力して推進することを通じて，経済発展を実現する手段として考えられた。

207

1963年のアフリカ統一機構（Organization of African Unity：OAU）の成立はその一歩であり，これ以降地域経済統合はアフリカの政治的統合の前提として常にアフリカ諸国の主要な目的として掲げられてきた。これに続く1980年，OAU は「アフリカ経済発展のためのラゴス行動計画（Lagos Plan of Action）」を採択した。この計画は，先進諸国依存からの脱却を目指し，工業化の推進を含む具体的な開発計画を実施するためのガイドラインとして位置づけられていた。ここでもヨーロッパ経済共同体（EEC）を模範とした「アフリカ経済共同体（African Economic Community：AEC）」を2000年までに実現することを提唱しつつ，それに至るステップとして既存の RECs の強化を通じアフリカ共同市場を創出することとした。

さらに，1991年に調印されたアブジャ条約では，2028年までに単一通貨の導入とアフリカ中央銀行，アフリカ議会の創設を含む AEC の設立までの道筋を示した。「西アフリカ諸国経済共同体（Economic Community of West African States：ECOWAS）」（後述）や SADC など各地域の REC の強化と地域間の協力を深化させながら，段階的に全アフリカの統合を実現するというものである。他方で，いくつかの REC は植民地時代に同じ宗主国を持った領域間の関係を基盤としてつくられている。例えば「西アフリカ経済通貨同盟（Union Economique et Monétaire Ouest Africaine：UEMOA）」，EAC，「南部アフリカ関税同盟（Southern African Customs Union：SACU）」などがその例である。これらの各加盟国は，植民地時代の法律や行政機構，通貨，通商など共通の制度や交通網を引き継いでおり，その共通性を地域統合の基盤として利用することが期待されたのである。

ラゴス行動計画を契機に設立された各 REC の統合プロセスは実際にはなかなか進まなかった。それは，地域統合の問題点として先に述べた，域内先進国からの輸出品が増加し，国内の企業が圧迫され，労働者が職を失うというリスクが政治的に嫌われるということが関係している。むしろ，すぐ上で述べたような植民地時代に既に枠組みが形成されていた REC の方が実質的に機能することがしばしばだった。

（2） 失われた10年と構造調整の含意

1980年代のアフリカ経済の停滞は，地域統合の進展にも大きな影響をおよぼ

した。この経済停滞と累積債務の問題が構造調整政策を招いたのは第3章で詳説されているとおりである。構造調整政策を通じて財政収支，経常収支のマクロ経済バランスの実現が目指されるなかで，民営化，価格統制の廃止，貿易自由化といった一連の施策は，アフリカ各国の政治指導者の権力基盤を削り取っていった（第11章参照）。一般に徴税機能が脆弱な途上国は，税収の多くを関税収入に依存している。貿易自由化によってこの税収入が減殺されたのである。また財政緊縮策，民営化，価格統制の廃止は，政府（そして政治指導者）の裁量の範囲を狭めた。いわばアフリカ各国の多くの政権維持の基盤であった「パトロン・クライアント関係」の継続を支える利権基盤も権限も損耗していったのである。

　また構造調整による貿易自由化は，地域経済統合に加盟するアフリカ諸国間のみで自由化を進めるのではなく，アフリカ市場を直接世界に開放することを余儀なくするものでもあった。これは，OAUの結成以降アフリカ諸国が（少なくとも紙の上の合意や条約では）目指してきた，地域統合の意味を事実上消失させるものであった。地域統合では，先述のとおり域内競争による企業淘汰と失業が起こり得る。また投資誘致や広域インフラストラクチャー整備に係わる政策など，各国政府の裁量の一部は地域機構での調整に委譲される。構造調整下で政策決定の裁量（ポリシースペース）を事実上制限されたアフリカ各国の政治指導者にとって，そのようなコストを伴う地域統合を推し進める政治的意志を喪失するのは必然ともいえよう。このようにアフリカの地域主義は1980年代にいったん終息したかにみえた。

（3）　グローバル化，冷戦終結，世界的な地域主義の復活

　1980年代はグローバル化の加速が明らかになったタイミングでもある。すなわち，より統合された世界市場でハンディキャップなしの競争に自国の経済が晒されるという恐怖に，アフリカ各国政治指導者・政府が直面することになったのである。さらに1980年代末以降の東西冷戦の終結に伴うアフリカ諸国の戦略的地位の低下とドナーの「援助疲れ」，そして開発援助などの先進国の資金が東欧諸国の市場経済化支援にシフトしたことは，アフリカ諸国政府の危機感を一層高めたといえる（第9章参照）。

　このようにアフリカ経済を取り巻く環境が大きく転換するなかで，先進諸国

は地域主義にシフトしていった。前述のとおり1980年代後半以降ウルグアイ・ラウンドの交渉は停滞し，米国の貿易自由化政策の焦点が地域主義へ転換したことが明らかになった。そして決定的だったのは，アフリカの地域統合が参考にしてきた欧州がさらに統合を深めていったことであった。1984年の欧州議会による欧州連合条約草案が採択され，1987年発効の「単一欧州議定書」によって1992年までに単一欧州市場と欧州政治協力を創設することが正式に決定した（小久保 1993）。そしてそのとおり1993年の EU 設立に至ったのである。

　先進諸国が地域統合を進めるなか，アフリカ諸国にとってみれば，グローバル化する世界経済の競争からひとまず自分たちの脆弱な経済を保護し，近隣諸国と市場を統合し競争力が同レベルの域内企業間の競争を通じた訓練の場を設ける，いわば地域レベルの輸入代替を行うというアイデアに至るのは必然であろう。1991年，ナイジェリアの首都アブジャで行われた OAU 首脳会議において「アフリカ経済共同体（AEC）設立条約」（アブジャ条約）が調印された（発効は1994年5月）。この条約では，もはや空文化したラゴス行動計画に含まれていた2000年の AEC の設立目標年を2028年まで延ばしたうえで，同年を期限とする単一通貨の導入やアフリカ中央銀行等の創設を掲げた。

　アブジャ条約では，地域統合の進展を6段階に分割している。第1段階で1999年までにアフリカ各地域で経済圏を創設する。第2段階では，経済統合の方策として各 REC の統合の強化と，各 REC 間の調整を2007年までに行う。第3段階では，自由貿易圏を創設し，各 REC において関税同盟を2017年までに設置する。第4段階では，各 REC 間の関税システム・非関税障壁の調整と，大陸レベルでの関税同盟の設立を2019年までに行う。第5段階として，アフリカ大陸共同市場を2023年までに創設する。そして第6段階では，アフリカ大陸経済通貨同盟の創設と汎アフリカ議会の設置を2028年までに行うというものである。この6段階を経るという計画は，まず各 REC を強化し，最終的にはその統合された各 REC を結合させ大陸レベルでのアフリカ経済共同体を創設することを意図したものである（片岡 2013）。

　1990年代の世界的な地域主義の広まりとともに，アブジャ条約を受けアフリカの各地域では既存の REC の再編が起こり，関税同盟や共同市場など統合の制度整備が進められていくことになる。東アフリカでは，ケニア，タンザニア，ウガンダの EAC が1977年まで存在していた。域内不均衡による加盟国間の対

立でいったん崩壊したが，1996年に将来の再統合を見据えて設置された準備組織「東アフリカ協力機構（East African Cooperation）」を経て，2001年のEAC再結成に至っている。2024年現在の加盟は8カ国である（2024年3月にソマリアが正式加盟）。2022年時点で域内GDPは約3,091億ドル（南スーダンを除く）で，うちケニアが37%を占める（World Bank 2024）。EACは，アフリカ域内に留まらず，EUとの経済連携協定交渉を2014年に妥結した（ただしこの協定を最終的に批准したのはケニアのみだった）。なお2021年にEACは加盟国とEUが個別に交渉を進めることを容認し，これを受けてケニアはEUと2023年6月に経済連携協定に合意している（個々のREC加盟国は図8-4参照）。

南部アフリカでは，アパルトヘイト体制下の南アフリカ旧政権の経済的支配から脱却することを目的として「南部アフリカ開発調整会議（SADCC）」が1980年に発足した。その後南アフリカがアパルトヘイトを撤廃したことで，1992年にSADCに改称し1994年には南アフリカも加盟した。2022年の域内16カ国のGDP合計は8,737億ドルである（World Bank 2024）。他のアフリカのRECと比べ高い域内貿易比率は，域内GDPの6割以上を占める南アフリカの存在が大きい（第7章参照）。

西アフリカでは，同地域の域内経済統合を推進する準地域機関として1975年にECOWASが設立された。1993年調印の「修正西アフリカ諸国経済共同体条約」によって，加盟国間の経済統合や政治的協調を強化することが目指されることになった。2022年の域内GDPは7,684億ドルである（World Bank 2024）。ECOWASの特徴は，経済統合に加え，防衛・紛争解決機能や選挙支援メカニズムを備えて域内の安全保障や立憲体制の維持も担っている。

またこれ以外にも，UEMOAおよび「中部アフリカ経済通貨共同体（Communauté Économique et Monétaire de l'Afrique Centrale：CEMAC）」が存在する。UEMOAは1994年，CEMACは1999年に設立され，それぞれユーロと固定レートで連動する通貨「CFAフラン」を導入している。CFAフラン自体は，もともと1945年にフランス領アフリカ地域共通通貨としてフランス・フランとの為替レートを固定して導入された。1958年の名称変更を経て，ユーロが決済通貨として導入された1999年からはユーロとのレートが固定されている。CFAフランを使用している国は外貨準備高の50%をフランスの国庫にて保管しなければならないという規定があり，旧宗主国フランスとの強い関係が維持

されてきた。なおこの外貨の保管（アフリカ諸国の側から見た寄託）を義務付ける規定は2021年に失効している。これは，UEMOA を含む ECOWAS が，統合を進化させる目的で共通通貨「Eco」を2020年に導入する決定をしたことによる。ただし Eco とユーロとのレートを変動させるかまたは固定化するかの議論が，それに伴うアフリカ諸国とフランスの経済関係のあり方も含め，ECOWAS 加盟国間で収束せず，導入を2027年まで延期することになっている（JETRO 2021）。

（4） アフリカ連合（AU）

1980年代の経済停滞や，相互不干渉の原則のためアフリカ各国で頻発する紛争など安全保障上の危機に対して，OAU は実態としては機能不全の状態にあった（正木前掲）。こうした問題への対応として，一層高度な政治的・経済的統合の実現と紛争の予防・解決に向けた取り組みを強化することを目的に，OAU を発展的に改組する形で2002年アフリカ連合（AU）が発足した。この AU はその名前が示すとおり，先に統合を深化させていた EU をモデルとして，政治統合だけでなく通貨統合をも視野に入れている。

アフリカ連合発足に至る過程で，2001年7月の OAU 総会にて，アフリカ自身によるアフリカ開発のための枠組みが採択されている。この枠組みの採択時の名称は「新アフリカ・イニシアティブ」であったが，その後同年10月に「アフリカ開発のための新パートナーシップ（New Partnership for Africa's Development：NEPAD）」に改称された。これはターボ・ムベキ南アフリカ大統領が提唱し，1999年頃より南アフリカ，ナイジェリア，アルジェリアを中心に策定されたものである（その後，エジプト，セネガルが共同提案国に加わった）。2000年の国連総会でミレニアム開発目標が採択され，アフリカを含む途上国の貧困削減や教育・保健の向上などに国際社会の関心が高まった。この国際社会の動きを背景に，アフリカ連合は NEPAD を通じて，国際社会の援助に依存するのではなく，アフリカ自身の責任において貧困撲滅，持続可能な成長と開発，世界経済への統合を目指すとした。そして国際社会に対しては，アフリカの自助努力を補完する形での支援（パートナーシップ）を求めた。なお NEPAD の行動計画においても，各国の市場規模が限られているアフリカが国際競争力を強化するうえで，既存の各 REC による経済統合の必要性が指摘されている。アフリカ

が抱える様々な課題を克服する方途として，地域統合は主要な選択肢として意識され続けていることがうかがえる。

4 アフリカ大陸自由貿易協定（AfCFTA）の展望

（1） アフリカ大陸自由貿易協定（AfCFTA）の創設

　アフリカ連合は2013年，アフリカの長期開発ビジョン（50年間に達成すべきアフリカの統合目標）として「アジェンダ2063」を提唱した（終章参照）。その優先的な取り組みの1つとして2017年までの「アフリカ大陸自由貿易協定（African Continental Free Trade Area：AfCFTA）」創設が掲げられた。表8－1にみるように，AfCFTAの設立に向けて2012年1月に各国首脳の間で基本合意がなされ，2015年6月に正式交渉が開始された。そして2018年3月21日にルワンダの首都キガリで開催されたアフリカ連合の臨時首脳会合で，AfCFTA設立協定と2つの関連文書「AfCFTAの設立に関するキガリ宣言」，「人の移動に関する議定書」の署名式が行われた。その後2019年4月にAfCFTA設立協定の発効の条件であった22カ国の国内批准手続きが完了し，同年5月30日に正式に発効した。そして2024年8月現在，アフリカ連合加盟55の国・地域のうちエリトリアを除く54カ国・地域が署名し，46カ国が批准している（AfCFTA 2024a）。2021年1月に運用開始が宣言され，翌2022年10月に試験プログラムとして，特定の市場・品目の取引についてAfCFTAにおけるルールを適用するパイロット・フェーズ（試行段階）が，8カ国間（カメルーン，エジプト，ガーナ，ケニア，モーリシャス，ルワンダ，タンザニア，チュニジア）で開始された。

（2） AfCFTAに期待される効果

　AfCFTAは，アフリカ域内での物品関税撤廃，サービス貿易や投資の自由化，競争政策，知的財産権など広範囲にわたる分野を盛り込んだ自由貿易協定（Free Trade Agreement：FTA）であり，従来のOAU／アフリカ連合が目指してきたものと齟齬はない。ただしAfCFTAは，54の署名国・地域間における多様な分野にかかる包括的な協定である。急激な変革が各国内で抵抗や政治的な意欲の低下を引き起こす可能性があるため，段階を分けて関連する法律や規制を整備し交渉するというアプローチを採用している。フェーズ1は，物品貿

表8-1 AfCFTA 経緯

2012年1月	AfCFTA について基本合意
2015年6月	AU 第36回年次総会首脳級会合，AfCFTA 設立に向けた正式交渉開始
2018年3月	キガリ臨時首脳会合，AU 加盟55カ国・地域中，44カ国・地域が AfCFTA 設立に向け署名，大枠合意
2019年5月	協定発効条件22カ国・地域の批准が完了，AfCFTA 設立協定を締結
2020年2月	WTO の元南ア代表大使のワムケレ・メネ氏を AfCFTA 事務局長に選出
2020年8月	ガーナのアクラに AfCFTA 事務局開設
2021年1月	AU 第13回臨時総会で運用開始を決定
2022年10月	試験プログラム開始

出所：JETRO（2023）．

易，サービス貿易，紛争解決の分野，フェーズ2は競争政策，投資，知的財産権，フェーズ3では電子商取引，女性と若者の支援といった新しい課題分野をも対象としている。

　全てのアフリカ連合加盟国が AfCFTA に参加した場合，域内人口約14億人（2021年時点，UNDESAPD 2022），GDP 総計は約2兆9,952億ドルに上る（2022年時点，World Bank 2024）。もしその協定が定める諸策が確実に実行され単一市場が実現されれば，相応の経済効果が期待される。関税・非関税障壁の撤廃と市場アクセスの拡大により，投資（とりわけ域外からの直接投資）が活性化されれば，資本蓄積や技術やノウハウの移転が進むであろう。第7章のとおり，対アフリカ投資では欧州の重要性は依然として大きいものの，その割合は過去10年間で低下し，アジア（特に中国）の割合が増加した。また投資先も北部・南部アフリカから東部アフリカにシフトしつつある。産業別にみると大半を占めていた天然資源採掘関連産業の割合が，2016～2020年の新規投資のなかで3分の1を下回った（Morgan et al. 2022）。対アフリカ FDI のパターンは変容しつつある。

　アフリカ諸国の輸出が主に一次産品で占められており，工業化を進めて輸出に占める工業製品の割合を高めていくことが必要と考えられていることは他の章で述べたとおりである。だが，むしろ「脱工業化」に向かっている国すらある（序章，第3章，第4章参照）。例えば南アフリカの GDP に占める製造業の割

合は，過去のピーク時の約25％（1981年）から約12％（2022年）に低下している（World Bank 2024）。またナイジェリア，アンゴラなどの産油国は石油輸出に依存し，国際的な一次産品市況によって経済が大きく変動する構造から脱却できていない（JETRO 2023, 第3章，第7章参照）。AfCFTA諸国の統合に向けた努力によって経済制度・規制などが共通化され市場アクセスが向上すれば，他地域に比べて低調だったアフリカの域内貿易は活性化されうる。とはいえ，従来にはなかった外国直接投資，例えば内陸部の国境地域での製造業などによって，国・地域レベルで産業の多様化は起こるだろうか。

　アフリカ諸国の政府関係者の間では，工業化を推進する有効な方法としてAfCFTAは認識されている（AfCFTA 2024a）。それはどういうことを意味しているのか。域内貿易の拡大にともない，生産要素（資本や労働など）の自由な移動や域内での企業の競争，技術移転が進むほか，域内市場が形成されることにより規模の経済が働くことで，生産性の向上が期待されている（Abrego, et al. 2020 ; Signé 2019 ; UNCTAD 2017）。このように経済統合の推進とそれに伴う政策・制度の改革によりビジネス環境が整備されることで，域内各地で競争力を備えた多様な専門性を有する経済主体が増加しうる。もしこれらが力を蓄えれば，例えばアジアにおける自動車産業のように，域内バリューチェーンの構築を通じた工業化の進展が実現できると考えられているのである。また産業構造の多様化が世界規模の経済ショックへの耐性を高めると共に，貿易の拡大は工業部門・サービス部門での雇用機会（特に女性や若年層）の創出につながるという点で，貧困削減への貢献もAfCFTAに期待されている（UNCTAD 2020 ; Echandi et al. 2022）。

（3）潜在的な問題点

　アフリカの地域統合の過去の経緯――特に，ラゴス行動計画やアブジャ条約の履行の遅れ（例えばアフリカ経済共同体の設立目標年の見直し）――をみれば，AfCFTAが成功するためにはいくつかの課題が存在することがわかる。域内交通網などのインフラストラクチャーの不足，実際には困難な各国の法規制や政治の上での協調，自国産業や雇用に関する強い懸念といった従来から変わらない課題に対処しなければならない（Urama 2020）。またAfCFTA協定が順調に実行された場合，少なくとも短期的には，先述の域内競争による企業淘汰と

失業の発生，格差の拡大といった統合コストが生じる。域内経済格差が長期的に収斂するかどうかは不確定であることから，統合の利益を再配分していく仕組みの設置が求められる（Watanabe 2000）。例えばEUは，域内格差是正を目的とした「結束政策」に基づく各種プログラムに，EU全体予算の約3分の1を充当している。AfCFTAにおいても，自由化による負の影響を受ける産業・企業への対応として，競争力弱者への救済措置である「AfCFTA調整基金」を2023年3月に立ち上げた。同基金は5～10年以内に100億ドルの調達を目指しているが，2024年8月時点で「アフリカ輸出入銀行（Afreximbank）」による10億ドル以外の拠出は確認されていない（AfCFTA 2024b）。

　これらの多くの問題はアフリカ各国の資金不足に起因するともいえる。インフラストラクチャーの整備資金，失業保険などの社会的セーフティネットの運用や，労働者の訓練・再訓練プログラム設置のためのコストを確保することは容易ではないだろう。また少なくとも短中期の統合の果実を得る域内先進国にとっても，他国の失業対策を自国の財政で賄う余裕はなく，各国の世論の理解を得るという点でも困難ではないか。

（4）　政治・制度上の制約要因

　AfCFTAを成功させるためには，アフリカ諸国は国境を越えて政策，規制，基準を調和させなければならない。そのためには，地域レベルと国家レベルの両方における協力と調整が必要である（World Bank 2020），とよく指摘される。さらに，本章が参照するほぼ全ての文献で指摘されているように，協定に対する政治リーダーの積極的なコミットメントは，AfCFTAに限らず，世界のいずれにおいても，地域統合の成功を確保するために不可欠である。

　アフリカのこれまでのREC設立において，上のような政策の調和も貿易障壁の撤廃も具体的スケジュールと共に協定文書に盛り込まれている。もちろんこの交渉過程で，経済的合理性に基づくというよりは，自国産業の保護と相手国市場へのアクセスをいかに最大化するかという政治的な駆け引きは，アフリカ以外の地域の貿易交渉でも共通してみられる。交渉の最終段階で各国首脳が一堂に会して，少なくとも紙の上では協定に合意・署名し，記念写真を撮影して帰国する。とりわけアフリカの政治指導者にとって，これは次の選挙のために国内に向けた重要なアピールの機会である。つまり地域統合は優れて政治的

なプロセスといえる。

　これまでの地域統合は当初の期待に比べてどのような成果があっただろうか。アフリカ各国の政権は，政治的に影響が大きく支持層の利益となる品目の保護のために，恣意的な関税・非関税障壁を設定することには躊躇してこなかった。その一方で国内世論の反発を招く，あるいは支持層の利害に抵触する施策は先送りされ，協定を進展させるために断固として取り組みを実行するという政治的意志は見出し難い。

　これにはアフリカにおける経済統合の制度的な問題もある。地域統合は法的拘束力をもつ国際協定に基づいてはいるが，各国の政府に国内での賛同を取り付ける能力が弱い。このような背景から，協定で合意された内容の履行について柔軟性が広く認められ，各国が自国の裁量で自由化措置を延期・逆行させている（箭内 2017）。また，自由化義務の履行を確保するための紛争解決手段が整備されていない，あったとしても充分に機能していない。

　AfCFTAは大陸全体を対象とするだけに，いわばアフリカの地域統合の最後の決定的手段であるとして期待も大きい。しかし，これまでの地域統合が抱えてきた政治的・制度的な問題を克服していかなければ実現は難しい。AfCFTAの成否を判断するためにもこれらの点を継続的に観察し，検討していく必要がある。

参考文献

片岡貞治 2013.「アフリカにおける地域——現状と課題」『地域統合の現在と未来』日本国際問題研究所，133-152.

小久保康之 1993.「マーストリヒト条約と欧州議会——新権限の導入とその政治的意義」『日本EC学会年報』1993(13)：25-48.

日本貿易振興機構（JETRO）2021.「西アフリカ諸国，単一通貨「ECO」導入を2027年に延期」https://www.jetro.go.jp/biznews/2021/07/3b477df98af6d33e.html（2023年12月28日確認）

日本貿易振興機構（JETRO）2023.「残存課題は決着できるのか，アフリカ大陸自由貿易圏の展望（後編）」https://www.jetro.go.jp/biz/areareports/2023/12b967e20483bcad.html（2023年8月31日確認）

正木響 2014.「アフリカ経済のグローバル化とリージョナル化」北川勝彦・高橋基樹編『現代アフリカ経済論』ミネルヴァ書房，221-244.

箭内彰子 2017.「アフリカにおける経済統合——制度的な制約要因」『アフリカレ

ポート』55：92-104.
Abrego, Lisandro, Mario de Zamaroczy, Tunc Gursoy, Garth P. Nicholls, Hector Perez-Saiz and Jose-Nicolas Rosas 2020. The African Continental Free Trade Area: Potential Economic Impact and Challenges. *IMF Staff Discussion Note, SDN/20/04*. IMF.
African Continental Free Trade Area（AfCFTA）2024a. *About The AfCFTA*. https://au-afcfta.org/about/（2024年9月1日確認）
African Continental Free Trade Area（AfCFTA）2024b. *The AfCFTA Adjustment Fund*. https://au-afcfta.org/operational-instruments/the-afcfta-adjustment-fund/（2024年9月1日確認）
Echandi, Roberto, Maryla Maliszewska and Victor Steenbergen 2022. *Making The Most of The African Continental Free Trade Area: Leveraging Trade and Foreign Direct Investment to Boost Growth and Reduce Poverty*. Washington D.C.: World Bank.
Morgan, Stephen, Jarrad Farris and Michael E. Johnson 2022. *Foreign Direct Investment in Africa: Recent Trends Leading up to the African Continental Free Trade Area (AfCFTA)*. Washington D. C.: Economic Research Service, U. S. Department of Agriculture.
Signé, Landry 2019. *Boosting United States-Africa trade and investment relations through the African Continental Free Trade Area*. testify before the United States International Trade Commission on U.S. trade and investment with sub-Saharan Africa. https://www.brookings.edu/articles/boosting-united-states-africa-trade-and-investment-relations-through-the-african-continental-free-trade-area/（2023年8月31日確認）
tralac 2022. *Intra-Africa trade by REC: 2021 update*. https://www.tralac.org/resources/infographic/15772-intra-africa-trade-by-rec-2021-update.html（2023年8月28日確認）
United Nations Conference on Trade and Development（UNCTAD）2017. African Continental Free Trade Area: Challenges and Opportunities of Tariff Reductions. *UNCTAD Research Paper No. 15 (UNCTAD/SER. RP/2017/15)*. Geneva: UNCTAD.
United Nations Conference on Trade and Development（UNCTAD）2020. *Trade and Development Report 2020*. New York: UNCTAD.
United Nations Conference on Trade and Development（UNCTAD）2023. UNCTAD STAT. https://unctad.org/statistics（2023年8月26日確認）
United Nations Department of Economic and Social Affairs, Population Division（UNDESAPD）2022. https://population.un.org/wpp/Download/Standard/Most

Used/（2024年1月4日確認）

Urama, Kevin Chika 2020. Implementing the African Continental Free Trade Area（AfCFTA）Agreement: Assessing Country Readiness and the Implications for Capacity Building, Opening Speech. *7th Africa Think Tank Summit, Harare, Zimbabwe.* https://www.afdb.org/en/news-and-events/speeches/implementing-african-continental-free-trade-area-afcfta-agreement-assessing-country-readiness-and-implications-capacity-building-opening-speech-prof-kevin-chika-urama-39093（2024年7月5日確認）

Watanabe, Matsuo 2000. *The effects of regional integration in East Africa.* Doctoral thesis, University of Manchester.

World Bank 2020. *The African Continental Free Trade Area: Economic and Distributional Effects.* Washington D.C.: World Bank.

World Bank 2024. World Developmemnt Indicators. https://databank.worldbank.org/source/world-development-indicators#（2024年1月4日確認）

World Trade Organization（WTO）2023. *Regional Trade Agreements Database.* http://rtais.wto.org/UI/PublicMaintainRTAHome.aspx（2023年8月26日確認）

（渡邉松男）

Column ⑨

ザンビアの障害者団体による福祉用具製造

　「誰一人取り残さない」をテーマに掲げた「持続可能な開発目標（SDGs）」では，障害者の雇用創出，職業及び技能の訓練が重視されているが，アフリカの障害者が，実際にどこでどのような訓練を受け，どのような職業的技能を身につけて経済活動を行っているのかは知られていない。

　アフリカでは，職業訓練校に就学できる障害者は極めて少数である。例えば，ザンビアでは，2022年の職業訓練校の入学者総数のうち障害者の割合は0.12％に留まっている。また，職業訓練校卒業後にフォーマル・セクターで雇用される障害者は少数であり，車椅子使用者が利用できるトイレがない等の物理的障壁や，雇用者側の偏見などの文化的障壁に直面している。

　他方で，インフォーマルセクターにおける徒弟制度を通じて，障害者は職業的技能を習得し，家具職人などの自営業を営むことが多いとされる。また，アフリカ諸国の政府はほとんどの場合，脆弱な社会福祉サービスしか提供できない。そこで政府に代わって障害者団体が障害者の生計を支える生産活動や技能訓練を提供している。

　ザンビアの首都ルサカの障害者団体は車椅子等の福祉用具を製造し，販売している。車椅子は3,000クワチャ（2022年8月調査時の為替レートでは24,600円），障害児用の座位保持椅子は300クワチャ（同じく2,460円）で販売されている。座位保持椅子は企業等から譲り受ける段ボールの廃材を再利用して製作する。貧困層にはこれらの福祉用具をより安価で販売している。

　福祉用具製造の現場では，作業の経験が豊富で技能の高い障害者が指導者となって，経験の少ない障害者に模倣させ，技能訓練をするなど，障害者間での技能の伝授がみられた。指導的立場に立つ障害者のほとんどは後期中等学校もしくは職業訓練校を卒業している。他方で技能指導を受ける立場の障害者の一部は後期中等学校を卒業しているが，他の多くは初等学校中退など低い学歴に留まっている。後期中等学校卒業者に対しては職場外研修の機会がある一方で，その他の者は職場内の訓練しかない。さらに，前者には後者の約3倍の給与が支給されている。障害者団体のものづくりによる経済活動の現場においても，教育格差が所得格差につながる現実があった。

（日下部美佳）

第 9 章
アフリカにおける開発協力の変遷

---この章で学ぶこと---

　援助の原型となる支援や政策は植民地時代に進められてきたが，本格化したのは1960年を中心とするアフリカの独立後であった。その後，先進国によるアフリカ援助は，各国がそれぞれの背景や思惑をもちながらも連携して行われ，社会主義国との援助競争，特に構造調整のための協調支援が行われた。1990年代には打ち続くアフリカの停滞により生じた援助疲れを克服するために，西欧諸国が先頭に立って受入国の現場における援助協調が進められた。こうした協調体制は，新興諸国，特に中国が国益実現を兼ねてアフリカ支援を拡大するなかで動揺し，世界的な不況もあって先進国もそれぞれ援助を通じて自国の利益を追求する姿勢が強まっている。他方で，持続可能な開発目標の下で開発協力は，従来の政府開発援助（ODA）に加えて，ビジネスを通じた支援や非政府組織（NGO）の活動など多様なかたちで行われるようになっている。

1　開発協力のはじまり——19世紀後半から1970年代まで

（1）　開発協力とは

　本章で論じる「開発協力」ないし「援助」は，市場取引の場合よりも受入国である開発途上国に有利な条件の下での資金などの移転を指す。また，本章では開発協力および援助を同じ意味で用いている。援助という呼称は長い間用いられているが，最近，供与主体と受入主体の上下関係を連想させる援助を避けて開発協力を用いることが多くなっている。そのことを踏まえて，以下では，一般論を述べる際は開発協力を用い，それ以外の場合は，各時代での言葉遣いに合わせて援助と開発協力の2つを使い分けるものとする。

　また，開発協力や援助，その他途上国ないしその人びとへの手助けを目的と

する資金等の移転を合わせて，より一般的に「支援」と呼ぶことにする。

（2） キリスト教会の福祉活動および植民地における開発

援助については，第二次世界大戦後，米国のヨーロッパ復興のための支援がその始まりとされることが多い。しかし，アフリカへの支援の始まりはその半世紀以上前，19世紀末の植民地化前後のキリスト教教会による福祉活動まで遡ることができる（第2章参照）。

植民地分割に先立つ19世紀の後半に，キリスト教の布教を目指す宣教師たちが，アフリカ各地で様々な活動を展開した。依然として東南部アフリカを中心に行われていた奴隷取引の廃絶に加えて，主に貧困層の人びとのために食料，生活扶助，保健医療，教育などの支援が行われた。こうした活動は各地における教会の設立や布教の拡大とともに日常化し，今日までのアフリカにおけるキリスト教の広がりを支えている。特に，北ヨーロッパ諸国の教会組織によって発揮されたキリスト教の慈善の精神は，今日これらの諸国が貧困削減を重視し，経済規模に比して，相対的に大きな政府開発援助を提供していることの要因ともされている[1]。

第一次世界大戦が1919年に終息し，その後アフリカを含む非西欧地域で民族主義の動きが広がった。このような中で，それまで各植民地は経済的に自立すべきとしていた英仏も，植民地内の貧困などの福祉問題を顧みることを迫られた。イギリスの植民地への支援は，1929年の植民地開発法や，1940年に制定され1945年に改正された植民地開発および福祉法により拡大，フランスも同様に1940年代に植民地への支援を増やした（Riddell 2008：24）。この時期の植民地への支援政策は第二次世界大戦以降の欧米諸国のアフリカへの支援のあり方の原型になったといってよい。

（3） アフリカの独立と援助

第二次世界大戦による被害を受けたヨーロッパの復興支援のために，米国は「マーシャルプラン」を通じた援助を主導した。結果的にヨーロッパは復興し，支援を受けたヨーロッパ諸国は「供与国グループ」を構成し，これが先進諸国をメンバーとする経済協力開発機構（Organisation for Economic Co-operation and Development：OECD）の内部組織である開発援助委員会（Development Assistance

Committee：DAC）の母体となった。DAC は，政府開発援助（ODA）を供与するOECD 加盟国をメンバーとし，ODA に関わる情報を共有し，共通の援助方針やルールを議論・共有することを目的とする。日本も1964年の OECD への加入に先立つ1961年に DAC に参加していた。

　米国がヨーロッパの復興支援に力を注いだのは主に2つの理由による。1つは，第二次世界大戦後ソビエト連邦（ソ連）を盟主とする社会主義陣営がヨーロッパで拡大し，それに対抗するためには，ヨーロッパの自由主義国の経済の再建が急務だったことである。さらに大戦中に飛躍的に拡大した米国の工業生産が終戦によって余剰にならないためには，ヨーロッパ諸国を復興させて市場とすることが欠かせないと考えられたのである。これらの理由は，米国の日本の復興支援についても当てはまる。

　1950年代から1960年代にかけて，アフリカ諸国が植民地支配から独立するなど，国際社会において開発途上諸国の持つ政治的な影響力が高まっていった。一方，経済的な面を見ると，米国やヨーロッパ，そして日本を含む北半球に位置する先進国が復興し，さらに成長したのに対して，アフリカ，アジア，ラテンアメリカの主に南半球に位置する途上国の経済水準は低く，先進国と途上国の格差が目立つようになった。この格差とそこから生ずる軋轢は「南北問題」と呼ばれる。こうした状況に対応して，途上国のための支援を，共通のルールのもと西側諸国が協調して行う体制がつくられ，DAC はその中核として機能した。各国の援助とともに，国際機関による援助体制も拡充されていった。第二次世界大戦終了前の1944年に発足した国際復興開発銀行に加えて，同じ世界銀行グループに属し，より途上国に有利な条件の融資を提供する機関として，1960年に国際開発協会が設立された。

　アフリカでは第二次世界大戦以降，民族主義が強まり，1950年代から1970年代にかけ，多くの国々が独立を果たしていった。英仏の植民地の多くは，独立後も旧宗主国と経済的，社会的，軍事的に密接な連携を維持しながら援助を受け入れた。その際には植民地時代に英仏によってつくられた開発法制の下での支援が基礎となった。したがって，少なくとも英仏両国の旧植民地に対する援助は，独立後も植民地政策の延長としての性格を帯びていた。独立からしばらくは，近代国家の制度や政策を立案・実施できるアフリカ人の人材がそろっていなかったこともあって，植民地支配を通じて構築された行政機構や制度が公

共政策の枠組みとならざるを得なかった。独立後アフリカ各国の政府の開発への志向性が明確になると，国連諸機関や世界銀行などが各国の総合的な開発計画策定を支援しはじめた。そのことによって援助をめぐる植民地的関係も少しずつ変わり始めた。

同時に，新しく独立したアフリカ諸国は，植民地支配への反感から，多かれ少なかれ，旧宗主国の資本主義と対立する社会主義思想の影響を受けた。また多くの国の指導者が域内の統合を目指すパン・アフリカニズムの考えをとった。そして，アフリカの自立および開発のための連帯が各国指導者によって合意され，アフリカ統一機構（Organisation of African Unity：OAU）が1963年5月に設立された（第8章参照）。また多くのアフリカ諸国は，米ソ間の冷戦に巻き込まれるのを避けようとし，非同盟運動に参加した。

アフリカ諸国のこのような動きは，自由主義体制の先進諸国および対立する社会主義諸国の双方にとって，アフリカ諸国の支持が容易には得られないことを意味していた。国連では総会などですべての国が同等の投票権を有するため，50カ国を越えるアフリカの国々の国連での影響力は無視できなかった。アフリカの側にも，社会主義陣営への接近をほのめかして先進自由主義諸国からより多くの援助を引き出そうとする国があった。そして，先進自由主義諸国は，アフリカ諸国の社会主義陣営への接近を防ぐために，アフリカ各国政府による人権弾圧や権威主義体制などの問題に目をつぶり，援助を拡大していった。

1960年代から1970年代にかけてのODAは，政府の広範な役割を認める社会主義思想や当時の開発経済学の影響もあって，受入国の政府および国営企業を主な対象とし，ODAを財源とする公共投資が積極的に行われた。診療所や学校の建設などの保健や教育分野への公共投資が行われる一方，産業発展を目指して大規模なインフラストラクチャーの建設などが重視された。

この時代まで，大規模な投資が国全体の成長を生み，その成果が国民に広く行きわたるトリックル・ダウンを通じて貧困や飢餓を解決すると考えられていた。しかし，アフリカでは，政府の所得再配分機能の弱さや政策の恩恵の偏り，受け皿となる人材育成の不十分さもあってトリックル・ダウンは十分生じなかった。その結果，特に経済成長率の低い諸国では，貧困・飢餓の蔓延が緩和されず，さらに投資促進のために導入した多額の借款援助が累積債務となっていった。

1960年代まで，米欧日の先進諸国の復興とその後の発展に牽引されて，世界の経済成長は順調であった。しかし，1970年代に入るとベトナム戦争などによる米国の財政赤字の拡大により米ドルの価値への信頼度の低下が生じた。米国のドルの価値を金の一定の価値に固定するとともに各国の通貨もドルに対して固定するブレトンウッズ体制が崩れ，先進諸国の通貨は変動相場制に切り替わった。

並行して1970年代は特に途上国間の連帯が強調された。アフリカでも非同盟諸国間の連携の強化および途上国間の協力である「南南協力」の拡大が提唱され，途上国による集団的な自立が追求された。さらに，先進国に本拠を置く多国籍企業への反感が強まり，天然資源の利用にかかわる自国の権利を主張する資源ナショナリズムが強まっていった。1974年にはG77と呼ばれる途上国グループが，国連の資源特別総会において世界経済が途上国に不利な状況にあるとし，その変更を求める新国際経済秩序（NIEO）の理念を採択させることに成功した。そのような中で1973〜1974年と1978〜1979年の2度にわたって価格決定での主導権を求める産油国の動きが原油価格の高騰を招いた。すなわち，石油ショックである。

膨張した産油国の原油収入（オイルマネー）は，原油価格の高騰のために低成長に陥った先進国では十分に投融資に向けられず，途上国のなかでより高い成長を遂げ，将来性も高いと考えられた国々に流れ込んだ。その一部はナイジェリアなど産油国をはじめとするアフリカ諸国にも流入した（平野 2009：37-38）。こうしてアフリカ諸国の対外債務が次第に膨張していった。

他方で，ODAの実務者の間では，1970年代の半ばになると，上述のようにトリックル・ダウンが生じていないことが広く認識され，経済成長を優先するそれまでの方向性への反省が強まり，ベーシック・ヒューマン・ニーズ（Basic Human Needs：BHN）の充足が援助の役割として強調され始めた。国全体の経済成長よりもむしろ，衣食住をはじめ，教育，公共交通および雇用など人びとの生活や福祉に直接関わる領域が重視されるようになったのである。BHNへの志向は，国民に福祉の恩恵が行き届くという観点からアフリカの政府の期待とも一致しており，1970年代半ばから広がっていった。

2 構造調整の展開——1980年代まで

(1) 世界経済の危機とアフリカへの援助の展開

　1970年代から始まったインフレーションへの対応策として，1980年代初めには，米国では高金利政策が採用された。これはインフレーションの沈静化をもたらしたが，オイルマネーの還流もあって各国の金融市場が相互に密接に連動するようになっていたため，世界全体に高金利がおよび，景気の後退を生んだ。アフリカを含む途上国にとって，高金利は膨張した対外債務の金利の支払いが拡大することを意味し，同時に高金利を原因とする先進諸国のさらなる景気後退が途上国からの輸出に打撃を与えた。特にアフリカ諸国の多くは，国際収支が悪化し，膨張した債務の返済に窮して債務危機に陥った。

　同じ頃，米国とイギリスでは経済政策が転換され，民間部門と市場経済を重視する新自由主義路線が採用された。米英を始め多くの先進諸国で「小さな政府」が強調され，政府の役割を減らし，政府が担う事業部門を民営化し，民間企業に対する規制を緩和するなど市場原理と受益者負担に基づくより自由な経済への転換が目指されるようになった。

　新自由主義に基づく経済政策は先進国のみならず途上国にも求められた。1981年に世界銀行からアフリカの開発における問題と解決のための処方箋を論じた報告書「サハラ以南アフリカにおける開発の加速—行動に向けた課題」（通称バーグ報告書）が発行された。この報告書では，アフリカの経済が低迷する要因である経済の構造を市場の自由化政策を通じて改革することが主張された（第3章，第4章参照）。こうした考えの延長上に，1980年前後から国際通貨基金（IMF）と世界銀行（世銀）を中心とした開発金融機関は，途上国の債務問題に対処するための「構造調整プログラム」を開始した。同プログラムは，債務危機に陥った途上国に対する融資の継続や債務救済の条件として，米英の新自由主義政策と同様の小さな政府への改革を求めるものであった。アフリカでも援助供与の条件として政府による規制の緩和や補助金の縮小，国営企業の民営化，資本の流出入や貿易の自由化および関税の引き下げ，為替レートの切り下げ，公務員削減などの政策が求められた（高根 1998：98-102，構造調整との影響については第8章も参照）。

（2）　構造調整プログラムの展開と批判

　構造調整プログラムに沿って新自由主義的な，小さな政府を目指す一連の政策を導入することは，社会主義や従来の開発経済学の影響，またBHNの理念の下で政府がなすべき公共政策の範囲を広くとらえていたアフリカ諸国にとっては簡単なことではなかった。政府の役割を減らすことは，サービスや補助金など国民生活への直接的な支援も削減することを意味したのである。それはBHN政策を逆転させるものであり，広い範囲の国民からは反発が生じた。しかし，先進援助国は，基本的にIMF・世銀が新自由主義的な思考に基づいて主導する構造調整に協調する体制をとっていた。先進援助国およびIMF・世銀など国際機関の援助に依存していた，アフリカ諸国など債務危機に陥った低所得国には構造調整に従う以外の選択肢はなかった。その結果，アフリカの大多数の国で経済状況はさらに悪化していった。構造調整が求める具体的かつ包括的な供与側の条件は小さい政府への転換など政府のあり方を大きく改変するものであったので，アフリカ諸国の側から内政干渉だという抗議の声がしきりに上がった。

　一方で，1980年代には構造調整のようなマクロ経済政策支援以外の援助対象分野を見ると，アフリカ諸国の債務危機を背景として巨額の借款を必要とする経済インフラストラクチャーは忌避され，むしろ農業開発を含むBHN分野が中心となった。これと連動しつつ，米国の政界のリベラル派，保健医療や教育などに関わる国連機関や北ヨーロッパ諸国など援助側の一部の主体の間では，構造調整による人びとの生活や福祉への負の影響への批判が次第に高まっていった。例えば，1987年「人間の顔をした調整」という報告書が国連児童基金（UNICEF）により発表され，IMF・世銀が主導する構造調整の過度の急進性を批判した。この報告書は，漸進的な調整と子どもなど脆弱層のニーズに配慮をした開発の必要性を指摘した。

　他方で，BHNへの支援は学校や診療所の建設など小規模なプロジェクトによることが多かった。そのため，様々な供与国，非政府組織（NGO）などが関わり，同じ受入国の同じ部門内で各自行われたプロジェクトが，全体としては目に見える成果をもたらしていないという問題も発生した。その背景には構造調整による政府支出の削減があった。例えば，受入国政府の財政がひっ迫しているなかで，様々な供与主体による援助によって数多くの学校や診療所が建設

されると，各施設を運営するための人件費が過少になってしまい，各プロジェクトが想定した成果をあげられないという問題が発生した。こうした状況は，援助が供与主体間で調整されないまま，途上国側の受入能力に対して過剰に供与される現象として，「援助の氾濫」と呼ばれた。援助の氾濫は援助依存度が高く，多くの援助主体が関わるアフリカ諸国で特に顕著だった。この現象は1990年代になり，欧米諸国における援助疲れが顕在化する1つの要因となった。

3 援助疲れと貧困削減——1990年代〜2000年代

（1） 国際的な開発目標の設定

1980年代末から1990年代初頭にかけて国際情勢は大きく変化し，長年続いた冷戦は終焉を迎える。第二次世界大戦直後から続いてきた自由主義と社会主義の両陣営の対立が終わったことにより，それぞれの陣営がアフリカ諸国の支持を得ようと供与してきた援助の戦略的重要性が劇的に低下した。

他方で，それまで多くのアフリカ諸国で取られていた権威主義体制に理念的裏付けを与えてきた，ソ連など社会主義陣営の一党独裁制が相次いで崩壊したことは，各国の民主勢力を勢いづけた。先進自由主義諸国は，もはやアフリカ諸国が社会主義陣営になびくことを恐れなくなり，また自らの価値基準に合わない政権には援助を供与する意欲を感じなくなった。そこで，先進諸国は民主勢力を弾圧する権威主義政権に対して援助の停止を突き付け，国内の民主化要求を認めるよう求めて，複数政党制民主主義への移行を後押しした。こうして，先進諸国の対アフリカ援助には構造調整支援にともなう経済的政策条件に加えて，政治的な政策条件が付与されるようになった。

アフリカ各地での民主化のうねりのなかで，南アフリカにおける人種差別体制＝アパルトヘイトが1994年に廃止された。アパルトヘイトは植民地支配下の人種主義的な差別を1948年に体系化し，より強化したものであり，南アフリカの大多数の国民からはもちろん，国際社会からも強い非難を浴びていた。国連はアパルトヘイトを当初から「人道に対する罪」としてその廃絶を訴え，数々の制裁措置を発動して南アフリカの白人政権を国際的に孤立させてきた。1994年のアパルトヘイトの廃絶は国連という組織が成し遂げた最もすぐれた成果の1つとされる。[2] 日本も他の先進国とともに制裁に加わったが，1980年代には南

アフリカとの貿易額が世界一となり，アパルトヘイトを支持しているとして国際的な批判を受けた。

　冷戦の終焉によるアフリカ諸国の戦略的価値の低下とともに，構造調整プログラムの効果の弱さや援助の氾濫などの問題によって援助の効果に対する疑問が生まれ，欧米の供与国では「援助疲れ」が本格化する。冷戦下において，構造調整支援や BHN の充足のために援助が大量に注ぎ込まれたが，サハラ以南アフリカの経済は低迷し，欧米諸国の人びととの間で徒労感がつのったのである。他方で1980年代から1990年代にかけて東アジアを中心とする国々が急速に成長した。それまでも欧米の援助国の関心は主にアフリカにあったが，東アジアの成長を受けて，「成長しない」アフリカに如何に対応するかが，援助側全体にとっていっそう強い関心事項となっていった。そこで，欧米諸国の政府が迫られたのは，援助をより効果的にすることを通じて，援助疲れの蔓延する自国社会への説明責任を果たすことだった。

　他方で，1980年代，先進国の中では相対的に順調な経済成長を遂げた日本は ODA 予算を着実に増加させ，円高の影響も重なって，ドル建ての日本の援助額は大きく増加した。1990年代には，アフリカに関わる援助疲れが一因となって欧米の援助額全体が停滞したため，日本が世界最大の ODA の供与国になる。

　日本では，それまでは援助に関する関心が比較的低く，どちらかといえば ODA 批判に象徴されるように否定的な見方が多かった。しかし，援助の規模が拡大するにともなって関心も高まり，1990年前後には，市民社会，学術界から援助の目的を明確にするための法令の整備を求める声が上がった。

　日本政府は1992年，政府開発援助（ODA）大綱を閣議決定した。アジアへの援助の経験から，受入国が主体性をもって開発に取り組むことを尊重し，それに伴走することがあるべき援助の姿勢だとして，大綱には「自助努力の支援」が重要な理念として盛り込まれた。それまで日本が重点をおいていた援助対象地域はアジアであり，アフリカには ODA 額全体の10％程度の援助を供与する程度の関わりだった。

　しかし，経済大国・世界最大の援助供与国として，深刻な開発問題を抱え援助を最も必要とするアフリカにおける開発のイニシアティブをとる必要があるという意識も1990年代になると政官のリーダーたちの間で生じてきた。欧米が援助疲れに陥るなか，その取り組みはいっそう必要とされていた。同時に，国

連をはじめとする国際社会の様々な舞台で，多数を占めるアフリカ諸国の支持を得ることが，日本にとって重要であると考えられた。人種差別体制下の南アフリカとの貿易額の大きさで批判を浴びた日本としては，冷戦終焉後始まったアフリカの民主化を後押しして，負の印象を拭い去る必要もあった。そのために，日本はアフリカ諸国を中心とした各国と国際機関に呼びかけて，1993年に第1回アフリカ開発会議（TICAD）を開催した。

　1990年代後半になると，アジアの主要援助対象国が経済的に自立し始めたことが一因となって日本のODAの規模が減り始めた。援助対象としてのアフリカ諸国の相対的な重要性は増し，TICADはそれ以降も継続的に開催されていった。TICADの特徴は，すくなくとも形式上日本政府と国際機関が共催し，アフリカの開発をテーマに議論する多国間の国際会議になっていることである。

　一方，欧米先進諸国や世銀などでは，1980年代での構造調整支援の失敗や援助の氾濫などへの反省が深まるなかで，受入国のオーナーシップ（主体性）こそ援助の効果をあげるために重視されるべきであるという議論が強まった。構造調整プログラムが成功しないのは，受入国が支援の条件である政策の実行を納得しないまま約束しているからだとされた。また，欧米先進諸国は冷戦終焉後，アフリカ諸国などの民主化を後押ししてきたが，その経験から，広く国民に役立つ開発に向けた主体性を発揮するためには，それを支える民主的な統治と広く国民に対して責任も持つ行財政のあり方（ガバナンス）が必要と考えられた（第11章参照）。1996年にはOECD-DACに集う先進国が発表した「21世紀に向けての新開発戦略（通称新開発戦略）」において，受入国のオーナーシップとガバナンスを重視する方針が示され，また，援助側が協調して途上国の開発や能力の強化を後押しすることが盛り込まれた。

　この「新開発戦略」には教育や保健医療の数値目標が含まれており，援助が達成すべき効果を明確に示すことで，蔓延していた援助の効果への疑いを払拭しようという考え方があったと思われる。数値目標を掲げ，それを目指すことは2000年から実施される国連加盟国全体の合意であるミレニアム開発目標（Millennium Development Goals：MDGs）に引き継がれていく。また，受入国のオーナーシップを高めるために，受入国が主導して開発計画を策定し，援助の供与国・供与機関側もそれに従って支援を行うべく協調を実施することが基本とされた。

このように，1996年の「新開発戦略」の策定において，日本も欧米の供与国も受入国のオーナーシップの尊重という点では一致していた。しかし，経済開発が比較的順調に進んだアジア諸国を主要な対象国とし，受入国側の相当程度の主体性の発揮と自助努力がなされた状況に触れてきた日本と，対照的に経済が停滞し，貧困が深刻化したアフリカ諸国を主要な対象として援助疲れに苦しみ，開発に向けた受入国の意欲の弱さに接してきたヨーロッパ諸国とでは，主体性の問題の取り上げ方が大きく違っていた。日本にとっては，主権国家であればそこにあるはずの主体性を重視することは，内政不干渉の関連からも当然のことだった。他方で，植民地分割によってアフリカの国土をむりやりにつくりあげたという過去を背負った英仏などヨーロッパ諸国にとっては，アフリカ諸国などに主体性を形成させるためには一体何をしたらよいのか，という問いに答える必要があったのである。その後，両者の違いは，援助協調をめぐる議論においてアプローチの相違として顕在化することになる。
　また「新開発戦略」では，1970年代以来進行した世界の金融市場の統合のなかで，先進国から途上国に移転される資金等に占めるODAの相対的な割合が低下しているという認識に立って，その中でODAが果たすべき主要な役割を，民間企業では担いきれない分野——教育や保健に置くことが打ち出された。
　ODAとは別に開発および援助の主体として，1990年代から国際社会とアフリカで存在感を増したのがNGOである。国連憲章の第71条には「経済社会理事会は，その権限内にある事項に関係のある民間団体と協議するために，適切な取り決めを行うことができる」とされており，NGOは国連と協議する地位を獲得できる余地が認められていた。特に冷戦が終結した1990年代は，民主化が進む一方で非国家主体が関わる紛争の広がりや，温暖化，オゾン層の破壊や生物多様性の減少など地球環境問題をはじめとする新しい課題が顕在化し，既存の国家の対応能力が問われていた。そのため，国連は協力パートナーとしてNGOとの連携を増やしていった。2000年5月に開かれたNGOミレニアムフォーラムでは，世界中から参加した1,000以上のNGOが国連と共に「グローバル化と開発：NGOミレニアムフォーラム」宣言文を発表し，貧困撲滅，平和・安全保障・軍縮，持続可能な開発と環境など様々な課題の解決を訴えた。さらに，途上国における開発・環境保全プロジェクトの実施主体となることも広くみられるようになり，アフリカをはじめとする途上国でNGOの活動が目

立つようになった。

　また1990年代の後半には，世界のなかで大きく取り残されている，サハラ以南アフリカを中心とする後発開発途上国（所得や社会開発において最も開発水準が低いとされた国々）や最底辺の人びとの状況に光が当たるようになった。保健衛生，教育分野が貧困削減と社会開発のために重要な援助対象として，改めて援助機関の関心を集めるようになった。これは，BHN支援の再強化の動きといえるだろう。1970年代から続いてきた経済開発とBHNへの対応という援助の2つの柱の並立は新たな次元を迎えるようになった。1990年代以降，後者，すなわち保健医療，教育などを重んじる考え方は，決して前者の経済開発を排除するものではなく，むしろ保健医療や教育はそれ自体が目標であるとともに，経済開発を支える重要な要素である人的資本を形成する営為であるという考えが，先進国および国際機関で定着してきた。あるいは，個々の人びとの選択肢を広げるような個人と社会の変化こそが開発であるというアマルティア・センの考えに基づいて，経済開発も保健医療や教育も，どちらも人びとの能力を向上させ，選択肢を広げるような成果を期待できるのであって，決して二項対立させて捉えるべきものではない，との考えが広まっていくようになった（序章参照）。

　このような思潮のうねりのなかで，2000年には国連総会でミレニアム宣言が採択される。この宣言では，貧困・飢餓の削減および保健，教育など，人間の開発のための基本的な分野に力を注ぐことが明記された。また，世界中の地域の中でもとりわけアフリカを特別に取り上げ「アフリカの特殊なニーズへの対応」を目標の1つとした。具体的にはアフリカにおける民主主義の定着，貧困撲滅，持続可能な開発などを支援し，アフリカを貿易や資金の流れを通じて世界経済の動きに参加させることがうたわれた。支援の具体策として債務取消，援助や投資の拡大が掲げられた。

　さらに，国連特別総会では，ミレニアム宣言とともに，ミレニアム開発目標（MDGs）が設定された。MDGsはミレニアム宣言を実施に移すために8つの分野の数値目標を内容とし，これらを2015年までに達成するものとされた（表9-1）。

　ミレニアム宣言採択の前後には，構造調整プログラムが盛んにおこなわれた時期にその支援のための巨額の融資を受け入れた，所得の低い多数の国が債務の返済に苦しんでいた。こうした国々を重債務貧困国（Heavily Indebted

Poor Countries：HIPCs) と呼ぶが，その大半がアフリカ諸国であった。当事者である HIPCs だけではなく，日欧米やアフリカの民間団体も「ジュビリー2000」という連合体を形成し，債務取消を求める運動を展開した。この運動の主張は，アフリカなどの低所得国が債務返済不能に陥ったのは，相手国の返済能力を十分勘案せずに借款を供与した債権国にも責任があるというものである。アフリカなどの低所得国では，債務の返済負担のために教育や保健医療向けの支出が削減されているという事態が伝えられると，ジュビリー2000の主張は広範な支持を得た。[3]

1999年，ドイツ・ケルンにおける主要先進国首脳会議 (G8) で，HIPCs が負っている債務の帳消しが合意された。オーナーシップ尊重の原則にしたがい，HIPCs が「貧困削減戦略」を主体的に作成することなどを条件に，債務が免除されることになった。円借款などの多額の債権をアフリカなどの貧困国に対してもつ日本は，この合意に難色を示していたが，最終的には主要先進国のなかでの孤立をさけて，他国と足並みをそろえた（第3章参照）。

（2） 援助協調の展開

2000年に国連特別総会でミレニアム宣言が採択されると同時に HIPCs が策定するべき「貧困削減戦略」への支援は，MDGs の達成のために最も重要な手段と位置付けられた。国連に付属する国際機関はもちろん，DAC を中心に各国の二国間の援助の政策の策定および実施にも MDGs と援助対象国の貧困削減戦略を反映させることが求められた。そして，従来の援助に対する反省に基づき，援助の効果を高めるための受入国とドナーの役割に関する議論も続いた。

2001年に発生した同時多発テロをきっかけに，米国は途上国への援助を拡大する方向に転じ，貧困削減を目指す動きはいっそう強まった。2003年には「ローマ調和化宣言」が DAC のハイレベル・フォーラムで採択された。主な内容として開発援助資金の拡大，開発効果性の向上のための受入国の優先順位と時期選択に沿った援助の実施，そして受入国自らの開発への取り組みにおけるオーナーシップの発揮ための支援が取り上げられている。これに続く2005年，OECD の援助効果向上に関するハイレベル・フォーラムで「援助効果向上に関するパリ宣言」が採択された。パリ宣言は「オーナーシップ，調和化，アラ

インメント（整合化），成果重視，相互説明責任」という5大原則を掲げた。パリ宣言には途上国も参加しており，援助の効果を向上させるため，受入国および供与国，国際機関など関係者が原則を共有して取り組むことを約束したという点において，大きな意義を持つ。さらに2008年には，ガーナのアクラにおいて援助効果向上に関するハイレベル・フォーラムが開催され，援助の予測性の向上，受入国が備える行財政システムの活用などをうたう「アクラ行動計画」が発表された。

　ローマ宣言，パリ宣言，アクラ行動計画に共通しているのは，援助供与側の協調によって援助の氾濫を防止し，途上国の政府が主体性を発揮しやすい状況をつくりだそうという方向性である。特に熱心だったのはイギリスや北ヨーロッパ諸国であった。これらの諸国は互いを同志国と呼んで援助協調を推し進めようとした。援助協調のもともとの趣旨は，受入国側がオーナーシップをもって援助側を含む関係主体の資源投入を統合し，開発政策に整合的に役立てようとするところにあった。しかし，アフリカの現実では受入国側の省庁や担当者にその能力が欠けていることがしばしばであり，イギリスなど同志諸国が協調を主導した。そのなかでは，受入国の予算の運用や管理に援助側が深く関与することが頻繁にみられた。他方，主要な援助対象であった東アジア諸国が主体性を有し，また援助の氾濫を経験してこなかった日本は，援助協調には協力しつつも，同志諸国のような深い関与を行うことには比較的慎重だった。

　2011年の韓国の釜山における援助効果向上に関するハイレベル・フォーラムでは「効果的な開発協力のための釜山パートナーシップ」（通称，「釜山成果文書」）が発表された。この時期には，2000年代になって以降増してきた，中国をはじめとする新興援助国が低所得途上国（その大半はアフリカ諸国である）に対して供与する支援の重要性が顕著になっていた。そして，これら新興国も開発協力の供与主体として認め，その供与主体としての責任について合意形成を図ることが重要との考え方が強まっていた。2010年にDACに加盟した韓国は，新興国を含む途上国と先進国を結ぶ架け橋としての役割を果たすのに適切な位置にあると自認し，新興国に対してフォーラムへの参加を積極的に呼びかけた。「援助効果」は，援助疲れのために自国の納税者への説明に頭を悩ましてきた先進国が追求してきたものであるが，釜山での会合以降はむしろ「途上国の開発そのものに焦点を合わせるべき」との考えに立って「開発効果」が重視され

ることとなった。他方で，中国など新興援助国は依然として途上国であることに鑑みて，パリ宣言やアクラ行動計画における供与国としての義務については，先進国と「共通ではあるが，異なる程度」で果たせばよいとされた。そして，開発効果を向上させるためには，先進国の政府や国際機関などの公的な援助だけでなく，企業やNGOなど民間の主体による貢献が重要だとされた。この点は既に1996年のDACによる「新開発戦略」において認識されていたような，途上国への資金の流れのなかでのODAの占める比重が小さくなったことを反映していたともいえる。

2000年から始まり，2015年まで続いたMDGsは完全な達成には至らなかったものの，世界全体としては8つのゴール全てについて，状況がかなり改善されたと評価されている。しかし，地域別の達成度には違いがあり，中国など東アジアの地域の高い達成度とは対照的に，最も開発上の困難をかかえていたアフリカの達成度は目標からは程遠く，貧困・飢餓，保健，教育，衛生などはその後も引き続き取り組むべき課題として残された（UN 2015）。

4　持続可能な開発——2010年代以降の展開

（1）持続可能な開発目標（SDGs）の展開

MDGsが2015年に役割を終え，世界は次の目標に向かった。既に述べたように，MDGsでは貧困削減が目標に掲げられ，社会開発が重視された。世界的に見るとMDGsが一定の成果をあげたことから，後継の2030年を最終年とする持続可能な開発目標（Sustainable Development Goals：SDGs）は，貧困削減のみならず他の広範な目標の達成をも含むようになった。SDGsでは，経済・産業に関わる目標をはじめ，格差や労働などの社会的目標，そして何よりも近年，地球規模で関心の高まってきた環境問題を主要な軸として取り入れ，全体として「持続可能な開発」を目指すこととされた。SDGsは「だれ一人取り残さない」をスローガンとし，17の目標を定め，その達成のためのグローバル・パートナーシップを求めている（表9-1）。

このように，MDGsからSDGsへの世界的な開発目標の移行に象徴されるように，貧困削減に集中していた援助主体の関心は，より広範なものへと広がっていった。そして，MDGsの時代には主な担い手は途上国の政府とされ

第Ⅲ部　アフリカ経済と対外関係

表9-1　ミレニアム開発目標と持続可能な開発目標

ミレニアム開発目標（MDGs）	持続可能な開発目標（SDGs）
目標1：極度の貧困と飢餓の撲滅	目標1：貧困をなくそう
目標2：初等教育の完全普及の達成	目標2：飢餓をゼロに
目標3：ジェンダー平等推進と女性の地位向上	目標3：すべての人に健康と福祉を
目標4：乳幼児死亡率の削減	目標4：質の高い教育をみんなに
目標5：妊産婦の健康の改善	目標5：ジェンダー平等を実現しよう
目標6：HIV／エイズ，マラリア，その他の疾病の蔓延の防止	目標6：安全な水とトイレを世界中に
目標7：環境の持続可能性確保	目標7：エネルギーをみんなに　そしてクリーンに
目標8：開発のためのグローバルなパートナーシップの推進	目標8：働きがいも経済成長も
	目標9：産業と技術革新の基盤を作ろう
	目標10：人や国の不平等をなくそう
	目標11：住み続けられるまちづくりを
	目標12：つくる責任つかう責任
	目標13：気候変動に具体的な対策を
	目標14：海の豊かさを守ろう
	目標15：陸の豊かさも守ろう
	目標16：平和と公正をすべての人に
	目標17：パートナーシップで目標を達成しよう

出所：UN（2015, 2020）．

ていた。しかし，SDGsの時代に入ると先進国・途上国の政府に加えて，多国籍企業，地場の企業，さらにはNGOなどの役割も強調されるようになった。

　既に述べたように，重い債務負担のゆえに，2000年代の半ばまでにHIPCsの有する債務の大幅な削減が行われ，特にアフリカでは大規模な経済インフラストラクチャーのための借款援助は先進国や国際機関によって忌避されていた。しかし，2000年代の資源・一次産品ブームのためにアフリカ諸国の成長率が上向きになるのに伴い，中国やアラブ諸国を筆頭に新興国が大規模な経済インフラストラクチャー向けの借款（貸付）を開始した。また2010年代には，インフラストラクチャー建設に自国企業のみを用いる中国に引きずられるように，DACのメンバーである先進諸国も自国企業へのひも付き援助（援助事業のためのサービスおよび物資の調達先が国際入札ではなくドナー国に限定されるなどの条件が付いた援助）の占める比率をあげていくなど，援助がより供与国の国益を重視する方向に変質していった。

　その後，2020年に世界的な大流行をもたらした新型コロナウィルス感染症（COVID-19）により，世界経済は大きな打撃を受け，アフリカも例外ではな

かった。COVID-19のワクチンは主に先進国において開発されたが，その輸送，配布，そして接種には保健医療のシステムとコールドチェーン（商品を低温の状態で輸送する「低温物流」のプロセス）が不可欠であり，それらが整っていないアフリカでのCOVID-19ワクチンの普及は困難をきわめた。所得の低い途上国については，COVID-19ワクチン調達のために世界保健機関（WHO）などの主導で設けられたワクチンの国際的共同購入枠組み（COVAXファシリティ）が設置され，日本をはじめ援助供与国は協調してこれを支援した。ビル＆メリンダ・ゲイツ財団など民間財団がアフリカにおけるCOVID-19対応への支援のために活発な活動を展開し，一部の先進援助諸国よりも大きい規模の支援を行った。

（2） 開発協力アクターの多様化

　1990年代まで先進諸国による援助に比べると目立たなかったものの，途上国から途上国への協力活動もそれ以前から長年行われてきた。途上国間協力である「南南協力」は非同盟運動の1つのかたちとも位置づけられてきた。例えば，1970年代に中国が支援した，タンザニアからザンビアに至るタンザン鉄道の建設はその代表的な例である。中国は1949年以来，社会主義体制をとっていたが，ソ連と対立するようになり，1960年代から南南協力を通じて友好関係を非同盟の途上国との間で独自に広げようとしたのである。

　2000年代に入ると中国をはじめ，インド，ブラジルなどの新興国の開発協力の規模が大きくなり，注目を集めるようになった。1960年代に始められた南南協力以来の実績は，特に中国の開発協力をアフリカ諸国にとって受け入れやすいものとした。欧米先進国は，援助を通じた途上国への影響力が新興国の協力の拡大により弱まること，そして従来求めてきた経済的・政治的な政策条件に途上国が応じなくなり，先進国を中心に立ち上げた援助協調に対して非協力的になることを懸念し始めた（Naim 2007参照）。

　2007年から2008年にかけて先進国経済が世界金融危機によって大きな打撃を受けたためもあって，新興国の影響力は以前の南南協力と呼んでいた時期とは異なり，無視できないほど大きなものになってきた。世界金融危機後は，主要先進国首脳会議の構成国に加えて，中国，インドなど新興国を含む20カ国の会合であるG20が世界経済に関する重要な協議の場になっていった。このG20に

は南アフリカがアフリカを代表するかたちで参加している。G20は開発効果向上に新興国が協力することを盛り込んだ釜山でのフォーラムと同じ2011年から年1回の定例開催となり，両者には新興国の台頭と新興国を国際的な協調に取り込もうとする先進国の苦心という共通の背景があった。

　2015年に始められたSDGsは，上記のような時代の流れを踏まえて，新興国を開発の対象であると同時に開発協力の主体として位置づけている。持続可能な開発のための対途上国支援の財源形成においても，新興国および民間財団からの財源が重視されるようになったのである（OECD 2020）。

　新興援助国の中でも，アフリカにおける中国の存在感の高まりは他を圧倒していた。中国政府は，急速に成長する輸出を通じて得た膨大な貿易黒字を，海外直接投資や開発協力などを通じて海外に還流させる政策を推進した。このような政策は中国企業の海外進出を促し，アフリカのみならず広く世界への影響力を増すことを目的としていた（こうした戦略は「走出去」と呼ばれる）。中国が提供するアフリカ諸国への「協力」には，援助だけでなく，貿易，投資およびその他ビジネス上の協力，自国民の移民なども含んでおり，それらが必ずしも明確に区別されずに供与されることに特徴がある。開発協力の局面では，主に他の供与主体とは協調しない単独での経済インフラストラクチャー支援が重視されてきている。

　もう1つの中国の協力の特徴は「内政不干渉」の原則を前面に押し出していることである。その結果，DAC加盟国ならば援助をする際に政治的条件に抵触するために是正を求めるような受入国の政治のあり方をも問題にせずに支援してきた。そのため，腐敗し，権威主義的で人権抑圧を行うアフリカの一部の政権などからは歓迎された（第11章参照）。それによってDAC諸国の政治的条件の効果が失われることが懸念されたのである。

　さらに中国の協力が特徴的なのは国際的枠組みを独自に掲げて，自らのリーダーシップのもとに多くの国々を糾合しようとする明確な国益追求の姿勢にある。中国は2013年に，陸路および海路を通じて，中国からアジアを経てヨーロッパやアフリカまでをつなぐ「一帯一路」戦略を打ち出した。一帯一路には，中国の資金的支援が伴うために，アジア，ヨーロッパ，そしてアフリカの国々が関心を示し，受入れようとした。

　また中国はアフリカの開発に向けた支援も重視し，2000年に中国・アフリカ

協力フォーラム（Forum on China-Africa Cooperation：FOCAC）を発足させた。2013年以降は，FOCAC は一帯一路構想と連携して開催されてきた。TICAD を主催してきた日本の関係者からは，FOCAC は TICAD の模倣であり，また日本の対アフリカ開発協力への挑戦であるととらえる議論もなされた。

（3） 債務問題の新しい展開

2000年代にみられたアフリカの経済成長率の上昇とともに，中国などが積極的に借款を供与したことは既に触れた。他方，HIPCs への債務を免除して以降，日本を含む先進国は借款供与に慎重にならざるを得なかった。その結果，途上国では新興諸国への債務の比重が増し，世銀によると2021年末，中国は債権国として低所得諸国のかかえる二国間債務の49％を占めるようになった（World Bank 2022：ix）。

2020年には，COVID-19の世界的な流行により，グローバルな物流，人の移動などが制限されるようになり，開発協力の実施も難しくなった。世界全体の経済が低迷するなか，アフリカでは，経済危機に陥り，政府にとって公的な債務の返済が困難になるケースが相次いだ。ザンビア，ガーナ，エチオピアなどは債務支払いが不能な状態に追い込まれた。世銀・IMF をはじめ，先進国，およびG20諸国を含む債権者側は，2020年，債務支払猶予イニシアティブ（Debt Service Suspension Initiative：DSSI）という枠組みを設置した。DSSI は債務問題について対応を話し合う共通の場となった。新興国の中でも最も債権を多く抱えている中国の政府は，それまで先進国など他の債権国との協議に応じてこなかったが，返済不能となった債務国からの返済の調整のための議論に参加するようになった。

5　21世紀のアフリカにおける「援助」の意義

（1）　アフリカをめぐる開発協力の過去と現在

援助あるいは開発協力という行為は，最初に述べたように，アフリカにおいては第二次世界大戦前の時代に行われたキリスト教の宣教活動および植民地政策に起源を持つ。それは富める者による貧しい者への一方的な救済という性格を持っていた。第二次世界大戦後，ODA が形成されてから1990年代頃までの

援助も，富める国から貧しい国への一方的な資金等の移転であるという意味では違いがなかった。

しかし，2000年代から2010年代にかけてのアフリカにおける経済成長の時期を経て，純粋な援助の受入国であった国々の一部が援助を供与する力をつけ，開発を支援するための資金等の移転は決して先進国から途上国への一方的なものではなくなってきた。実は日本自体がそうした開発協力の多方向化を，いち早く体験した先進国となった。2011年の東日本大震災の際には，他の先進国に加えて，中国やインドなどの新興諸国のみならず，アフリカ諸国も日本への災害支援を行ったのである。このように大災害の際に，従来とは逆に途上国から先進国へ支援が行われることも増えてきている。

他方で，先進国以外に多様なアクターが台頭することは開発協力に投入される資金の規模を拡大する反面，今までOECD-DAC加盟国が援助対象国に求めてきた複数政党制民主主義，人権尊重，腐敗撲滅などの政治的条件が必ずしも重視されないことを意味する。具体的には，中国などは自国についても一党支配や人権侵害など政治的問題をかかえている。OECD-DAC加盟国のような，支援を通じて自らが持つ政治的価値を途上国の内政に反映させようとの志向性も共有しない。むしろ，中国等は開発のための支援の実施にあたっては内政不干渉を強く打ち出していることは既にみた。そこには，先進国による政治的条件の要求に不満を持つアフリカなど途上国の自国への支持を広げようとの思惑が透けて見える。アフリカは，こうした意味で，先進国と新興国とが，支援を通じて，受入国からの支持をめぐり，せめぎあう場ともなりつつある。

（2） 多様な支援のかたちと日本の役割

こうした状況のなかで，日本などの先進国がなすべきアフリカへの援助ないし開発協力はどのようなものであるべきだろうか。仮に開発協力を，産業開発を目的とするものと，貧困削減を目的とするものに分けるとすると，どちらにしてもアフリカ諸国の現状では，まだまだ多くの課題が残されている。ただ，産業開発においては，その基盤となる基幹的なインフラストラクチャーの整備に関して中国など新興諸国の資金供与や事業による関与が進むとともに，様々なかたちでの民間の資金も導入されつつある。本来各企業のビジネスの拡大こそが，産業開発の原動力になるべきものである。むしろ先進国の産業開発への

協力は，市場経済における競争や新興国の支援から取り残されがちな農業，小規模零細企業，あるいはインフォーマルな経済主体に，きめの細かいかたちで向けられるべきだろう（第3章参照）。

　他方，貧困削減においても，ソーシャル・ビジネスなどのかたちでビジネスの論理が浸透しつつあるのが，今日のアフリカ支援の状況である。ソーシャル・ビジネスは，アフリカ各国の政府の行政，また利益を優先する既存の多国籍企業の関与，および効果の持続が難しく，依存を引き起こしかねない援助，三者それぞれの限界を，概して小規模のビジネスにおいてICT技術や小口金融のノウハウの応用を通じて乗り越えようとするものである。ソーシャル・ビジネスはSDGsの主要な理念である「だれ一人取り残さない開発」のための1つの柱として期待されてもいる。しかし，ソーシャル・ビジネスは，その多くが小規模で，各国国民全てに公平に行きわたる開発を実現することは難しく，またビジネスである限り，費用に見合う収入を確保できなければならない。他方で，アフリカへの開発に向けた支援の中で最も重要なことは，絶対的貧困や死に瀕する飢餓の緩和，家族・親族にも保護されず，基礎的な学校教育から取り残された子どもたちのケア，そして有料化された保健医療サービスにアクセスできない，そうした最底辺の人びとへのサービスである。こうしたいわば最底辺の人びとのアフリカにおける状況は，国や居住地域によって少しずつ異なるものの，おしなべて深刻である。最底辺の貧困な人びとへの支援事業を，費用と収入が均衡するようなビジネスにすることはきわめて難しく，ましてや各国の国民全体を公平に，極度の貧困から引き上げ，あるいは貧困化から守ることは，個々のソーシャル・ビジネスの役割を超えたことであろう。

　他方で，公的な制度の改善を通じて絶対的貧困や飢餓，質の低い教育，貧困な人びとには手が届かない保健医療の状況を解決していくことは，創意と活力に満ちた労働者を生み出し，弱者を含む人びとの社会への帰属と一体感を醸成することにもつながり，産業開発にも役立つだろう。とりわけ，農業，小規模零細企業，インフォーマル部門の底上げにはこうした公共政策こそがものをいう。

　その回路をつなぎ合わせることができるのは，ビジネスでも外国企業でもない。収入の多寡にかかわらず公共的な目的の公平な実現のために努力と資源を傾注する，アフリカのそれぞれの国の人びとと政府がなくてはならない。そし

てそれを支えることを明確に念頭に置いた開発協力，特に ODA の供与機関，および多様なアクター（NGO，民間財団など）の参画が求められる。構造調整以来の新自由主義あるいはビジネス偏重の開発の発想は，転換されなければならない。

21世紀を通じてアフリカの全人口と子どもの数は，世界最大となっていき，産業開発と貧困削減に向けて，これからまだまだ多くの営為が必要となる。それがゆえに，ODA や多様なアクター（NGO，民間財団，民間企業など）の役割を再認識し，新たな拡充を図っていくことが，今後も必要である。

その数が最大となるアフリカの人びとの織り成す社会がどういうものになるかは，人類全体にとって，そして日本の人びとにとって重要な意味を持つはずである。もし，日本がそのことを十分に理解せず，自国の利益や事情を優先して開発協力を組み立てるのであれば，それはアフリカ諸国の状況をより混乱させることになる。逆に，日本が長い開発協力の歴史や初期の TICAD の経験を踏まえて，アフリカの社会と人びと本位の公平な開発協力を展開するならば，それは長期的に人類と日本の人びとのより大きな利益にかなうだろう。

注

(1) 2022年，DAC 諸国の GNI 比政府開発援助はルクセンブルクが1％，スウェーデンが0.89％，ノルウェーが0.86％，ドイツが0.85％，デンマークが0.67％など1〜5位まで北ヨーロッパないしその近隣の西ヨーロッパ諸国が占めた（OECD Stat 2024）。同年，DAC 諸国の平均は0.37％で，日本は0.39％であった。

(2) 南アフリカのネルソン・マンデラ大統領は1994年10月3日，第49回国連総会での演説で「私たちは今日ここに立ち，私たちの解放をもたらし，人種差別の最前線を押し戻した共通の闘いにおいて国民大衆と力を合わせてきた国連機関とその加盟国に敬意を表します」と述べた（United Nations 1994：541）。

(3) ジュビリーとは節目の年ごとに行われる祝祭のことを意味し，ユダヤ教やキリスト教の祝祭の際に債務が帳消しされていたという伝統にちなんで，2000年という節目に低所得国の債務の削減を先進国や国際機関に求めた。

参考文献

国際連合（UN）2015.『国連ミレニアム開発目標報告　要約版』国連.
国際連合（UN）2020.『持続可能な開発目標（SDGs）報告2020　概要』国連.
高根務　1998.「西アフリカ諸国の経済」末原達郎編『アフリカ経済』世界思想社，87-109.

平野克己 2009.『アフリカ問題――開発と援助の世界史』日本評論社.
Naim, Moises 2007. "Rogue aid." *Foreign policy* 159：95-96.
Organisation for Economic Co-operation and Development (OECD) 2020. *Development Co-operation Report 2020: Learning from Crises, Building Resilience*, Paris, OECD Publishing.
OECD Stat. 2024. https://stats.oecd.org/#（2024年5月15日確認）
Riddell, Roger C. 2008. *Does foreign aid really work?* New York: Oxford.
United Nations 1994. *United Nations and apartheid, 1948-1994: United Nations blue book series, v. 1(1568-1994)*. New York: United Nation.
World Bank 2022. *International Debt Report 2022: Updated International Debt Statistics*. Washington D.C.: World Bank.

（鄭　俊民・高橋基樹）

Column ⑩

援助の「ブランド化」——韓国によるセマウル運動移転の試み

　韓国は2010年，先進援助供与国のグループ（OECD-DAC）の一員になった。アジア諸国では日本に次ぎ2番目，かつて途上国として分類された国からは初めてのことである。途上国の中の「優等生」として目覚ましい経済成長を遂げた韓国ではあるが，援助の受入国から供与国となる「DAC加盟」は，先進国への仲間入りを完了させる，特別なできごとだった。

　韓国は様々な分野，形態の援助をしているが，なかでも「優等生」として経済発展を遂げた自らの経験を「ブランド化」して途上国に移転することを特徴としている。「ブランド化」の典型は，自国の高度成長期の農村開発政策であったセマウル運動である。韓国語で「セ」は新しい，「マウル」は村を意味する。この運動は特に1970年代，朴正熙政権により全国的に実施された。「勤勉，自助，協同」の精神を強調し，住民が自発的に村おこしに参加するよう促した。全国の村がコンテストのように「競争」し，組織化が進み，生産高を増やすなど業績がよい村には表彰し，更なる支援をしたことがセマウル運動の特徴とされる。韓国国内でも，権威主義的な朴政権により進められた背景もありこの運動に関する評価は分かれている。しかし，歴代政権は，援助の供与国として，独自性を発揮するため途上国への「セマウル運動の（経験の）移転」を試みてきた。

　セマウル運動はアフリカでも活発に行われている。韓国政府によると2022年，セマウルの名を冠する22のプロジェクトのうち6つがアフリカで行われた。セマウル運動の基本精神は共通でも，定義や方法に関する解釈は様々である。しかし，援助プロジェクトは通常途上国の全国規模ではなく，特定の地域で行われる。そのために，韓国で行われてきたセマウル運動とは違い，競争を促すことが難しい。世界の各国・各地域には様々な社会，文化的な文脈が存在し，一律的に正しい開発の方法はない。あえてアフリカの農村で韓国語の「セマウル」という名前の旗を掲げる必要はあるのか。援助の「ブランド化」を追求することが，受入国のためになるのか，問い直す時期にきている。

（鄭　俊民）

第Ⅳ部

アフリカと人間の安全保障

第10章
アフリカの人びとの教育と開発

― この章で学ぶこと ―

　教育は開発の重要な概念や理論である「人間開発」や「人的資本」の重要な要素の1つである。本章では「人間開発」や「人的資本」を踏まえ，アフリカの教育の変遷や現状，課題，取るべき政策について説明する。初めに，「人間開発」の概念と「人的資本」に関する理論を確認し，次にアフリカの人間開発や人的資本の現状を解説する。さらに様々な教育統計を通し，アフリカの教育の変遷と現状を論じる。新型コロナウイルス感染症（COVID-19）の影響についても簡単に触れる。後半では国際機関のレポート等にも言及しながら，アフリカの教育の課題と今後の取組の道筋について議論する。ここ30年のデータを見るとアフリカの教育は量的に大きく拡大した。一方で，脆弱な状況下にある子どもの就学率が依然低い国も多い。また，教育の質は課題が多く，たとえ一定期間学校に通っていたとしても，必要最低限の学力が身についていない子どもや成人が非常に多い。留年率や中退率も高く，教育の効率性にも課題がある。居住地，所得，性別による格差も存在する。増加し続ける子どもの数に教育財政も教育システムも追いつけていない中，COVID-19がアフリカの教育の課題を大きく悪化させた。今後は，質の高い普遍的な基礎教育を目指すための様々な政策が求められる。ICT化の推進や制度的な能力不足の解消，危機時にも対応可能な教育システムの強化，教育データの収集と分析やそれに基づく政策立案，教育財政支出の増加も望まれる。

1　人間開発と人的資本

　本章では「人間開発」と「人的資本」双方の重要な要素である教育について，アフリカのこれまでの変遷や現状，課題，取るべき政策について説明する。本

節では，この「人間開発」の概念と「人的資本」に関する理論を確認する。

（1） 人間開発

「人間開発」は，ノーベル経済学賞受賞者でもあるインド人経済学者のアマルティア・センが考案した潜在能力アプローチに基づいている（Sen 1985）。潜在能力アプローチでは，貧困とは単なる所得貧困でなく，基本的な潜在能力が奪われた状態であると考える。この概念に基づき，国連開発計画（United Nations Development Planning：UNDP）は各国の人間開発指数を1990年以降毎年計算・公表しており，各国の開発の度合いを評価する上で欠かせない指標となっている。人間開発指数は，保健，教育，所得のそれぞれを代表する指標をもとに計算される。「人間開発」という概念が形成されるまでは，各国の発展を一人当たり国民総所得（GNI）で評価していたが，「人間開発」では経済指標に加えて，出生時平均余命や予測就学年数など保健や教育に関する指標も含めて総合的にその国の人びとの生活水準を評価している。

（2） 人的資本理論

次に経済学の視点から教育を分析する際に欠かせない，人的資本理論について説明する。人的資本の議論は，アダム・スミスの『諸国民の富』（Smith 1776）から始まったと言われているが，現在よく議論される人的資本理論に発展させたのは，Mincer（1958）やShulz（1963），Becker（1964）である。世界銀行（World Bank 2020）は「人的資本とは人間が人生を通して蓄積する知識，スキル，健康のことで，それらを通して，（人間は）社会の生産者としてそのポテンシャルを発揮する」と述べている。経済学の古典的な考え方では経済成長のためには物的資本と労働に投資する必要があると言われてきたが，人的資本への投資も重要であると考えられるようになった。

具体的なアフリカの話に移る前に，ここでは人的資本形成としての教育をもう少し説明する。人的資本理論でよく議論されるものに，教育の収益率がある（Mincer 1958；Becker 1964；Psacharopoulos 1973等）。教育の収益率には教育の私的収益率と社会的収益率があり，私的収益率では教育の投資がどのように個人の所得に影響しているかを見る。例えば，受けてきた教育の年数が1年増えると，所得が何％上がるか，中等教育までの教育を受けた人と比べて，高等教育

を受けた人の所得は何％増えているか等を分析する。Montenegro and Patrinos（2014）によると，サハラ以南のアフリカの教育の私的収益率は12.4％で，どの地域よりも高くなっている。また初等教育の私的収益率は14.4％，中等教育の私的収益率は10.6％，高等教育の私的収益率は21.0％でこれらもそれぞれどの地域よりも高いものとなっている。これは教育を受ける人口が他地域よりもそもそも低いことから，教育を受けることによって得られる利益が他地域よりも高くなるからだと考えられる。従って，教育の収益率が高いからといって，教育の社会全体への正の影響が他地域よりも大きいとはいえない。また，サハラ以南のアフリカを含むほとんどの地域では社会的収益率は私的収益率よりも低くなっている。

（3） 経済成長理論と人的資本

人的資本理論はミクロ経済学的視点が中心であったが，マクロ経済学的視点でも，これまで人的資本形成としての教育と経済成長の関係について議論がされてきた。新古典派成長理論（または，ソローモデル）は，ロバート・ソローによって最初に提唱された（Solow 1956）。ソローは経済成長を主に物的資本，労働力，外生的な技術革新によって説明しようとした。さらに，Mankiw et al.（1992）が人的資本を取り入れた拡張ソローモデルとして知られるモデルを開発し，人的資本が物的資本と同じように経済成長に貢献することを示した。しかし，新古典派モデルは依然として技術の進歩はなぜ，どのように起こるのかを説明できないでいた。Romer（1986）やLucas（1988）は内生的成長理論のモデルを開発し，人的資本を経済の中心的な決定要因として位置づけた。彼らは成長の主な原動力は人的資本，つまり知識の蓄積で，人的資本の蓄積は学校，研究機関，社会で行われると述べている（Lucas 1993）。これらの理論を基に教育と経済成長について様々なマクロ実証分析が試みられてきた。2000年代初頭の実証分析では，教育年数と経済成長には正の相関がないことが指摘され（Pritchett 2001；Easterly 2001等），経済学者や政策関係者の間で物議を醸した。しかしながら，その後Hanushek and Wößmann（2007）が教育の質と経済成長に正の相関があることを示し，人的資本形成としての教育はやはり重要であること，中でも教育の質が経済成長に影響があることが認識されるようになった。

2　アフリカの人間開発と人的資本の現状

　本節では，アフリカの人間開発や人的資本の変遷と現状について考察する。最初に人間開発指数，人的資本指数を紹介し，次にアクセス，質，効率性，公平性の4つの観点からの教育統計指標を紹介し，アフリカの開発と教育について包括的に分析する。

（1）　アフリカの人間開発指数

　表10-1は2021年のアフリカ諸国の人間開発指数のランキング，人間開発指数，人間開発指数を算出するための要素である出生時平均余命，予測就学年数，平均就学年数，一人当たり国内総所得（GNI），一人当たりGNIと人間開発指数の順位の差を示している。2021年に人間開発指数が算定された国は全部で191カ国であり，ソマリアを除くアフリカ全ての国，53カ国が含まれる。そして「人間開発低位国」とされた下位32カ国のうち，28カ国がアフリカの国である。一方，「人間開発超高位国」66カ国にはアフリカの国は1つも入っておらず，次の「人間開発高位国」49カ国にようやくモロッコを除く北アフリカ4カ国と南アフリカ，ガボンが入る。アフリカ諸国の人間開発指数の値や順位は総じて低く，人びとの生活状況は世界的に見ても非常に不十分な状況にあることがわかる。

　表10-1の出生時平均余命は，人間開発の健康面を評価する指標である。同年の出生時平均余命は85.5年の香港を除けば，日本の84.8年が最長である。これと比較すると，アフリカの出生時平均余命は20〜30年短いことがわかるだろう。出生時平均余命が最下位のチャドの値は52.5年となっており，日本と比較すると，平均32年も短くしか生きられないということである。このチャドを含むアフリカの17カ国で平均余命が60年未満となっている。アフリカの平均余命が短い原因としては不十分な衛生施設，医療施設の未整備，感染症の蔓延，紛争などがある。一方で北アフリカ5カ国とサハラ以南のアフリカの3カ国では，出生時平均余命が70歳を超えている。

　表10-1の「予測就学年数」と「平均就学年数」を見ても，先進国と比較して数値がずっと低い国が多いことがわかる。平均就学年数を見ると，世界最長

第10章 アフリカの人びとの教育と開発

表10-1 アフリカ諸国の人間開発指数

	人間開発指数（2021年）						
	人間開発指数順位	人間開発指数	出生時平均余命（年）	予測就学年数	平均就学年数	一人当たりGNI（US$）	一人当たりGNI順位と人間開発指数順位の差
北アフリカ							
アルジェリア	91	0.745	76.4	14.6	8.1	10,800	13
エジプト	97	0.731	70.2	13.8	9.6	11,732	4
チュニジア	97	0.731	73.8	15.4	7.4	10,258	10
モロッコ	123	0.683	74.0	14.2	5.9	7,303	1
リビア	104	0.718	71.9	12.9	7.6	15,336	-27
西アフリカ							
ガーナ	133	0.632	63.8	12.0	8.3	5,745	-2
カーボベルデ	128	0.662	74.1	12.6	6.3	6,230	2
ガンビア	174	0.500	62.1	9.4	4.6	2,172	-1
ギニア	182	0.465	58.9	9.8	2.2	2,481	-13
ギニアビサウ	177	0.483	59.7	10.6	3.6	1,908	0
コートジボワール	159	0.550	58.6	10.7	5.2	5,217	-22
サントメ・プリンシペ	138	0.618	67.6	13.4	6.2	4,021	13
シエラレオネ	181	0.477	60.1	9.6	4.6	1,622	-1
セネガル	170	0.511	67.1	9.0	2.9	3,344	-10
トーゴ	162	0.539	61.6	13.0	5.0	2,167	12
ナイジェリア	163	0.535	52.7	10.1	7.2	4,790	-22
ニジェール	189	0.400	61.6	7.0	2.1	1,240	-3
ブルキナファソ	184	0.449	59.3	9.1	2.1	2,118	-8
ベナン	166	0.525	59.8	10.8	4.3	3,409	-7
マリ	186	0.428	58.9	7.4	2.3	2,133	-11
モーリタニア	158	0.556	64.4	9.4	4.9	5,075	-20
リベリア	178	0.481	60.7	10.4	5.1	1,289	7
中部アフリカ							
ガボン	112	0.706	65.8	13.0	9.4	13,367	-25
カメルーン	151	0.576	60.3	13.1	6.2	3,621	6
コンゴ共和国	153	0.571	63.5	12.3	6.2	2,889	11
コンゴ民主共和国	179	0.479	59.2	9.8	7.0	1,076	9
赤道ギニア	145	0.596	60.6	9.7	5.9	12,074	-47
チャド	190	0.394	52.5	8.0	2.6	1,364	-7
中央アフリカ	188	0.404	53.9	8.0	4.3	966	1
ブルンジ	187	0.426	61.7	10.7	3.1	732	4
ルワンダ	165	0.534	66.1	11.2	4.4	2,210	6
東アフリカ							
ウガンダ	166	0.525	62.7	10.1	5.7	2,181	6
エチオピア	175	0.498	65.0	9.7	3.2	2,361	-5
エリトリア	176	0.492	66.5	8.1	4.9	1,729	3
ケニア	152	0.575	61.4	10.7	6.7	4,474	-6
コモロ	156	0.558	63.4	11.9	5.1	3,142	6

251

ジブチ	171	0.509	62.3	7.4	4.1	5,025	-32
スーダン	172	0.508	65.3	7.9	3.8	3,575	-14
セーシェル	72	0.785	71.3	13.9	10.3	25,831	-17
ソマリア	…	…	55.3	…	…	1,018	…
タンザニア	160	0.549	66.2	9.2	6.4	2,664	7
南スーダン	191	0.385	55.0	5.5	5.7	768	-1
南部アフリカ							
アンゴラ	148	0.586	61.6	12.2	5.4	5,466	-14
エスワティニ(旧スワジランド)	144	0.597	57.1	13.7	5.6	7,679	-21
ザンビア	154	0.565	61.2	10.9	7.2	3,218	7
ジンバブエ	146	0.593	59.3	12.1	8.7	3,810	9
ナミビア	139	0.615	59.3	11.9	7.2	8,634	-23
ボツワナ	117	0.693	61.1	12.3	10.3	16,198	-43
マダガスカル	173	0.501	64.5	10.1	5.1	1,484	8
マラウイ	169	0.512	62.9	12.7	4.5	1,466	13
南アフリカ	109	0.713	62.3	13.6	11.4	12,948	-17
モザンビーク	185	0.446	59.3	10.2	3.2	1,198	2
モーリシャス	63	0.802	73.6	15.2	10.4	22,025	-1
レソト	168	0.514	53.1	12.0	6.0	2,700	-2

注：ソマリアはデータ不足のため一部のデータのみ掲載。
出所：UNDP（2022）より筆者作成。

はドイツの14.1年であり，日本は13.4年で世界で9位である。一方アフリカではこれらの高所得国と比較すると非常に短い平均就学年数となっている。平均就学年数が3年を下回る国が6カ国あり，6年を下回る国は合計31カ国も存在する。アフリカを含む世界の多くの国で小学校の年数は6年であるが，アフリカの多くの国で，一握りの人口が高等教育を受け，多くの国民が小学校すら修了できていないということである。一方，アフリカでも予測就学年数は平均就学年数よりも長くなっている。予測就学年数とは，その年に小学校に入学する子どもが今後平均して何年間就学する可能性があるかを，現在の就学率に基づいて計算したものである。現在の子どもの教育へのアクセスの状況は現在の成人の過去の教育へのアクセスの状況よりも世界的に改善しており，例えば世界1位のオーストラリアの予測就学年数は21.1年となっている（日本は15.2年）。アフリカはこれよりもずっと短いものの，平均就学年数よりは長くなっている。予測就学年数が6年未満の国は南スーダンの5.5年のみとなっており，ほとんどの国で小学校卒以上の学歴が平均となり，20カ国では予測就学年数が12年以上という，ほぼ高卒以上の学歴になると予測されている。

　アフリカの人間開発が劣悪な要因として，そもそもの所得が低く，政府や個

人が保健や教育に費やせる予算が少ないことが考えられる。一方で表10-1の一人当たりGNI順位と人間開発指数順位の差からわかるように、一人当たりGNIで表わされるそれぞれの国の所得レベルが保健や教育への支出に必ずしもつながっていないということがいえる。一人当たりGNI順位と人間開発指数順位の差がマイナスになるということは、人間開発指数順位が一人当たりGNI順位よりも低いということであるが、アフリカの29カ国の順位の差がマイナスとなっている。一番差が大きいのが、赤道ギニア（-47）であり、次いでボツワナ（-43）、ジブチ（-32）となっている。一部の富裕層の所得が高く、そのおかげで一人当たりGNIは高くなっているが、国民全体を見ると貧しい上に、政府が保健や教育に十分予算を割り当てられておらず、大変不平等な社会になっているのである。

（2） アフリカの人的資本指数

表10-2は世界銀行が開発した2020年の人的資本指数、人的資本指数を計算するための要素となる指標を示している。人的資本指数は0から1の値を取り、値が1に近づくとより人的資本のレベルが高いことを意味する。人的資本指数を計算するために5歳までの生存確率、予測就学年数、調整済み学力テスト得点、学習調整後の就学年数、発育が阻害されていない5歳未満児の割合、成人生存率が使用されており、健康、栄養水準、教育の観点からの指標を使っている。2020年に人的資本指数が算出できた国は全部で174カ国であり、アフリカは46カ国が含まれている。順位の下から13番目までは全てサハラ以南のアフリカの国である。最下位の中央アフリカの人的資本指数は0.29であり、最上位のシンガポールの人的資本指数の0.88とは非常に大きな開きがある。ちなみに、上位3位はシンガポール、香港、日本と、アジアの国・地域が占めている。さらに下位50カ国のうち、38カ国がサハラ以南のアフリカ諸国で占められており、特にサハラ以南のアフリカの人的資本の蓄積が世界の中でも非常に遅れていることがわかる。

表10-2の5歳までの生存確率は、5歳までに何％の子どもが生きられるかを表す健康面の指標である。同年の5歳までの生存確率は全世界で0.95以上の国がほとんどであり、ほとんどの先進国では1.00となっている。一方、アフリカの24カ国が0.90以上0.95未満の値を取り、中でもナイジェリア、チャド、中

央アフリカ，シエラレオネ，ギニアの5カ国は0.90を切っている。前者のアフリカ24カ国では20人に1人以上の子どもが5歳になるまでに亡くなり，後者のアフリカ4カ国では10人に1人以上の子どもが5歳になるまでに亡くなるということである。表10－2の2列目から4列目の指標は教育に関するものである。2列目の予測就学年数は小学校入学時の児童が今後受ける教育年数の予測値である。予測就学年数については主に2021年のデータを使用した表10－1で既に説明しているが，この数値よりも低く見積もられている。アフリカ全体の傾向は同じなので，詳細は割愛するが，アフリカの下位6カ国である，リベリア，中央アフリカ，南スーダン，マリ，チャド，ニジェールの2020年度の人的資本指数に使用された予測就学年数は6年未満となっており，これらの国では平均的にいって小学校卒の学歴すら得られないことが予測されている。最下位のリベリアの予測就学年数は4.2年で平均で小学4年生の学歴しか取得できない予測となっている。また，下位31カ国の予測就学年数は9年未満（日本でいうところの中卒未満の学歴）であるが，この中で27カ国がサハラ以南のアフリカの国である。このように教育の「量」を見てもアフリカの状況は不十分であるが，教育の「質」の面はさらに課題が大きい。表10－2の調整済み学力テスト得点は，Patrinos and Angrist（2018）の Global Database on Education Quality の2020年のアップデート版から得られた学力テスト得点である。Patrinos and Angrist（2018）が国際数学・理科教育動向調査（Trends in International Mathematics and Science Study：TIMSS［以下，TIMSS］）という国際学力調査のテストの点数に換算された複数の主要な国際学力調査のテストの点数を統合したものである。上位30カ国・地域の点数は500点以上であり，ベトナム以外は高所得国・地域である。1位はシンガポールで575点であり，日本は香港やマカオなどの地域を除くと3位で538点である。下位6カ国は全てサハラ以南のアフリカの国で，ニジェール，ガーナ，マリ，ナイジェリア，コンゴ民主共和国，シエラレオネである。これらの国では300点に近い低さとなっている。最下位のニジェールは305点で，最上位のシンガポールとの開きが270点となっている。下位30カ国を見ても，19カ国がアフリカの国で占められる。特筆すべきは上述の予測就学年数で順位が比較的高かったアフリカの国でも，調整済み学力テスト得点の順位がかなり下位になっている点である。例えばガーナの予測就学年数は12.1年であり，本統計の順位は87位であったが，調整済み学力テスト得点

第10章 アフリカの人びとの教育と開発

表10-2 アフリカ諸国の人的資本指数

	人的資本指数（2020年）						
	5歳までの生存確率	予測就学年数	調整済み学力テスト得点	学習調整後の就学年数	発育が阻害されていない5歳未満児の割合	成人生存率	人的資本指数
北アフリカ							
アルジェリア	0.98	11.8	374	7.1	0.88	0.91	0.53
エジプト	0.98	11.5	356	6.5	0.78	0.86	0.49
チュニジア	0.98	10.6	384	6.5	0.92	0.91	0.52
モロッコ	0.98	10.4	380	6.3	0.85	0.93	0.50
リビア	—	—	—	—	—	—	—
西アフリカ							
ガーナ	0.95	12.1	307	6.0	0.82	0.77	0.45
カーボベルデ	—	—	—	—	—	—	—
ガンビア	0.94	9.5	353	5.4	0.81	0.75	0.42
ギニア	0.90	7.0	408	4.6	0.70	0.76	0.37
ギニアビサウ	—	—	—	—	—	—	—
コートジボワール	0.92	8.1	373	4.8	0.78	0.66	0.38
サントメ・プリンシペ	—	—	—	—	—	—	—
シエラレオネ	0.89	9.6	316	4.9	0.71	0.63	0.36
セネガル	0.96	7.3	412	4.8	0.81	0.83	0.42
トーゴ	0.93	9.7	384	6.0	0.76	0.74	0.43
ナイジェリア	0.88	10.2	309	5.0	0.63	0.66	0.36
ニジェール	0.92	5.5	305	2.7	0.52	0.77	0.32
ブルキナファソ	0.92	7.0	404	4.5	0.75	0.76	0.38
ベナン	0.91	9.2	384	5.7	—	0.77	0.40
マリ	0.90	5.2	307	2.6	0.73	0.75	0.32
モーリタニア	0.92	7.7	342	4.2	0.77	0.80	0.38
リベリア	0.93	4.2	332	2.2	0.70	0.78	0.32
中部アフリカ							
ガボン	0.96	8.3	456	6.0	0.83	0.79	0.46
カメルーン	0.92	8.7	379	5.3	0.71	0.70	0.40
コンゴ共和国	0.95	8.9	371	5.3	0.79	0.74	0.42
コンゴ民主共和国	0.91	9.1	310	4.5	0.57	0.75	0.37
赤道ギニア	—	—	—	—	—	—	—
チャド	0.88	5.3	333	2.8	0.60	0.65	0.30
中央アフリカ	0.88	4.6	369	2.7	0.59	0.59	0.29
ブルンジ	0.94	7.6	423	5.2	0.46	0.72	0.39
ルワンダ	0.96	6.9	358	3.9	0.62	0.81	0.38
東アフリカ							
ウガンダ	0.95	6.8	397	4.3	0.71	0.74	0.38
エチオピア	0.94	7.8	348	4.3	0.63	0.79	0.38
エリトリア	—	—	—	—	—	—	—
ケニア	0.96	11.6	455	8.5	0.74	0.77	0.55

コモロ	0.93	8.2	392	5.1	0.69	0.78	0.40
ジブチ	—	—	—	—	—	—	—
スーダン	0.94	7.1	380	4.3	0.62	0.79	0.38
セーシェル	0.99	13.1	463	9.7	—	0.85	0.63
ソマリア	—	—	—	—	—	—	—
タンザニア	0.95	7.2	388	4.5	0.68	0.78	0.39
南スーダン	0.90	4.7	336	2.5	0.69	0.68	0.31
南部アフリカ							
アンゴラ	0.92	8.1	326	4.2	0.62	0.73	0.36
エスワティニ(旧スワジランド)	0.95	6.4	440	4.5	0.74	0.60	0.37
ザンビア	0.94	8.8	358	5.0	0.65	0.73	0.40
ジンバブエ	0.95	11.1	396	7.0	0.77	0.65	0.47
ナミビア	0.96	9.4	407	6.1	0.77	0.71	0.45
ボツワナ	0.96	8.1	391	5.1	—	0.80	0.41
マダガスカル	0.95	8.4	351	4.7	0.58	0.80	0.39
マラウイ	0.95	9.6	359	5.5	0.61	0.74	0.41
南アフリカ	0.97	10.2	343	5.6	0.73	0.69	0.43
モザンビーク	0.93	7.6	368	4.5	0.58	0.68	0.36
モーリシャス	0.98	12.4	473	9.4	—	0.86	0.62
レソト	0.92	10.0	393	6.3	0.65	0.52	0.40

出所：World Bank（2020）より筆者作成。

の順位は173位（下から2番目）となっている。南アフリカも予測就学年数は10.2年で，その順位は125位であったが，調整済み学力テスト得点の順位は160位となっている。このようにアフリカは教育の質の問題も深刻であることがわかる。アフリカの教育の質の問題については第3節でさらに詳しく述べる予定である。同じ表の次の学習調整後の就学年数は，教育の「量」と「質」の両方を考慮した指標である。予測就学年数×（調整済み学力テスト得点／625）で計算される。625とはTIMSSの一番高いレベルの点数である。学習調整後の就学年数は全体的に予測就学年数よりも低い値になる。高所得国の大半は10年以上である一方，下位40カ国が6年未満となっている。その下位40カ国のうち33カ国がサハラ以南のアフリカ諸国である。次に同表の発育が阻害されていない5歳未満児の割合を見てみよう。発育が阻害されていない5歳未満児の割合はその国で子どもが十分な栄養を摂取できているかを測る指標である。このデータがある国は全体で100カ国であり，特に先進国の多くではこの統計は計算されていない。例えば下位20カ国の発育が阻害されていない5歳未満児の割合は0.65（65％）未満であり，サハラ以南のアフリカ諸国も13カ国含まれる。他の指標と比較すると南アジアや太平洋の国も下位に入っているとはいえ，や

はりここでもアフリカの状況が悪いことがわかる。特に最下位のブルンジでは値は0.46となっており，発育が阻害されてはいない5歳未満児の割合が半分にも満たないことがわかる。表10-2の最後の列の成人生存率は，15歳から60歳の死亡率を1から引いたものである。1位は0.961（96.1％）のカタールで，上位10カ国は0.95（95％）以上となっており，それらの国は全て高所得国である。日本の値は0.949（94.9％）で，12番目である。一方下位12カ国の値は0.70未満であり，1カ国を除き全てサハラ以南のアフリカ諸国である。これらの国では10人の成人のうち7人未満しか60歳まで生きられないということである。最下位のレソトの成人生存率は0.523（52.3％）であり，これは約半数の成人しか60歳まで生きられないということである。下位30カ国に広げて見ると，下位30カ国のうちサハラ以南のアフリカ諸国は29カ国である。

　このように，人的資本指数や人的資本指数の基になっている指標を見ても，アフリカ諸国の人的資本のレベルが世界的に非常に低いことがわかる。アフリカの教育は量のレベルでも低いが，特に質に深刻な問題がある。また健康・栄養・生存の面でも劣悪な状況にある国が多いことがわかる。本章では健康・保健面についてのさらに深い議論は割愛するが，次の節以降で教育の課題についてさらに議論を進める。

（3） アフリカの教育の変遷と現状

　上述の通り，アフリカの人間開発や人的資本の状況は世界全体の中で最も課題があると言えるが，過去数十年を見ると教育面でも保健医療面でも大きな進歩があることも事実である。この節では特にアフリカの教育に焦点を当て，アフリカの教育のこれまでの変遷と現状を説明する。

　教育を評価する場合，量（アクセス），質，効率性，公平性の観点から評価されることが多い。ここでも同じ観点からアフリカの教育を説明する。世界銀行から2018年に出版されたアフリカの教育を分析したレポート（Bashir et al. 2018）等によると，アフリカ諸国において教育はここ数十年で大きくアクセス（量）を拡大し，学校に行く子どもが激増し，初等教育がほぼ普遍化した国も多い。一方で，障害を持った子ども，遠隔地に住む子ども，紛争下にある子どもなど脆弱な環境や立場にある子どもが依然学校に行けていないこと，出席率は就学率よりもずっと低い現状があること，そして何よりも教育の質に大きく

課題が残っていることが上述のレポート含め様々な文献で指摘されている。

　近年アフリカの初等教育と前期中等教育の就学率は目覚ましい成長を見せてきた。ここでデータを参照する過去30年，アフリカ諸国やそれを支援する国際機関はミレニアム開発目標（Millennium Development Goals：MDGs）や「万人のための教育（Education for All：EFA）」などの国際的な目標を踏まえ，子ども達を小学校に通わせることを一番の目標にして教育に取り組んできた。サハラ以南のアフリカでは，2000年以降15カ国が school fee（授業料）を廃止しており，この政策が初等教育の就学率向上にも貢献している。また，就学前教育も，他地域と比べると，まだまだ通えていない子どもが多いものの，ここ30年で大きな改善がみられる。

　表10-3はアフリカ諸国の1990年と2020年の一人当たり GNI，就学前教育の就学率，初等教育の就学率と修了率を示している。就学率は教育のアクセスを評価するために非常によく使われる統計で，粗就学率と純就学率の二種類がある（定義は表10-3の注2を参照）。修了率は，アクセスの評価にも効率性の評価にも使用できる指標といえるだろう。一人当たり GNI は参考情報として掲載している。表10-3によると，1990年の就学前教育粗就学率については，モロッコとモーリシャスの約50％と，セーシェルの100％を除けば，35％以下となっており，さらに25カ国で1ケタ以下となっている。大半のアフリカ諸国の就学前教育はあまり普及していなかったことがわかる。しかしその後の30年でアフリカの就学前教育は拡大し，2020年には23カ国の就学前教育粗就学率が30％以上となり，50％以上の国も11カ国にも上る。一方で，2020年時点でデータがある国のうち5カ国しか，UNESCO が設定した2015年までの目標である就学前教育粗就学率80％に達していない。他地域や先進諸国と比較して，普遍的な普及からはまだまだほど遠い。経済学でも幼児教育が個人の学歴や賃金に影響することが指摘されているが（Heckman 2008等），アフリカの幼児教育・就学前教育は，改善の傾向はあるもののまだまだ始まったばかりといえるだろう。

　表10-3ではさらに初等教育の粗就学率，純就学率，修了率も示している。これらを見ると，アフリカ諸国は初等教育のアクセスを1990年から2020年の30年間で大きく改善したことがわかる。例えば，1990年には初等教育純就学率が70％未満の国は24カ国，その中でも50％未満の国が15カ国も存在し，90％以上

第10章 アフリカの人びとの教育と開発

表10-3 アフリカ諸国の就学前教育, 初等教育の就学率と修了率

	一人当たり GNI (Atlas method)	就学前教育粗就学率		初等教育粗就学率		初等教育純就学率		初等教育修了率	
	2020年	1990年	2020年	1990年	2020年	1990年	2018年	1990年	2020年
北アフリカ									
アルジェリア	3610	1.3 (1993)	—	93.8	111.3	85.9	97.6	81.4	103.7
エジプト	3010	5.5	29.3 (2019)	86.7	106.4 (2019)	87.4 (1994)	97	71.3 (1987)	104.6 (2019)
チュニジア	3220	6.9	44.6 (2016)	108.7	113.4	93.8	97.8 (2013)	76.1	106.5
モロッコ	3250	56.9	60.4	65.6	115.2	56.0	99.1	49.6	100.1
リビア	7400	6.1 (1986)	—	117.2 (1986)	—	—	—	—	—
西アフリカ									
ガーナ	2230	35.7	116.1	61.5	103.4	—	86.2 (2019)	56.7 (1991)	93.8 (2018)
カーボベルデ	3190	23.1 (1987)	74.7 (2019)	106.3	100.9 (2019)	99.2	93.4	51.4	100.0 (2019)
ガンビア	700	21.7 (1992)	43.7	50.2	103.5	49.0	76.8	37.2 (1989)	82.3
ギニア	950	1.5 (1994)	17.6	32.7	100.8	23.8	76.0 (2016)	18.4	59.4
ギニアビサウ	740	1.4 (1987)	13.2 (2014)	48.8 (1989)	—	39.5 (1988)	—	5.9 (1988)	—
コートジボワール	2290	1.1	10.6	66.5	100.5	49.1 (1991)	90.3	39.5	81.4
サントメ・プリンシペ	2100	21.4	50.3 (2016)	140.2	106.8 (2017)	92.8	93.1 (2017)	77.9	84.3 (2017)
シエラレオネ	490	—	20.8	49.6	141.3	—	98.1 (2016)	—	87.2
セネガル	1460	2.2	16.9	53.5	83.0	44.9	75.4 (2017)	40.9	60.5
トーゴ	880	2.7	29.8	91.8	126.3	64.4	90.7	35.5	88.4
ナイジェリア	2060	—	23.5 (2018)	85.5	85.7 (2019)	—	—	—	—
ニジェール	550	1.4	7.4	25.4	69.4	22.9	65.1 (2017)	15.8	51.2
ブルキナファソ	750	0.7	6.4	31.6	92.6	27.2 (1991)	78.6	19.1	64.9
ベナン	1230	2.7	22.2	49.1	114.2	39.5	97.2	18.3	62.4
マリ	790	1.3 (1995)	7.6	25.4	78.7	—	58.9	8.9 (1988)	49.6 (2017)
モーリタニア	1790	0.4 (1993)	10.5 (2015)	45.6	94.3	46.5 (1994)	79.6	28.3	72.9 (2019)
リベリア	600	—	128.5	—	77.5	—	44.3 (2017)	—	60.6 (2017)
中部アフリカ									
ガボン	6830	1.1 (1992)	43.0 (2019)	138.2 (1989)	107.9 (2019)	—	—	61.9 (1989)	78.4 (2019)
カメルーン	1520	12	35.6 (2019)	99.9	105.7 (2019)	73.2	92.9 (2017)	56.7	65.5 (2019)
コンゴ共和国	1760	2.7	14.3 (2018)	126.4	93.7 (2018)	—	—	59.8	67.1 (2018)
コンゴ民主共和国	540	0.9 (1993)	6.9	59.9	123.9	61.4 (1991)	—	51.0 (1991)	81.2
赤道ギニア	5100	—	43.4 (2015)	109.5 (1993)	61.8 (2015)	63.9 (1994)	43.5 (2015)	37.8 (1994)	40.8 (2015)

259

第IV部　アフリカと人間の安全保障

チャド	660	0.2 (1995)	1.3 (2021)	51.7	93.7 (2021)	33.3 (1988)	73.2 (2016)	16.6	44.5 (2021)
中央アフリカ	460	5.8 (1991)	2.9 (2017)	70.1	128.1 (2017)	59.6	—	31.2	54.7 (2017)
ブルンジ	220	0.4 (1989)	16.5	64.2	115.1	49.2 (1988)	92.8	38.6	52.9
ルワンダ	760	—	28.2 (2021)	73.6	140.7 (2021)	—	94.8	44.5	91.0 (2021)
東アフリカ									
ウガンダ	820	—	14.4 (2017)	71.9	102.7 (2017)	57.4 (1986)	95.5 (2013)	35.9 (1986)	52.7 (2017)
エチオピア	880	1.9	33.3	35.3	91.9	28.7 (1989)	84.6 (2015)	22.6 (1989)	68.1
エリトリア	—	4.4 (1992)	23.9 (2019)	33.7	68.6 (2019)	29.1 (1992)	51.5	31.3 (1994)	55.6 (2019)
ケニア	1900	33.1	65.1 (2019)	103.3	77.3 (2019)	—	—	—	99.7 (2016)
コモロ	1520	—	21.8 (2018)	90.2	99.5 (2018)	75.6 (1987)	80.8	41.5 (1992)	76.7 (2017)
ジブチ	2830	0.6	10.5	34.7	73.8	27.2	66.5 (2019)	30.7	63.0
スーダン	630	—	47.4 (2018)	—	79.0 (2018)	—	60.0 (2017)	—	64.1 (2018)
セーシェル	13450	100	96.5	106.8 (1991)	100.8	87.9 (1993)	92.2	107.2 (1991)	102.7
ソマリア	410	0.4 (1986)	1.1 (2021)	14.0 (1986)	9.1 (2021)	—	—	—	—
タンザニア	1050	—	78.1	66.9	96.9	52.0	81.3	60.6 (1991)	68.7
南スーダン	1040 (2015)	—	11.6 (2018)	—	73.0 (2015)	—	35.2 (2015)	—	21.5 (2015)
南部アフリカ									
アンゴラ	1690	15.3	39.6 (2016)	77.1	85.0 (2018)	—	—	31.0 (1991)	—
エスワティニ (旧スワジランド)	3360	13.6	30.0 (2014)	94.3	114.5 (2019)	72.4	82.5 (2017)	62.3	88.6 (2019)
ザンビア	1130	—	8.7 (2017)	95	98.7 (2017)	79.2 (1988)	83.2 (2017)	90.0 (1986)	80.0 (2013)
ジンバブエ	1460	35.0 (1995)	72.5	94.9	97.3	98.6 (1986)	94.1 (2013)	—	90.0
ナミビア	4650	13.2	34.7	128.3	124.6	77.5	97.5	79.0 (1992)	97.8
ボツワナ	6020	—	21.4 (2015)	106.1	99.0 (2021)	91.6	87.7 (2014)	90.7	94.6 (2015)
マダガスカル	460	4.5 (1995)	40.1 (2019)	91.0	134.1 (2019)	64.3	95.6	33.8	63.3 (2019)
マラウィ	570	—	83.6 (2015)	70.7	144.8 (2019)	—	—	29.8	80.3 (2019)
南アフリカ	6090	26.5 (1994)	17.5	106.9	97.4	87.1 (1991)	87.0 (2017)	87.5 (1991)	92.0 (2019)
モザンビーク	470	11.6 (1986)	—	71.6	118.4	46.3	93.9	30.3	58.2
モーリシャス	9940	53.9	102.0	103.5	98.4	97.2	94.8	100.1	96.4
レソト	1210	—	33.0 (2019)	103.9	108.4 (2019)	65.1	93.3 (2017)	54.8	90.7 (2019)

注1：それぞれの指標について該当年のデータが得られなかった場合は，前後5年までのデータを使用した。
注2：粗就学率は特定の教育段階の全就学者をその教育段階の学齢人口で割ったものである。純就学率は特定の教育段階の就学者のうちその教育段階の学齢にある者だけを学齢人口で割ったものである。
出所：World Bank (2024a) より筆者作成。

第 **10** 章　アフリカの人びとの教育と開発

の国が6カ国しか存在しなかったが，2020年には70％未満の国が8カ国まで減少し，90％以上の国が21カ国に増加した。それに伴い，初等教育修了率もこの30年で大きく改善したが，純就学率よりは低くなっている。これは小学校卒業前に中退する子どもが依然多いことを示している。また，同表の初等教育粗就学率は純就学率よりもずっと高くなっているが，これは留年する子どもが多いことが最大の理由である。

　表10-4はアフリカ諸国の中等教育（日本でいうところの中学校と高等学校の教育）の粗就学率，純就学率，修了率，高等教育の粗就学率を示している。アフリカ諸国は1990年から2020年の30年間で中等教育のアクセスを急拡大している。1990年には中等教育粗就学率（初等教育ではまず純就学率を見たが，データ不足のためここでは粗就学率を見る）が50％未満の国がほとんどであり，50％以上の国が6カ国しか存在しなかった。パーセンテージが一桁台の国も10カ国もあった。純就学率になるとその値はさらに低くなる。一方，2020年には50％以上の国が20カ国まで増加し，中等教育修了率もこの30年で大きく改善した。しかし，中等教育はまだ普遍的な普及からはほど遠い状況である。

　同表には高等教育粗就学率も示されている。高等教育もまた，1990年から2020年の30年間で大きく在籍者を増やしてきた。1990年は高等教育粗就学率が5％未満の国が41カ国にもおよび，一番高いエジプトでも13.6％しかなかったが，2020年頃になると，高等教育粗就学率が5％未満の国が6カ国のみになり，10％以上の国も24カ国に増えた。先進諸国と同じとまではいかないものの，高等教育粗就学率が52.5％とかなり高い数字となっているアルジェリアのような国もでてきている。しかし，サハラ以南のアフリカ全体では9.4％（2021年）の若者しか高等教育機関に通えておらず，世界平均の41％（2021年）にはまだほど遠い状況である。

　アフリカではここ数十年で就学前教育，初等教育，中等教育，高等教育の全てのレベルで教育のアクセスが急拡大してきている。一方で，基礎教育である初等教育と中等教育の学齢期の非就学の子どもが依然多く存在する。そして全世界で非就学児の数は新型コロナウイルス感染症（COVID-19）の拡大をきっかけに増加している。UNESCOによると2021年から2023年の間に非就学の子どもと若者の数は600万人増加し，2023年現在で2億5000万人の子どもが学校に行くことができていない。そのうち約40％をサハラ以南のアフリカが占める。

第Ⅳ部　アフリカと人間の安全保障

表 10-4　アフリカ諸国の中等教育，高等教育の就学率と修了率

	一人当たりGNI (Atlas method) 2020年	中等教育粗就学率 1990年	中等教育粗就学率 2020年	中等教育純就学率 1990年	中等教育純就学率 2020年	中等教育修了率 1990年	中等教育修了率 2020年	高等教育粗就学率 1990年	高等教育粗就学率 2020年
北アフリカ									
アルジェリア	3610	60.5	—	52.5 (1995)	—	58.8	82.9 (2019)	10.1	52.5
エジプト	3010	69.8	89.5 (2019)	64.5 (1994)	82.8 (2018)	65.5 (1994)	88.4 (2019)	13.6	38.9 (2018)
チュニジア	3220	41.4	92.9 (2016)	32.4 (1985)	—	31.0	87.9 (2021)	7.6	32.8
モロッコ	3250	36.4	82.5	—	64.5 (2018)	32.3	67.9	10.7	40.6
リビア	7400	76.1 (1986)	—	—	—	—	—	11.5	—
西アフリカ									
ガーナ	2230	34.5	77.7	—	57.2 (2019)	52.9 (1991)	78.2 (2019)	1.0 (1991)	18.7
カーボベルデ	3190	19.1	89.0 (2019)	9.6 (1987)	70.4 (2018)	12.2	71.3 (2019)	—	23.6 (2018)
ガンビア	700	14.5	114.7 (2021)	14.6 (1986)	—	18.5 (1987)	57.6	1.4 (1995)	—
ギニア	950	9.9	36.8 (2019)	6.2	32.2 (2014)	6.9	33.2	1.1	5.8
ギニアビサウ	740	6.0 (1989)	—	—	—	4.0 (1989)	—	0.5 (1989)	—
コートジボワール	2290	19.7 (1987)	57.5	—	40.2 (2018)	15.9	57.3	2.6 (1992)	9.9
サントメ・プリンシペ	2100	35.6 (1988)	89.3 (2017)	30.4 (1988)	65.2 (2015)	13.9 (1988)	73.5 (2017)	—	18.1 (2016)
シエラレオネ	490	16.0	41.8 (2017)	—	41.8 (2018)	—	77.6	1.4	—
セネガル	1460	14.8	46.6	—	37.7 (2017)	12.7	37.1	3.2 (1992)	14.0
トーゴ	880	20.7	64.3 (2021)	15.8 (1991)	41.0 (2017)	13.2	51.9	2.2	15.4
ナイジェリア	2060	24.6	43.5 (2018)	—	—	—	—	4.2 (1989)	12.1 (2018)
ニジェール	550	5.5	24.3 (2017)	5.4	20.1 (2017)	4.5	16.2 (2021)	0.6	4.4
ブルキナファソ	750	6.8	40.6	5.3 (1989)	31.0 (2018)	5.1	41.4	0.7	7.8
ベナン	1230	14.3 (1987)	47.5	—	46.6 (2015)	6.3	33.0	2.0	11.1
マリ	790	6.4	37.3	5.5 (1991)	29.9 (2018)	4.6 (1988)	29.7 (2017)	0.6	4.9 (2019)
モーリタニア	1790	13.3	38.2	—	31.0 (2018)	11.0 (1991)	45.9 (2019)	3.0	5.9
リベリア	600	—	39.7	—	15.7 (2015)	—	44.2 (2017)	2.6 (1997)	—
中部アフリカ									
ガボン	6830	35.2 (1989)	73.1 (2019)	—	—	15.0 (1988)	59.3 (2019)	5.1	21.1 (2019)
カメルーン	1520	25.9	45.2	—	46.0 (2016)	22.7	36.3	2.9	14.3 (2018)
コンゴ共和国	1760	47.2	66.4 (2018)	—	—	27.1 (1989)	63.3 (2018)	4.6	12.7 (2017)
コンゴ民主共和国	540	22.4 (1992)	46.2 (2015)	16.5 (1992)	—	10.7 (1992)	59.0	2.0	7.0

第10章 アフリカの人びとの教育と開発

赤道ギニア	5100	25.2 (1993)	—	—	—	24.2 (2015)	1.4 (1991)	—
チャド	660	6.2	23.9 (2021)	—	18.9 (2016)	4.6	19.2 (2021)	0.6 (1989)	3.3 (2015)
中央アフリカ	460	12.0	17.1 (2017)	—	12.7 (2017)	7.2	12.2 (2017)	1.4	—
ブルンジ	220	4.7	47.6	5.1 (1993)	27.5 (2018)	2.7	30.0	0.7	5.0
ルワンダ	760	16.4	46.1 (2021)	—	35.9 (2018)	1.7	44.8 (2021)	0.6	7.3
東アフリカ									
ウガンダ	820	11.0	24.2 (2017)	—	—	10.1 (1995)	26.4 (2017)	1.0	5.1 (2016)
エチオピア	880	13.9 (1991)	34.9 (2015)	—	30.8	19.3 (1988)	29.5 (2015)	0.8	10.4 (2018)
エリトリア	—	22.7 (1993)	46.4 (2019)	16.0 (1994)	41.6 (2018)	22.2 (1994)	50.7 (2019)	1.6 (1995)	3.4 (2016)
ケニア	1900	39.7 (1988)	—	—	—	—	79.2 (2016)	1.4 (1989)	10.0 (2019)
コモロ	1520	23.1 (1992)	59.5 (2018)	—	50.4 (2018)	20.1	43.7 (2017)	0.7	9.0 (2014)
ジブチ	2830	10.4	54.3	9.4 (1988)	37.8 (2015)	9.0 (1989)	49.8	0.0 (1991)	—
スーダン	630	—	45.9 (2018)	—	—	—	50.8 (2018)	—	16.9 (2015)
セーシェル	13450	115.4 (1991)	78.3	78.9 (1993)	80.1 (2018)	105.4 (1989)	101.5	—	14.7
ソマリア	410	10.0 (1986)	5.5 (2021)	—	—	—	—	2.4 (1987)	—
タンザニア	1050	5.2 (1991)	31.4	—	26.5 (2018)	—	33.2	0.3 (1991)	7.8
南スーダン	1040 (2015)	—	11.0 (2015)	—	5.5	—	10.2 (2015)	—	0.7 (2018)
南部アフリカ									
アンゴラ	1690	9.2	50.7 (2016)	—	—	—	—	0.6	10.6 (2019)
エスワティニ (旧スワジランド)	3360	47.8 (1992)	82.4 (2016)	—	41.7 (2015)	34.3	69.8 (2019)	3.9	6.7 (2013)
ザンビア	1130	20.8	—	—	—	—	54.8 (2013)	2.1	—
ジンバブエ	1460	43.8	52.4 (2013)	—	48.7 (2013)	—	68.0	5.2	8.9 (2017)
ナミビア	4650	38.9	—	31.6 (1995)	—	46.6 (1992)	94.1	2.8 (1991)	27.3
ボツワナ	6020	41.5	73.6 (2021)	31.8	—	54.0	89.5 (2018)	4.1 (1991)	26.1
マダガスカル	460	17.3	34.6 (2019)	—	29.8 (2018)	15.2	35.5 (2019)	3.2	5.5
マラウイ	570	17.2	37.1 (2019)	—	34.2 (2018)	27.3	22.8 (2018)	0.5	1.7 (2018)
南アフリカ	6090	80.1	102.1	51.2 (1994)	71.9 (2018)	70.8 (1991)	80.4 (2019)	10.1	24.2
モザンビーク	470	7.4	39.0	6.5 (1992)	19.3 (2015)	9.8	32.2	0.4 (1992)	7.3 (2018)
モーリシャス	9940	52.6	93.7 (2021)	—	84.3 (2018)	60.5	102.6	3.4	44.3
レソト	1210	23.4	64.1 (2019)	13.6 (1991)	41.4 (2016)	18.7 (1987)	47.8 (2019)	1.2	10.2 (2018)

注:それぞれの指標について該当年のデータが得られなかった場合は,前後5年までのデータを使用した。
出所:World Bank (2024a) より筆者作成。

例えば、2022年時点でナイジェリアでは約2,020万人の子どもが、エチオピアでは1,050万人の子どもが学校に通えていないと推定されている。また、アフリカでは学校に行っていない子どものうちの大半が生まれてから一度も学校に行ったことがないと指摘されている（Bashir et al. 2018）。

サハラ以南のアフリカにおける教育システムの拡大を阻害する7つの主要課題には、総人口の多さ、学齢人口の急増、一人当たり国内総生産（GDP）の低成長または停滞、所得格差の大きさ、貧困レベルの高さ、言語の多様性の高さ、暴力的紛争の頻発が挙げられる（Bashir et al. 2018）。一部の中所得国ではこれらの課題が少なく、基礎教育もほぼ完全普及してきているが、多くの国においては、これらの課題が基礎教育の完全普及未達成の原因となっている。また障害、遠隔地での居住、気候変動の影響で以前より頻繁に起きている干ばつなどの自然災害なども非就学の原因となっていると指摘されている（Mizunoya et al. 2018；UNICEF 2023等）。

また、高等教育もアフリカのリーダーや高度知的人材を養成する上で非常に重要であるが、上述の通り、アフリカの高等教育の就学率は改善の傾向はあるものの課題も多い。

アフリカの教育を見ると、脆弱な環境下の子どもの未就学の深刻な問題は残っているものの、教育の量的拡大、アクセスについては、ここ30年で大きく進歩した。しかし、教育の質がはるかに立ち遅れているといってよいだろう。基礎教育を修了したとしても、国語、算数／数学、理科などの必要最低限の学力が身についているとは限らないのである。第2節（2）の人的資本指数の説明でも述べたように、国際学力調査の得点から読み取れるアフリカの子どもたちの学力は非常に低いことがわかる。ここではより具体的に識字率や各国際学力テストの得点を考察する。

表10-5はアフリカ諸国の成人識字率、若者の識字率を示している。識字率は一番容易に手に入る教育の質を測る指標であり、アフリカでもほとんどの国がデータを収集できている。アフリカの大半の国は他地域と比較すると成人識字率も若者の識字率も低い国が多い。アフリカ諸国の2020年の成人識字率を見ると、成人識字率が90％以上の国は、カーボベルデ、サントメ・プリンシペ、セーシェル、ナミビア、南アフリカ、モーリシャスの6カ国しかない。一番成人識字率が高いのはセーシェルの96.2％である。セーシェルは高所得国であり、

第10章 アフリカの人びとの教育と開発

表10-5 アフリカ諸国の成人識字率，若者の識字率

	一人当たりGNI(Atlas method) 2020年	成人識字率 1990年	成人識字率 2020年	若者の識字率 1990年	若者の識字率 2020年		一人当たりGNI(Atlas method) 2020年	成人識字率 1990年	成人識字率 2020年	若者の識字率 1990年	若者の識字率 2020年
北アフリカ						赤道ギニア	5100	—	—	—	—
アルジェリア	3610	49.6 (1987)	81.4 (2018)	74.3 (1987)	74.0 (2019)	チャド	660	10.9 (1993)	27.3 (2022)	17.3 (1993)	31.8 (2019)
エジプト	3010	44.4 (1986)	74.5 (2022)	63.3 (1986)	92.2 (2022)	中央アフリカ	460	33.6 (1988)	37.5 (2022)	48.2 (1988)	38.3 (1988)
チュニジア	3220	—	83.6 (2022)	—	97.9 (2022)	ブルンジ	220	37.4 (1988)	75.5 (2022)	53.6 (1988)	93.6 (2022)
モロッコ	3250	41.6 (1994)	77.3 (2022)	58.4 (1994)	98.5 (2022)	ルワンダ	760	57.9 (1991)	75.9 (2021)	74.9 (1991)	92.5
リビア	7400	76.5 (1994)	—	97.9 (1994)	—	東アフリカ					
西アフリカ						ウガンダ	820	56.1 (1991)	80.6 (2022)	69.8 (1991)	91.8 (2022)
ガーナ	2230	—	80.4	—	93.5	エチオピア	880	27.0 (1994)	51.8 (2017)	33.6 (1994)	72.8 (2017)
カーボベルデ	3190	62.8	91.0 (2022)	88.2	98.7 (2022)	エリトリア	—	—	76.6 (2018)	—	93.3 (2018)
ガンビア	700	—	58.7 (2022)	—	74.7 (2022)	ケニア	1900	—	82.9 (2022)	—	89.0 (2022)
ギニア	950	—	45.3 (2021)	—	60.3 (2021)	コモロ	1520	—	61.7 (2022)	—	82.0 (2022)
ギニアビサウ	740	—	53.9 (2022)	—	68.9 (2022)	ジブチ	2830				
コートジボワール	2290	34.1 (1988)	89.9 (1988)	48.5 (1988)	83.6 (2019)	スーダン	630	—	60.7 (2018)	—	73.0 (2018)
サントメ・プリンシペ	2100	73.2 (1991)	93.8 (2022)	93.8 (1991)	67.6 (2019)	セーシェル	13450	84.2 (1987)	96.2 (2022)	97.6	99.1 (1987)
シエラレオネ	490	—	48.6 (2022)	—	76.5 (2022)	ソマリア	410	—	41.0 (2022)	—	70.5 (2022)
セネガル	1460	26.9 (1988)	57.7 (2022)	37.9 (1988)	68.3 (2019)	タンザニア	1050	59.1 (1988)	82.0 (2022)	81.8 (1988)	88.4 (2022)
トーゴ	880	—	66.5 (2019)	—	87.9 (2019)	南スーダン	1040 (2015)	—	34.5 (2018)	—	47.9 (2018)
ナイジェリア	2060	55.4 (1991)	62.0 (2018)	71.2 (1991)	75.0 (2018)	南部アフリカ					
ニジェール	550	—	38.1 (2022)	—	48.2 (2022)	アンゴラ	1690	—	72.4 (2022)	—	83.3 (2022)
ブルキナファソ	750	13.6 (1991)	29.7 (2019)	20.2 (1991)	47.0 (2019)	エスワティニ (旧スワジランド)	3360	67.2 (1986)	89.3	83.7 (1986)	95.9
ベナン	1230	27.2 (1992)	47.1 (2022)	39.9 (1992)	66.4 (2022)	ザンビア	1130	65.0	87.5	66.4	93.2
マリ	790	—	30.8	—	46.2	ジンバブエ	1460	83.5 (1992)	89.8 (2021)	95.4 (1992)	83.7 (2019)
モーリタニア	1790	—	67.0 (2021)	—	76.5 (2021)	ナミビア	4650	75.8 (1991)	92.3 (2021)	88.1 (1991)	95.6 (2021)
リベリア	600	—	48.3 (2017)	—	77.5 (2019)	ボツワナ	6020	68.6 (1991)	—	89.3 (1991)	—
中部アフリカ						マダガスカル	460	—	77.5 (2022)	—	84.4 (2021)
ガボン	6830	72.2 (1993)	85.7 (2022)	93.2 (1993)	90.6 (2022)	マラウイ	570	48.5 (1987)	68.1 (2022)	59.0 (1987)	49.7
カメルーン	1520	—	78.2	—	86.2	南アフリカ	6090	—	90.0 (2021)	—	96.7 (2021)
コンゴ共和国	1760	—	80.6 (2021)	—	82.4 (2021)	モザンビーク	470	—	59.8	—	70.1
コンゴ民主共和国	540	—	80.5 (2022)	—	88.1 (2022)	モーリシャス	9940	79.9	92.2 (2021)	91.2	99.3 (2021)
						レソト	1210	—	82.0 (2022)	—	89.7 (2022)

注：それぞれの指標について当該年のデータが得られなかった場合は，前後5年までのデータを使用した。
出所：World Bank（2024a）より筆者作成。

265

その他の5カ国も中所得国である。一方，成人識字率が50％未満の国はギニア，シエラレオネ，ニジェール，ブルキナファソ，ベナン，マリ，リベリア，チャド，中央アフリカ，ソマリア，南スーダンの11カ国あり，最も値が低いのは，チャドの27.3％である。アフリカ諸国の2020年の若者の識字率を見ると，若者の識字率が90％以上の国は，16カ国あり，成人識字率よりも良い状況となっている。これは各国の最近の目覚ましい教育の普及と発展が影響している。若者の識字率が95％以上の国はチュニジア，モロッコ，カーボベルデ，セーシェル，エスワティニ，ナミビア，南アフリカ，モーリシャスの8カ国で，モーリシャスの99.3％が一番高い。識字率の1990年からの推移を見ると，多くの国が成人識字率も若者の識字率も数十％改善している。例えば，コートジボワールの成人識字率の改善は最も大きく，1988年の34.1％から2019年の89.9％と，約30年間で約56％も改善している。若者の識字率については，モロッコの変化が大きく，1994年の58.4％から2022年の98.5％と，約30年間で約40％も改善している。このようにここ20〜30年の教育の普及が識字率にも好影響を与えていることがわかる一方，まだまだ改善できていない国が残っていることもわかる。

　先述の通り識字率は教育の質を見る上で一番入手しやすくわかりやすい指標ではあるが，UNESCO Institute for Statistics（2024）によると，識字率は，日常生活で使われる短くて簡単な文章を理解できるかどうかだけを見ており，アカデミックな学力を適切に測っているとは言えない。そのことから，教育の質を評価するには学力テストの得点などその他の指標も見る必要がある。

　世界銀行が出版したレポート（Bashir et al. 2018）によると，アフリカでは様々な国際学力テストやアフリカ地域の学力テストで，50％未満の生徒しか必要最低限のレベルに達していない。いくつかのアフリカの国で実施された小学2年生対象の算数のテストでは4分の3の児童が80より上の数字を数えることができず，40％が1ケタの足し算ができなかったということである。また，いくつかのアフリカの国で実施された小学2年生対象の読解のテストにおいて，50〜80％が短い段落に関する1つの質問にも答えられず，多くの2年生が1語も読めなかった。一方，アフリカ諸国の子どもの学習成果も少しづつであるが改善してきているのも事実である。東・南部アフリカ諸国連合における教育の質測定調査（Southern and Eastern Africa Consortium for Measuring Education Quality：SACMEQ［以下，SACMEQ］）は東部，南部のアフリカ諸国の6年生の

第10章　アフリカの人びとの教育と開発

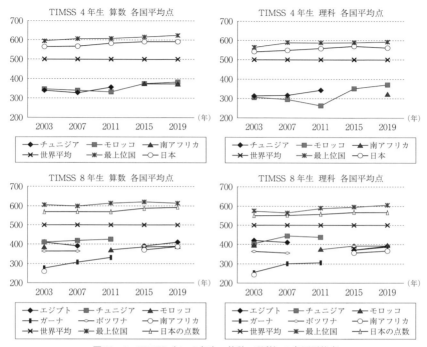

図10-1　TIMSS（4・8年生，算数・理科）の各国平均点
出所：IEA（n.d.）より作成。

学力を調査しているが，2007年の調査と2013年の調査を比較すると，学力テストの得点が大きく向上したことが指摘されている。第2節（2）の人的資本指数の説明において，予測就学年数の順位と調整済み学力テスト得点の順位の大きな差が指摘されたガーナや南アフリカも，SACMEQの学力テストの得点の推移を見ると，大きく改善している。

次は筆者が図10-1と10-2にまとめた International Association for the Evaluation of Educational Achievement（IEA）が実施している TIMSS と国際読解力調査（Progress in International Reading Literacy Study：PIRLS［以下，PIRLS］）のテストスコアの各国平均，経済協力開発機構（OECD）が実施している学習到達度調査（Programme for International Student Assessment：PISA［以下，PISA］）のテストスコアの各国平均の推移について説明しよう。これらの国際テストは世界的によく知られているものであるが，参加しているアフリカ諸国はまだ少

267

第Ⅳ部　アフリカと人間の安全保障

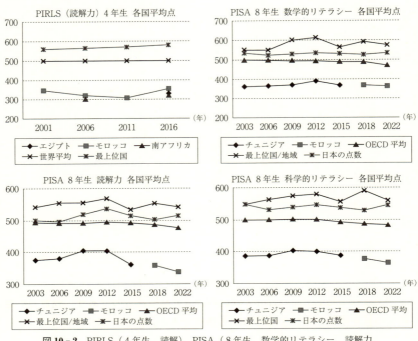

図10-2　PIRLS（4年生，読解），PISA（8年生，数学的リテラシー，読解力，科学的リテラシー）の各国平均点

出所：IEA (n.d.) OECD (n.d.) より作成。

数である。しかし SACMEQ とは違い他の地域の国とアフリカ諸国との比較ができるところが利点である。図10-1の TIMSS の4・8年生の算数や理科の各国平均点を見ても，図10-2の PIRLS の4年生の読解力や，PISA の8年生の数学的リテラシー，読解力，科学的リテラシーの各国平均点を見ても，アフリカは最上位国や最上位グループに入っている日本はもちろんのこと，世界平均からもずっと低い点数が続いている。TIMSS の4年生の算数や理科の平均点が年々向上しているモロッコなど，改善傾向の国も見られるが，アフリカの教育の一番の課題は教育の質，子どもの学力であることが改めて確認できる。

　アフリカの子どもの学力が低い原因として，教員の不足，教員の質の低さ，授業時間の不足などが考えられる。図10-3は1990年と2018年の地域別の初等教育と中等教育の教員一人当たり児童・生徒数を表している。教員一人当たり

第10章　アフリカの人びとの教育と開発

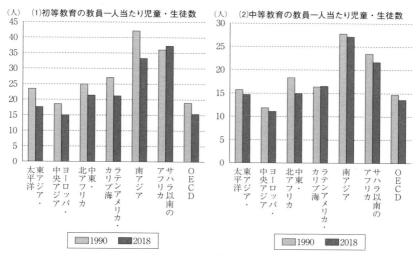

図10-3　教員一人当たり児童・生徒数，地域別
出所：World Bank (2024a) より作成。

児童・生徒数は児童生徒の合計を教員の合計で割ったものであり，教員の不足や教育の質を見るためによく使われる指標である。図10-3(1)を見ると，サハラ以南のアフリカの初等教育（小学校）の教員一人当たり児童・生徒数は他地域の中で最も多く，2018年には約37.4人となっている。これは校長などの授業やクラスを担任しない教員も全て含まれている数字であり，1クラス当たりの人数はこれよりもずっと多い。またサハラ以南のアフリカ地域以外は1990年から教員一人当たりの児童・生徒数を減少させている中で，サハラ以南のアフリカはその値を増加させている。これは先述の通り教育のアクセスは改善できている一方で，教師の数が追いついていないことを示している。図10-3(2)の中等教育の教員一人当たり児童・生徒数においても，サハラ以南のアフリカは南アジアに次いで多く，2018年には約21.6人となっており，南アジア以外の地域と比較してもずっと高い数字となっている。教師の数が不足しているのは，アフリカの児童・生徒数が増え続けていることも原因である。

図10-4はサハラ以南のアフリカの教師数と児童・生徒数を示している。特に初等教育は2010年頃以降教師数の増加率が生徒数の増加率を超えている時もあるが，児童・生徒数が増え続けており，教員一人当たりの児童数・生徒数を大きく減らすのは難しいことがわかる。

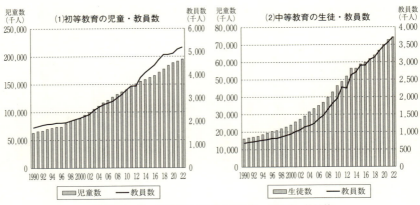

図 10 - 4 サハラ以南のアフリカの児童・生徒数，教員数
出所：World Bank（2024a）より作成。

　また，教員の質の低さも大きな要因の１つである。Bashir et al.（2018）によると，アフリカは教員の欠席率が高い。データがある９カ国を見たところ，アフリカの教員の欠席率は最も低いエチオピアでは５％で，最も高いモザンビークでは43％にも上る。さらに教員の知識と技術も不充分であると指摘されている。小学６年生を担当する教員のほとんどが読解の必要最低限の知識がある一方で，数学については，マラウイ，南アフリカ，ザンビア，ザンジバル（タンザニアの自治領）において10％以上の教員が必要最低限の知識がないと結論づけられた。また国際基準では小学校で年間850～1000時間の授業時間が必要とされているが，アフリカでは授業時間が平均720時間とずっと短いことも指摘されている（AAI 2015）。

　また，アフリカは教育の効率性においても大きな課題が残っている。効率性とは投入した一定の費用に対して得られる成果のことである。表10－３や表10－４では初等教育や中等教育の粗就学率と純就学率を示していたが，粗就学率は純就学率よりもずっと高く，100％を超える場合もある。これはアフリカでは就学年齢に達していない児童・生徒や留年し就学年齢を超えた児童が在籍しているからである。特に留年については何度も繰り返す子どもが多く存在する。図10－５は1990年と2018年の初等教育と2018年の前期中等教育の留年率を示している。ここでは留年率が直近で10％以上の国を集めて示した。留年率はこの30年で減少傾向にあるものの，最近のデータが存在する国のうち，初等教育で

第10章　アフリカの人びとの教育と開発

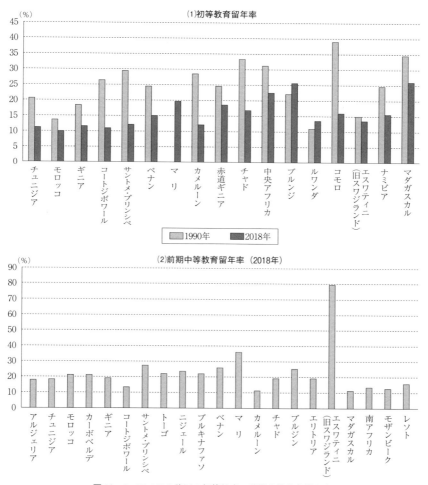

図10-5 アフリカ諸国の初等教育・前期中等教育留年率
注：それぞれの指標について当該年のデータが得られなかった場合は，前後5年までのデータを使用した。
出所：World Bank（2024a, 2024b）より作成。

は17カ国，前期中等教育では21カ国で留年率が10％を超えている。またサハラ以南のアフリカ全体の2018年の初等教育の留年率は7.6％であり，留年率が最も高い地域となっている（東アジア・太平洋は0.7％，中東・北アフリカは5.4％，ラテンアメリカ・カリブ海は4.4％，南アジアは1.3％）。また，表10-3や表10-4の初等教育修了率や，中等教育修了率を見ても，卒業するまでに中退する子ども

第Ⅳ部　アフリカと人間の安全保障

表10-6　サハラ以南のアフリカの初等教育・（前期）中等教育，高等教育の粗就学率，修了率（男女別）

	1990 男	1990 女	2021 男	2021 女
初等教育粗就学率	78.3	64.9	100.6	97.0
中等教育粗就学率	26.1	19.8	47.0	42.6
高等教育粗就学率	4.0	2.1	10.5	8.3
初等教育修了率	60.0	48.5	72.9	69.1
前期中等教育修了率	27.8	21.3	46.4	43.3

出所：World Bank（2024a）より作成。

も多いことがわかる。Bashir et al.（2018）によると初等教育では小学校1，2年時に在籍の登録はしているものの，不定期にしか登校せず，留年する子どもが多く，最終的に中退してしまうことが多い。高い留年率，中退率の背景には小学校では学校の費用の高さ，学校の質の低さ，学校までの距離が遠いことが要因として挙げられ，中学校・高校ではこれらに加え，早婚や妊娠が挙げられる。高い留年率や中退率は多くのアフリカ諸国で長期的な問題となっており，教育の質や教育予算にも悪影響を及ぼしている。

次に教育の公平性について述べる。表10-6はサハラ以南のアフリカの1990年と2021年の男女別の就学率，修了率のデータである。これを見ると初等教育や中等教育の就学率や初等教育や前期中等教育の修了率の男女格差はこの30年で改善したことがわかる。ただし，その差は完全には埋まっておらず，2021年は初等教育では粗就学率で3.6%，修了率で3.8%女子の値が低い。また，中等教育の粗就学率は4.4%，前期中等教育の修了率は3.1%女子の値が低い。高等教育の粗就学率については男女の格差が少し広がっており，その差は2.2%となっている。

図10-6はアフリカ11カ国の2018年における，地域別・男女別の初等教育の修了率である。これを見るとどの国も農村の方が修了率が低いことがわかる。男女の格差については，地域の平均ではなく，国別のデータを見た場合は，都市や農村で女子の方が修了率が高い国も見られ，国によって傾向が違う。ギニアやマリは農村より都市の方が修了率が高いことに加え，それぞれ女子の方が修了率が低い。

図10-7はベナンとナイジェリアの2018年における，地域別・所得別・男女別の初等教育の修了率である。これを見ると，居住地よりも所得の違いがより

第 10 章　アフリカの人びとの教育と開発

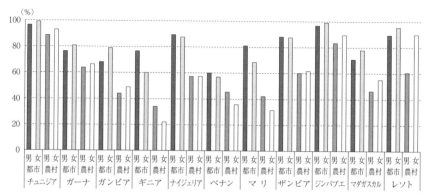

図 10-6　アフリカ諸国の初等教育修了率，地域×男女別（2018年）
注：ジンバブエのみ2019年のデータである。
出所：World Bank（2024b）より作成。

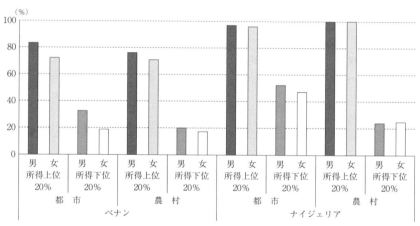

図 10-7　アフリカ諸国の初等教育修了率，地域×所得別×男女別（2018年）
出所：World Bank（2024b）より作成。

大きく修了率に負の影響を与えていることが見て取れる。男女の格差については，都市の所得下位20％の方が農村の所得下位20％よりも大きくなっている。

　このように，限られたデータではあるが，アフリカの教育は都市と農村の格差が大きく，国によっては男女の格差も大きいことがわかる。また所得の格差の影響も大きい。また，居住地，所得，性別の全てで不利な状況にある子どもが存在することもわかるだろう。

273

（4） 新型コロナウイルス感染症（COVID-19）の影響

これまで述べたようにアフリカの教育は質の問題はじめ課題が山積しているが，COVID-19が事態を悪化させてきた。COVID-19の影響で，多くの国で学校が閉鎖された。Moscoviz and Evans（2022）によると，コロナ前とコロナ後を比較すると，マラウイでは中退率が元の中退率の258％分，南アフリカでは225％分，ケニアでは194％分，ナイジェリアでは69％分増加している。南アフリカでは，コロナ禍前と比較して，小学2年生の年間の学習量が57％から70％減少し，小学4年生は年間の学習量が62％から81％減少した。ウガンダでは約2年間学校が閉鎖され，一定の長さの文章を理解できる若者の割合は2018年から2021年まで減少しなかった一方で，アルファベットの文字さえ読めない若者の割合が2倍に増えた。マラウイはコロナ禍の間に7カ月の学校閉鎖をしたが，世界銀行とマラウイ政府が共同で実施している，2016〜2018年に小学2年生だった児童の英語，数学，チチェワ語（主な指導言語）の平均点を見ると，コロナ禍が発生していなかった場合に予測される水準（難易度を調整し平均点を500点にしたもの）から，97点（0.8標準偏差）低いことが分かった。これは，コロナ禍前のレベルで合計約2年間の学習の損失に相当する。また学校再開後もコロナ禍前の学力に戻っていない。このようにCOVID-19はアフリカの教育にも多大な悪影響をおよぼしており，その影響はまだ続いている。

3 アフリカの人間開発，人的資本，教育の課題と展望

（1） アフリカの人間開発，人的資本，教育の課題

前節で述べた通り，アフリカの人間開発，人的資本には多くの課題がある。教育においても，初等教育の完全普及が未達成な点や教育の質の問題がある。また教育の効率性や公平性にも改善の余地が大いにある。急速な勢いで子どもの人口が増えているために，学校・教室の増設，教員の増員・養成が，社会や政府にとって大きな課題であり，財政負担となっている。さらにCOVID-19が事態を悪化させている。表10-7は各地域の公財政による教育支出を示している。サハラ以南のアフリカ地域は1990年から2021年の約30年間で政府支出の対GDP比を増やしている一方で，対政府支出総額の比率はあまり変化がない。2021年の対GDP比は東アジア・太平洋地域の3.3％や南アジアの1.8％よりは

表10-7　各地域の公財政による教育支出

	対GDP比 2000	対GDP比 2021	対政府支出総額（％） 2000	対政府支出総額（％） 2021
東アジア・太平洋	4.2	3.3	—	13.1
ヨーロッパ・中央アジア	4.4	5.0	11.9	10.9
中東・北アフリカ	3.8	3.7[(1)]	14.9	16.1
ラテンアメリカ・カリブ海	6.2	3.6	18	14.5
南アジア	2.6	1.8	16.7	10.2
サハラ以南のアフリカ	2.6	3.5	15.3	15.5
OECD	4.9	5.0	12.6	11.1

注：(1) 2017年のデータ。
出所：World Bank（2024b）より作成。

多い3.5％となっている。対政府支出総額では，中東・北アフリカ地域の16.1％で最も高く，ついでサハラ以南のアフリカ地域が15.5％となっている。アフリカでも政府の教育支出の努力は継続的にされているといってよいが，増加する生徒数に対応できておらず，サハラ以南のアフリカ諸国の多くでは一人当たり教育支出が少なすぎる状況である。

（2）アフリカの教育で必要とされる取り組み・政策

既出の世界銀行が2018年に出版したレポート（Bashir et al. 2018）はサハラ以南のアフリカの教育を包括的に分析しているレポートである。このレポートは，教育のアクセスが拡大する中，アフリカの基礎教育における「深刻な学習危機（severe learning crisis）」に焦点を当てている。そしてこのレポートはアフリカの教育政策における4つの優先事項を挙げている。1つ目は質の高い基礎教育の完全普及を達成することである。特に，1年入学時とそれ以降の進級時へのサポートを強化し，中途退学に対応し，農村部や貧困層の中途退学に影響する学習成果の格差にも対応する必要があると述べている。2つ目の優先事項は，教員の効率的な管理と支援の確保である。教員の欠勤率は高く，教員は十分な知識と技能を持たず，教育環境も整っていない。3つ目の優先事項は，教育への財政支出を増やし，支出と予算を質に集中させることである。先述の通りサハラ以南のアフリカの一人当たりの教育支出は少なく，その少ない支出も，適切に使用されていないことが多い。4つ目の優先事項は，制度的な能力不足の解消である。このレポートはサハラ以南のアフリカの教育課題に取り組むには，

計画，調整，交渉，運営監視，フォローアップ，軌道修正，評価，データ収集と分析，コミュニケーションなどの複雑な活動が必要であると述べている。さらに，同レポートは学習到達度に絶えず関心を集中してアフリカ諸国の教育システムを作っていく重要性を強調し，全ての子どもが質の高い学校，学習教材，教員にアクセスできるようにすべきであると訴えている。

　UNESCOとアフリカ連合（African Union：AU）は2023年にアフリカの教育格差に焦点を当て，「Education in Africa: Placing equity at the heart of policy」という政策レポートを出版している。本レポートは，アフリカの教育の問題を包括的に分析し，大まかにまとめると，5つあまりの取り組みを提案している。1つ目は，教育アクセスの拡大である。特に貧困層や農村地域の子どもたちは教育機会が限られており，これを改善するために，中等教育の義務化と学校の増設を提案している。2つめは教育の質の向上である。そのためには，教師の質の向上のために，教師の訓練プログラムを強化し，現代のニーズにあうようカリキュラムを改革する必要があると述べている。3つ目はデジタル技術の活用である。具体的にはICTインフラの整備と教師と生徒のデジタルリテラシーの向上であり，それによりリモート学習やハイブリッド学習の導入が進み，教育へのアクセスが広がると述べる。4つ目は教育システムのレジリエンス強化である。具体的にはクライシス対応の計画策定により，危機時にも教育が続けられるようにし，教育データの収集と分析の強化により，エビデンスに基づいた政策立案を支援することを提案している。5つ目は教育財政支援の強化である。貧困層の児童・生徒に対する奨学金や補助金の拡大を図り，教育費用の負担を軽減し，公的資金を増加させ，持続可能な教育資金の確保を提案している。

　このように世界銀行やUNESCOなどの国際機関では最近のレポートとアフリカの教育政策の改善のための具体的な提案と施策を進めている。さらに，開発経済学や教育経済学の分野でもアフリカの教育に関して近年多くのデータ収集と厳密な分析が進められている。2019年にノーベル経済学賞を受賞したバナジーやデュフロが率いているマサチューセッツ工科大学の研究機関では，これまで20近くのアフリカの国の教育分野の研究が実施されている。また最近ではオックスフォード大学のCenter for the Study of African Economiesの年次会議でアフリカの教育についての教育経済学の研究が多く共有された。

第 10 章　アフリカの人びとの教育と開発

（3）　アフリカの人びとの教育と開発のために

　本章では，人間開発や人的資本などの概念や理論を踏まえた上で，アフリカの教育を概観した。アフリカの教育は量的には大きく改善したが，脆弱な環境下にいる子どもたちの多くはまだ教育に十分アクセスできていない。また教育の質については，COVID-19の影響もあり，非常に危機的な状況である。アフリカの教育には課題が山積しており，取り組むべきことが多く，今回紹介された国際機関等の提案や取り組みも大部分は少しづつ形を変えているものの何十年もの間指摘されてきた古くて新しい課題が多い。それだけアフリカの教育の改善には時間がかかるともいえる。今後も適切にデータを収集し，科学的なエビデンスを踏まえながら，少しづつでも政策に改良を加え，各国政府機関だけでなく，国際機関や各国援助機関，市民社会，企業，研究者全てが地道にこれらの課題に取り組む必要がある。

参考文献

The Africa-America Institute（AAI）2015. *State of Education in Africa Report 2015*. New York: The Africa-America Institute.

Becker, Gary S. 1964. *Human capital: A theoretical and empirical analysis, with special reference to education*. 3rd ed. Chicago: University of Chicago Press.

Bashir, Sajitha, Marlaine Lockheed, Elizabeth Ninan and Jee-Peng Tan 2018. *Facing Forward: Schooling for Learning in Africa*. Washington D.C.: World Bank. https://openknowledge.worldbank.org/handle/10986/29377?CID=EDU_TT_Education_EN_EXT

Easterly, William 2001. *The Elusive Quest for Growth: Economists' Adventures and Misadventures in the Tropics*. Cambridge, Mass.: The MIT Press.

Hanushek, Eric A. and Ludger Wößmann 2007. "The Role of Education Quality for Economic Growth." *World Bank Policy Research Working Paper 4122*. Washington D.C.: World Bank.

Heckman, James J. 2008. "Schools, skills, and synapses." *Economic inquiry* 46(3): 289-324.

International Association fof the Evaluation of Educational Achievemnt（IEA）n.d. International Dutabases. https://timsspirls.bc.edu/database-landing.html（2024年5月16日確認）

Lucas Jr, Robert E. 1988. "On the mechanics of economic development." *Journal of monetary economics* 22(1): 3-42.

Lucas Jr, Robert E. 1993. "Making a miracle." *Econometrica* 61(2): 251-272.
Mankiw, N. Gregory, David Romer and David N. Weil 1992. "A contribution to the empirics of economic growth." *Quarterly journal of economics* 107(2): 407-438.
Mincer, Jacob 1958. "Investment in human capital and personal income distribution." *Journal of political economy* 66(4): 281-302.
Mizunoya, Suguru, Sophie Mitra and Izumi Yamasaki 2018. "Disability and school attendance in 15 low-and middle-income countries." *World Development* 104: 388-403.
Montenegro, Claudio E. and Harry Anthony Patrinos 2014. "Comparable estimates of returns to schooling around the world." *Policy Reseach Working Paper 7020*. Washington D. C.: World Bank Group. https://documents1.worldbank.org/curated/en/830831468147839247/pdf/WPS7020.pdf
Moscoviz, Laura and David K. Evans 2022. "Learning Loss and Student Dropouts during the COVID-19 Pandemic: A Review of the Evidence Two Years after Schools Shut Down." *CGD Working Paper 609*. Washington D.C.: Center for Global Development.
Organisation for Economic Co-operation and Development (OECD) n.d. Programme for International Student Assessment (PISA). https://www.oecd.org/en/about/programmes/pisa.html（2024年5月16日確認）
Patrinos, Harry Anthony and Noam Angrist 2018. "Global dataset on education quality: A review and update (2000-2017)." *Policy Research Working Paper 8592*. Washigton D. C.: World Bank Group. http://documents.worldbank.org/curated/en/390321538076747773/Global-Dataset-on-Education-Quality-A-Review-and-Update-2000-2017
Pritchett, Lant 2001. "Where Has All the Education Gone?" *World Bank Economic Review* 15(3): 367-391.
Psacharopoulos, George 1973. *Returns to education: An international comparison*. Amsterdam, New York: Elsevier Science Publishers.
Romer, Paul M. 1986. "Increasing returns and long–run growth." *Journal of political economy* 94(5): 1002-1037.
Sen, Amartya K. 1985. *Commodities and capabilities*. Amsterdam, New York: Elsevier Science Publishers.
Shulz, Theodore W. 1963. *The Economic Value of Education*. New York: Columbia University Press.
Smith, Adam 1776. *An inquiry into the nature of and causes of the wealth of nations*. Everyman's Library ed. W. Stratan and T. Cadell, (Reprinted 1991, Knopf.).
Solow, Robert M. 1956. "A contribution to the theory of economic growth." *Quarterly

journal of economics 70(1): 65-94.

UNDP 2022. Human development report 2021/22. New York: UNDP

UNESCO Institute for Statistics (UIS) 2024. *Glossary – Literacy rate – Definition*. https://uis.unesco.org/en/glossary-term/literacy-rate#:~:text=Definition,that%20can%20read%20and%20write（2024年5月16日確認）

United Nations Educational, Scientific and Cultural Organization and African Union (UNESCO and AU) 2023. "Education in Africa: Placing equity at the heart of policy." *Continental report*. Senegal: UNESCO and AU. https://www.unesco.org/en/articles/education-africa-placing-equity-heart-policy-continental-report

United Nations Children's Fund (UNICEF) 2023. *The climate-changed child: A children's climate risk index supplement.* New York: UNICEF.

World Bank 2020. *The Human Capital Index 2020 Update: Human Capital in the Time of COVID-19*. Washington D.C.: World Bank.

World Bank 2024a. World Development Indicators. https://databank.worldbank.org/source/world-development-indicators#（2024年5月16日確認）

World Bank 2024b. Education Statistics-All Indicators. https://databank.worldbank.org/source/education-sfatistics-%5E-all indicators（2024年5月16日確認）

（山﨑　泉）

> **Column ⑪**

アフリカにおける保健普及員の活動と今後の課題

　アフリカ諸国は，1978年のアルマ・アタ宣言以降，人びとの健康増進や疾病予防を柱とする保健活動であるプライマリ・ヘルスケア（PHC）に取り組んできた。子どもの出生率の高いアフリカでは，母子保健に関する活動が，感染症予防と並んでPHCの大きな課題である。

　エチオピアでは，下痢・HIV/AIDs・結核・マラリアなど感染症の罹患者が多く，妊産婦や新生児，5歳未満の子どもの死亡率が高い。政府は，女性や子どもの罹患率および死亡率の低下，健康な社会の実現を目指して，2003年から環境衛生，疾病予防，母子保健，健康教育を重点的に行う保健普及活動（Health Extension Program：HEP）を推進してきた。その担い手は，保健普及員（Health Extension Workers：HEWs）である。

　HEWsは，妊産婦や幼い子どもがいる世帯を繰り返し訪問して，健診を促したり，母子健康手帳を用いて子どもの発育状態を簡易診断したり，マラリアや下痢の予防では生活環境の改善について助言する。自分たちの活動拠点であるヘルス・ポストでは，上位の組織にあたるヘルス・センターの医療従事者と連携して，乳幼児の集団ワクチン接種を行う。出産前後のケアを受診する女性の割合は，HEPが始まる前の2000年には26.8％だったが，2011年には42.5％になった。この成果は，HEWsの活動によるところが大きいと指摘されている。

　HEWsによる地道な活動は，妊産婦や子どもの死亡率，感染症の罹患率の低下に寄与し，近代的な母子保健システムを地域に浸透させるという点では，社会の発展を促す役割を果たしているといえる。しかし，近年，子どもだけではなく，中高年層も増え，糖尿病や脳卒中の罹患者が増加し続けている。こうした感染症でない慢性疾患を抱える住民のなかには，若年層に特化したHEWsの活動に対して消極的な評価をする者もいる。その背景には，増加する人口に対してHEWs数が不足していることや，実績報告などの事務負担が大きいことがあり，全ての世帯に保健サービスを提供することが困難な現状がある。

　PHCの推進から約半世紀が過ぎた。これまで，保健普及員は，限られた労働力を母子保健や感染症予防に集約させてきた。今後は，幅広い年齢層の住民の健康を見据えた啓発活動や定期的な健康診断など新しい取り組みが求められるだろう。

　　　　　　　　　　　　　　　　　　　　　　　　　　　　（鈴木功子）

第11章

アフリカの武力紛争・腐敗と政治

―― この章で学ぶこと ――

　アフリカでは2010年代以降，サハラ砂漠南側のサヘルと呼ばれる乾燥地帯に位置する国々を中心に，武力紛争とクーデターが頻発している。また，アフリカの国々に共通の特徴として，深刻な政治腐敗の問題がある。

　紛争と腐敗の根源的な要因として，ポストコロニアル家産制国家と呼ばれるアフリカの国家の性格をめぐる問題がある。植民地の境界線を引き継いで独立したアフリカ諸国では，為政者たちが政権安定を目的に一党制を導入し，権力の過度な集中により腐敗と人権抑圧が進行した。東西冷戦期に米ソ各陣営からの支援で存続し続けた各国の抑圧的政権は，冷戦終結に伴う支援の縮小で崩壊し，1990年代には内戦が多発した。

　21世紀には大規模な紛争は終息し，アフリカ経済は成長軌道に入った。だが，公正な富の分配を欠いた成長は格差拡大を招いた。経済的に厳しい状態に置かれる人びとが増え，新型コロナウイルス感染症（COVID-19）拡大とロシアのウクライナ侵攻による世界経済の混乱が追い打ちをかけた。さらに，気候変動に関連するとみられる干ばつが報告され，人口増加と土地不足を背景とする農耕民と牧畜民の衝突と，イスラーム主義武装勢力によるテロが頻発している。

　経済的苦境，テロの多発，政権の腐敗などを背景とした人びとの不満は，クーデターを誘発し，権力の空白から大規模な紛争へ発展する事例もみられる。アフリカにおけるクーデター，武力紛争，政治腐敗は相互に関連し合っており，アフリカ諸国の政治経済状況を構造的に理解する視点が大切である。

1　武力紛争・クーデター・政治腐敗――アフリカを悩ます3つの現象

（1）　ある朝目覚めると…

　サハラ以南のアフリカ（以下，アフリカ）では，2010年代以降，サハラ砂漠の

281

南側のサヘルと呼ばれる乾燥地域に位置する国々を中心に武力紛争が多発し，西アフリカの旧フランス領の国を中心に軍事クーデターが相次いできた。また，アフリカの多くの国では，政治の腐敗が深刻な問題となってきた。

武力紛争，クーデター，政治の腐敗。この3つはそれぞれ独立した現象であるかに見える。だが，これらは互いに深く関連した現象である。以下，架空のA国を舞台として3つの現象を関連付けて素描してみよう。

アフリカのA国では，1990年代初頭に複数政党制が導入され，5年に一度大統領選挙が行われてきた。現職の大統領は4期目。現政権を見ると，閣僚は大統領の出身地域の人びとで固められ，政府系公社のトップは大統領の愛人と噂されている人物である。A国には複数の民族集団が存在するが，大統領と同じ民族の人びとは公務員として優先的に雇用されているように見えるし，彼らが乗っている車も高級車ばかりのように思える。

過去の大統領選では，野党も候補者を立ててきたが，いつも大差で敗れてきた。野党候補への支持が強い地域では，開票直前に投票箱が盗まれて開票できないこともあった。住民が投票に行こうとすると，突然，警察官がやってきて投票できなかったこともあった。どう考えても「現職有利」な状況をつくりだすために，選挙の公正さが歪められているとしか思えない事象が多発してきた。野党候補の支持者の間では，与党陣営から選挙管理委員会の職員たちに賄賂が贈られているとの噂も絶えない。大統領への不満があるならば，本来は選挙を通じて政権交代すべきだが，これまでの選挙を振り返ると，有権者には無力感しか湧いてこない。

ところがある朝目覚めると，街には戦車が配置され，交差点には銃を構えた兵士が立っていた。テレビをつけると，数人の軍高官がカメラに向かってこういった。「大統領の身柄を拘束した。憲法を停止し，我々が国を統治する。2年以内に選挙を行う」。

クーデターで新たに権力を掌握した指導者は前大統領の腐敗を厳しく批判し，クーデターの正当性と「世直し」を主張した。だが，1年後に国民の間に広まった噂は，新たな権力者も前大統領と同じく腐敗し始めたというものだった。

（2） そして武力紛争へ

それから2年後。約束された選挙は延期された。クーデターと関係があるの

か庶民には分からないが，最近は米や砂糖の値段は上がる一方で，乗り合いタクシーの運賃も上がった。ガソリン価格も上がり続け，生活は苦しくなる一方だ。ところが，クーデターで実権を握った新指導者の出身民族の人びとは，比較的恵まれた暮らしをしているようにみえる。こうして利権構造から排除された人びととの間で不満が高まり続け，指導者を支持する人びととの間の争いが激化し，社会の分断と政治情勢の流動化が進んだ。そしてある日，軍が2つに割れ，武力紛争が始まった。

　以上は架空の話であり，現実の世界では，武力紛争へと至る道筋はこれよりもはるかに複雑である。また，アフリカは多様であり，54の独立国家がある。南アフリカやモーリシャスのように，架空の話で提示した枠組みでは論じることができない国もある。

　しかし，アフリカが武力紛争，クーデター，政治腐敗という3つの現象に直面し，21世紀に入った今も悩まされている理由を知るためには，アフリカの国家が抱えている問題を構造的に理解することが極めて重要である。そこで本章では，最初に武力紛争とクーデターという物理的暴力を伴う2つの現象を取り扱い，次に政治腐敗の問題について論じる。そのうえで，これらの問題を生み出しているアフリカにおける国家の性格という問題にも着目し，現代アフリカの政治が直面している課題を考察するという手順で筆を進めていきたい。

2　1990年代の紛争

（1）「武力紛争」「クーデター」とは何か

　まず，「武力紛争」とは何だろう。その定義を考える手がかりの1つに，ノルウェーのオスロ国際平和研究所（PRIO）とスウェーデンのウプサラ大学が共同で運営している武力紛争に関するデータセットがある。このデータセットは第二次世界大戦終結翌年の1946年以降全世界で発生した紛争をデータ化しており，当初は武力紛争を「政府及び領域について二者間で武力を用いて争われ，そのうち一方の主体は政府でなければならず，戦闘に関する死者数が25人以上」と定義してデータを収集していた。

　この定義では，紛争当事者の少なくとも一方が「政府」でなければ「武力紛争」とはみなされず，データとして蓄積されない。非政府組織同士の大規模な

戦闘があっても，武力紛争から除外されるのである。

　しかし，現実には，非政府組織同士の戦闘であっても，一般的な感覚では「武力紛争」と呼ぶ以外に考えられない大規模な政治暴力が存在する。例えば，1990年代初頭に南アフリカのアパルトヘイト（人種隔離政策）廃止過程で発生したアフリカ民族会議（ANC）とインカタ自由党（IFP）の支持者間の武力衝突は，当事者が双方とも政府ではないものの，4年間に推定約1万4,000人が死亡したといわれている。ANC，IFPともに政府ではないが，両者の衝突によって生じた犠牲者の多さを考慮すれば，この衝突は「武力紛争」と形容することが適切であるだろう。

　そこで，この共同データセットでは現在，紛争当事者に国家（政府）が関与していない「非国家主体間の紛争（年間死者25人以上）」と，組織的集団が非武装の民間人を一方的に攻撃する「一方的な暴力」についてのデータも収集対象とされている。

　このように武力紛争の厳密な定義は，そもそも困難な問題を含んでいる。そこで本章では，差しあたり，武力紛争とは「武装した集団同士の大規模な物理的暴力（武力）を伴う抗争」と緩やかに定義して話を進めたい。

　一方，クーデター（coup d'état）とは「国家に対する一撃」という意味のフランス語であり，一般に暴力的な手段の行使によって引き起こされる変革のことを指す。似たような意味を持つ単語に「革命」があるが，革命は被支配階級が権力を奪取し，体制そのものを変革する現象のことをいう。これに対し，一般にクーデターは，ある体制における支配階級内部の権力の移動を意味する。大統領をその座から引きずり下ろすのは民衆ではなく，クーデター直前まで大統領に付き従っていた治安部隊のトップであったり，軍高官であったりする。

　したがって，貧困に苦しんでいた農民や労働者が団結して皇帝ニコライ2世を権力の座から引きずり下ろした1917年のロシアにおける政変は「ロシア革命」と呼ばれるが，クーデターとは呼ばれない。その反対に，2023年8月にガボンで現職のアリー・ボンゴ大統領が軍高官によって自宅軟禁され大統領の座を追われた現象は，支配階級内部でのトップの交代なので「クーデター」といわれる。

　ただし現実には，「革命」の要素と「クーデター」の要素が結びつき，両者を峻別することが困難な場合もある。民衆が政治指導者の退陣を求める抗議デ

モなどを激化させた結果，最終的にはそれまで指導者を守る側であった軍や政権高官が民衆側に付き，体制変革へとつながるケースである。1986年のフィリピンにおけるマルコス大統領の退陣は，民衆の大統領退陣要求に政権の国防大臣や軍幹部が同調する形で実現した。このマルコス退陣劇は，民衆の大規模な抗議デモが原動力となったことから一般に「エドゥサ革命」（エドゥサはデモの舞台となった街路の名）と呼ばれているが，体制内から造反者が相次いだという点では，クーデターとしての要素も兼ね備えていた。

（2） ポスト冷戦期における内戦の多発

次に1990年代までのアフリカの武力紛争の特徴を見ていきたい。図11-1は，植民地支配からのアフリカ諸国の独立が相次いだ1960年から2008年までのアフリカの武力紛争の発生件数をグラフ化したものである。グラフ化に当たっては，その年に新たに発生した武力紛争の件数を示すのではなく，複数年にまたがって続いている紛争については，毎年「1つ」としてカウントしている。

グラフを見ると，アフリカでは1990年代に武力紛争が多発したことが分かる。さらにこのグラフからは，アフリカでは国家間戦争は極めて少なく，紛争の大半が「内戦（civil war）」か「国際化内戦（internationalized civil war）」だということが分かる。「国際化内戦」とは聞きなれない言葉かもしれないが，ある国における内戦において，周辺国が派兵するなどして紛争当事者（政府または反政府武装勢力）を支援し，介入する形態の紛争を指す。

1990年代における紛争の多発と，紛争の多くが内戦であったという2つの事実の原因について，アフリカの紛争を研究した武内（2009）は「ポストコロニアル家産制国家」という概念を軸にして説明を試みている。それは以下のような内容である。

アフリカの国の多くは，欧州列強による植民地化の経験を経て，1950年代後半から1970年代半ばにかけて順次独立していった。その際，多くの国は欧州列強によって設定された植民地期の境界線を引き継ぐ形で独立した。このため1つの国家の中に複数の政治共同体（例えば民族）が包摂され，近代的な意味での国民形成が進まない状態での独立国家が相次いで誕生した。

こうした国々では，為政者は権力基盤の安定のために一党制を採用するとともに，パトロン・クライアント関係に基づく統治を行った。パトロン・クライ

第Ⅳ部　アフリカと人間の安全保障

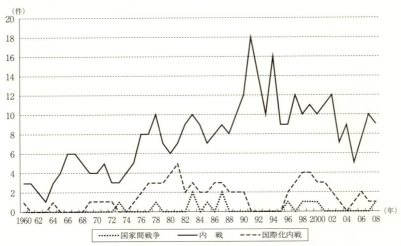

図11-1　1960～2008年のアフリカの武力紛争の発生件数の趨勢
注：本図における「アフリカ」はサハラ以南のアフリカを指す。
出典：Straus (2012).

アント関係とは，国家元首が親族や同郷の人びとを政府の要職に就け，国庫の資金を彼らに流すことで忠誠を買う関係を指す。公的領域と私的領域が混然一体となったこうした統治のあり方は「家産制」という言葉で説明可能であり，独立後のアフリカ諸国の多くは植民地を経て成立した「ポストコロニアル家産制国家」であった。

　家産制国家では汚職が常態化し，法の支配が貫徹されないので人権抑圧が横行したが，東西冷戦時代には，米ソ両国ともアフリカ各国の自陣営への取り込みを優先して援助したため，腐敗した独裁政権は命脈を保つことができた。しかし，こうした状況は冷戦終結で一変する。東側への対抗の必要性がなくなった西側諸国は，援助供与に際して「民主化」や「人権尊重」といった条件を付けるようになり，抑圧的政権を支えるのをやめた。その結果，各国の独裁政権は崩壊し，一党支配は終焉を迎え，アフリカには多党制が普及した。

　冷戦終結の直後，アフリカには明るい民主化の時代が到来するかにみえたが，事態は逆の方向に進んだ。国民形成が進んでいないまま独立した国家を強権的手法で統治してきた政権が崩壊した結果，国内の様々な政治共同体の間で国家権力をめぐる闘争が激化した。東西冷戦期に外国からの援助で支えられていた

政権の強権統治によって活動を封じ込められていた諸勢力が，政権の弱体化や崩壊によって国内各地で勢いを増し，国家権力の掌握を目指して武装闘争を活発化させたのである。

こうしてアフリカでは1990年代に紛争が多発し，それらの紛争の大半が国家間紛争ではなく内戦という状況が生まれることになった。

3　2000年代以降の紛争とクーデター

（1）　紛争・武装勢力の小規模化

1990年代にアフリカで発生した内戦の多くは，武装勢力による国家権力の簒奪戦であったために，短期間で万単位の犠牲者が出るような大規模な紛争となる傾向があった。東西冷戦期に米国の援助で独裁政治を続けてきたモブツ・セセ・セコ大統領のザイール（現コンゴ民主共和国）では，モブツ政権の弱体化と軌を一にして1996年に内戦が始まり，翌年に政権は崩壊した。その後，内戦はいったん収束したものの，1998年に再燃し，周辺国の介入によって「アフリカの世界大戦」と呼ばれるほど大規模化した。ルワンダでは内戦の過程で1994年に大虐殺が発生し，わずか3カ月間で推定80万人が殺害された。東アフリカのソマリアでは武装勢力が群雄割拠した結果，全土を実効支配する政府が消失し，事実上の無政府状態が長年にわたって続くことになった。

しかし，2000年前後から，こうした大規模な紛争の多くは和平へと向かった。「アフリカの世界大戦」といわれたコンゴ民主共和国の内戦は2002年に和平が成立し，同国東部に紛争の火種は残ったものの，全土が戦火に覆われる最悪の状況は脱した。大虐殺を経験したルワンダはポール・カガメ政権の下で経済成長を享受するようになり，武装勢力の残虐行為が国際的な非難を浴びたシエラレオネとリベリアの内戦は，和平合意締結と選挙の実施を経て，平時への移行が完了した。現在は短期間で万単位の犠牲者を出すような大規模な紛争は見られなくなり，発生件数の減少と紛争の小規模化が進んだ。

こうした状況の変化を踏まえ，近年のアフリカの紛争の性格の変化を指摘する議論が登場した。その代表的論者であるスコット・ストラウス（Straus 2012）は，21世紀初頭のアフリカの紛争の特徴として，紛争当事者である武装勢力の小規模化を指摘し，その代表格としてウガンダ北部で誕生した後に中央アフリ

カなどに活動拠点を移した「神の抵抗軍（LRA）」や，アルジェリアからサハラ砂漠を超えてマリ，ニジェールなどに活動領域を拡大させたアルカーイダ系武装勢力「イスラーム・マグレブ諸国のアルカーイダ（AQIM）」を挙げた。

　2000年代の紛争の減少と武装勢力の小規模化は，複数の要因によってもたらされたと考えられる。まず，1990年代のアフリカで大規模な紛争が多発したことへの対応として，国連は平和維持活動（PKO）をアフリカで集中的に展開し，武装勢力間の和解に向けた政治プロセスを主導した。コンゴ民主共和国やリベリアでは国連が複数政党下の大統領選挙・議会選挙を事実上取り仕切った結果，国内の紛争当事者たちが武装闘争を放棄して，権力闘争の舞台を平時の政治の世界に移して生き残りを図った。

　また，アフリカ域内の紛争をアフリカ自身の手で解決しようとする機運が高まり，2002年にアフリカ統一機構（OAU）を発展解消して発足したアフリカ連合（AU）は平和構築を重要課題の1つに位置付け，独自のPKO部隊をいくつかの紛争地に展開してきた。

　このほか，アンゴラ内戦やシエラレオネ内戦において反政府武装勢力が資金源としていたダイヤモンドの流通過程が透明化されるなど，武装勢力の財政基盤になっていた鉱物資源取引に関する国際的管理が進展した。2003年の国際刑事裁判所の設立で戦争犯罪に対する司法体系が一定程度確立し，武装勢力の指導者が被告として訴追されるケースも出てきた。こうした複数の要素が相互に作用した結果として，1990年代に多発した武力紛争は減少傾向に転じていった。

（2）　非国家主体間の衝突の増加

　紛争が減少傾向にあった2000年代は，1970年代後半から20年以上にわたって低迷を続けたアフリカ経済が成長軌道に転じた時代に重なる。アフリカ全体で2003年頃からGDP（国内総生産）成長率が急伸する傾向を示し，国際通貨基金（IMF）の統計によると，最も勢いのあった2003〜2012年までのサハラ以南のアフリカの平均GDP成長率は5.7％（IMF統計，名目値）に達した。

　この時代のアフリカでは，中国に代表される新興国経済の急成長によって石油や鉱物資源などの資源需要が世界的に増加し，多額の「資源マネー」がアフリカの資源生産国に流入したことが成長の引き金になった。やがてアフリカの経済成長は資源生産国だけの現象にとどまらず，急増する人口に注目した世界

第11章　アフリカの武力紛争・腐敗と政治

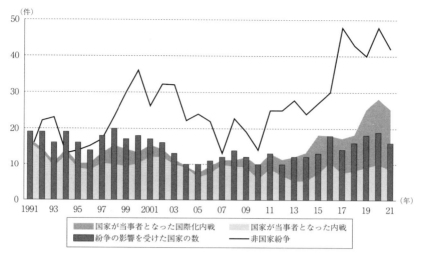

図11-2　1991～2021年のアフリカの武力紛争の発生件数の趨勢
出典：International Institute for Strategic Studies (2022).

各国の企業がアフリカ向け直接投資を活発化させたことにより，非資源生産国を含むアフリカ全体で堅調な経済成長が観察されるようになった。この時代には，成長に伴って人びとの所得が向上し，貧困削減が進むことにより，武力紛争が発生しにくい社会が形成されていくことが期待された。

しかし，アフリカにおける紛争の件数は，2010年代に入るとゆっくりと増え始め，2015年頃から急増し始めた。

図11-2は東西冷戦終結直後の1991～2021年のサハラ以南のアフリカの紛争発生件数を示したグラフである。折れ線グラフを見ると，1990年代に増加した「非国家紛争」の件数は2003年から減少し始め，2010年までおおむね減少傾向であったことが分かる。だが，翌2011年から増加傾向に転じ，2016～2017年にかけて急増して以降は高止まりしている。「非国家紛争」とは，PRIO・ウプサラ共同データセットにおける「武力紛争」の定義を紹介した際に言及した，紛争当事者に国家（政府）が関与していない「非国家主体間の紛争」のことを指す。つまり，2010年に入って増加し始めたアフリカの紛争は，ポストコロニアル家産制国家の崩壊過程の1990年代に見られた「政府 vs 反政府勢力」の国家権力簒奪戦ではなく，政府ではない非国家主体（武装勢力・民兵集団など）同士の衝突が多いのである。

（3） イスラーム武装勢力の台頭

　武力紛争の小規模化，非国家主体同士の衝突と並ぶ2000年代以降の新しい紛争の特徴として，アフリカにおけるイスラーム武装勢力の台頭を挙げることができる。アルカーイダに代表されるイスラーム武装勢力は2001年9月の米国同時多発テロを機に世界各地で注目を浴びるようになったが，2000年代にサハラ以南のアフリカにも浸透し，東アフリカのインド洋沿岸部や西アフリカのサヘルを中心に勢力を拡大してきた。主な組織として，ソマリアを拠点とする「アル・シャバーブ」，ナイジェリア北東部の「ボコ・ハラム」などが知られている。また，西アフリカのサヘル地域では，複数の組織が離合集散を繰り返している。

　近年，イスラーム武装勢力の活動が政治や治安に特に深刻な影響をおよぼしているのは，マリ，ブルキナファソ，ニジェールなど西アフリカのサヘルに位置する国々である。マリでは2012年頃から北部を中心に，ストラウスが小規模な武装勢力の代表として名を挙げた AQIM が勢力を拡大し始めた。その後，マリ国内で誕生した複数のイスラーム武装組織が離合集散し，近年は AQIM などを核とする「ジャマーア・ヌスラ・アル・イスラーム・ワル・ムスリミーン（JNIM）」というアルカーイダ系組織と，イスラーム国（IS）系の「大サハラのイスラーム国（ISGS）」によるテロが多発している（公安調査庁 2022）。

　ブルキナファソは1960年の独立から半世紀以上，イスラーム武装勢力によるテロとは無縁の国であった。ところが，2014年から翌年にかけての政権交代とクーデターによる権力の空白に乗じてイスラーム武装勢力が力を増し，現在はアフリカで最もテロの脅威が深刻な国の1つになってしまった。世界の武力紛争に関するデータベースを運営している「武力紛争ロケーション＆イベント・データ・プロジェクト（ACLED）」によると，2011年9月〜2016年8月の5年間に同国で発生した政治暴力（テロを含む）は計160件，死者は145人だったが，次の5年間である2016年9月〜2021年8月には2,457件が発生し，死者は6,450人へと激増した。

　2000年代以降サヘル地域でイスラーム武装勢力が影響力を拡大した背景は複雑だが，マリの場合，アルジェリアから南下してきた AQIM が，マリ国内で分離独立要求を掲げてきたトゥアレグ人勢力と結びついたこと，2011年のリビアのカダフィ政権崩壊でマリに多数の傭兵と武器が流れ込んだことが大きい

（佐藤 2017）。一方，ブルキナファソでは，長年の農耕民中心の開発に不満を強めた牧畜民フラニ人の一部が武装集団化し，イスラームのジハード（聖戦）によって理論武装するという動きがみられる。マリ，ブルキナファソの両ケースは，中東に拠点を置くアルカーイダや IS が両国へ伸長してきたというよりも，ローカルな文脈でイスラーム主義が急進化した要素が大きいといえるだろう。

マリではトゥアレグ人，ブルキナファソではフラニ人のローカルな組織がイスラーム武装勢力の拡大で大きな役割を果たしているが，両民族はともに牧畜を生業としている。降雨量の少ないサヘル地域において，農耕民と牧畜民は牧草地や水資源の利用を巡ってしばしば対立してきたが，かつては争いを防ぐ慣習的なメカニズム（長老同士の話し合いなど）によって紛争の激化を防いできた。しかし，近年は人口増加に伴う食料需要の増大で農耕民による耕作面積が急拡大し，両者の小規模な武力衝突が増加傾向にある。イスラーム主義者たちは農耕民中心の国家の在り方に不満を抱いてきた牧畜民に着目し，「既存の国家をジハード（聖戦）で打倒すべきである」などとトゥアレグ，フラニの若者をテロへと駆り立てているとの報告もある（坂井 2017）。

マリ，ブルキナファソ両政府は軍事力によるイスラーム武装勢力の制圧を試み，旧宗主国フランスなど欧米諸国もこれを支援してきた。しかし，状況は好転せず，2010年代後半になると，テロを根絶できない自国政府とフランスへの不満が国民の間に拡がった。そうした状況に着目したのが2014年のクリミア併合を機に西側との対立を深めつつあったロシアであり，フランスとの関係断絶を促すフェイクニュースを SNS によって拡散させる情報戦を西アフリカ一帯で展開したといわれる（白戸 2023）。その結果，2020年に入る頃から，西アフリカのサヘルに位置する国々の政情は急速に不安定化していった。次にみるクーデターの多発である。

（4） 相次ぐクーデター

アフリカ経済が停滞の淵に沈んだ1980年代の10年間には，アフリカで15件のクーデターが発生した。しかし内戦が多発した1990年代を経てクーデターは減少傾向となり，2000年代の10年間には中央アフリカ，ギニア，ギニアビサウ，マダガスカルの4カ国で計5回発生しただけであった。2010年代も2011年のエジプトにおけるムバラク政権の崩壊を含めても大陸全体で7件（6カ国）にと

どまった。

　ところが，2020年代に入ると，旧フランス領の国々を中心にクーデターが短期間に相次ぐ事態となった。2023年8月30日には，アフリカ大陸の中西部に位置するガボンでクーデターが発生し，9月4日にはクーデターを首謀したグループのトップである軍高官が暫定大統領として就任を宣言した。旧フランス領の西アフリカ諸国では2020年代に入って以降，マリで2回（2020年8月，2021年5月），ブルキナファソで2回（2022年1月と9月），ギニアで1回（2021年9月），ニジェールで1回（2023年7月）と軍事クーデターが相次いで発生している。

　東アフリカに目を転じれば，スーダンでは2019年4月，1989年から権力の座にあったアル・バシール大統領が国軍によって解任されるクーデターが発生した。国軍は暫定軍事評議会を設立して2年以内の民政移管を約束したものの実現せず，紆余曲折の末に2023年4月，国軍と準軍事組織との間で内戦が始まってしまった。戦闘の激化に伴い，スーダン在住の日本人を含む多数の外国人が国外退避を強いられたことは記憶に新しい。

　既に述べた通り，アフリカでは21世紀に入って以降，経済成長が加速し，世界各国の企業がアフリカに活発に投資している。そうした中で相次ぐクーデターは，人びとの生命，財産などに対する安全保障上の脅威となるだけではない。武力による政権転覆は法による支配を破壊する行為であり，企業活動の基礎となる各種の契約や合意の取り扱いに関する強い不安感を世界中の企業に与える。

　世界を広く見渡せば，アジアや中南米の国々では，もはやクーデターは極めて珍しい現象になりつつある。そうした中で，短期間にアフリカ諸国でクーデターが相次ぐ事態は，「アフリカでは何があるか分からない」という認識を国際社会に広げ，アフリカ全体に対する外国企業の投資意欲を減退させ，経済発展の阻害要因となりかねない。このためアフリカ連合（AU）はクーデターに対して厳しい姿勢で臨むようになっており，クーデターによって樹立された政権の正統性を認めず，AU加盟資格を停止するなどの処分を科すことが一般的になっている。

4　アフリカを蝕む政治腐敗

（1）世界で最も腐敗した地域

　ここまで武力紛争とクーデターという物理的暴力について論じてきたが，次にアフリカが直面しているもう1つの深刻な問題である政治腐敗について見ていきたい。

　組織的な物理的暴力の行使である武力紛争が可視化された現象であるのに対し，腐敗はしばしば巧みに隠ぺいされ，水面下で進行する現象であるため，その実態を把握しづらい。アフリカの国々を旅行していると，空港職員や街角の警察官などから賄賂をねだられることがある。運転中に交差点で一時停止したにもかかわらず，その場にいた警察官から「一時停止していない」といいがかりをつけられ，「停止した」と主張すると，「見逃してほしければ金を払え」といわれたりする。先進国の日常生活では考えにくいこうした体験から，アフリカおける腐敗が深刻であろうことは想像できるが，どの程度深刻なのか。

　各国の政治腐敗の状況について客観的な評価を試みている組織は複数存在するが，もっとも著名な組織の1つにドイツの首都ベルリンに事務局を置く国際的な非営利組織「トランスペアレンシー・インターナショナル（TI）」がある。TIは1995年以降，腐敗認識指数を公表している。腐敗認識指数は，各国がどの程度腐敗しているかを独自調査に基づいて0〜100点の範囲で指数化したものであり，100点に近づくほど腐敗が少なく，0点に近いほど腐敗が深刻であることを示す。

　TIが2023年2月に公表した「腐敗認識指数2022年版」は，世界180カ国における腐敗の程度を指数化し，ランク付けした。これを見ると，アフリカにおいて腐敗がどれほど深刻な問題であるかが一目瞭然である。

　世界で最も腐敗が深刻とされた第180位は，1991年から全土を実効支配する中央政府が存在していない東アフリカのソマリアで，100点満点で12点であった。100位以下をみると，最下位のソマリアを含む37カ国がアフリカの国である。反対に，腐敗が少ないとされた上位50カ国の中に，アフリカからはボツワナとカーボベルデの2カ国がともに35位（60点）で入っているに過ぎない。ここでは2022年版を紹介したが，TIが1995年に腐敗認識指数を公表して以降，

アフリカ諸国がランキングの下位を占める状況にはほとんど変化がない。TIの指標が絶対的に正しいわけではないとしても、残念ながらアフリカは、世界で最も政治腐敗が深刻な地域といっても過言ではない状況にある。ちなみに世界180カ国中で最も腐敗が少ない1位にランクとされたのはデンマーク（90点）であり、日本は18位（73点）であった。

（2） 腐敗の型とその影響

先に腐敗の事例として、アフリカの国の街角で警察官などから賄賂を要求されるケースを挙げたが、これは政治腐敗の一形態に過ぎない。ここでは大内（2000）と小山田（2019）の分類を参考に、腐敗を3つの型に分けて、それぞれの特質をみてみよう。

第1の型の腐敗は、行政的腐敗と呼ばれるものである。これは特に中・下級の公務員にみられる腐敗で、許認可権や裁量権を恣意的に行使し、あるいは行使しないことにより、特定の国民を有利に扱う見返りに賄賂を要求する。公共事業、許認可、検査などの権限を持った現場公務員による腐敗で、先述した警察官による賄賂の要求もこの腐敗の範疇に入る。

この型の腐敗は先進国では19世紀から減少を続け、今では珍しくなっているのに対し、アフリカをはじめとする開発途上国では今も広くみられる。腐敗した公務員の中には、賄賂をもらうのは安い給与を補うためであり、生活のためにはやむを得ないと腐敗を正当化する者が少なくない。国民が日常生活で直面する最も一般的な腐敗であり、この型の腐敗が一般化してしまうと、公務員は賄賂がなければ業務を遂行しなくなってしまい、行政が停滞してしまう。公務員がさらなる賄賂を受け取るために不必要な規制を増やして自らの権限を強化する場合もある。結果的に経済活動は停滞し、市場原理が阻害され、事業者や庶民は無駄な支出を強いられることになる。

第2の型の腐敗は、小規模な政治腐敗である。収賄側は政治家、高級官僚、贈賄側は企業経営者や大手企業社員などが一般的で、特定の業界や大型事業に対する優遇的融資、払い下げ、入札における有利な取り扱い、国会での有利な質問、事業の認可などの見返りに、賄賂を受け取る型である。賄賂は巨額の現金のみならず、株券、不動産、娯楽や接待の機会、天下り先の用意など様々な形をとり、政治家が政治献金や顧問料といった合法的にみえる形で賄賂を受け

取ることも少なくない。

　日本でもしばしば，特定の業者に有利な取り計らいを行ったとして，国会議員などが検察に逮捕・起訴される事件が発生しているのを見ればわかる通り，この型の腐敗は先進国から途上国まで現在も広くみられるタイプの腐敗であり，アフリカのみに顕著な腐敗ではない。この型の腐敗は公正な競争を妨げ，本来は不要な公共投資が無理やり実施されるなどして国家財政に損失を与え，国民の政治に対する不信も高めてしまう。

　第3の型の腐敗は，構造的な腐敗である。これは大統領や首相といった国家権力の頂点に君臨する者が政府機構を事実上私物化し，国庫に入るべき資金を構造的に自身とその周辺者によって吸い上げる型の腐敗である。先述したアフリカにみられるポストコロニアル家産制国家における腐敗が，まさにこの型の腐敗である。

　アフリカの中でも常軌を逸して構造的な腐敗がひどかった国として，東西冷戦期にアメリカの支援によってモブツ政権が30年以上存続したザイール（現コンゴ民主共和国）が知られている。1965〜1997年まで大統領だったモブツは，国民の大半が1日1ドル以下で暮らす中，自国への援助を私有財産として流用し，故郷に滑走路付きの豪邸を建て，欧州などに複数の城を有し，自家用機で移動しながら連日宴会を開いて暮らした。モブツは自身に対する不満がクーデターへとつながらないよう，同郷の友人・知人たちを閣僚や軍高官に就任させ，彼らにも資産を分け与えた。モブツの個人資産はザイールの累積債務額を上回っていた。モブツ体制とは，モブツを頂点とするパトロン・クライアント関係の連鎖の中に，国家機構全体が埋め込まれている状態の典型であった（武内2014）。

　そこでは公務員には十分な給与が払われていないため，彼らは生活のために住民に賄賂を要求した。汚職は警察官，入国管理事務所や税関，軍人，教員，役所の窓口までいたるところに蔓延しており，公務員は賄賂なしでは動かず，賄賂をもらっても動かないこともあった。こうした状態では，行政機関に合理的な経済政策・社会政策を期待することはできず，開発は進展しない。

　モブツ政権時代のザイールの事例は，第3の型の「構造的な腐敗」が起きている状態では，「行政的腐敗」も「小規模な政治腐敗」も抑止できないことを示している。国家元首自身が金を溜め込み，これを分配していくパトロン・ク

ライアント関係が機能している状態では、この関係の連鎖の中に自分をうまく組み込むことが生計を立てていく上で決定的に重要になる。また、国家の最高権力者たちが汚職で潤っている状態で、中・下級の公務員や一般市民に高い倫理観を求めるのは現実には不可能であるだろう。

（3）　民主主義の形骸化

　東西冷戦が終結した1990年代初頭、東西両陣営による援助削減・停止によってモブツ政権のようなアフリカの独裁政権は次々と財政基盤を絶たれ、崩壊していった。冷戦期に一党制だったアフリカ諸国の多くは多党制へと移行し、選挙による大統領の選出が一般化した。この過程で権力の集中を防ぐ手立てとして、大統領の多選禁止条項が憲法に挿入された。世界銀行、欧州、米国、日本などの西側はアフリカの国々への援助に際して民主主義や人権の尊重といった条件を課すようになり、供与した援助資金の使途についても厳しく目を光らせるようになった。往時のザイールのようなポストコロニアル家産制国家をアフリカに成立させる条件は基本的に失われたと考えられ、構造的な汚職がはびこる環境は少しずつ改善されていくことが期待された。

　それから30年以上が経過した今日、アフリカにはケニア、ガーナ、セネガルなどのように、多党制下の自由な選挙による政権交代が定着したかにみえる国もある。しかし、その一方で、民主的な政治制度を採用してはいるが、実態はそれが形骸化されている事例が多くの国でみられるようになった。形式的には野党の存在を認めているものの、現実には野党の活動は厳しく制限され、ジャーナリズムや市民社会も厳しく弾圧されているのである。そうした国々では、冷戦終結後の「民主化」の際に導入した大統領の多選禁止条項が後に廃止、改変され、特定の人物が長期にわたって大統領職にとどまり続ける傾向がある。多選禁止条項を廃止して大統領職にとどまり続けた人物として、アンゴラのジョゼ・エドゥアルド・ドス・サントス（在1979〜2017年）、チャドのイドリス・デビィ（在1990〜2021年）、ウガンダのヨウェリ・ムセヴェニ（在1986年〜）、カメルーンのポール・ビヤ（在1982年〜）、ジブチのイスマイル・オマール・ゲレ（在1999年〜）などが挙げられる。こうした権威主義的な動きが今もアフリカにおける政治秩序形成の一類型を成している点を見ると、ポストコロニアル家産制国家の特質はアフリカに根強く残存しているといわざるを得ない。

また，アフリカ諸国を取り巻く国際環境に大きな変化が生じている点にも注意が必要である。冷戦終結後の1990年代における対アフリカ援助のドナーといえば，国際機関を除けば，西側諸国をおいてほかになかった。だが，2020年代の現在，対アフリカ援助の分野で中国が大きな位置を占めていることは周知のとおりである。内政不干渉の原則を掲げ，自らの国内に人権問題を抱える中国は，アフリカ諸国に開発援助を供与する際に民主主義や人権といった条件を課すことがない。さらに，援助に際して両国間で結ばれる各種の合意内容が，非公開とされることもある（稲田 2012）。こうした説明責任や透明性を欠いた援助は，権威主義的なアフリカ側の為政者が体制を維持していくうえで，しばしば好都合であるだろう。

　このように見ていくと，トランスペアレンシー・インターナショナルの腐敗認識指数ランキングで，今なおアフリカ諸国が下位に集中している理由が見えてくる。腐敗した政治状況を改善していくためには，民主主義制度を導入するだけでなく，その内実を充実させ，ポストコロニアル家産制国家としての特質を軽減していく息の長い取り組みが必要になる。

5　政治制度の機能強化に向けて

　本章では，アフリカの武力紛争と政治腐敗の特質について述べ，いずれもポストコロニアル家産制国家というアフリカの国家の特質に深く関係するものであることを指摘してきた。では，アフリカ国家の特質とは何か。ひと言でいうならば，それは近代国家が備えるべき各種の政治制度の機能不全である（武内 2019）。

　アフリカに限らず世界のすべての国家において，国内の有力者間には権力闘争が存在する。多くの国では，その権力闘争を各種の政治制度によって統御し，非暴力的に解決している。銃器の野放図な拡散がアフリカにおける武力紛争を助長していることは事実だが，銃器が拡散するだけでは内戦は発生しない。例えば天文学的な数の銃が流通している現代のアメリカに，銃犯罪はあっても内戦は存在しないことを想起してほしい。今日，価値観や政治的志向の違いに基づくアメリカ社会の分断は深刻な問題だが，アメリカでは基本的に選挙や議会といった非暴力的な政治制度によって権力闘争が解決されているからである。

これに対し，多くのアフリカの国の政治制度は極めて脆弱である。本章で既に述べた通り，アフリカの多くの国が植民地期の境界線を引き継ぐ形で独立したために，アフリカの国家には複数の政治共同体が含まれることになった。このため権力闘争を非暴力的に解決するための経験，知識，慣習，思考，信頼関係などが，国内の政治指導者たちの間で共有されない国家が多数誕生した。

　そうした状況では，選挙，議会，法律など権力闘争を非暴力的に解決するための国家の制度の重要性は，国内の政治指導者たちの間で共有されにくい。むしろ，「現行の法律は首都にいる現大統領が勝手に定めたものであり，自分たちには関係ない」という認識が国内の指導者の間で一般化してしまう。そして，指導者たちは，他の政治共同体の指導者との権力闘争の過程で，自身の出身民族の若者などを政治的に動員し，彼らに武器を与え，武力を通じて権力闘争を勝ち抜こうとしてきた。1つの国家内に存在する複数の民族が元々対立関係にあるから内戦が頻発しているのではなく，政治指導者間の対立を解決する国家の政治制度が機能していないために，指導者たちによって暴力が選択されてきたのである。その状況が基本的に変わらない国において，現在も紛争が発生している。

　武力紛争がアフリカの国家における政治制度の脆弱さによって引き起こされている現象ならば，脆弱な政治制度の間隙を縫う形で蔓延しているのが汚職である。国家の公的な政治制度が機能不全の状態では，市民は物資，権利，機会などの公正な分配を期待できない。市民がこれらを獲得するためには，納税や正規の行政手続きだけでは不十分であるため，賄賂の支払いが常識になってしまうのである。

　このように，アフリカにおける武力紛争も腐敗も，政治制度の脆弱性に深くかかわる問題である。21世紀に入って以降のアフリカの経済成長は明るいニュースであるが，成長だけでは武力紛争も腐敗も抑止できない。暴力と賄賂に依存しないで済む社会をつくるために，政治制度の脆弱さを克服する努力が必要とされている。

　ナイジェリア，ケニアなどでは近年，都市部の中間層を中心に公職者の汚職を追及する動きが活発になり，市民の声に突き動かされた為政者が捜査や関係者の処分など何らかの対応策を講じるケースもみられるようになってきた。外国企業の投資を誘致したいアフリカの為政者にとって，汚職は政治的に許容で

きない問題になりつつある。汚職は企業の投資意欲を減退させ，経済成長のチャンスを逃すことにつながりかねないからである。政治腐敗を短期間で一掃することは不可能だが，市民の粘り強い取り組みによって，政治腐敗を巡る状況は少しずつ変わり始めている。

また，ガーナ，ケニア，セネガルのように選挙による平和的な政権交代が定着しつつある国家も出てきた。これらの国々が近代国家が備えるべき各種制度の機能不全をある程度克服しつつあるのかについては，さらなる研究が求められている。

参考文献

稲田十一 2012．「中国の援助を評価する――アンゴラの事例」『中国の対外援助』日本国際問題研究所：35-62．

大内穂 2000．『腐敗要因分析と対策における国際協力に係る調査研究』国際協力事業団国際協力総合研修所．

小山田英治 2019．『開発と汚職――開発途上国の汚職・腐敗との戦いにおける新たな挑戦』明石書店．

公安調査庁 2022．『国際テロリズム要覧　2022』．

坂井信三 2017．「マリのイスラーム過激派組織 FLM（Le Front de libération du Macina）の社会的背景――牧畜民の周辺化と地域社会の不安定化」『南山大学紀要　アカデミア人文・自然科学編』(13)：23-38．

佐藤章 2017．「イスラーム主義武装勢力と西アフリカ――イスラーム・マグレブのアル＝カーイダ（AQIM）と系列組織を中心に」『アフリカレポート』(55)：1-13．

白戸圭一 2023．「大国間競争の中のアフリカと日本外交――中国，ロシアのアフリカ政策から考える」『国際問題』(714)：27-37．

武内進一 2009．『現代アフリカの紛争と国家――ポストコロニアル家産制国家とルワンダ・ジェノサイド』明石書店．

武内進一 2014．「独立後の政治経済体制」北川勝彦・高橋基樹編『現代アフリカ経済論』ミネルヴァ書房，93-110．

武内進一 2019．「紛争」落合雄彦編『アフリカ安全保障論入門』晃洋書房：43-52．

International Institute for Strategic Studies 2022. *The Armed Conflict Survey 2022: Sub-Saharan Africa Regional Analysis*. https://www.iiss.org/ja-JP/online-analysis/online-analysis/2022/11/acs-2022-sub-saharan-africa/（2024年7月5日確認）

International Monetary Fund (IMF). *World Economic Outlook Database October 2023*. https://www.imf.org/en/Publications/WEO/weo-database/2023/October

（2023年10月31日確認）

Straus, Scott 2012. "Wars Do End! Changing Patterns of Political Violence in Sub-Saharan Africa." *African Affairs* 111(443)：179-201.

（白戸圭一）

> **Column ⑫**

地場の金属加工業と職人の技能形成

　近年アフリカでは，国内の市場を対象に特定の事業に従事する地場の小規模な製造業が増加傾向にある。筆者の調査地であるモザンビークのマトラ市では，中間層の人口の増加による住宅建築需要の拡大に対応し，門扉や窓枠をはじめとする建具などの金属製品を製造・販売する，「鉄工所」と呼ばれる小規模な金属加工企業が増加している。製造業では，業種，企業，生産品目，工程，職種によって異なる多様な技能が求められるが，鉄工所をはじめとする地場の製造業は，国際社会や政府の支援に頼らずに職人を育成している。彼らはどのように技能を形成し，その技能はどのように評価されているのであろうか。

　鉄工所で働く人びとは，資材を切断・研削するディスクグラインダーと金属を熱で接合する溶接機の中で最も汎用的な被覆アーク溶接機を用い，切断・研削・溶接などの技術を組み合わせ，上記の金属製品を製造する。鉄工所で働く人びとの多くは徒弟としての訓練を通じて上記の技能を習得していく。各鉄工所には経営者を兼ねる親方を頂点とした組織構造があり，親方や職人になるには，製品の設計から製造までを自身で完遂し，顧客の要望に臨機応変に対応できる能力が求められる。鉄工所ごとに職位の呼称が異なるものの，どの鉄工所においても上位の職位に就くためには各工程で自身の技能を示し，所属している鉄工所の親方にその技能が認められなければならない。勤続期間が長くても，技能が低ければ上位の職位に就くことは許されないのである。

　また，ある鉄工所で技能を習得して特定の職位に就けば，他の鉄工所でもその技能が認められ，職人や徒弟は鉄工所を移っても同等の職位で働くことができる。各鉄工所で認められた職位は鉄工所間での共通の技能を証明する資格の役割をも果たすのだといえる。各鉄工所は，時々の注文状況によってお互いに人材を融通することもあり，この場面でも職位が資格として用いられる。このような場合，融通された徒弟や職人は同等の職位で作業に従事するのだが，彼らは所属する鉄工所とは異なる親方の下で仕事をすることで，新たな経験を獲得し，自身の技能の幅を広げていくのである。

（畔柳　理）

第12章

アフリカの環境・気候変動

この章で学ぶこと

　人びとの如何なる経済活動も，自然環境と無関係には行うことができない。むしろ，アフリカ大陸の様々な地域でみられるように，近代科学技術の適用が進んでいないと，人びとの暮らしは自然環境の影響を強く受けることになる。他方で，人びとは自然に働きかけ，これをつくりかえて生きている。近代になって以降，資源採取の拡大・人口増加を要因としてその働きかけが強まっており，環境は大きく変動するようになった。本章ではこうした人間と環境の相互関係に着目しつつ，アフリカにおける砂漠化，病害虫と雑草などの環境問題，都市化・工業化による大気，水質の汚染について，それぞれのメカニズムを説明し，具体的な例を紹介する。さらに気候変動などの地球規模の環境問題によるアフリカの人びとへの影響と事例について論じる。その上で，これらの環境問題に対してどのような軽減・解決の取り組みが行われているのか，またその取り組み自体の影響はどのようなものかを説明する。

1　アフリカの環境問題と持続可能な開発目標

（1）環境問題への関心

　アフリカの環境問題は近年大きな注目を集めている。2015年9月に国連総会で採択された持続可能な開発目標の多くが環境問題に関連している。持続可能な開発のための17の国際目標は，持続可能な消費と生産，天然資源の持続可能な管理，気候変動に対する緊急の対策などを通じて，地球を劣化から守り，現在および将来の世代のニーズを支えることができるようにすることを掲げている。アフリカにおいて，持続可能な開発への総合的なアプローチを通じ，環境の健全性を向上させ，環境リスクを低減し，社会と環境全体のレジリエンスを

高めることが急務である。

　アフリカが直面している深刻な環境・気候変動問題において改善を図るためには，持続可能な開発目標の17の目標のうち，特に次の項目が改善策へのカギとなっている。目標2．飢餓を終わらせ，食料安全保障および栄養改善を実現し，持続可能な農業を促進すること，目標6．すべての人びとの水と衛生の利用可能性と持続可能な管理を確保すること，目標13．気候変動およびその影響を軽減するための緊急対策を講じること，そして目標15．陸域生態系の保護，回復，持続可能な利用を推進し，持続可能な森林の経営を実現し，砂漠化に対処し，並びに土地の劣化の阻止・回復および生物多様性の損失を阻止することである。

　アフリカの自然環境は，アフリカの多くの問題の原因としてしばしば指摘されてきた。過酷，暮らしの困難，予測不可能だといった表現はすべて，ヨーロッパ列強が一方的に「暗黒大陸」と見なしたアフリカを植民地化することを検討していた1世紀以上前と同じように，今日でも多用されている。しかし，このような自然環境に対する見方は適切ではない。純粋に自然現象によって引き起こされる環境問題と思われている問題でも，社会的，経済的，政治的に複合的な要因が絡んでいることが多い。例えば飢饉，洪水などは，純粋に自然環境の要因だけで説明されることはほとんどない。社会情勢の悪化，経済的不安定，政府の政策不備，インフラストラクチャー整備の欠如などが，場所や時代に関わらず，大なり小なりの原因になっていることが多いのである。

（2）　不安定な環境による脆弱性

　アフリカには全世界の多様な生物の約4割が生息しており，その多くは文化的に深い意味を有している。しかし，環境変化や気候変動によって，アフリカの生物多様性が失われつつあることが危惧されている（Binns et al. 2018）。アフリカの多くの地域では技術や経済開発の水準が低いため，豊かで技術的に進んだ先進国よりも，人びとは環境の不安定さに対して脆弱である。人口の半数以上が直接土地に働きかけて生計を立てているこの大陸では，降雨量の減少，洪水，またはバッタや雑草などの病害虫による被害などの環境ショックが，たとえ些細であっても人びとの食料生産と生活に大きな打撃を与える可能性がある。その一方で，自然の回復力，そしてアフリカの人びとの適応力と自助的な努力を

過小評価することはできない。アフリカの人びとは，人口増加の圧力に対処し，または市場のニーズに応えるために，限られた環境資源に働きかけ，生産力を向上させる能力をいくども発揮してきた（若月 1997, 2023）。しかし，かつてないほど急速に進んでいる気候変動，そして資源採取の拡大，人口増加による社会情勢の悪化で，彼ら・彼女らの対処能力が大きく制限されていることは間違いない。本章では，アフリカの人びとが直面している多面的な環境問題を紹介し，人びとの対応と具体的な事例についてみていく。以下，砂漠化，大気汚染，水質汚染，病虫害と雑草，気候変動を主要な環境問題として取り上げ説明する。

2　気候変動と人間活動がからみあう砂漠化

（1）　砂漠化と乾燥化の進行

　砂漠化という言葉は1949年にフランスの森林学者アンドレ・オーブルヴィルによって発案された（Aubréville 1949）。1970年代から1980年代にかけて，アフリカ大陸のさまざまな地域でそれまでの平均降雨量を下回る年が続いたため，気候変動によって乾燥が進行し，砂漠化が発生するのではないかという議論が盛んになった。早い時期には，砂漠化といえば，サハラ砂漠が一気に南下し，農村を困窮させ，農地や牧草地を一挙に破壊してしまうというイメージが一般的だった。このプロセスは，長期的な降雨量の減少の結果であり，過放牧，焼畑，森林伐採など，持続不可能とみなされる人間の慣行によって悪化したとしばしば指摘されてきた（Binns 1990）。ステビングは，アフリカでは人間の行為によって土地の劣化が引き起こされていると述べ，人口圧力の増大による移動耕作システムにおける休耕期間の短縮，牧畜民による過放牧，牧草地を焼く慣行などをその行為として挙げた（Stebbing 1938）。しかし，サヘル地域では，過去30年間において降雨量が改善された時期があり，また農民の自発的な植樹や牧畜民の適切な放牧管理などによって，一部の地域において湿潤化と緑化が観測された。したがって，ステビングの指摘は必ずしも正当ではなく，砂漠化が急激に深刻となるという早い時期のイメージも修正されたが，国際社会では依然としてアフリカのほとんどの国が砂漠化に対して脆弱であることが懸念されている（IPCC 2019）。

　1968～1974年，および1979～1984年にサバンナ・サヘル地帯で2つの干ばつ

第Ⅳ部　アフリカと人間の安全保障

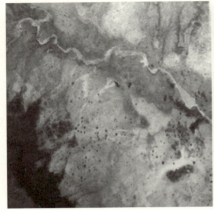

1975年　　　　　　　　　　　　　　2003年

図12-1　ニジェールのガルマ村の衛星画像
出所：Reij and Winterbottom（2015：16）．

が起きた。国連環境計画は1977年にケニアの首都ナイロビで砂漠化に関する世界会議（UNCOD）を開催し，砂漠化を乾燥，半乾燥，亜乾燥湿潤地域における土地の劣化と再定義し，砂漠化は主に人間活動と気候変動によって引き起こされると指摘した（UNCOD 1978：2）。国連は2006年を「国際砂漠・砂漠化年」と定め，砂漠化の結果によって，2020年までに約6,000万人がサハラ以南のアフリカの乾燥地帯を離れ，ヨーロッパに移住すると予測した。しかし，ウォーレンとバタベリーは干ばつの期間において，自然環境はどのようなものであったか，および人間社会と食料生産システムがどのように対応したかについての現地調査が不十分であったため砂漠化が過度に強調されたと批判した（Warren and Batterbury 2004：1）。

（2）　人びとの対応策と自然の回復力

ブルキナファソとニジェールでの観察調査によると，1994年以降特にサヘル北部の植生量が増加した。ニジェールで調査したレイジは，1980年代半ば以降に約25万ヘクタールの荒廃地が回復され，乾期耕作が大幅に拡大されたことを報告した（Reij 2007）。ニジェールにおいて，植民地時代からすべての樹木は国の所有物とみなされていたため，農民が樹木を保護するインセンティブはなかった。しかし時が経つにつれ，農民は自分たちの畑にある樹木を自分たちの

第 12 章　アフリカの環境・気候変動

所有物と考えるようになり，政府もそれを認め，1982年から農村部の土地と天然資源の管理に関する議論を開始し，1993年に農民が農地にある樹木を保護，管理，収穫，そして利益を得る権利を認める条例を制定した（Stickler 2019）。図12-1，ニジェールのガルマ村の衛星画像で示されたように，1975年（左）当時と比べて，2003年（右）には樹木が10倍から20倍に増えている（Reij and Winterbottom 2015：16）。また，モルティモアとアダムズはナイジェリア北東部で貴重な現地調査を行った。彼らは，サヘルの環境は多様であり，それに対して人びとが追求する解決策の多様性は十分に考慮されてこなかったと述べた。サヘルは多様な環境であり，人びとはその影響に対処するために様々な適応戦略を進化させてきたことを認識する必要がある，ということである（Mortimore and Adams 1999）。

　砂漠化という言葉は，国際社会の関心を高めるために広く使われてきたが，砂漠化と土地劣化を区別する必要があることが指摘されるようになった。土地劣化に見舞われた地域は，人びとが注意深く土地を管理し，2～3年間の恵まれた雨季が経過すれば，元の状態に戻る可能性がある。サハラ砂漠の縁辺部は，潮の満ち引きに例えれば，乾季には南下するが，降雨量が多いときには北上する。土地の劣化は，人間活動や環境の変化などさまざまな要因で発生する可能性があるが，乾燥した時期には劣化が加速する可能性が高い。しかし，一般的なイメージで思われているようにサハラ砂漠が恐ろしいスピードで拡大しているという主張は，それを裏付ける現地の調査による証拠が十分にないのである（Nelson 1988）。自然の回復力や人間の努力で，土地は回復する可能性がある。重要なのは，地域の人びとによる自然を回復させるための取り組みをあらゆるレベルで促進することである。

3　急速な成長がもたらす大気汚染

（1）　大気汚染と貧困

　アフリカでは，2019年に110万人，全死亡者の16.3％もの人びとが大気汚染が原因で死亡したと推定された。大気汚染は現在，エイズに次いでアフリカで2番目に大きな死因となっている。人びとは，大気汚染に起因する下気道感染症，虚血性心疾患，新生児障害，慢性閉塞性肺疾患，脳卒中などの非感染性疾

患によって死亡する（Fisher et al. 2021）。屋外・屋内を問わず，大気汚染はアフリカに暮らす人びとの健康と人生に毎日影響をおよぼしている。大気汚染と貧困には関連性があり，貧しい人びとはより高濃度の大気汚染物質にさらされ，大気汚染の悪化によって，より深刻な影響を受ける傾向にある。高濃度の大気汚染物質にさらされている都市部の子どもたちは，呼吸器系の病気にかかる可能性が高く，発育や学習の妨げになる。その結果，子どもたちの一部は大人になっても，学歴やスキルの低さによって生活に苦しむことになる。子どもたちの教育水準の低さは，彼らの生活の質を低下させるだけでなく，国全体の経済発展の障害にもなる（Schwela 2012）。

（2）　都市部の大気汚染

　アフリカでは都市人口が世界で最も速いペースで増えており，今後も伸び続けると推定されている。急速な人口増加は，都市部では自動車の台数と経済活動の増加につながり，対策を講じなければ大気汚染の悪化につながる。大気汚染の深刻化の要因として挙げられるのは，排出ガスの規制が適用されない古い車両の存在，保有台数の増加，車両の保守管理の欠如，クリーンな燃料の供給不足，車両の排出ガスを対象とした規制の不備，法律や規制の施行の不十分さなどである。アフリカでは，毎年増える保有台数の6割以上が輸入中古車であるが，ほとんどの国は中古車輸入に関する規制が欠如している。2018年現在，ケニアにおいて輸入中古車の平均車齢は7.2年だが，ルワンダとウガンダにおいて輸入中古車の平均車齢は15年以上である（UNEP 2020：12, 67）。

　アフリカの交通システムにおいて，自動二輪車や自動三輪車が重要な移動手段となっている。これらの車両は毎日100キロ以上の距離を走り，多くの乗客や物資を輸送している。しかし，これらの車両は，時代遅れの技術を使っているため，エネルギー効率が悪く，汚染を引き起こしている。ケニアでは毎年，自動車より2倍も多い台数の自動二輪車が保有台数に加わっており，そのほとんどがタクシーとして使われている。古い技術によってつくられたエンジンが多いのに加えて，排出ガスを抑制する技術を欠いているため，ケニアの自動二輪車は自動車に比べて3倍も多くの粒子状物質を排出している（UNEP 2021：5）。

　アフリカの都市部では，大気汚染によって多くの環境汚染物質が増加傾向に

ある。都市部での大気汚染の主な原因は，輸送，発電，産業，家庭部門における化石燃料の使用である。それに，薪の燃焼，農業廃棄物，家畜排泄物も汚染の悪化を助長している。汚染物質の排出は，生態系の酸性化，水域の富栄養化，地上オゾンや成層圏オゾンの破壊などを引き起こし，直接・間接に人間の健康，生態系，農業，物質などに幅広い影響をおよぼしている。一部の国では，自然由来の森林火災や風による粉塵など，その他の大気汚染源が確認されている。多くのアフリカ諸国では，固形廃棄物の野焼きや農作物の焼却が行われ，大気汚染に拍車をかけている。

（3） ナイジェリアの大気汚染

例えば，ナイジェリアにおける大気汚染の原因は，人口の急増および輸送，産業や家庭向けのエネルギー生産の拡大である。OPECの最新報告書によると，2023年8月現在ナイジェリアは世界では第6位，アフリカではリビアを超えて第1位の石油産出国となっており，一日当たりの原油生産量は約127万バレルに達している（OPEC 2023）。ナイジェリアには4つの国営製油所があるが，長年にわたり稼働しておらず，デルタ地帯では原油の窃盗や闇製油が日常的に行われ，原油を煮詰めて燃料を抽出することによって大気が汚染される。初の民間所有製油所であるアフリカ最大級のダンゴテ製油所は，ラゴス州に建設され，2024年に稼働を開始した。縫製業などの製造業は未発達であり，大気汚染の主な原因は自動車の急激な増加である。ナイジェリアでは1988年と1990年に大気汚染の発生源とプロセスに関する調査が行われた（Schwela 2012）。この調査の報告によると，主要経済部門において，大気汚染物質の排出に関連する約150の発生経路が特定された。ナイジェリアにおける大気汚染物質の年間平均排出量は，主要先進国の排出量に比べれば少ないが，他のアフリカ諸国と同様に，ラゴスや石油生産地域，その他の主要都市の中心部では，さかんな産業活動によって環境汚染が深刻な問題となっている。最大都市であるラゴスは，国全体の約10％の汚染物質を排出している。原油産出の中心地である，ニジェール川河口付近のデルタ地域におけるガスフレアリングやその他の石油・ガス生産活動は，エネルギーの生産と消費による二酸化炭素の排出総量の50％以上を占めている。

ニジェール・デルタにおける窒素酸化物の年平均排出量は0.1～6.0トン／平

方キロメートルであるが，ラゴス州では最大10トン／平方キロメートルだと推定されている。これらの値は，酸性雨の多い米国北部の推定値（0.24〜24トン／平方キロメートル）に近い。ニジェール・デルタ，ラゴス，その他化石燃料を集中的に使用している大都市では，多くの二酸化硫黄と窒素酸化物が大気中に排出され，工業施設に近い区域ではこれらの汚染物質の環境濃度はナイジェリアの連邦環境保護庁（Federal Environmental Protection Agency：FEPA）の規制値を超えている。自然および人為的な酢酸，酪酸，プロピオン酸などの有機酸もまた，酸性雨の発生を助長している（Nriagu et al. 1985）。西アフリカを横切る熱帯収束帯，そして南北の両方向から吹いてくる2つの貿易風の影響により（第1章参照），大気中の汚染物質は北緯4度から22度までの範囲内に吹き溜まり，収束している。その収束のなかの大気循環により，都市部から排出された汚染物質と酸性雨は，遠く離れた農村地域まで広がり，農業の生産性に深刻な影響をおよぼしている。

4　社会的責任の欠如が引き起こす水質汚染

(1)　深刻な水質汚染

　水質汚染とは，水域（地上または地下）に異物が入り込み，その過程で水が人間や生物にとって利用不能になり，その水域の生態系に有害な影響をおよぼすことである。水質汚染の影響は深刻になりやすく，動植物が被害を受け，弱い立場にある人びとや地域社会も被害を受ける。アフリカにおける水質汚染は増加の一途を辿っていて，最大の環境脅威の1つとなっている。清潔で健康的な水にアクセスすることは，基本的人権であり，生きるために不可欠だが，アフリカでは世界的な基準を満たす清潔な水は希少な資源であり，アクセスできている人口の割合はとても低い。図12-2はナイジェリアのナイジャ州で撮った写真であるが，遊牧民の女性たちは小さな沢に流れる限られた水源を生活用水として直接に利用し，同じ場所で皿洗い，洗濯と沐浴をしている。その場所から少し離れる上流部分の水を飲料水として利用する。アフリカでは，農業，鉱業，森林伐採などの人間活動に加え，非効率なインフラストラクチャー，腐敗した政府，法的義務や社会的責任を果たさないまま操業する企業などが，水質汚染の原因となっている。何度か述べてきたように，アフリカの人口は急速に

第12章　アフリカの環境・気候変動

拡大しており，インフラストラクチャーは劣化しつつあることが多く，急増する都市中心部の需要に追いついていない。近隣水域への廃棄物投棄による水質汚染は，地域社会に廃棄物の代替処理手段が備えられていないことの必然的な結果である。アフリカの深刻な水質汚染の例として挙げられるのは，次のようなものである。ケニアでは，ナクル湖やこの国が面する国際湖沼であるビクトリア湖の水は，農業汚染物質，生ごみ，プラスチック，栄養分を多く含む魚の排泄物によって，人間の飲用には適さない汚染水になってしまった。南アフリカのクワズールー・ナタール州では，水質汚染によって，ウンビロ川の水が変色しているばかりでなく，川で生息している動植物の種が失われ，地域の人びとの暮らしと自然生態系が脅かされている（Greenpeace 2023）。

図12-2　沢で皿洗いと洗濯をする遊牧民
出所：ナイジェリア中部ナイジャ州，2009年1月31日筆者撮影。

（2）プラスチック廃棄物による汚染

水質汚染の主な原因の1つはプラスチック廃棄物である。毎年，何千トンものプラスチックごみが北半球からアフリカの国々に運ばれ，そのほとんどが河川や貯水池に廃棄され，水質汚染を引き起こしている。近年，海洋におけるプラスチック廃棄物の不法投棄が激増し，アフリカの海岸も水質汚染に脅かされている。ペットボトルや使い捨てプラスチック製品などが川や水路を経由して海に流れ込んでいるのである。プラスチック汚染による水質汚染は，海洋生物に最も深刻な影響を与える。例えば，海に棲む動物の多くは，プラスチックの微小な細片を餌と間違えて窒息死してしまう。アフリカでは天然資源の採掘も水質汚染をもたらしている。水圧破砕法などの採掘プロセスは，水に大きく依存しており，水質汚染の原因の1つとなっている。化学汚染物質，砂，その他の物質と混合された水は，石油や石炭などを採掘，洗浄するために地下深くの井戸に高圧で圧送される。この排水はタンクなどに貯蔵されるべきだが，施設

から漏れ出し，あるいは未処理のままで周囲に流れ込み，地下水を汚染し，水源が人間の飲用には適さなくなる。汚染された水がさらに岩盤に浸透し，有害な化学反応の連鎖を引き起こし，化学汚染物質を含んだ有害な混合物が周囲の水に放出され，地下水，河川の汚染を引き起こして，さらなる害をもたらす。採掘による水質汚染を防ぐには，資源会社がきちんと社会的責任を果たして，採掘井戸などの施設を密閉し，汚染水をしっかり処理することが求められる。

5 アフリカにおいて特徴的な病害虫，害鳥と雑草

（1） 病害虫，害鳥による被害

かつて「白人の墓場」と呼ばれたアフリカには，いまだに多くの虫害など動物による害や疾病があり，その多くは環境問題に関連している。ツェツェバエはグロッシーナ種の大型の褐色ハエで，トリパノソーマ症の主な媒介者であり，人間には眠り病，動物にはナガナ病を引き起こす。この疾病は感染したハエに刺されることによって感染し，初期には発熱，頭痛，かゆみが起こり，後期には精神が錯乱し，身体各部位の相互の調整ができなくなって円滑に動作ができなくなり，睡眠サイクルが乱れるなどの神経症状が起こり，治療しなければ命にかかわるようになる。ツェツェバエはサハラ以南のアフリカにのみ生息し，主にサバンナの森林地帯にまばらに生息している。アフリカの長い歴史の中で，ツェツェバエの蔓延により，多くの地域では人間と牛などの家畜の移動と居住が厳しく制限されてきた。1960年代半ばまでに眠り病はほとんど消滅したが，各国における政府の監視体制の欠如によって再び発生した。世界保健機関は1986年に，約7,000万人もの人びとが，眠り病が蔓延している可能性のある地域に暮らしていると推定した。また，1998年には未診断の患者を含めて最大50万人が眠り病にかかっていると推計した。しかし，WHOと製薬会社との協力によって，2008年までに患者数は3万から5万人まで減少したとされている（Binns et al. 2011：99）。

アフリカの主要な害虫の1つにバッタがあり，群れをなして飛来する。バッタの襲来を予測するのは難しい。干ばつの後に襲ってくることが多いとされているが，バッタの繁殖期に安定した降雨があれば，群れが発生しやすいと示唆する証拠もある。バッタの大群は，生育中の農作物を大量に破壊する。例えば，

第12章　アフリカの環境・気候変動

　2007年1月に，バッタの大群が一瞬でギニアビサウのカシューナッツを全滅させた。国連食糧農業機関（FAO）は，砂漠バッタ情報サービス（通称バッタウォッチ）を立ち上げ，各地でバッタの大群の発生可能性を早期に警告している。一方，FAOは2004年にアフリカの1,100万ヘクタール以上の土地への農薬空中散布を支援した。しかし，このような化学薬品の使用は，人間にとっても環境にとっても問題が多い。アフリカのサバンナに生息するコウヨウチョウは，アフリカでは非常に深刻な害鳥である。コウヨウチョウは世界で最も生息数の多い野鳥の一種であり，推定15億羽が繁殖している。降雨量が豊富なときに繁殖し，1つの群れが数百万羽になることもある。巨大な群れが5時間も飛び続けるという報告があり，穀物作物と牧草の両方に対するコウヨウチョウの破壊は深刻である。農家はコウヨウチョウを危険な害鳥とみなしているが，その数を減らすための対策はほとんどなされていない。

（2）　対応できない雑草の発生

　雑草の問題はアフリカの食料生産にとって最も深刻な脅威の1つである（Gianessi 2009）。サハラ以南のアフリカで栽培されている農作物の約75％は小規模農家によって生産されている。小規模農家の4分の3は手作業で手鍬をもちいて除草作業を行っているとされ，その負担は大きい（Gianessi and Williams 2011：214）。サハラ以南のアフリカにおいて，作物に害を与える動植物を調査したところ，すべての地域において雑草が最も深刻な影響を与えていることがわかった。広葉雑草とイネ科植物が雑草の大半を占め，スゲ類は少ない。アフリカの熱帯地域では，先進国よりも雑草問題が深刻である。アフリカでは暑さと光強度が高いため，雑草の生育が旺盛で，再生がとても早い。高湿度と高温もまた，雑草の急速で過剰な生育にとって好条件となっている。近年のアフリカでは気候変動の影響であらゆる雑草が増殖の速度を高めているとされており，小規模農家の負担は重くなっていると考えられる。

　雑草に多くの光，水，栄養分，空間を奪われるため，作物の収量は減少する。アフリカでは，雑草によってトウモロコシは55～90％，イネは50～100％，キャッサバは90％，収量が落ちることが報告された。筆者がナイジェリア南部で行っている聞き取り調査でも，多くの農家が雑草の問題に最も悩まされている。雑草による被害は，作物が若いうちが最も深刻であり，最適な収量を達成

図 12-3　手鍬で除草する女性農民
出所：ナイジェリア南部オグン州，2023年8月11日筆者撮影。

するためには，作物を植える前に圃場から雑草を除去し，作物の生育期間中にも雑草を除去する必要がある。雑草による作物への被害は，アフリカについては過小評価されているといってよい。雑草は，バッタによる虫害のように目に入りやすい被害を引き起こさないことが，その経済的な損失の大きさが過小評価される原因となっている。他方で，草取りは農民にとって重労働であり，全労働時間の50～70％を費やしている。草取り労働の90％以上は女性が担っている (Ekeleme et al. 2021)。図12-3に写っているナイジェリア南部の女性農民は手鍬で除草をしている。除草剤の適切な利用はアフリカの雑草の問題を解決するのに有益である。除草剤は一般に植え付け時に必要な労働力を削減し，除草のために労働力を雇うよりも安価である。アフリカの小規模農家の多くはまだ除草剤技術の恩恵に浴していない。雑草がなくならない限り土壌に肥料を与えても，主に雑草だけが増え，作物の十分な増産につながらない。そのため農家は肥料より除草剤を必要とする場合がある。有機農業が推奨されている現在においては，特に先進国において，除草剤の導入については否定的な見方が強い。しかし，アフリカでは有効な除草剤が使用できないとすると，気候変動のために，急速に増殖する雑草による食料生産への被害は甚大になると予想されている。たとえ肥料や改良種子のような投入財が利用可能であっても，手鍬を用いて行う手作業が除草の主な方法である限り，アフリカの農業生産は自給自足レベルにとどまるだろうという見解がある (IFAD 1998)。

6　気候変動の影響に対するアフリカの脆弱性

（1）　降雨の変化と気候変動の発生

降雨の量と時期はアフリカ大陸全域において極めて重要な環境条件である。アフリカの降雨量はかなりのばらつきがあり，特に砂漠，半砂漠，サバンナ地

帯では顕著である。例えば，西アフリカのサヘル諸国では，1968年から1989年の間は，年間降雨量がすべてそれ以前の平均を下回っていた。20世紀初頭も比較的乾燥した時期であり，最初の21年間のうちにそれまでの平均を上回ったのは1906年と1909年の2年だけであった。これまでのアフリカの多くの地域で，比較的に潤った期間と比較的に乾燥した期間が繰り返し訪れたようである (Binns 1994)。

　近年，気候変動の実際の発生とその影響は広く認識されるようになった。以下，気候変動の周知に大きな役割を果たしてきた「気候変動に関する政府間パネル (Intergovernmental Panel on Climate Change：IPCC)」の報告書の内容を簡単にたどってみよう。IPCCが1990年に発表した第1次評価報告書 (IPCC 1992) では，温室効果ガスの排出による地球温暖化について懸念が示されている。1995年に発表された第2次評価報告書 (IPCC 1995) では，温室効果ガスの排出量が増加の一途をたどっている証拠が明らかにされ，1997年の京都議定書の署名につながった。2001年に公開された第3次評価報告書 (IPCC 2001) では，人間の活動による気候変動への影響がさらに強調され，途上国の開発にとって深刻な脅威であることも示唆された。そして，気候変動のインパクトを緩和するための慎重な適応策が必要であることが強調された。

(2) アフリカにおける気候変動の影響

　2007年の第4次評価報告書 (IPCC 2007) は，かなり詳しくアフリカでの気候変動の影響について言及している。まず，世界全体について，暴風雨の発生，氷河の融解など様々な指標を示し，気候変動が進行していることを明確に証明し，21世紀末までに世界の平均気温が約3℃も上がり，海面が59センチメートルも上昇すると予測した。先進国が大気汚染の原因を主に生み出しているにもかかわらず，その影響を最も受けやすいのは途上国，特にアフリカの国々であるという懸念も表明されている。一方で同報告書では，厳しい自然条件の下で暮らしているアフリカの人びとが持つ在来の知識の重要性への認識が示された。同時に，高いリスクを抱える集団や世帯の脆弱性を軽減し，気候変動に伴う問題への適応力を強化するためには，あらゆるレベルで対応戦略を策定する必要があることが指摘された。気温と降雨パターンの変化によって，北アフリカ諸国では水不足が増大し，ナイル・デルタや東アフリカと西アフリカの沿岸部で

は洪水が多発する可能性があると予測された。そして，乾燥地と半乾燥地の面積増大とトウモロコシの生産減少などが推測された。マラリアなどの感染症はこれまでなかった地域にまで広がり，人びとの平均寿命や死亡率に悪影響をおよぼした。また，アフリカの都市人口の多くは，エジプトのナイル・デルタ地帯や西アフリカの沿岸部に暮らしている。西アフリカの沿岸部では，ガーナの首都アクラからナイジェリアのニジェール・デルタまで，約800キロメートルの海岸沿いに複数の巨大都市が並んでいて，そこに5,000万人もが居住している。そのなかには，上下水道，ごみ収集などのインフラストラクチャーや社会サービスが欠如している未整備な居住地に住む人びとが多数含まれている。海面上昇，高潮，洪水の発生に伴って，これらの居住地の都市住民が深刻な影響を受けると考えられている。

　2014年に公開されたIPCCの第5次評価報告書（IPCC 2014）は，地球温暖化に対する懐疑論は合理性がなく，その上気温上昇の主な原因は人間活動である可能性が極めて高いことを主張した。アフリカについて大陸全体の気温が過去の50〜100年の間に上昇し，地表の気温は過去の100年間ですでに0.5℃から2℃上昇したことについて説得力のある証拠を示し，また温暖化の傾向は今後も続く可能性が高いと懸念を表明した。アフリカ大陸の降雨量について，データがあるところでは，降雨パターンが変化していることが見られた。西アフリカの一部の地域では，年平均降水量の減少が著しく，1951年から2010年までの10年ずつで，年平均降水量が約25〜50ミリメートルずつ減少していることが観測された。それに対して，アフリカの南部および東部の一部の地域では，年平均降水量が10年ごとに5〜50ミリメートルずつ増加している傾向が指摘された。

（3）　気候変動の影響に対する緩和策と適応策

　2022年に公開された第6次評価報告書の第2部は（IPCC 2022），気候変動の影響・適応・脆弱性に焦点を当てた。IPCCは，気候変動に対処できる人間や自然システムの処理能力がすでに限界に達していると指摘し，温室効果ガスの排出を削減するための強力な対策がとられたとしても，今後20年間に渡って気候変動による災害が多発すると警告した。世界人口の45％以上（35億人以上）が，気候変動に対して非常に脆弱な地域に住んでいるため，地球温暖化がさらに進めば，適応はさらに困難になる。アフリカは脆弱なホットスポットの1つ

第12章　アフリカの環境・気候変動

であり，洪水，海面上昇，熱波，水害などの気候災害が非常に高いリスクをもたらしかねない。報告書によれば，気候変動は世界中で，海洋，淡水，陸域の生態系，水と食料の安全保障，居住とインフラストラクチャー，健康と福祉，経済と文化にますます影響をおよぼしている。また，同報告書では初めて，気候変動が健康におよぼす影響について評価した。気候変動の影響を受けやすい食品媒介性，水媒介性，また寄生虫や病原菌による媒介性の疾病のリスクが，あらゆる温暖化レベルにおいて増加することを予想した。サハラ以南のアフリカは特に影響を受け，マラリアやデング熱などの昆虫による媒介性の疾病，水媒介性の疾病の発生率が増加すると推測されている。また，アフリカでは，洪水や干ばつに関連した深刻な食料不足と栄養不良が増加している。気候変動の影響が増大する中，世界は緩和策（温室効果ガスの排出を減らす，もしくは吸収することを目指す対策）と適応策（顕在化している気候変動による被害を回避，もしくは軽減させる対策）の両方をこれまで以上に緊急に，また大きな規模で必要としている。気候変動への適応は可能であるが，限界がある。とりわけアフリカの農村人口の大部分を占める小規模農家については，一部の地域ですでに気候変動の影響への適応が限界に達している可能性がある。その結果，人びとの資産や生活が大きな損失を被っている。さらには，地球の気温が工業化以前の水準から1.5℃上昇すれば，アフリカでは適応の選択肢は大幅に減少し，脆弱な国々では開発が不可能になることが指摘されている。

　IPCCの一連の報告書は，早期警報システムの導入，飲料水へのアクセス改善，保健システムの強化など，適応のための多くの選択肢を挙げた。また，アグロフォレストリー（植林と農業または畜産を組み合わせた複合的な土地利用），自然林の保全・回復，多様な樹種の植林などを通じて，自然の適応力を活用することも推奨した。さらに，雨水貯留やその他の節水技術を導入することで，農業開発による地下水の枯渇を予防することができる。一方，ストレスに強い作物や家畜を導入し，コミュニティベースの適応策を推進し，地元や先住民の知識体系を尊重することで，食料安全保障を強化することができる。これらの解決策は，人びとが，栄養，健康，そして精神的・社会的な満足度を，他の人びととともに高めることにつながる。都市では，公園や緑の回廊の設置，都市農業の利用，社会的セーフティネットの拡充などは災害管理に役立つ。しかし，気候変動の適応からさらなる便益を得るためには，貧弱な政府・自治体による

規制や管理，気候に関する知識，資金へのアクセスなどの制約を克服する必要がある（CDKN, 2014）。現在，気候変動対策のための世界的な資金の供給は不十分であるうえに，そのほとんどが排出削減を対象としており，適応に充てられる割合はわずかである。気候の影響が悪化すれば，経済成長は鈍化し，その結果，アフリカのような脆弱な地域が利用できる資金も減少する。

7　アフリカの環境問題の対策と展望

（1）　人びとの適応対策

アフリカの環境問題の焦点は適応のための対策とその有効性の問題であり，特に，気候変動が人びとや環境，経済に与える影響をよいものに変えるために，貧しい国々と人びとが気候変動の影響にどのように適応していくかということである。

アフリカにおける気候変動適応（Climate Change of Adaptation in Africa：CCAA）の研究・能力開発プログラムは，5つの適応策を提案している（IDRC 2007：9）。本章の問題意識にも参考になるので，以下で紹介する。

①まずは，地域によっては作物の生育可能期間が短くなるため，干ばつに強い作物品種や生育サイクルの短い作物品種を選択することである。
②次に，新しい住宅地が氾濫原を犠牲にして開発されないように都市の成長を計画・規制することである。
③そして，気候変動が遊牧民の移動に影響を与える場合，飼料資源の保全や，農耕民と遊牧民の間における競合の激化に対処するための紛争解決策などの戦略を策定することである。
④本章ではあまり触れることができなかったが，気候変動，乱獲，その他の環境要因によって引き起こされる海洋生態系の変化に適応するための漁業慣行を守ることも重要である。
⑤最後に，気温の上昇によりマラリアがいっそう蔓延している地域の住民を守るために，保健インフラストラクチャーや予防の方法を調整することである。

アフリカは急速に変化しており，2000年代から2010年代にかけては，世界で最も急速に経済成長しているいくつかの国がアフリカにあらわれた。しかし，アフリカの成長の基盤は脆弱である。その一因は，開発成果が気候変動の影響を受けやすい分野に集中していることにある。経済的に，アフリカの多くの人びとは農業，牧畜や漁業などの第一次産業に依存しており，これらの分野は気温上昇，海面上昇，不規則な降雨の影響を強く受けている。すなわち，アフリカの人口動態と経済動向も，気候変動の強い影響を受ける。具体的には，例えば，人口の増加は水と食糧の需要を増大させるが，干ばつが長引けば，もともと乏しい水資源にさらなる圧力がかかり，作物の収穫量は減少する。アフリカはすでに食料生産に対して繰り返し生ずる多様なリスクに苦しんでいる。

（2）　短期的な対策と長期的な対策

　気候変動のリスクに対処するためには，短期的アプローチと長期的アプローチの両方が求められている。短期的には，気候変動への適応と災害リスクの軽減を統合することで，人間の安全保障と経済発展に対するショックに耐えられるようにすることである。長期的には，政府，企業，地域社会は，従来経験してきたような気候の影響だけでなく，より強烈な気候の影響や極端な事象に備える必要がある。その対策には，適切な住宅，インフラストラクチャーや社会サービスの提供，都市計画などが含まれる。気候変動の影響は経済部門にとどまらない。開発計画や地域固有の適応戦略の構想が不十分であれば，社会の他の部門や生態系の回復力を低下させる可能性がある。沿岸地帯における急速な都市化のような開発経路によっては，将来の気候変動に対する特定の集団の脆弱性を高める可能性がある。これは，経済のあり方が急激に変化し，社会の人口動態が大きく変動しているアフリカにとって，特に重要な課題である。

　2023年9月にナイロビで開催された第1回アフリカ気候サミットでは，気候変動によってもたらされる危機にあたっては，援助よりは投資が必要であることが強調され，主要汚染者である先進諸国と国際金融機関からより多くの資源を投入して貧困国を支援し，アフリカ向けの融資を無理のない金利で借り入れられる容易なものにするよう強く訴えられた。アフリカの環境問題や気候変動対策に資金を提供する財源として，先進国を中心とする国際社会により，金融取引税や炭素税等などのグローバル・タックス（国際的な共通の税制度）が創設

されることが期待される。

参考文献

若月利之 1997.「西アフリカにおける地球環境問題と持続的農業の展望」広瀬昌平・若月利之編『西アフリカ・サバナの生態環境の修復と農村の再生』農林統計協会.

若月利之 2023. *Sawah Technology home page.* http://www.kinki-ecotech.jp/（2023年9月13日確認）

Aubréville, André 1949. *Climats, forêts et désertification de l'Afrique tropicale.* Paris: Société d'Editions Géographiques, Maritimes et Coloniales.

Binns, Tony 1990. "Is desertification a myth?" *Geography* 75(2)：106-113.

Binns, Tony 1994. *Tropical Africa.* London: Routledge.

Binns, Tony, Etienne Nel and Alan Dixon 2011. *Africa: Diversity and Development.* London: Routledge, 61-102.

Binns, Tony, Kenneth Lynch and Etienne Nel eds. 2018. *The Routledge Handbook of African Development.* Oxon: Routledge.

Climate and Development Knowledge Network (CDKN) 2014. *The IPCC's Fifth Assessment Report: What's in it for Africa?* London: Overseas Development Institute/Climate and Development Knowledge Network.

Ekeleme, Friday, Alfred Dixon, Godwin Atser, Stefan Hauser, David Chikoye, Sam Korie, Adeyemi Olojede, Mary Agada and Patience M. Olorunmaiye 2021. "Increasing cassava root yield on farmers' fields in Nigeria through appropriate weed management." *Crop Protection* 150.

Fisher, Samantha, David C. Bellinger, Maureen L. Cropper, Pushpam Kumar, Agnes Binagwaho, Juliette Biao Koudenoukpo, Yongjoon Park, Gabriella Taghian and Philip J Landrigan 2021. "Air pollution and development in Africa: impacts on health, the economy, and human capital." *Lancet Planet Health* 5(10)：e681-e688.

Gianessi, Leonard 2009. *Solving Africa's Weed Problem: Increasing Crop Production and Improving the Lives of Women.* Washington D.C.: Crop Protection Research Institute.

Gianessi, Leonard and Ashley Williams 2011. "Overlooking the obvious: The opportunity for herbicides in Africa." *Outlooks on Pest management* 22(5)：211-215.

Greenpeace 2023. http://www.greenpeace.org/africa/en/（2023年9月13日確認）

International Development Research Centre (IDRC) 2007. *Adaptation: Climate Change Adaptation in Africa (CCAA) Research and Capacity Development Program; program strategy overview.* Ottawa: IDRC.

International Fund for Agricultural Development (IFAD) 1998. *Agricultural Implements Used by Women Farmers in Africa*. Rome: IFAD.

Intergovernmental Panel on Climate Change (IPCC) 1992. *Climate Change: The IPCC 1990 and 1992 Assessments*. Geneva: IPCC.

Intergovernmental Panel on Climate Change (IPCC) 1995. *Climate Change 1995: IPCC Second Assessment Report*. Geneva: IPCC.

Intergovernmental Panel on Climate Change (IPCC) 2001. *Climate Change 2001: Synthesis Report. A Contribution of Working Groups I, II, and III to the Third Assessment Report of the Intergovernmental Panel on Climate Change*. Cambridge: Cambridge University Press.

Intergovernmental Panel on Climate Change (IPCC) 2007. *Climate Change 2007: Impacts, Adaptation and Vulnerability, Contribution of Working Groups II to the Fourth Assessment Report of the Intergovernmental Panel on Climate Change*. Cambridge: Cambridge University Press.

Intergovernmental Panel on Climate Change (IPCC) 2014. *Climate Change 2014: Synthesis Report. Contribution of Working Groups I, II and III to the Fifth Assessment Report of the Intergovernmental Panel on Climate Change*. Geneva: IPCC.

Intergovernmental Panel on Climate Change (IPCC) 2019. *Climate Change and Land: an IPCC special report on climate change, desertification, land degradation, sustainable land management, food security, and greenhouse gas fluxes in terrestrial ecosystems*. https://www.ipcc.ch/srccl/ （2023年11月30日確認）

Intergovernmental Panel on Climate Change (IPCC) 2022. *Climate Change 2022: Impacts, Adaptation and Vulnerability, Contribution of Working Group II to the Sixth Assessment Report of the Intergovernmental Panel on Climate Change*. Cambridge: Cambridge University Press.

Mortimore, Michael and William M. Adams 1999. *Working the Sahel: Environment and Society in Northern Nigeria*. London: Routledge.

Nelson, Ridley 1988. "Dryland Management: The "Desertification" Problem." *Environment Department Working Paper No. 8*. Washinton D.C: World Bank.

Nriagu, Jerome, Moses Essien, Edidiong Udo and Sanuel Ajayi 1985. *Environmental impact assessments of the iron and steel industries in Ajaokuta and Aladja*. Ibadan: The University of Ibadan Consultancy Services.

Organization of the Petroleum Exporting Countries (OPEC) 2023. *OPEC Monthly Oil Market Report – September 2023*. Vienna: OPEC.

Reij, Chris 2007. "Unrecognised success stories in Africa's drylands: a spectacular case of regeneration in Niger." *Haramata* 52：14-15.

Reij, Chris and Robert Winterbottom 2015. *Scaling Up Regreening: Six Steps to Success, A Practical Approach to Forest and Landscape Restoration*. Washinton D.C: World Resources Institute.

Schwela, Dieter 2012. *Review of Urban Air Quality in Sub-Saharan Africa Region: Air Quality Profile of SSA Countries*. Washinton D.C: World Bank.

Stebbing, Edward Percy 1938. "The man-made desert in Africa: erosion and drought." *Africa Affairs* 37(146)：144-181.

Stickler, Mercedes 2019. "Rights to trees and livelihoods in Niger." *Gates Open Research* 3：304. https://doi.org/10.21955/gatesopenres.1115355.1（2023年11月30日確認）

United Nations Conference on Desertification (UNCOD) 1978. *Round-up, Plan of Action and Resolution*. New York: United Nations. https://www.ciesin.columbia.edu/docs/002-478/002-478.html（2023年9月14日確認）

United Nations Environment Programme (UNEP) 2020. *Used Vehicles and the Environment, A Global Overview of Used Light Duty Vehicles: Flow, Scale, and Regulation*. Nairobi: UNEP.

United Nations Environment Programme (UNEP) 2021. *Supporting the Global Shift to Electric Mobility*. Nairobi: UNEP. https://sustmob.org/EMOB/pdf/ElectricMobility_Brochure_Final.pdf（2023年12月1日確認）

Warren, Andrew and Batterbury, Simon. 2004. "Desertification." in *Encyclopedia of International Development*. ed. Forsyth, Tim. London: Routledge, 148-150.

（傅　凱儀）

Column ⑬

雇用を創るごみ

　アフリカ諸国のごみ収集率は2018年に世界銀行によって44％と報告され，焼却やリサイクルなどの処理や埋め立て処分も含めた廃棄物管理には課題が残っている。他方，多くの若者には安定した仕事がなく，生活の不安材料となっている。こうした状況において，管理されないごみによる環境への悪影響を軽減し，同時に雇用創出や経済発展を促進することを目標として，リサイクルに関する取り組みが進められている。

　西アフリカに位置するベナンも例外ではない。2016年から続くタロン政権の下，経済首都コトヌーでは，収集された有機ごみをバイオガス化，堆肥化，あるいは炭化し，プラスチック類を学校や道路建設に用いるレンガおよび舗石の製造に活用する計画が打ち出されている。また，同政権が2018年に国営企業を設立する以前は，NGOがごみ収集をもっぱら担っていた。NGOは地域に密着した開発のアクターと自称しているが，無職だった人びとによる自営業の側面も持つ。

　NGO Tout Autour de Nous は，同国の中規模都市であるジュグー市でごみ収集を担うNGOの1つである。2020年4月から運営されてきた背景には，代表の青年が，彼自身や学校の友人の雇用創出を目的の1つとしてきたことがあげられる。しかし，現行のごみ収集だけでは運営は難しい。稼ぎの少なさと「ごみ屋」の社会的地位の低さが相まって，結婚相手探しも簡単にいかないという。それでもへこたれずに，ごみを用いた堆肥化に挑んでいる。堆肥を販売用野菜の栽培に使用することでNGOの収入源とし，より多くの友人らを雇用したいとの想いを語る。

　若者の失業が課題であるベナンにおいて，廃棄物管理は雇用創出の手段の1つとなっている一方で，ごみに関わる仕事は当事者の私生活に影を落としうる。ごみをビジネスチャンスと捉える姿勢は，収集から廃棄（自然環境への投棄や埋め立て処分）への一方向の流れではなく，環境の再生につながる循環的な活動が展開される重要な素地であり，それをいっそう生かしていくことが必要ではないかと思う。そして，ごみに関わる仕事の社会的な価値が再認識され，携わる人びとにもより敬意が払われるようになることが望まれる。

（平尾莉夏）

終　章
アフリカ経済開発の課題と展望
―― 人びとのためのフロンティアに向けて ――

1　アフリカの課題と展望を考えるとは

　本書の最後で考えておきたいのは，アフリカの開発，すなわち人びとの生き方を豊かにするための努力には，どのような将来を想定することができるか，ということである。そして，アフリカの開発は，世界にとってどのような意味を持ち，影響を与えるだろうか，ということである。もちろん，わたしたちが何かたしかなことをいえるのは，実際に起こったことについてであって，将来についてこれが絶対に正しいといえることは何もない。そこで，この章では，より人びとの生き方を豊かにするうえで乗り越えていかなければならない課題，その中でもとりわけ過去から引き継ぎながら解決されていない課題に注目する。そして，その課題を乗り越えるためにどのような主体がどのような行動を起こせるか，起こすべきかを考えていこう。

　第12章まで，アフリカの過去から現在までの経済と開発のあり方を見てきた。第3章で指摘したように，アフリカ経済は1980年代からの長い停滞ののちに，21世紀になって比較的高度の成長を経た。そして，第10章で述べたように，21世紀になって以降，人びとの教育や健康の状況にも一定の改善が見られたのである。

　また，1990年代初頭以降アフリカの国々の政治は，大きな変動を経験してきた。そのうちの重要なものは複数政党制への移行であり，紛争の頻発である。第3章や第11章で見たように，複数政党制への移行の動きが多数の国に広がった後，いくつかの国では，この制度が平和的に定着していった。また1990年代にアフリカの様々な地域で起こった大規模あるいは惨烈な紛争のいくつかも沈静化していった。したがって，アフリカ全体が常に圧政や紛争に苦しんでいるというのは誤りである。

むしろ，冷戦終焉以降の30年余りの歴史のなかで，アフリカが私たちに示したのは，不変だと見えるものも，その多くは変わり得る，という事実である。もちろん状況が改善する場合ばかりではないが，目の前の状況が，障害が山積しているために動かしがたいものに見えたとしても，変化し得ないとはだれにも言えない。だからこそ，アフリカの人びとの生きかたを豊かなものとするための課題をあきらかにし，その課題を乗り越えるための努力のありようを考え，その努力を方向づけるための展望を持つことが重要となる。

　序章や第1章でも述べたように，アフリカ大陸には大きな多様性がある。人口と面積，55（ないし54）におよぶ国，自然条件，南北に連なる気候帯，言語，民族，宗教，そして独立の過程やその後の経験において，アフリカのそれぞれの社会は様々である。したがって，経済や政治の面でも様々な未来がアフリカの人びととわたしたちを待っていると想定することが適切であろう。以下で述べることは，筆者の考えでアフリカの最大公約数の像と思われることに過ぎない。したがって，その最大公約数は，個別の国や地域の困難な状況を解決することに直ちに役立つものではない。むしろ，読者の皆さんが，以下で論じることを参照して，それが個々の状況にどれほど適合し，個々の状況からどれほどずれており，そのずれが何故起こるのかを検討することで，各読者なりのアフリカの具体的な理解を深めることに役立てばありがたいと思う。

　以下では過去から今日まで引き継がれてきた4つの主な課題について挙げる。そして，アフリカ諸国の政府の側がそのことにどう取り組もうとしているかについて見て，最後に編者の考えを簡単に述べ，読者の皆さんが自分なりの思索を進めていくための材料とすることとしたい。その4つの課題は，①ジェンダー，②早すぎる脱工業化，③人口，土地および環境，そして④国内の分断と対立の問題である。よく記憶をしてくださっている読者は，①は第3章や第5章で，また残りの②，③，④は第3章で触れ，あるいは②は第4章，第7章でも言及していることを理解しておられるだろう。

2　アフリカの課題

（1）　アフリカにおけるジェンダー不平等の複合性

　ジェンダーの問題は，アフリカばかりではなく，どのような社会でもそれぞ

れのかたちで存在する重要な問題である。紙幅の関係で本書では特にひとつの章を割り当てて論ずることはできなかったが、その重要さのゆえにこの終章で、経済開発の観点から論じておこう。

近年，アフリカにおける男女間の格差が，日本で話題になることが多くなっている。その議論でよくいわれるのは，日本はジェンダーの不平等が世界でもはなはだしく，アフリカ諸国のいくつかよりもはるかに深刻だということである。果たしてこれは適切な見方だろうか。

日本において，読者が日々経験している男女間の不平等については，たしかに理不尽で放置しがたいもので，早急な解決を図っていかなければならない。しかし，そこでより優れた反例としてアフリカ諸国を引き合いに出すことは果たして適切なのだろうか。こうしたアフリカのジェンダー平等を称賛する議論が根拠とするのは，世界経済フォーラム（WEF）が毎年発表している「ジェンダー・ギャップ指数（Global Gap Index：GGI）」である。例えば，2023年のWEFのGGIによれば，日本が世界の146カ国のうち125位なのに対して，アフリカ諸国は，8位にナミビア，12位にルワンダ，20位に南アフリカ，25位にモザンビーク，35位にブルンジなどが並んでいる（WEF 2023）。たしかに，これだけを見ればアフリカの国々はジェンダー平等の面でかなり進んでいるように見える。

他方で，国連開発計画（UNDP）が毎年推計している「ジェンダー不平等指数（Gender Inequality Index：GII）」は，かなり異なる状況を示している。2022年のデータに基づくUNDPのGIIによると，日本は世界の193カ国のうち24位である。これに対して，アフリカのナミビアは112位，ルワンダは98位，南アフリカは99位，モザンビークは118位，ブルンジは128位となっている（UNDP 2024）。

何故同じ国について，WEFのGGIとUNDPのGIIにこのような違いが生じているのか。それは以下に見るような，指標の計算に用いるデータ要素の種類の違いによる。WEFのGGIは14種類（経済：5，教育：4，健康：2，政治：3）のデータによっているが，例えば経済のデータ要素は労働市場への参加率，同一労働における賃金の格差，所得，経営職への昇進，専門職への昇進からなっている。また政治の要素は，国会議員に占める女性の比率，大臣に占める女性の比率，政権担当者（大統領ないし首相）の在任期間についての女性と男性

の比率である。ここで重視されている経営職・専門職，さらに国政における国会議員・大臣・政権担当者への就任は，端的にいってエリートの社会における男女平等に関わっている。他方で世帯内での女性の健康をめぐる権力関係などは十分に考慮されていない。それは，日本のように都市化が進み，健康面での平等化，女性の社会への進出も進みながら，企業の経営などの指導的な仕事や政治とりわけ国政において女性の活躍が著しく抑圧されてきた「先進国」としての問題性を浮かび上がらせるのに適した指標だといえる。なお，こうした面ですべてのアフリカの国々がWEFのGGIで優れた実績を示しているわけではない。日本よりも順位の低いアフリカの国は8カ国あり（北アフリカを含む），そのうちチャドは最下位より1つ上の145位である（最下位はアフガニスタンである）。

　他方，UNDPのGIIは，妊産婦死亡率，10歳から19歳の若年層の母による出生率，中等教育修了者の比率，国会議員の比率，労働市場の参加率の5つをデータ要素として計算するものである。国会議員の比率はWEFのGGIの場合と同様に，エリート社会における女性の地位を示すものだが，他の比率は，より日常生活における男女間の平等・不平等を測るのに適した数値だといってよい。妊産婦死亡率は女性がしばしば生命の危険を冒すことになる妊娠・出産がきちんとした医療的保護の下で行われているかを示し，また若年層の出生率は子どもたちが学校から引き離されるなどのかたちでの早すぎる妊娠がどれだけ抑えられているかを示している。また，中等教育の修了者の比率は，初等教育の男女の修了率がともに向上してきた中，サハラ以南のアフリカや開発途上国一般における男女の教育水準の違いを測るのには適したデータだと考えられる。つまり，UNDPのGIIはよりアフリカの普通の人びととの暮らしのなかにある不平等に重点を置いた指標だといえるだろう。このGIIで見ると，サハラ以南のアフリカは，地域としてジェンダー間の不平等に関する指標がいちばん高く深刻である。また世界193カ国のなかで100位のうちに入っている国は，カーボベルデ（75位），モーリシャス（87位），エジプト（93位），ルワンダ（98位），南アフリカ（99位）の5カ国に過ぎず，他の大半の国は100位以下となっている。

　WEFのGGIにしても，UNDPのGIIにしてもそれぞれの国の集計的な数値をデータとして指標化したものに過ぎず，それぞれの地域や集団において

終　章　アフリカ経済開発の課題と展望

ジェンダーを取り巻く複雑で多様な状況を捨象していることは否めない。そのことを断ったうえで，GGI と GII の両者の間の違いから，経済開発について何がいえるか，考えてみよう。わたしたちがアフリカの国々を訪れ，例えば中央政府の職員や大学教員などのエリートの人びとと会話をすると，堂々と自らの考えを主張し，仕事でも自ら指揮をして同僚を動かすような女性の姿に接することが多い。大学のキャンパスにおいても意外に多くの女性の学生を見かけるし，講義などでも女性が物怖じせずに発言をしている。他方で，都会のインフォーマルなものづくりの現場においては，きわめて厳格な性別分業がある。性別分業はそれ自体が即格差とはいえないが，女性および男性の生きかたの選択の幅を狭め，特に女性の収入や雇用の機会を乏しくしている場合が多い。このことは，同一労働における賃金格差とは別の問題である。農家を訪れると，わたしたちのような外来者に対応し，自らが世帯の差配者であることを顕示しようとするのはきまって男性である。また，農家の男性たちがわたしたちの前で雄弁であるのは，英語（ないし旧宗主国の言語）の能力がより高いことに関係しているが，そのこと自体が，男性がより高い教育を受け，例えば賃金や商品作物の収入でも優位に立ち，より大きな決定権を持っていることをしばしば意味している。

　おそらく UNDP の GII に示されるような普通の人びとの間の不平等があるにもかかわらず，GGI に示されるエリートの社会における平等をある程度達成しているナミビア，ルワンダなどの国々はそこでの努力を評価されるべきなのだろう。しかし，逆にそれらの国においても普通の人びとである男女間の不平等が相対的に深刻であることは，普通の人びととエリートとの間の断絶が深刻であることを意味しているだろう。つまり2つのジェンダー不平等指標のずれを生み出しているのは男女間と階層間の二重の格差なのである。この複雑な断絶を乗り越えるためには，階層間の再分配による格差の是正とともに，特に普通の人びとの間での男女の格差を縮めていく努力が必要である。その努力の過程では，教育の機会を特に女性に対して一層広げていくことが求められるだろう。

　どの社会においてもおよそ半数を占める女性が教育および社会的・経済的な参加から遠ざけられていること，女性という理由だけで様々な権利を持てないでいることは，彼女たちの生きかたが豊かになっていく可能性が抑圧されてい

ることに他ならない。それだけでなく，それは半数の人びとに機会や権利を与えず，経済全体の潜在性の発揮を妨げることであり，はなはだしい非効率を招いていることが認識されなければならない。

（2） 早すぎる脱工業化

　上のように，アフリカは高い成長も生じ得る大陸ではあるけれども，21世紀の初頭からの高い成長は主に，新興諸国経済の高度成長による鉱物資源や一次産品への需要に牽引されたものだったことは既に述べた通りである。むしろ高い成長の陰では，製造業の停滞が生じており，また全労働者のうちの大半を占めるインフォーマル部門が拡大している状況がある。企業は，比較的大きいものと，そのほとんどが小規模零細であるインフォーマルなものとに分極化し，その間にあるべき中規模企業は，輸入工業品と競合して勢いをそがれている。この「中間の欠如」と呼ばれる状況は広範なアフリカの国々で共通にみられ，各国において重化学工業が成長するよりはるか前の段階で製造業の比率が低下し始める「早すぎる脱工業化」の状況をもたらす主因となっていると考えられる（第3章，第4章参照）。そして，都市と農村との間の格差と連動して，アフリカの経済を相当に不平等な状況にしていると推測される。

　教育や保健の状況に改善がみられるとはいえ，地域としてのアフリカには未だに極度の貧困や飢餓に瀕する人びとが，最も多く存在している。21世紀初頭からの高い成長は，決してアフリカの極度の貧困人口を絶対的に減らすことにはつながらなかった。先進国や東アジア諸国での経験を，あえて単純化して述べれば，これらの国では工業化＝製造業部門の相対的・絶対的拡大による賃金の上昇と雇用の増加が，農村から労働力を引き寄せた。それと並行して農村の市場向けの食料の生産性を向上させ，生産自体を拡大させて，都市の労働力の食料需要をまかない，またさらなる都市への労働力の送り出しを可能にした。

　しかし，アフリカの製造業が思ったように生産と雇用を拡大できないことは，農村において生産性の向上を図るインセンティブが殺がれていることを意味しているだろう。たしかにインフォーマルな雇用の拡大と連動してアフリカの都市，特にスラムなど低所得居住地域には人びとの流入がみられるけれども，それは製造業の賃金の伸びによるというよりも，一般的には農村での生活の難しさによる面が大きいだろう。そして，都市で膨張する食料や日用品への需要は，

終　章　アフリカ経済開発の課題と展望

21世紀に潤沢となった鉱物資源・一次産品の輸出収入，さらに対外債務，そして援助資金などで可能となった輸入の拡大によって満たされた。このことは，各国国内の中規模製造業や食料生産にとっては打撃となった。第4章において，アフリカにおける困難な状況を踏まえたうえでの政府の産業政策について論じたが，最終的にこうした「早すぎる脱工業化」を乗り越えていくためには，アフリカの国内産業が日々の工夫・革新を積み重ねて競争性を高めていくことが重要であろう。競争性の向上には，技術や市場の状況に関する知識を産業の担い手たちが身につけていくことが鍵となる。その根底になければならないのは，やはり様々な才能を持った子どもたちにあまねく質の高い初等・中等教育を施していくことであろう。

（3）　アフリカにおける土地と環境

　アフリカの今後の開発の展望を他の地域よりも複雑なものとしているのは，既に第3章でも触れたような，他に類例を見ない急速な人口増加である。国連の統計によれば，1960年にサハラ以南のアフリカの人口は約2.2億人（アフリカ全体の人口は約2.8億人）だったものが2021年には約11.2億人（アフリカ全体は約13.8億人）となり，61年間にサハラ以南のアフリカの人口は約5.1倍（アフリカ全体では約4.9倍）となっている。この間に，サハラ以南のアフリカの人口が世界全体に占める比率は約7.3％から約14.2％となった（アフリカ全体では，約9.3％から約17.5％となっている）（UNDESAPD 2022）。

　この人口増加の急速な勢いは，今後に向けても容易には衰えないと考えられている。その根拠は，第3章で見たように，アフリカの人口の半分が若い人口で占められているという事実である。現在子ども・若者である人びとが多いということは，近い将来に人の親となるだろう人口が多いということを意味する。そして，このことが何世代か繰り返されていくと，たとえ世帯当たりの子どもの数が減っていったとしても，人口増加の勢いは長く続くと考えられるのである。

　国連の予測では，2100年にサハラ以南のアフリカの人口は約34.5億人（アフリカ全体の人口は約39.2億人）になり，世界全体の人口の約33.3％（アフリカ全体は37.8％）になるとされている（UNDESAPD 2022）。この予測がおおよそ正しいとすれば，2100年には人類の3人に1人以上がアフリカ人になる。

日本をはじめ世界でアフリカの将来に期待が集まるのは，まずもって，巨大化するアフリカの人口が，市場となって多くのビジネスの機会をもたらすことを想定してのことだろう。しかし，アフリカが全体としてそうした期待に応える大陸となり得るのかどうかは決して定かなことではない。

　21世紀にわたって築かれていかなければならないのは，援助資金や持続可能でない対外債務に依存せず，自らの増加していく人口を養い，さらには豊かにしていくことのできるアフリカであろう。おそらく，3分の1のアフリカの人口を残りの3分の2の人口が，援助などで養い続けることは不可能である。たとえ一時的に可能だったとしてもそれはおそらく政治的，社会的に持続可能ではない。

　むしろ，アフリカ経済が巨大となる人口を積極的に活かして，資源・一次産品以外の輸出による外貨稼得能力を強め，資源・一次産品の内部での加工度を高め，また自国外での投融資を行い，さらには出稼ぎによる送金も拡大して，自らを養い，同時に世界の経済に貢献する力を強めていくことが求められる。

　望ましい経済全体の開発のあり方は，広い範囲の人びとが農地の耕作，工場やサービスの現場での就労などを通じて，アフリカの経済力の強まりの過程に参加していくことである。しかし，実際には，こうしたことは実現できていない。アフリカの農業の多くは，増え続ける人口を労働力として農地に受け入れ，その労働から彼ら・彼女らの生活を支える実りがうまれるようには，生産のあり方を変えられていない。いわゆる「土地の収奪」という新しい大規模農業経営は，外貨収入を増やし，新しい技術と販路をもたらすと期待される反面で，それぞれの土地に利害関係を持った人びとの暮らしを尊重し，さらには就労の機会を増やすことについて疑問符が付くために，「土地の収奪」と名付けられているのである。これを統制すべきは，何よりアフリカ各国の政府である。政府は脆弱だといわれることに甘んぜずに，いわゆる「土地の収奪」を人びとの生きかたを豊かにするものに転換するように外部の資本との交渉力を高め，居住する人びとのために法令を執行する能力を身につけていかなければならない。

　砂漠化などの環境劣化，特に耕地の劣化は，人口増加のなかで急速に進みつつある土地の希少化にとって重大な意味を持つだろう。しかし，第12章で指摘されたように，人びとは土地の劣化を反転させて回復させる営為を積み重ねてきた。おそらく必要なことはその営為のなかで発揮されてきた多くの知恵や工

夫を科学的な検証を経て応用可能なものとし，広域にわたって適用していく各国政府の努力と，それを後押しする国際機関や大学・研究所の働きだろう。

　第12章が述べているように，砂漠化や土地の劣化などの環境問題が，全て人びとの生計活動と人口増加に促されたその拡大によって生じているとはいえない。しかし，今後温暖化が進み，耕作などの農林水産業をめぐる状況が長期的に悪化していくとするなら，その悪影響を食い止め，それを補って余りある豊かさをアフリカ社会が享受できるようにするには，やはり人びとの側の努力が重要であろう。

　この努力においては，アフリカの人びとが中心的な主体であることが賢明ではあったとしても，温暖化が地球規模のメカニズムによって生ずる，まさに地球全体が責任を負うべき問題であるとするなら，人類全体もその努力を支えなければならない。

（4）　社会の分断と対立

　1990年代から2000年代にかけて頻発し，大規模化した紛争は，その後は小規模化し，全体として沈静化していったことは，第11章で見た通りである。しかし，それはアフリカ各国の社会に分断や対立がなくなったことを意味しない。

　繰り返し述べてきたように，アフリカ各国国内には，多くの格差がある。本章の第2節（1）ではエリート社会と普通の人びととの大きな格差について触れた。日本をはじめアフリカ以外の国々でも共通するが，大学，特に一流大学を卒業した人びと，さらには先進国への留学を経験した人びとのような学歴エリートは，普通の人びとの平均所得をはるかに上回る所得を得ることが多い。累進課税，相続税，社会保障など，様々な再分配のための政策措置が，先進国のようには整備されていないアフリカ諸国では，そうした所得格差は，より大きなものになりやすい。

　そして，第3章で述べたように，独立以来進んできた人口の急増の過程で生まれてきた，多くの若年層，特に学校教育を十分に受けていない人びとが拡大していくことは，農村における水や土地，都会における雇用・所得機会をめぐる競合を通じて，社会的な対立を深化させる要因になり得る。人びとの憤懣は，権力と富を持ち，みずからに恩恵を施してくれるかもしれないエリート階層に向けられるとは限らない。往々にして，その憤懣は，身近な「よそ者」に向け

られる。憤懣のはけ口となる「よそ者」は国籍や民族の境界が意識されることで，後からつくりだされることがある。例えば，南アフリカでは隣国からの出稼ぎ者に対する排除意識を民族指導者や政治家が扇動し，それを契機に外国籍の人びとやその商店などへの襲撃が広がった。第3章で述べたように同じ国内の他民族への敵意が有力政治家によって煽られて，暴力行使へと発展することもある。深刻なことは，こうした他者への敵意は，選挙運動を通じて政治家などによって言語化され，若者などに広く影響を与える力になりかねないということである。

　また，植民地分割からの遺産として，アフリカ各国には自然条件の大きく異なる地域が含まれている。第11章でブルキナファソにおけるイスラーム武装勢力と政府との対立，またクーデターの発生の背景には，過酷な乾燥地域に住む人びとと，農業の可能な地域に住む人びととの格差が関わっていると指摘した。地域的格差は，性質は違ってもアフリカの随所にみられる。

　重要なことは，さまざまな格差を是正していくことであることはいうまでもない。中でも，より下層の人びとの生存や最低限の社会的参加にかかわるような不公正は何よりも先に無くしていかなければならない。そうした不公正は，それ自体が問題であると同時に，暴力を用いてでも，自らの苦境をつくりだすと彼ら・彼女らが考える「元凶」を取り除こうとする考え方を正当化しやすい。アフリカの社会的機会を閉ざされている若者たちにとって，状況によってその「元凶」は現在のエリートによる支配体制だと考えられているかもしれないが，他の状況では，外国からの出稼ぎ者であり，あるいは他民族であるかもしれない。しかし，南アフリカの場合がそうであるように，そうした外国人・他民族は，エリートたちに比べてはるかに無防備な存在であり，彼ら・彼女らに対する攻撃によって多くの犠牲が発生しやすい。

　不公正を克服するうえでアフリカ各国の政府とそれに連なるエリートたちの責任は重い。増え続ける人口に対して基礎的な教育と保健医療を，それぞれのコミュニティーに道路，水道供給，下水やサニテーションなどの基礎的なインフラストラクチャーを，公正な基準にしたがって配分していかなければならない。そこに有力な政治家による恣意的な政治操作などを関与させないようにもする必要がある。

　同時に，政治の空間から，一切の暴力，あるいは暴力を肯定するような言説

を排除していく必要がある。分断を対立に，対立を暴力へと発展させるような行動と言説は，アフリカ各国の政治のなかで，自律的に消滅させられていくような政治文化が創り出されなければならない。

3 アフリカ連合の構想——アジェンダ2063

　アフリカ各国の為政者たちも，またアフリカ大陸が直面する課題，およびそれを乗り越える道を構想してきた。2001年，アフリカ連合（AU）の創立を次の年に控え，AUが掲げていくべき大陸全体の開発の構想として「アフリカ開発のための新パートナーシップ（NEPAD）」がAUの前身であるアフリカ統一機構（OAU）によって採択された。さらに，AUはOAUの創立50周年にあたる2013年を迎えたのを契機として，その50年後（すなわちOAU創立100周年）である2063年に向けた開発構想として「アジェンダ2063——われわれの望むアフリカ」に合意した（実際に採択されたのは2015年である）。

　「アジェンダ2063」はアフリカが西欧の植民地支配から脱却して1世紀後に自ら実現するべきアフリカへの筋道を示したものである。副題である「われわれの望むアフリカ」という言葉には，アフリカの首脳たちが現在のアフリカをどのように認識し，どのような方向に変えることを志しているのかがうかがえるだろう。なお，アジェンダ2063の実現は，NEPADの追求を任務としてきたAUの開発庁（AUDA）の責任とされている。

　このアジェンダ2063はどのような内容であり，そこに反映されているアフリカの開発課題の把握，また課題克服の方策をどのようにとらえるべきだろうか。

　まず，アジェンダ2063はアフリカを世界の中で「有力な地域」とすることを目指すという。そのうえで，包摂的かつ持続的な社会経済の開発を図るとし，開発の理念として汎アフリカ主義の下における，統一，自決，自由，進歩，集団的繁栄を追求するとする（AU不詳）。これらの理念に反映されているのは，植民地主義や人種差別からの解放を求めて長くたたかってきたアフリカが依然として，外部に多くを依存し，影響を受けていることへの反省と懸念であり，そのために改めてアフリカの団結と協力をうたうことの必要性であろう。

　さらにアジェンダ2063は，「われわれの望むアフリカ」の内容として，次の7つの点を挙げている。

①包摂的成長と持続可能な開発に基づき繁栄すること
②政治的に団結し，大陸を統合すること
③よい統治，民主主義，人権の尊重，正義，そして法の支配を備えること
④平和で安全であること
⑤強い文化的アイデンティティ，共有の遺産，および共通の価値観と倫理を持つこと
⑥人びと自身が主導し，人びと，特に女性と若者の力をよりどころとし，子どものケアを進めること
⑦人類社会において，強く，統一され，しなやかで，影響力のある主体であり，その一員であること

　そして，こうしたアフリカを実現するための具体的な目的として20の目標が掲げられるとともに，15の大陸規模の旗艦プロジェクトが示されている（AU不詳）。

　上の7つの望ましいアフリカの将来像からわかるように，本章の第2節で見た課題のうち，ジェンダー間の不平等や暴力的な対立を避けようという意思は明確に見受けられる。また若者への注目がされていることも，わたしたちの問題関心に照らして重要な点である。それらのことを踏まえて20の目標のなかに，⒀「平和，安全保障，安定の維持」，⒁「安定し平和なアフリカ」，⒂「全面的に機能的に活用できる＜アフリカ平和安全保障アーキテクチャー＞」，⒄「生活のすべての局面におけるジェンダー平等」，⒅「若者と子どもたちの参画と能力の発揮」が，掲げられている。さらに平和と安全保障を維持するための関連する具体的な行動の優先分野としてアフリカ連合の下にある平和安全保障制度や，紛争の予防のための大陸規模の早期警戒システムを柱とする＜平和安全保障アーキテクチャー＞の拡充が挙げられている。ジェンダーや若者のための具体的な行動の優先分野としては，女性と少女の能力発揮，さらに女性と少女への暴力と差別の禁止，若者や子どもの能力発揮などが掲げられている。それぞれ，まっとうな項目が並んでいるともいえるが，他方で，早期警戒がいわれながら，対立や暴力の背景にある分断や対立とそれらへの対応の言及はない。たしかに女性と少女への差別の禁止はうたわれているものの，その根底にある社会や家庭の中にあるジェンダー間の格差，女性や若者に機会を十分に与えら

れていない社会経済構造の問題，多数の若者，特に女性の教育の遅れの要因などへの対処は指摘されていない（AU 不詳）。

　他方で，わたしたちが課題として見た早すぎる脱工業化や土地と環境の問題の複雑化についての強い関心をうかがうことはできない。産業・製造業の振興，持続可能な開発の促進の関連で，目標のなかに(4)経済の転換，(5)近代的農業の下での生産性と生産の向上，(7)環境面で持続可能で，気候変動に対して強靱な経済とコミュニティーの構築が挙げられている（AU 不詳）。しかし，製造業の大半の労働者はインフォーマル・セクターで働き，中規模企業は輸入品との競合で圧迫され，また農民は希少化する土地や劣化しかねない環境の中で多くの困難に直面している状況については言及されていない。そして，インフォーマルで，小規模零細な製造業などで日々生起しつつある工夫や革新，農民が土地の劣化を反転させるために実践している様々な知恵についての指摘もほとんど触れられていない。

　その一方で，15の旗艦プロジェクトとして並ぶのは，アフリカ内外の注目を集めそうな華々しい案件である。アフリカ諸国のすべての首都を結ぶ高速鉄道ネットワーク，アフリカ大陸自由貿易地域，アフリカ市民向けのパスポート発行による人びとの自由な往来，全てのアフリカ人にクリーンで安価なエネルギーの提供を可能とする大インガダム建設（インガダムはコンゴ川最下流付近の大きな落差を利用したアフリカ最大の潜在発電量を有するというダムである），汎アフリカ E-ネットワーク，アフリカ宇宙戦略などである（AU 不詳）。

　これらは一見すれば，アフリカの明るい将来を形づくっていくような，胸が躍るものだろう。しかし，第8章においてアフリカ大陸自由貿易地域に関連して触れたように，その実現の前に，既存の同種のより小さな取り組みがどのような成果を達成し，どのような困難に直面しているのかをしっかりと分析・理解することが必要である。同時に，旗艦プロジェクトのほとんどは高い技術，地道な取り組み，各国の緊密な連携，そして何よりも巨額の資金を必要とするものである。そのうちのどれを欠いても，プロジェクトの構想は絵に描いた餅になってしまう。それは各国におけるこれまでの開発援助案件の多くの苦い経験が雄弁に語る通りである。

4 誰が，どのようにして，何をするべきなのか——日本の協力に向けて

　アジェンダ2063は，さまざまな立場の多数の為政者の合意を得てつくられた，政治的文書であって，そこにアフリカの開発の現状についての深く客観的な洞察を求めるのは，そもそも無理があるかもしれない。ジェンダーや平和安全保障の問題は，アフリカの内外の人びとにとって長く重大な関心事項であり，アフリカの外部の各国や国際機関にとってもそれに対処するのが常識であろう。しかし，どのように早すぎる脱工業化，土地と環境の問題，さらにジェンダーや平和の問題の背後にある格差と分断などを認識し，その要因を理解し，どのような対処をすべきかについては，大陸全体の為政者の合意を形成する前に，各国の有識者，研究者，そして誰より製造業や農業の現場で働く人びとの衆知を集めて，さまざまな議論をしていかなければならないだろう。そうした過程は，これまでかなりの部分，欧米の人びとの知識を借用して行われ，最終的な意見がまとめられてきた。今後もアフリカはその点で開放的であり続けるかもしれないが，そこでの合意形成は，どうしても日本をも含む外部の支援する側の関心にこたえようとするものになりがちである。未来に向けたアフリカの議論はまず，アフリカの人びとの考えを中心としてアフリカ人自身によって進められねばならない。そして，できる限り，高い教育を受けていない人も含む普通の人びとの声を取り入れていくものでなければならないだろう。

　外部の知恵，技術，資金に依存し，国際市場での鉱物資源や一次産品の動向に振り回されるアフリカではなく，国際社会の中で積極的に発言し，能動的に人類の運命の担い手となるアフリカを想像することは快いことである。もし，アフリカの人口が国連の予測通り，2100年に人類の3分の1を占めるようになるのなら，それは当然の期待でもあろう。

　本書を執筆している時点では，世界的に民主主義の退潮が伝えられ，権威主義的な大国の政権が，軍事力や経済力を駆使して世界の途上国に影響を与えつつあるように見える。その状況の中で，依然としてアフリカは諸国が団結したうえで民主主義を選び取る独自のイニシアティブをとり，それをもって世界における分断や対立に対して能動的に働きかけようとはしていない。

　同時に欧米先進国の政治では，移民の増加を契機として，排外的な志向が強

まっている。欧米への移民の多くは，アフリカを含む途上国からの移入者である。グローバル化のなかで，国境を完全に閉ざすという選択がとれないなか，アフリカが安定し，さらには持続的に人びとの生きかたが豊かになり，不本意な移民や難民化を選ばずにすむ場所となっていくかどうかは，単にアフリカだけの問題ではなく，世界の問題なのである。すべての大陸に関わる地球環境問題を考えあわせても，世界がますますアフリカをその切り離せない一部として位置づけ，ともに悩み，考え，実践していくことが必要となろう。

　国連の予測によれば，日本の人口が世界に占める比率は，2100年には，2022年の約1.6％からさらに減って，約0.7％になるという（UNDESAPD 2022）。この数字が示唆するように，若い読者の皆さんが高齢となる未来においては，日本の存在と繁栄のためにアフリカの人びとの知恵と力を取り入れることが，むしろ必要となっているだろう。日本に対して協力の手を差しのべてくれる「有力な地域」であるアフリカを築いていけるがどうか，そしてアフリカと日本のそれぞれの人びとの関係がどれだけお互いを信頼したものとなるのか，それは，日本のわたしたち自身の問題でもある。

参考文献

African Union（AU）発行年不詳．*Agenda 2063*. https://au.int/en/agenda2063/overview（2024年5月6日確認）

United Nations Development Programme（UNDP）2024. *Human Development Reports: Gender Inequality Index*. https://hdr.undp.org/data-center/thematic-composite-indices/gender-inequality-index#/indicies/GII（2024年5月4日確認）

United Nations Department of Economic and Social Affairs, Population Division（UNDESAPD）2022. *World Population Prospects 2022*.（2024年3月2日確認）

World Economic Forum（WEF）2023. *Global Gender Gap Report 2023: Insight Report*.（2024年5月4日確認）

　　　　　　　　　　　　　　　　　　　　　　　　　　　　（高橋基樹）

資　料

資料1　アフリカ各国の輸出額上位2品目

国　名	輸出額上位2品目	年
北アフリカ諸国		
アルジェリア	石油・石油製品 (56.1%)、天然ガス (40.0%)	2017
エジプト	天然ガス (19.4%)、石油・石油製品 (16.2%)	2022
チュニジア	電気機械器具 (20.2%)、衣類及び衣類付属品 (13.6%)	2022
西サハラ	鉄道用及び軌道用以外の車両・部分品及び附属品 (19.1%)、雑品 (16.4%)	2022
モロッコ	肥料 (18.2%)、道路運送車両 (15.0%)	2022
リビア	石油・石油製品 (85.5%)、天然ガス (8.9%)	2019
西アフリカ諸国		
ガーナ	金 (非貨幣用) (37.6%)、石油・石油製品 (30.4%)	2022
カーボベルデ	魚類及び甲殻類等 (73.6%)、衣類及び衣類付属品 (11.3%)	2022
ガンビア	石油・石油製品 (45.7%)、穀物 (14.3%)	2021
ギニア	金 (非貨幣用) (63.9%)、金属鉱及び金属くず (アルミニウム鉱石及び精鉱) (25.7%)	2016
ギニアビサウ	カシューナッツ (68.5%)、コルク及び木材 (31.5%)	2018
コートジボワール	カカオ (40.6%)、石油・石油製品 (18.0%)	2022
サントメ・プリンシペ	植物性油脂 (37.6%)、カカオ (37.3%)	2022
シエラレオネ	魚類及び甲殻類等 (21.2%)、金属鉱及び金属くず (17.3%)	2018
セネガル	石油・石油製品 (18.0%)、金 (非貨幣用) (16.3%)	2022
トーゴ	天然リン酸カルシウム等 (22.5%)、プラスチック製品 (14.5%)	2022
ナイジェリア	石油・石油製品 (78.8%)、天然ガス (11.7%)	2022
ニジェール	金属鉱及び金属くず (ウランまたはトリウムの鉱石及び精鉱) (31.9%)、石油・石油製品 (28.8%)	2022
ブルキナファソ	金 (非貨幣用) (73.9%)、綿 (10.4%)	2022
ベナン	綿 (64.9%)、油用種子 (5.7%)	2022
マリ	金 (非貨幣用) (72.9%)、綿 (11.6%)	2019
モーリタニア	金属鉱及び金属くず (うち鉄鉱石及び精鉱) (35.4%)、金 (非貨幣用) (30.9%)	2022
リベリア	ゴム及びその製品 (55.6%)、木材及びその製品並びに木炭 (18.1%)	2022
中部アフリカ諸国		
ガボン	石油・石油製品 (52.3%)、その他輸送用機器 (24.8%)	2021
カメルーン	石油・石油製品 (41.2%)、カカオ (16.9%)	2021
コンゴ共和国	石油・石油製品 (54.6%)、その他輸送用機器 (15.1%)	2021
コンゴ民主共和国	銅 (59.4%)、酸化コバルト (10.1%)	2022
赤道ギニア	鉱物性燃料及び鉱物油等 (77.1%)、鉄道用及び軌道用以外の車両・部分品及び附属品 (3.2%)	2022
チャド	鉱物性燃料及び鉱物油等 (77.5%)、金 (未加工のもの) (18.6%)	2022
中央アフリカ	金 (非貨幣用) (44.4%)、道路運送車両 (15.6%)	2022
ブルンジ	コーヒー (37.3%)、金 (非貨幣用) (25.0%)	2022
ルワンダ	金 (非貨幣用) (27.5%)、金属鉱及び金属くず (鉱石及びベースメタル精鉱) (12.6%)	2022
東アフリカ諸国		
ウガンダ	金 (非貨幣用) (26.0%)、コーヒー (23.3%)	2021
エチオピア	コーヒー (49.4%)、野菜及び果物 (17.7%)	2022

国	主要輸出品	年
エリトリア	鉱石・スラグ及び灰（67.4％），金（未加工のもの）（31.4％）	2022
ケニア	茶（21.5％），植物性原材料（11.5％）	2022
コモロ	香辛料（52.9％），精油，樹脂，香料原料（18.1％）	2021
ジブチ	動物性・植物性油脂等（56.1％），無機化学品（15.9％）	2022
スーダン	金（非貨幣用）（25.2％），動物（21.1％）	2018
セーシェル	魚類及び甲殻類等（61.3％），石油・石油製品（22.4％）	2022
ソマリア	家畜（46.5％），金（未加工のもの）（34.9％）	2022
タンザニア	金（非貨幣用）（42.7％），野菜及び果実（7.1％）	2022
南スーダン	鉱物性燃料及び鉱物油等（87.3％），金（未加工のもの）（4.0％）	2022
南部アフリカ諸国		
アンゴラ	石油・石油製品（80.0％），天然ガス（12.8％）	2022
エスワティニ	精油，樹脂，香料原料（30.1％），砂糖・糖蜜・蜂蜜（22.7％）	2021
ザンビア	銅（69.7％），鉄及び鋼（2.9％）	2022
ジンバブエ	金属鉱及び金属くず（うちニッケル鉱石及び精鉱）（33.0％），金（非貨幣用）（30.3％）	2022
ナミビア	ダイヤモンド（29.5％），金属鉱及び金属くず（ウランまたはトリウムの鉱石及び精鉱）（14.0％）	2022
ボツワナ	ダイヤモンド（86.9％），金属鉱及び金属くず（銅鉱石及び精鉱）（3.8％）	2022
マダガスカル	ニッケル（24.5％），香辛料（23.0％）	2022
マラウイ	タバコ及びタバコ製造品（45.5％），油用種子（13.2％）	2022
南アフリカ	非鉄金属（16.9％），金属鉱及び金属くず（13.5％）	2022
モザンビーク	石炭・コークス・練炭（34.4％），非鉄金属（21.7％）	2022
モーリシャス	衣類及び衣類付属品（22.6％），魚類及び甲殻類等（18.0％）	2022
レソト	衣類及び衣類付属品（43.8％），ダイヤモンド（19.1％）	2022

注1：商品分類は，標準国際貿易分類改訂第4版（SITC Rev.4：Standard International Trade Classification Rev.4）の中分類（2桁）を基本としたが，中分類の下位項目が少なく小分類（3桁）で表示できるものは内容を分かりやすくするために小分類（3桁）を採用した。例として「第28類　金属鉱及び金属くず」は鉄鉱石及び精鉱（281），ニッケル鉱石及び精鉱（284），アルミニウム鉱石及び精鉱（285），ウランまたはトリウムの鉱石及び精鉱（286），鉱石及びベースメタル精鉱（287）等に分類した。

注2：品目名のあとの（　）は，総輸出額に占める各品目の輸出額の割合を示している。

注3：西サハラ，リベリア，赤道ギニア，チャド，エリトリア，ジブチ，ソマリア，南スーダンについての商品分類は，商品の名称及び分類についての統一システム（HS：Harmonized Commodity Description and Coding System）の2桁を基本とした。

出所：UN Comtrade Database, URL: https://comtradeplus.un.org/; International Trade Centre, URL: https://intracen.org/resources/data-and-analysis/trade-statistics より作成。

資料2 産業部門別の対 GDP 比率と対外債務残高の対 GNI 比率

国 名	農業	工業	製造業	サービス業	対外債務残高（対 GNI 比, %）
\multicolumn{6}{c}{北アフリカ諸国}
アルジェリア	11.6	45.9	34.8	38.6	3.7
エジプト	10.9	32.7	16.0	51.4	35.4
チュニジア	9.8	23.3	15.1	60.3	88.0
モロッコ	10.3	25.5	15.0	54.5	50.1
リビア	1.6	80.3	2.9	25.5	—
\multicolumn{6}{c}{西アフリカ諸国}
ガーナ	19.6	32.0	11.6	42.0	61.4
カーボベルデ	4.8	14.0	5.1	66.2	91.5
ガンビア	22.6	17.3	1.7	52.3	52.4
ギニア	27.3	28.8	11.4	35.3	26.1
ギニアビサウ	30.7	12.7	9.1	50.3	61.7
コートジボワール	18.2	19.1	11.3	55.6	47.1
サントメ・プリンシペ	13.9	4.4	0.7	79.0	71.3
シエラレオネ	60.4	6.5	1.8	28.9	48.9
セネガル	15.5	24.5	15.1	50.0	120.4
トーゴ	19.2	20.1	13.7	51.5	37.3
ナイジェリア	23.7	30.8	13.6	44.0	21.4
ニジェール	42.0	17.5	5.4	34.7	38.5
ブルキナファソ	18.5	28.7	10.9	42.7	57.6
ベナン	26.9	17.0	9.8	46.9	42.4
マリ	36.4	20.0	6.4	35.6	35.1
モーリタニア	22.2	30.2	6.1	33.7	47.4
リベリア	36.2	20.7	—	37.3	50.8
\multicolumn{6}{c}{中部アフリカ諸国}
ガボン	5.6	57.4	23.1	33.2	41.8
カメルーン	17.0	26.3	13.0	50.0	35.1
コンゴ共和国	10.7	34.0	12.9	50.0	53.4
コンゴ民主共和国	17.4	47.7	16.8	32.1	15.2
赤道ギニア	2.7	51.8	5.4	45.1	—
チャド	27.1	35.7	3.2	43.6	27.7
中央アフリカ	36.2	21.2	20.4	42.4	40.6
ブルンジ	27.6	12.2	9.4	47.7	28.5
ルワンダ	24.9	21.2	9.9	46.5	74.4
\multicolumn{6}{c}{東アフリカ諸国}
ウガンダ	24.0	26.8	16.4	41.7	43.6
エチオピア	37.6	22.7	4.2	36.6	22.7
エリトリア	14.1	21.8	5.5	—	51.5
ケニア	21.2	17.7	7.8	55.1	37.2
コモロ	36.4	9.1	—	50.2	29.5
ジブチ	1.8	16.3	5.2	75.4	88.5

スーダン	5.0	4.9	—	6.4	44.2
セーシェル	2.9	13.5	5.8	66.3	—
ソマリア	—	—	—	—	40.1
タンザニア	24.3	27.7	8.2	30.7	40.5
南スーダン	10.4	33.1	3.5	56.6	—
南部アフリカ諸国					
アンゴラ	13.6	44.9	7.4	41.6	60.9
エスワティニ	8.6	33.4	27.9	53.0	27.5
ザンビア	3.1	35.3	13.8	55.5	98.4
ジンバブエ	7.2	40.4	21.5	40.7	51.6
ナミビア	8.4	29.7	10.9	54.2	—
ボツワナ	1.8	37.4	5.4	55.9	10.0
マダガスカル	23.2	21.7	9.5	49.5	39.9
マラウイ	21.8	18.3	—	54.9	25.8
南アフリカ	2.8	24.7	12.3	62.3	43.4
モザンビーク	26.7	22.8	8.5	40.6	423.6
モーリシャス	3.6	18.2	12.0	65.8	136.8
レソト	6.2	30.7	15.7	56.6	67.1

注1：産業部門は国際標準産業分類（International Standard Industry Classification, ISIC Rev.3およびRev.4）によって分類されており，農業（林業・狩猟・漁業のほか，農作物栽培，畜産を含む）は1-3部門，工業（建設を含む）は5-43部門，製造業は15-37部門，サービス業は50-99部門である。

注2：産業部門別（対GDP比）は2022年の数値。ただし，エリトリアは2009年，南スーダンは2015年，ブルンジは2016年，ギニアビサウは2018年，リビアは2019年，コートジボワール・トーゴ・コンゴ共和国・チャドは2020年，ジブチ・マダガスカルは2021年の数値。

注3：対外債務残高（対GNI比）は2022年の数値。ただし，エリトリアは2011年の数値。

出所：World Bank, *World Development Indicators*, （World Bank）より作成。

資料3　アフリカ関連年表

年	月	社会の動き
15～16世紀		ポルトガル，イギリス，フランスなど西欧列強が西アフリカへ進出。
16～19世紀		奴隷貿易により，1,000万～1,500万人のアフリカ人が海外へ連れ去られる。
1652		オランダのヤン・ファン・リーベックらが南アフリカのケープ植民地への入植開始。
18世紀末～		アフリカ大陸内陸部へのヨーロッパ人の探査旅行が活発化。
1806		イギリスがケープ植民地を奪取，アジア・アフリカでの海上覇権強める。
1807		イギリスが奴隷貿易を廃止。
1833		イギリス帝国内の奴隷制度廃止。
1884	11	ベルリン西アフリカ会議で欧州列強がアフリカの分割を協議（～1885年2月）。（その後30年間で列強による植民地分割進行。アフリカ人側の抵抗運動が続く）
1890		英独協定により，東アフリカの植民地を分割。
1896	3	エチオピアがアドワにおいてイタリアの侵攻を防ぐ。
1899	10	南アフリカ戦争（ボーア戦争，ブール戦争）（～1902年）。
1900	7	第1回パン・アフリカ会議（パン・アフリカニズムがその後浸透拡大）。
1904	10	フランス領西アフリカ成立決まる。CFA フランを共通通貨として用い始める。
1910		南アフリカ連邦成立。あわせて南部アフリカ関税同盟（SACU）成立。
1910頃		アフリカの植民地の勢力圏確定。
1914	7	第一次世界大戦。東アフリカを中心として戦場となる（～1918年11月）。（敗戦国であるドイツの植民地の，戦勝国への信託統治による分割。
1920		ケニアでキパンデ制導入。
1920年代～		アフリカ各地での鉄道などインフラストラクチャーの建設が，強制労働などにより推進される。
1920～1940年代		各植民地で鉱物資源など一次産品の開発と輸出が進む。
1939	9	第二次世界大戦。アフリカ植民地経済に深刻な打撃（～1945年8月）。（民族主義が勃興。宗主国の政策も開発を重視したものに転換迫られる）
1947	8	イギリス最大の植民地インドが独立。
1951	12	リビアが独立。
1956	1	スーダンが独立。直後から北部と南部との内戦発生。
1957	3	ガーナが独立。
1958	10	ギニアが，フランス共同体への加入を拒否して独立。
1960		17カ国が独立した「アフリカの年」。大半の国は1960年代に独立達成。（1960年代から70年代前半にかけて各国で外資系企業の国有化相次ぐ）
1960	7	コンゴ（旧ベルギー領）で動乱。ベルギーなど大国や国連が介入。
1963	5	アフリカ統一機構（OAU）結成。
1965	11	ローデシア（後のジンバブエ）で白人政権が一方的独立宣言。
	11	コンゴ（旧ベルギー領）でクーデター。モブツ政権成立。
1966	2	ガーナでクーデター。初代大統領ンクルマ失脚。
1972		ウガンダでアミン大統領の指示により，南アジア系の人びとが追放される。
1973～1974		第1次石油ショック。産油国が外貨収入を増やすと同時に，非産油国に深刻な影響。
1974～1975		モザンビーク，アンゴラなどポルトガル領植民地独立。両国は直後から内戦へ。
1975	5	西アフリカ諸国経済共同体が成立。
1976		この年までに，タンザニアではウジャマー政策の下，集村化が進められる。
1978～1979		第2次石油ショック。
1980		アフリカを含む途上諸国での累積債務問題を契機に，この年から構造調整融資開始。

	4	ジンバブエが独立。
	4	アフリカの自立と開発のために，「アフリカ経済共同体」を目指す「ラゴス行動計画」採択。
1982年頃		ソマリア国内での紛争が激化。その後政権崩壊，国土の分裂に発展。
1980年代後半～		構造調整政策への批判がアフリカ諸国，国際機関，一部ドナーに広がる。
1989	12	米国とソ連の首脳が冷戦の終焉を宣言。
1990		(この頃から複数政党制を求める動きがアフリカ各国で強まる)
	2	南アフリカの反体制勢力が合法化。アパルトヘイトの廃止プロセスが始まる。
	3	ナミビアが独立。
1991	6	「アフリカ経済共同体」創設に向けたアブジャ条約調印。
1992	10	モザンビーク内戦終結
1993	5	エリトリアがエチオピアから独立。並行してエチオピアの内戦が終結。
	9	日本においてアフリカ開発会議（TICAD）開始。
1994	1	CFAフランのフランス・フランに対する固定為替レートが2分の1に切り下げられる。
	4	ルワンダで大虐殺が発生する。少なくとも80万人といわれる死者が発生。
	4	南アフリカで全人種参加選挙が実施される。アパルトヘイト体制の終焉。
1996	9	世界銀行と国際通貨基金が重債務貧困国（HIPCs）債務救済スキーム開始。
1996～1998		第1次コンゴ戦争。
1998～2003		第2次コンゴ戦争。500万人を超えるといわれる死者が発生。
1999	6	ケルンにおける主要先進国首脳会議で拡大重債務貧困国（HIPC）債務救済スキーム始動で合意。
2000	10	中国・アフリカ協力フォーラム開催（以後，3年毎に開催）。
2001	10	アフリカ各国首脳「アフリカ開発のための新パートナーシップ（NEPAD）」採択。
2002	3	シエラレオネで1991年より継続していた内戦が終結。
	4	アンゴラで1975年より継続していた内戦が終結。
	7	アフリカ連合（AU）発足。OAUから改組。
2003		(この頃から中国の超高度成長が本格化，並行して資源価格が高騰)
	2	「援助効果向上に関するハイレベルフォーラム（HLF）」ローマで開催。
	2	スーダンでダルフール紛争（～2013年2月）。
	3	イラク戦争（～2011年12月）。
	6	リベリアで1989年から断続的に続いてきた内戦が終結。
2005	3	第2回援助効果向上高級会合で「援助効果向上に関するパリ宣言」を採択。
2007～		世界金融危機。
2007～		世界食料価格危機。
	12	ケニアで大統領選挙を契機に暴動が発生。大規模な民族間紛争に発展。
2008	9	第3回援助効果向上高級会合で「アクラ行動計画」を採択。
	12	ブルンジで1993年より継続していた内戦が終結。
2011	7	南スーダン独立。スーダン南部10州における住民投票により。
	12	第4回援助効果向上に関するハイレベル・フォーラムで「効果的な開発協力のための釜山パートナーシップ」を採択。
	12	チュニジアでジャスミン革命。これ以降，「アラブの春」と総称される民主化運動が拡大。
2015～		それまで超高度成長を続けていた中国経済の減速傾向が本格化，資源ブームも沈静化。
2015	12	半世紀後のアフリカの開発ビジョンを掲げた「アジェンダ2063」がアフリカ連合

2018〜2022		により採択。
		エチオピア連邦政府とティグライ州との対立深刻化,内戦へ発展。
2020〜2021		先進国と新興国の債権国が参加する債務支払猶予イニシアティブの実施。
2020〜2023		ザンビア,ガーナ,エチオピアが債務不履行となる。
2021	1	アフリカ大陸自由貿易協定（AfCFTA),正式に開始。
2019〜2023		新型コロナウイルス感染症の世界的流行。
2020〜2023		マリ,ギニア,ブルキナファソ,ニジェール,ガボンでクーデターが相次ぐ。
2023		スーダンで内戦発生。

索　引

あ　行

（教育の）アクセス（量）　250, 252, 257, 258, 261, 264, 269, 275-277
アクラ行動計画　234
アグロフォレストリー　317
アジェンダ2063　213, 335, 338
アトラス山脈　21
アパルトヘイト　65, 74, 86, 228, 284
アブジャ条約　208, 210
アブラヤシ　50
アフリカ・インフラストラクチャー開発プログラム（PIDA）　204
アフリカ化　76, 77, 82, 84, 85
アフリカ開発会議（TICAD）　230
アフリカ開発のための新パートナーシップ（NEPAD）　212, 335
アフリカ気候サミット　319
アフリカ経済共同体（AEC）　208
アフリカ社会主義　77, 84, 85
アフリカ成長機会法（AGOA）　113, 138, 185, 187
アフリカ大戦　89
アフリカ大陸自由貿易圏　117, 201, 213, 337
アフリカ統一機構（OAU）　208, 224, 288
アフリカの年　63
アフリカ平和安全保障アーキテクチャー　336
アフリカ民族会議（ANC）　284
アフリカ連合（AU）　204, 212, 276, 288, 292, 335
アラインメント　233
アル・シャバーブ　290
アルカーイダ　290, 291
アルジェリア　261, 288, 291
アンゴラ　73, 74, 288
域内貿易協定　188
イギリス　72, 76, 77
イギリス連邦（Commonwealth of Nations）　73
イスラーム・マグレブ諸国のアルカーイダ（AQIM）　288, 290
イスラーム国（IS）　290

一帯一路戦略　238
一党独裁制　86, 228
一般特恵制度（GSP）　185
イラン革命　82
インカタ自由党（INP）　284
インド・パキスタン系の人びと　76, 77
インフォーマル金融　160-162, 168, 169
インフォーマル・セクター　75, 79, 92, 97, 117, 127-129, 130, 136-139, 141, 142, 330, 337
インフラストラクチャー　62, 109, 116, 304, 310, 311, 316, 317-319
ウガンダ　77, 274, 288, 296, 308
ウジャマー　78, 81
ウルグアイ・ラウンド　202, 210
栄養　253, 256, 257, 304, 317
エージェント　158
エジプト　35, 261, 292, 316, 328
エスワティニ　266
エチオピア　78, 93, 96, 117, 139, 140, 264, 270, 280
エチオピア高原　21
エネルギー効率　308
園芸農業　91, 186, 193, 200
援助　221
援助協調　234, 237
援助効果　234
援助疲れ　209, 229
援助の氾濫　228, 230, 234
欧州連合（EU）　203
オカバンゴ川　24
汚職　108, 286, 295, 296, 298, 299
オランダ病　108, 116, 119
温室効果ガス　315-317

か　行

ガーナ　86, 93, 96, 195, 254, 267, 296, 299, 316
カーボベルデ　264, 266, 294, 328
外貨獲得　132, 332
海溝　23
外国直接投資　92, 113, 115, 178, 187, 190
階層間の再分配　329

349

害鳥　312, 313
回転型貯蓄信用講（ROSCAs）　161
開発　4, 247
開発援助委員会（DAC）　222, 233, 236
開発協力　221
開発金融機関　169
開放経済　150
海洋生態系　318
家屋税　71, 75
カカオ　91
花卉　91, 117, 133, 193
学習到達度調査（PISA）　267, 268
家事労働　130
ガスフレアリング　309
化石燃料　309, 310
学校教育　76, 142
家内労働　134
過放牧　305
神の抵抗軍（LRA）　288
カラハリ盆地　20
灌漑　36
環境可能論　39
換金作物　58, 61, 133
慣習法　78
関税および貿易に関する一般協定（GATT）　201, 202
関税同盟理論　203
間接金融　153
間接統治　57
乾燥化　305
緩和策　316, 317
期間変換機能　154, 166
気候変動　264, 281, 303-306, 313-319, 337
気候変動に関する政府間パネル（IPCC）　315-317
季節的な賃金労働　132
基礎教育　247, 261, 264, 275
ギニア　73, 254, 266, 271, 292
ギニアビサウ　73, 292, 313
技能形成　138, 142, 310
キバンデ制度　60
規模の経済　106, 109, 215
逆石油ショック　82
教育　13, 50, 84-87, 89, 92, 97, 230, 233, 247, 248, 329
教育の質　247, 249, 250, 254, 256, 257, 264, 266, 269, 270, 272, 274-277

教育の収益率　248, 249
教員一人当たり児童・生徒数　269
教授言語　65
共通通貨「Eco」　212
キリスト教　50, 222
キリマンジャロ　21
金融アクセス　165, 169
金融格差　170
金融市場　153
金融システム　155
金融仲介　153, 162, 164, 167
金融包摂　159, 168
クーデター　87, 91, 281-285, 287, 290-293
草取り労働　314
クラウディング・アウト　165
グローバル・タックス　319
グローバル・バリュー・チェーン　177, 194, 195
経済協力開発機構（OECD）　222, 267
経済成長　77, 84, 85, 89, 91, 93, 96, 97, 105-108, 115, 118, 149, 150, 224, 225, 239, 240, 248, 249, 287, 289, 292, 299, 318, 319
経済特区（SEZ）　115, 192
ケープ植物界　32
ケニア　71, 73, 76, 77, 88, 157, 186, 211, 274, 296, 299, 306, 308, 311
ケニア山　21
言語　7, 71, 72, 80, 81, 264, 274
言語交替　80, 81
現地生産部品調達率　187
降雨パターン　315, 316
鉱業　98, 310
工業化　53, 110, 111, 116, 118, 303, 317
公共事業　81, 84
鉱山労働　134, 135
工場制機械工業　49
高所得国　252, 254, 256, 257, 264
構造調整政策　82-85, 87, 92, 111, 135, 142, 178, 209, 226, 227
耕地の劣化　332
高等教育　248, 249, 252, 261, 262, 264, 272
後背湿地　37
（教育の）公平性　257, 272
公用語　65, 80
（教育の）効率性　247, 250, 257, 258, 270, 274
コートジボワール　266
コーヒー　91

350

索　引

呼吸器系の病気　308
国際開発協会　223
国際湖沼　311
国際収支の赤字　84
国際数学・理科教育動向調査（TIMSS）　254, 256, 267, 268
国際通貨基金（IMF）　83, 84, 111, 288
国際読解力調査（PIRLS）　267, 268
国際連合　63
国際連盟　56
国民の形成　60, 76, 80
国有化　77, 136
国連開発計画（UNDP）　248
5歳までの生存確率　253, 255
個人事業主　137, 139
国家建設　76
雇用　3, 6, 10, 12, 74, 76, 79, 84, 88, 97, 98, 106, 117, 118, 129, 130, 133, 135, 137-140, 142, 143, 158, 187, 215, 220, 323
雇用契約　137, 141
雇用創出力　98
コルタン　89, 135
コンゴ　73
コンゴ共和国　86
コンゴ自由国　51, 55
コンゴ盆地　20
コンゴ民主共和国　89, 254, 287, 288, 295

さ　行

サービス業　97, 106, 117, 128, 129, 138
災害　240, 319
財政赤字　84
債務　94, 151, 165
債務危機　82-84, 111, 224, 227, 295
債務救済　92, 93, 232
債務支払猶予イニシアティブ（DSSI）　239
債務の罠　96
在来知識　315
雑草問題　313
砂漠　32, 314
砂漠化　303-307
砂漠気候　26
サバナ気候　26, 28
サハラ砂漠　20, 305, 307
サバンナ　25, 30, 32, 305, 312-314
サファリコム　157, 158, 173
サヘル地域　20, 305

三角州　37
三角貿易　45
散居　71
産業革命　49
産業構造　105, 117, 128
ザンジバル　270
酸性雨　310
産地の多様化　98
サントメ・プリンシペ　264
ザンビア　86, 93, 96, 270
産油国　82, 94, 116, 225
シエラレオネ　89, 90, 254, 266-268
支援　222
ジェンダー　62, 63, 326, 336
ジェンダー・ギャップ指数（GGI）　327, 328
ジェンダーの不平等　326-328
自給自足　314
資金調達　165, 167
資源　87, 89
資源ナショナリズム　75, 82
資源の呪い　108
市場の論理　84, 85
自助努力　229
自然環境　303, 304, 306
自然堤防　37
自然の回復力　304, 306, 307
持続可能な開発目標（SDGs）　97, 235, 238, 241, 303, 304
失業　84, 98, 129, 139, 216
自動車産業　187
児童労働　130, 136
ジブチ　253, 297
資本　150
資本集約財　180
資本蓄積　109, 150, 178, 214
若年層の母による出生率　328
借料生産性　337
ジャマーア・ヌスラ・アル・イスラーム・ワル・ムスリミーン（JNIM）　290
就学前教育　258, 261
就学率　84, 93, 246, 252, 257-262, 264, 270, 272
重債務貧困国（HIPCs）　92, 232, 239
自由貿易協定（FTA）　202, 213
修了率　258, 259, 261, 262, 272, 273, 328
受益者負担　84
主体性　84-86, 230, 231, 233, 234
出生時平均余命　248, 250, 251

ジュビリー2000　233
主要先進国首脳会議（G8）　233
障害　220, 224, 257, 264
少額無担保融資　159, 162
小規模農業　128, 132, 133, 313, 314, 317
小規模零細企業　92, 136, 164
情報生産機能　154
情報通信技術（ICT）　2, 96, 137, 192, 247, 276
情報の非対称性　154, 155, 165
職業訓練　109, 116, 142, 220
職場内訓練　138
植民地　52, 58, 281, 285, 286, 298
植民地分割　76
食料作物　61
食料生産性の向上　330
女性による非暴力的大衆運動　90
除草剤の適切な利用　314
初等教育　248, 257-259, 261, 269, 270-274
新開発戦略　230, 231, 235
新型コロナウイルス感染症（COVID-19）
　138, 157, 236, 237, 247, 274, 277, 281
新興援助国　234
新興工業地域（NIES）　82
新興国　91, 92, 237
人口増加　10, 71, 87, 281, 291, 303, 305, 308, 331
人口動態　87, 319
人口密度　70, 71
新古典派成長理論　249
新自由主義　84, 226, 227
新植民地主義　73
人的資本　109, 113, 150, 247-250, 253-257, 264, 267, 274, 277
人頭税　71, 75
ジンバブエ　71, 73, 77
水質汚染　305, 310-312
垂直貿易　185
スーダン　91, 292
スタートアップ　101, 192
ステップ　31
スパゲティボウル現象　206
生育可能期間　318
政策条件　228
生産年齢層　49
生産要素　180, 215
脆弱性　169, 298, 304, 314-316, 319
成人識字率　264-266

成人生存率　253, 255, 257
製造業　10, 98, 105-107, 109, 120, 128, 129, 148, 192, 301, 330
生存　257
制度の構築　85
政府開発援助（ODA）　223, 231
生物多様性　304
セーシェル　258, 264, 266
世界銀行　83, 84, 111, 248, 226, 253, 257, 266, 275
世界金融危機　93, 115, 237
世界食料価格危機　93, 94
世界貿易機関（WTO）　112, 204
世界保健機関（WHO）　237
赤道ギニア　253
石油ショック　82, 225
絶対優位　179
セネガル　86, 296, 299
前期中等教育　258, 270-272
扇状地　37
センターピボット農法　36
送金　158
宗主国　72, 131
走出去　238
ソビエト連邦（ソ連）　78, 86
ソマリア　87, 250, 266, 287, 290, 293, 294

た行

第一言語　72
大気汚染　305, 307-309, 315
大サハラのイスラーム国（ISGS）　290
大地溝帯　22, 23, 71
大土地所有　77
ダイヤモンド　89, 134-135, 288
多民族国家　65
タンザニア　78, 86
男女の格差　272, 273, 329
地域共同体　188
地域経済共同体（RECs）　205
地域主義　209
地域統合　195, 201
小さな政府　83, 85, 86, 226
地中海性気候　27, 30
茶　91
チャド　250, 253, 254, 266, 296, 328
中央アフリカ　253, 254, 266, 288, 292
中間層　96, 97

索　引

中間の欠如　79, 136, 164, 330
中規模企業　92
中国　78, 91, 92, 94, 96, 114, 115, 188, 234-240, 289, 297
中国・アフリカ協力フォーラム（FOCAC）238
中所得国　264, 266
中退率　247, 271, 272, 274
中等教育　248, 249, 261-263, 269, 270, 272, 276
中部アフリカ経済通貨共同体（CEMAC）　211
チュニジア　266
調和化　233
直接金融　153
貯蓄　149-153
貯蓄信用協同組合（SACCO）　161
賃金　133-135, 138-143, 258
ツェツェバエ　312
帝国主義　53
出稼ぎ　62, 132-135
適応策　315-318
手掘りにより採掘する零細鉱業（ASM）　135, 136
デルタ　24, 36, 37
電子商取引（オンラインショッピング）　96, 137, 192
天然資源　108, 118, 132, 192, 303, 307, 311
銅　91, 134
統合コスト　216
投資　107, 109, 110, 150-154, 164-167, 177, 178, 193, 194, 248, 292, 299, 319
東南部アフリカ市場共同体（COMESA）　205
東・南部アフリカ諸国連合における教育の質測定調査（SACMEQ）　266
都市化　118, 303, 319
都市への人口の集中　96
土地　3, 70, 77, 87
土地の改革　77
土地の収奪　95, 98, 332
土地利用の保護　98
土地劣化　307
特恵措置　186
徒弟制　138
ドラケンスバーグ山脈　22
トラフ　23
トランスペアレンシー・インターナショナル（TI）　293, 297
トリックル・ダウン　224, 225

取引費用　154
奴隷貿易　43, 45

な　行

ナイジェリア　82, 210, 253, 254, 264, 272, 274, 290, 299, 307, 309, 310, 313, 314, 316
内政干渉　85
内生的成長理論　249
内政不干渉　231, 238, 240, 297
内部留保　166
ナイル川　20, 35, 36, 51
ナショナリズム　53, 63
ナミビア　33, 74, 264, 266, 327, 329
ナミブ砂漠　20
南南協力　225, 237
南部アフリカ開発共同体（SADC）　189, 205
南部アフリカ関税同盟（SACU）　189, 208
南北問題　223
西アフリカ経済通貨同盟（UEMOA）　208
西アフリカ諸国経済共同体（ECOWAS）　208
ニジェール　254, 266, 288, 290, 292, 306, 307, 309, 310, 316
ニジェール川　23, 309
21世紀に向けての新開発戦略　230
二重経済モデル　107
二重構造　136, 141
乳幼児死亡率　84, 93
人間開発　247, 248, 250-253
人間活動　305-307, 310, 316
妊産婦死亡率　328
熱帯雨林　30
熱帯雨林気候　26, 29
農業　38, 61, 62, 88, 98, 106, 126, 128, 129, 132-134, 304, 309, 310, 317, 319
農業生産性　132
農村の集団化　78
ノックダウン生産　194, 195

は　行

廃棄物投棄　311
排出ガス　308
排他主義　334
破綻国家　87
バッタ　304, 312-314
パトロン・クライアント関係　209, 285, 295
早すぎる脱工業化　3, 85, 92, 97, 177, 194, 214, 330, 331, 337

353

パリ宣言　233, 234
パン・アフリカニズム　206, 224
汎アフリカE-ネットワーク　337
犯罪　87
反人種主義団体　86
万人のための教育（EFA）　258
氾濫原　37, 318
比較優位　109, 115, 119, 178, 179
比較劣位　179
東アフリカ共同体（EAC）　205
非感染性疾患　307
ビジネス環境　109, 112, 119
一人当たり国民総所得（GNI）　248, 250, 253, 258
ひも付き援助　236
病害虫　303, 304, 312
貧困化　85
貧困削減戦略　92, 233
貧困層居住地区　87
貧困の罠　114
不安定化工作　74
フィンテック　168, 173
フォーマル金融　160
フォーマル・セクター　137, 139-142
付加価値の高度化　98
複数政党制　86, 87, 228, 282, 325
釜山成果文書　234
双子の赤字　82-84
ブッシュマン　33
物的資本　109, 150, 248, 249
プラスチック廃棄物　311
フランス　73, 76
プランテーション　47, 51, 58
ブルキナファソ　266, 290-292, 306
ブルンジ　257, 327
プレートテクトニクス　23
ブレトンウッズ体制　202
紛争　47, 87, 89, 90, 250, 257, 281, 318, 325, 336
紛争鉱物　89, 90
文明化　52
平均就学年数　250-252
平均消費性向　152
ヘイトスピーチ　98
ベーシック・ヒューマン・ニーズ（BHN）　225, 227, 232
ヘクシャー＝オリーン・モデル　180
ペティ・クラークの法則　106

ベナン　266, 272, 323
ベルリン会議　54
貿易　177, 180
貿易赤字　84
貿易自由化　112, 201, 202
貿易障壁　204
貿易創出　203
貿易転換　203
包摂的な開発　97, 98
暴力　88, 99, 336
暴力の日常化　87
北米貿易協定（NAFTA）　202
保健医療　76, 84-86, 89, 92, 230, 232, 233, 237, 248, 257
ボコ・ハラム　290
ポストコロニアル家産制国家　281, 285, 286, 289, 295-297
ボツワナ　253, 294
ポルトガル　73

ま 行

マーシャルプラン　222
マーストリヒト条約　202
マスメディア　81
マダガスカル　113, 138, 139, 292
マダガスカル島　20
マラウイ　270, 274
マラリア　50, 316-318
マリ　254, 266, 272, 288, 290-292
未開　49, 65
未整備な居住地　316
緑の革命　132
南アフリカ　71, 73, 74, 86, 131, 135, 250, 256, 264, 266, 267, 270, 274, 283, 284, 311, 327, 328
南スーダン　252, 254, 266
ミレニアム開発目標（MDGs）　92, 114, 212, 230, 232, 235, 258
民営化　84, 135
民間部門に対する国内信用の対GDP比　163
民族　60, 71, 72, 80
民族語　80, 81, 88
民族主義　76
民族対立　81
モーリシャス　113, 258, 264, 266, 283, 328
モザンビーク　73, 74, 327
文字　80

索　引

モノエクスポート　74,75,82,91,97,182,184
モバイルバンキング　162,166
モバイルマネー（電子マネー）　137,155,157,173
モロッコ　250,258,266,268
モンスーン　28

　　　　　や　行

輸出加工区（EPZ）　113,192
輸出志向工業化　110
輸出入の自由化　84
輸出優遇制度　186
輸入代替工業化　78,79,82,110,111,116
良い統治　112,113
幼児教育　258
ヨーロッパ経済共同体（EEC）　207
予測就学年数　248,250-256,258

　　　　　ら　行

ラゴス行動計画　208
ランドサット　20
リープフロッグ　168
離職　139-141
リベリア　89,90,254,266,287,288
リモートセンシング　19
流動性　139,142
留年率　247,270-272
リンガ・フランカ（共通語）　7,72,80
ルウェンゾリ山脈　21
ルワンダ　116,287,308,327-329
ルワンダの大虐殺　89
冷戦の終焉　228
レソト　257
労働　6,98,127-143,248
労働移動　62,120,130,131
労働環境　135,137,140-143
労働組合　134,135
労働交換　130,133
労働市場　128,135,136,139,142,143
労働集約財　180
労働集約的　130,140,142

労働人口　128-130,132,141,143
労働生産性　106,134,142,143
労働法　137,140-142
ローマ宣言　233,234

　　　　　わ　行

和解　90
若者　87,88,291,298,336
若者の識字率　264-266

　　　　　欧　文

AGOA→アフリカ成長機会法
Aid for Trade（貿易のための援助）　185
AQIM→イスラーム・マグレブ諸国のアルカーイダ
AU→アフリカ連合
BHN→ベーシック・ヒューマン・ニーズ
CFA フラン　73,211
Chama　162
DAC→開発援助委員会
Everything but Arms（EBA）　185
G20　237
GGI→ジェンダー・ギャップ指数
GNSS　34
HIPCs→重債務貧困国
IMF→国際通貨基金
International Assosiation for the Evaluation of Education Achievement（IEA）　267
IS→イスラーム国
MDGs→ミレニアム開発目標
M-Pesa　96,157,158,173
NGO　231,323
OEM（Original Equipment Manufacturer）　192
SACU→南部アフリカ関税同盟
SADC→南部アフリカ開発共同体
SDGs→持続可能な開発目標
TI→トランスペアレンシー・インターナショナル
unbanked　157
UNESCO　258,261,276

355

《執筆者紹介》（所属，執筆担当，執筆順．＊は編著者）

＊高橋 基樹（たかはし もとき）（京都大学大学院アジア・アフリカ地域研究研究科教授・神戸大学名誉教授，はじめに・序章・第3章・第9章・終章）

芝田 篤紀（しばた あつき）（奈良大学文学部地理学科専任講師，第1章）

溝辺 泰雄（みぞべ やすお）（明治大学国際日本学部教授，第2章）

＊松原 加奈（まつばら かな）（東京理科大学経営学部助教，第3章・第5章）

＊福西 隆弘（ふくにし たかひろ）（日本貿易振興機構アジア経済研究所開発スクール教授・開発研究センター主任調査研究員，第4章・第5章）

＊井手上 和代（いでうえ かずよ）（明治学院大学国際学部専任講師，第6章）

渡邉 松男（わたなべ まつお）（立命館大学国際関係学部教授，第7章・第8章）

鄭 俵民（ちょん ひょみん）（横浜国立大学国際戦略推進機構助教，第9章・コラム⑩）

＊山﨑 泉（やまさき いずみ）（近畿大学国際学部准教授，第10章）

白戸 圭一（しらと けいいち）（立命館大学国際関係学部教授，第11章）

傅 凱儀（ふ ほいいー）（専修大学経済学部准教授，第12章）

田代 啓（たしろ けい）（アイ・シー・ネット株式会社，コラム①）

近藤 加奈子（こんどう かなこ）（京都大学大学院アジア・アフリカ地域研究研究科博士課程，コラム②）

中尾 仁美（なかお ひとみ）（京都大学大学院アジア・アフリカ地域研究研究科博士課程，コラム③）

長谷川 将士（はせがわ まさし）（国際協力機構緒方貞子平和開発研究所リサーチオフィサー，コラム④）

井上 直美（いのうえ なおみ）（在モザンビーク日本国大使館，コラム⑤）

足立 伸也（あだち しんや）（国際協力機構専門家，コラム⑥）

岡本 晴菜（おかもと はるな）（アフリカ金融論研究家・ファイナンシャルプランナー，コラム⑦）

久保田 ちひろ（くぼた ちひろ）（同志社大学特別研究員，コラム⑧）

日下部 美佳（くさかべ みか）（京都大学大学院アジア・アフリカ地域研究研究科博士課程・独立行政法人国際協力機構（JICA）専門家（南アフリカ・障害児および家族のためのレスパイトケアサービス拡大プロジェクト），コラム⑨）

鈴木 功子（すずき のりこ）（京都大学大学院アジア・アフリカ地域研究研究科博士課程，コラム⑪）

畔柳 理（あぜやなぎ おさむ）（京都大学大学院アジア・アフリカ地域研究研究科博士課程，コラム⑫）

平尾 莉夏（ひらお りか）（京都大学大学院アジア・アフリカ地域研究研究科博士課程，コラム⑬）

《編著者紹介》

高橋基樹（たかはし・もとき）
- 1991年　ジョンズ・ホプキンス大学高等国際問題研究大学院修了。
- 現　在　京都大学大学院アジア・アフリカ地域研究研究科教授，神戸大学名誉教授。
- 主　著　『開発と国家——アフリカ政治経済論序説』勁草書房，2010年。
『現代アフリカ経済論』（共編著）ミネルヴァ書房，2014年。
『開発と共生のはざまで——国家と市場の変動を生きる』（共編著）京都大学学術出版会，2016年。

福西隆弘（ふくにし・たかひろ）
- 2012年　ロンドン大学東洋アフリカ研究学院（SOAS）経済学部博士課程修了，Ph.D.。
- 現　在　日本貿易振興機構アジア経済研究所開発スクール教授，開発研究センター主任調査研究員。
- 主　著　*The Garment Industry in Low-Income Countries: An Entry Point of Industrialization*（共編著），Palgrave Macmillan, 2014。
「コロナ禍におけるアジスアベバの若者の雇用——職業訓練校卒業生の追跡調査より」『アフリカレポート』No. 59，2021年。
『発展途上国における経済のデジタル化——アフリカ・東南アジア・ラテンアメリカの事例から考える』（共著）アジア経済研究所，2024年。

山﨑　泉（やまさき・いずみ）
- 2012年　コロンビア大学教育大学院教育経済学専攻博士課程修了。
- 現　在　近畿大学国際学部准教授。
- 主　著　*The Road not Traveled: Education Reform in the Middle East and North Africa*（統計収集・分析担当として執筆チームに参加），World Bank, 2007。
The Sports Business in the Pacific Rim: Economics and Policy（*Sports Economics, Management and Policy*）（共著での分担執筆），Springer, 2014。
Disability and School Attendance in 15 Low- and Middle-income Countries（共著），*World Development*, 104, 2018。

井手上和代（いでうえ・かずよ）
- 2018年　神戸大学大学院国際協力研究科博士後期課程修了，博士（学術）。
- 現　在　明治学院大学国際学部専任講師。
- 主　著　*African Politics and Economics in A Globalized World*（分担執筆），Dahae, 2019。
「モーリシャスにおける製糖業資本と工業化の関係——製糖業資本の所有支配形態と工業部門への投資に着目して」『社会システム研究』第41号，pp. 43-70，2020年。
Development and Subsistence in Globalising Africa: Beyond the Dichotomy（分担執筆），Langaa RPCIG, 2021。

松原加奈（まつばら・かな）
- 2022年　京都大学大学院アジア・アフリカ地域研究研究科博士課程修了，博士（地域研究）。
- 現　在　東京理科大学経営学部助教。
- 主　著　「途上国の製造の現場における人材育成——ケニア，エチオピアの事例から」（高橋基樹との共著）山田肖子・大野泉編『途上国の産業人材育成——SDGs時代の知識と技能』日本評論社，2021年。

アフリカ経済開発論

| 2025年1月20日　初版第1刷発行 | 〈検印省略〉 |

定価はカバーに
表示しています

編著者	高橋　基樹
	福西　隆弘
	山﨑　泉
	井手上　和代
	松原　加奈
発行者	杉田　啓三
印刷者	坂本　喜杏

発行所　株式会社　ミネルヴァ書房
607-8494 京都市山科区日ノ岡堤谷町1
電話代表 (075)581-5191
振替口座 01020-0-8076

Ⓒ 高橋・福西・山﨑・井手上・松原ほか, 2025 冨山房インターナショナル・吉田三誠堂製本

ISBN 978-4-623-09814-9
Printed in Japan

テキスト国際開発論
●貧困をなくすミレニアム開発目標へのアプローチ
　　　　　　　　　　　勝間　靖編著　Ａ５判　352頁　本体2800円

教養としての中東政治
　　　　　　　　　　　今井宏平編著　Ａ５判　264頁　本体3000円

教養の東南アジア現代史
　　　　　　　　　　　川中　豪／川村晃一編著　Ａ５判　376頁　本体3200円

20世紀の社会と文化
●地続きの過去を知る
　　　　　　　　　　　喜多千草編著　Ａ５判　308頁　本体3800円

日本の国際協力 中東・アフリカ編
●貧困と紛争にどう向き合うか
　　　　　　　　　　　阪本公美子／岡野内正／山中達也編著　Ａ５判　368頁　本体4000円

安定を模索するアフリカ
　　　　　　　　　　　木田　剛／竹内幸雄編著　Ａ５判　392頁　本体4500円

────── ミネルヴァ書房 ──────
https://www.minervashobo.co.jp/